CONCEVEZ VOTRE SITE WEB AVEC

PHP et MYSQL

DANS LA MÊME COLLECTION

M. Nebra. – **Réalisez votre site web avec HTML 5 et CSS 3.**
N°67476, 2e édition, 2017, 362 pages.

V. Thuillier. – **Programmez en orienté objet en PHP.**
N°14472, 2e édition, 2017, 474 pages.

J. Pardanaud, S. de la Marck. – **Découvrez le langage JavaScript.**
N°14399, 2017, 478 pages.

A. Bacco. – **Développez votre site web avec le framework Symfony3.**
N°14403, 2016, 536 pages.

M. Chavelli. – **Découvrez le framework PHP Laravel.**
N°14398, 2016, 336 pages.

R. De Visscher. – **Découvrez le langage Swift.**
N°14397, 2016, 128 pages.

M. Lorant. – **Développez votre site web avec le framework Django.**
N°21626, 2015, 285 pages.

E. Lalitte. – **Apprenez le fonctionnement des réseaux TCP/IP.**
N°21623, 2015, 300 pages.

M. Nebra, M. Schaller. – **Programmez avec le langage C++.**
N°21622, 2015, 674 pages.

SUR LE MÊME THÈME

C. Soutou. – **Programmer avec MySQL.**
N°67379, 5e édition, 2017, 522 pages.

R. Rimelé. – **Mémento MySQL 5.**
N°14039, 4e édition, 2014, 14 pages.

P. Martin, J. Pauli, C. Pierre de Geyer, É. Daspet. – **PHP 7 avancé.**
N°14357, 2016, 732 pages.

E. Biernat, M. Lutz. – **Data science : fondamentaux et études de cas.**
N°14243, 2015, 312 pages.

Mathieu Nebra

CONCEVEZ VOTRE SITE WEB AVEC

PHP et MYSQL

3e édition

OPENCLASSROOMS

EYROLLES

ÉDITIONS EYROLLES
61, bd Saint-Germain
75240 Paris Cedex 05
www.editions-eyrolles.com

ISBN : 978-2-212-67475-0

Avant-propos

Blogs, réseaux sociaux, site e-commerce, API… Grâce au langage PHP, les développeurs sont en mesure de développer toute sorte de site web. Nous parlerons d'ailleurs d'application web dans la mesure où ces sites présentent souvent des centaines de fonctionnalités.

Le langage PHP a justement été conçu pour créer des sites « vivants » (on parle de sites dynamiques). Et si vous voulez apprendre à créer vous aussi des sites web dynamiques, c'est votre jour de chance : voici un ouvrage pour vrais débutants en PHP !

> Pour utiliser PHP, il faut connaître au préalable les langages HTML et CSS.
>
> Comment ça, ces langages ne vous disent rien ? Vous ne savez même pas ce qu'est un « langage » ? Il faut donc que vous lisiez d'abord mon cours de création de sites web en HTML 5 et CSS 3 (*https://openclassrooms.com/courses/apprenez-a-creer-votre-site-web-avec-html5-et-css3*) avant de revenir ici !

Structure de l'ouvrage

Le plan de ce livre a été conçu pour faciliter votre apprentissage du PHP et de MySQL. Six parties vous sont ainsi proposées pour apprendre les bases de PHP, écrire son premier script, transmettre des données de page en page, stocker des informations dans une base de données et pour enrichir vos (nouvelles) connaissances sur PHP et les bases de données SQL.

S'ajoute à cela trois TP complets qui vous permettront de passer de la théorie à la pratique pour créer un minichat, un blog avec des commentaires ou encore un site intégrant un espace membres.

Enfin, dernier détail et non des moindres, quatre annexes ont été ajoutées pour vous permettre de publier votre site sur le Web, de mieux utiliser la documentation de PHP, de protéger un dossier grâce au fichier .htaccess et de garder en tête les expressions régulières les plus utiles.

Comment lire ce livre ?

Suivez l'ordre des chapitres

Lisez ce livre comme on lit un roman. Il a été conçu pour cela. Contrairement à beaucoup de livres techniques où il est courant de lire en diagonale et de sauter certains chapitres, il est ici fortement recommandé de suivre l'ordre du livre, à moins que vous ne soyez déjà, au moins un peu, expérimenté.

Pratiquez en même temps

Pratiquez régulièrement. N'attendez pas d'avoir fini de lire ce livre pour allumer votre ordinateur.

Les compléments web

Pour télécharger le code source des exemples de cet ouvrage, veuillez-vous rendre à cette adresse : http://www.editions-eyrolles.com/dl/0067475.

Table des matières

Quatrième partie – Stocker des informations dans une base de données 191

Première partie

Introduction

Avant d'entrer dans le vif du sujet, voici quelques informations clés à connaître pour apprendre à développer en douceur.

1 Fonctionnement d'un site écrit en PHP

Ce qui fait le succès du Web aujourd'hui, c'est à la fois sa simplicité et sa facilité d'accès. Un internaute lambda n'a pas besoin de savoir « comment ça fonctionne derrière ». Et heureusement pour lui.

En revanche, un apprenti webmaster doit, avant toute chose, connaître les bases du fonctionnement d'un site web. Qu'est-ce qu'un serveur ? Un client ? Comment rend-on son site dynamique ? Que signifient PHP et MySQL ?

Ce premier chapitre est là pour répondre à toutes ces questions et vous montrer que vous êtes capable d'apprendre à créer des sites web dynamiques. Tous les lecteurs seront à la fin rassurés de savoir qu'ils commencent au même niveau !

Les sites statiques et dynamiques

On considère qu'il existe deux types de sites web : les sites **statiques** et les sites **dynamiques**.

- **Les sites statiques :** ce sont des sites réalisés uniquement à l'aide des langages HTML et CSS. Ils fonctionnent très bien mais leur contenu ne peut pas être mis à jour automatiquement : il faut que le propriétaire du site (le webmaster) modifie le code source pour y ajouter des nouveautés. Ce n'est pas très pratique quand on doit mettre à jour son site plusieurs fois dans la même journée ! Les sites statiques sont donc bien adaptés pour réaliser des sites « vitrine », pour présenter par exemple son entreprise, sans aller plus loin. Ce type de site se fait de plus en plus rare aujourd'hui, car dès qu'on ajoute un élément d'interaction (comme un formulaire de contact), on ne parle plus de site statique mais de site dynamique.
- **Les sites dynamiques :** plus complexes, ils utilisent d'autres langages, en plus de HTML et CSS, tels que PHP et MySQL. Le contenu de ces sites web est dit « dynamique » parce qu'il peut changer sans l'intervention du webmaster ! La plupart des

sites web que vous visitez aujourd'hui, y compris OpenClassrooms, sont des sites dynamiques. Le seul prérequis pour apprendre à créer ce type de site est savoir réaliser des sites statiques en HTML et CSS.

> Vous pouvez lire sur OpenClassrooms le cours HTML 5 et CSS pour vous mettre à niveau : *https://openclassrooms.com/courses/apprenez-a-creer-votre-site-web-avec-html5-et-css3*.

L'éléPHPant, la mascotte de PHP

L'objectif de ce cours est de vous rendre capable de réaliser des sites web dynamiques entièrement par vous-même, pas à pas.

En effet, ceux-ci peuvent proposer des fonctionnalités bien plus excitantes que les sites statiques. Voici quelques éléments que vous serez en mesure de réaliser :

- **un espace membres :** vos visiteurs peuvent s'inscrire sur votre site et avoir accès à des sections qui leur sont réservées ;
- **un forum :** il est courant aujourd'hui de voir les sites web proposer un forum de discussion pour s'entraider ou simplement passer le temps ;
- **un compteur de visiteurs :** vous pouvez facilement compter le nombre de visiteurs qui se sont connectés dans la journée sur votre site, ou même connaître le nombre de visiteurs en train d'y naviguer !
- **des actualités :** vous pouvez automatiser l'écriture d'actualités, en offrant à vos visiteurs la possibilité d'en rédiger, de les commenter, etc. ;
- **une newsletter :** vous pouvez envoyer régulièrement un e-mail à tous vos membres pour leur présenter les nouveautés et les inciter à revenir sur votre site.

Bien entendu, ce ne sont là que des exemples. Il est possible d'aller encore plus loin, tout dépend de vos besoins. Sachez, par exemple, que la quasi-totalité des sites de jeux en ligne sont dynamiques. On retrouve notamment des sites d'élevage virtuel d'animaux, des jeux de conquête spatiale, etc.

Mais… ne nous emportons pas. Avant de pouvoir en arriver là, vous avez de la lecture et bien des choses à apprendre ! Commençons par la base : savez-vous ce qui se passe lorsque vous consultez une page web ?

Comment fonctionne un site web ?

Lorsque vous voulez visiter un site, vous tapez son adresse dans votre navigateur web, que ce soit Mozilla Firefox, Google Chrome, Internet Explorer, Opera, Safari ou un autre. Mais ne vous êtes-vous jamais demandé comment faisait la page web pour arriver jusqu'à vous ?

Il faut savoir qu'Internet est un réseau composé d'ordinateurs. Ceux-ci peuvent être classés en deux catégories.

- **Les clients :** ce sont les ordinateurs des internautes comme vous. Votre ordinateur fait donc partie de la catégorie des clients. Chaque client représente un visiteur d'un site web. Dans les schémas qui vont suivre, l'ordinateur d'un client sera représenté par l'image suivante.
- **Les serveurs :** ce sont des ordinateurs puissants qui stockent et délivrent des sites web aux internautes, c'est-à-dire aux clients. La plupart des internautes n'ont jamais vu un serveur de leur vie. Pourtant, les serveurs sont indispensables au bon fonctionnement du Web. Sur les prochains schémas, un serveur sera représenté par l'image suivante.

Un client

Un serveur

La plupart du temps, le serveur est dépourvu d'écran : il reste allumé et travaille tout seul sans intervention humaine, 24h/24, 7j/7. Un vrai forçat du travail.

On résume : votre ordinateur est appelé le **client**, tandis que l'ordinateur qui détient le site web est appelé le **serveur**. Comment les deux communiquent-ils ensemble ?

C'est justement là que se situe la différence entre un site statique et un site dynamique. Voyons ensemble ce qui change.

Cas d'un site statique

Lorsque le site est statique, le schéma est très simple. Cela se passe en deux temps, comme à la figure suivante :

1. le client demande au serveur à voir une page web ;
2. le serveur lui répond en lui envoyant la page réclamée.

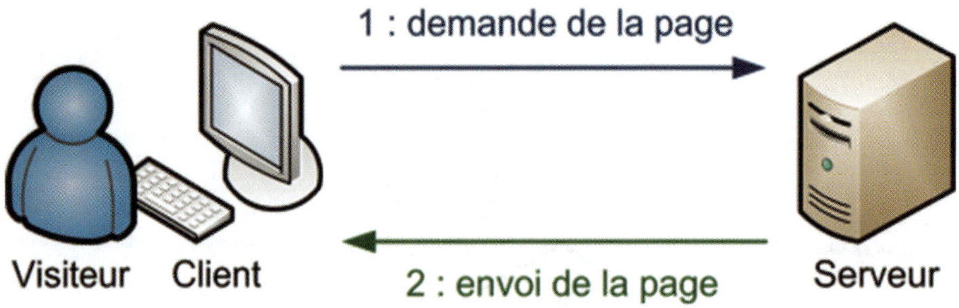

Transfert avec un site statique

La communication est donc plutôt basique :

- « Bonjour, je suis le client, je voudrais voir cette page web » ;
- « Tiens, voilà la page que tu m'as demandée ».

Sur un site statique, il ne se passe rien d'autre. Le serveur stocke des pages web et les envoie aux clients qui les demandent sans les modifier.

Cas d'un site dynamique

Lorsque le site est dynamique, il y a une étape intermédiaire : la page est **générée** (figure suivante) :

- le client demande au serveur à voir une page web ;
- le serveur prépare la page spécialement pour le client ;
- le serveur lui envoie la page qu'il vient de générer.

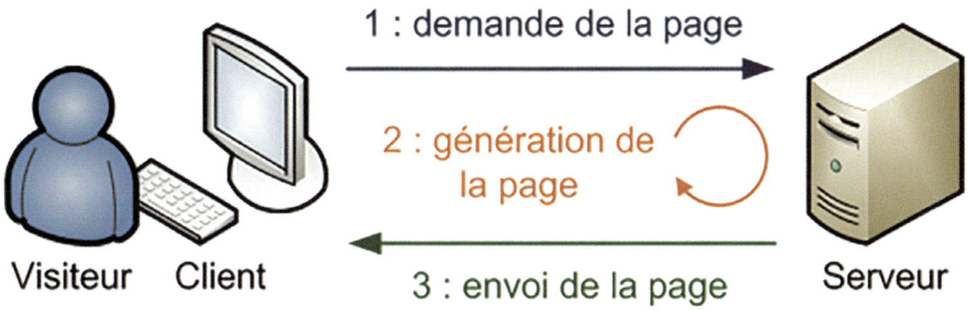

Transfert avec un site dynamique

La page web est générée à chaque fois qu'un client la réclame. C'est précisément ce qui rend les sites dynamiques vivants : le contenu d'une même page peut changer d'un instant à l'autre.

C'est comme cela que certains sites parviennent à afficher par exemple votre pseudonyme sur toutes les pages. Étant donné que le serveur génère une page à chaque fois qu'on lui en demande une, il peut la personnaliser en fonction des goûts et des préférences du visiteur (et afficher, entre autres, son pseudonyme).

Les langages du Web

Lorsqu'on crée un site web, on est amené à manipuler non pas un mais plusieurs langages. En tant que webmaster, il faut impérativement les connaître.

Certains programmes, appelés WYSIWYG (*What You See Is What You Get*), permettent d'aider les plus novices à créer un site web statique sans connaître les langages informatiques qui se cachent derrière... Mais pour réaliser un site dynamique comme nous le souhaitons, nous devrons absolument mettre les mains dans le cambouis.

Pour un site statique : HTML et CSS

De nombreux langages ont été créés pour produire des sites web. Deux d'entre eux constituent une base incontournable pour tous les webmasters.

- **HTML :** c'est le langage à la base des sites web. Simple à apprendre, il fonctionne à partir de balises. Voici un exemple de code HTML :

```
<p>Bonjour, je suis un <em>paragraphe</em> de texte !</p>
```

- **CSS :** c'est le langage de mise en forme des sites web. Alors que le HTML permet d'écrire le contenu de vos pages web et de les structurer, le langage CSS s'occupe de la mise en forme et de la mise en page. C'est en CSS qu'on choisit notamment la couleur, la taille des menus et bien d'autres choses encore. Voici un code CSS :

```
div.banner {
    text-align: center;
    font-weight: bold;
    font-size: 120%;
}
```

Ces langages sont la base de tous les sites web. Lorsque le serveur envoie la page web au client, il envoie en fait du code en langage HTML et CSS.

Le problème, c'est que lorsqu'on connaît **seulement** HTML et CSS, on ne peut produire que des sites statiques… et non des sites dynamiques ! Pour ces derniers, il est nécessaire de manipuler d'autres langages en plus de HTML et CSS.

La question qu'il faut tout d'abord vous poser est donc : connaissez-vous HTML et CSS ?

Si oui, c'est parfait, vous pouvez continuer car nous en aurons besoin par la suite. Si la réponse est non, pas de panique. Ces langages ne sont pas bien difficiles et ils sont à la portée de tous. Vous pouvez les apprendre en lisant mon cours sur HTML 5 et CSS (https://openclassrooms.com/courses/apprenez-a-creer-votre-site-web-avec-html5-et-css3).

Sachez qu'apprendre ces langages n'est l'affaire que de quelques petites semaines, voire moins si vous avez suffisamment de temps libre.

Le serveur envoie du HTML et du CSS au client.

Pour un site dynamique : ajoutez PHP et MySQL

Quel que soit le site web qu'on souhaite créer, HTML et CSS sont donc indispensables. Cependant, ils ne suffisent pas pour réaliser des sites dynamiques. Il faut les compléter avec d'autres langages.

C'est justement tout l'objet du présent ouvrage : vous allez apprendre à manipuler PHP et MySQL pour réaliser un site web dynamique.

- **PHP** est un langage que seuls les serveurs comprennent et qui permet de rendre votre site dynamique. C'est PHP qui « génère » la page web comme on l'a vu sur un des schémas précédents.

Ce sera le premier langage que nous découvrirons ici. Il peut fonctionner seul, mais il ne prend vraiment de l'intérêt que s'il est combiné à un outil tel que MySQL. Voici un code PHP :

```
<?php echo "Vous êtes le visiteur n°" . $nbre_visiteurs; ?>
```

- **MySQL** est ce qu'on appelle un SGBD (système de gestion de base de données). Pour faire simple, son rôle est d'enregistrer des données de manière organisée afin de vous aider à les retrouver facilement. C'est grâce à MySQL que vous pourrez enregistrer la liste des membres de votre site, les messages postés sur le forum, etc. Le langage qui permet de communiquer avec la base de données s'appelle le SQL. Voici un code en langage SQL :

```
SELECT id, auteur, message, datemsg FROM livreor ORDER BY datemsg DESC
LIMIT 0, 10
```

PHP et MySQL sont ce qu'on appelle des logiciels libres. Entre autres choses, cela vous donne des garanties de pérennité : tout le monde peut contribuer à leur développement, vous ne risquez donc pas de voir tous les webmasters se désintéresser de PHP et de MySQL du jour au lendemain, et ça c'est très important !

Par ailleurs, PHP et MySQL sont disponibles gratuitement. Cela signifie une chose essentielle : vous n'aurez pas à débourser un centime pour construire votre site web !

PHP peut fonctionner seul et suffit pour créer un site dynamique, mais les choses deviennent réellement intéressantes lorsqu'on le combine à un SGBD tel que MySQL. Cependant pour simplifier, oublions pour le moment MySQL et concentrons-nous sur PHP.

PHP génère du HTML

Les clients sont incapables de comprendre le code PHP : ils ne connaissent que le HTML et le CSS. Seul le serveur peut lire du PHP.

Le rôle de PHP est justement de générer du code HTML (on peut aussi générer du CSS, mais c'est plus rare), code qui est ensuite envoyé au client de la même manière qu'un site statique, comme le montre la figure suivante.

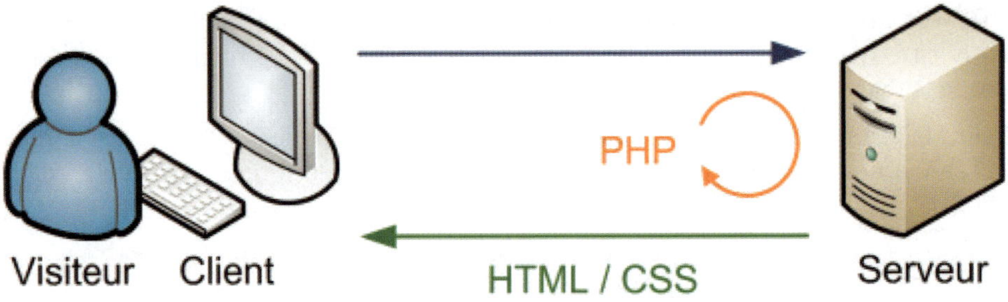

PHP décide de ce qui va s'afficher sur la page web envoyée au visiteur.

PHP est un langage de programmation utilisé sur de nombreux serveurs pour prendre des décisions. C'est PHP qui décide du code HTML qui sera généré et envoyé au client à chaque fois.

Pour bien comprendre l'intérêt de tout cela, prenons un exemple. On peut écrire en PHP : « **Si le visiteur est membre de mon site et qu'il s'appelle Jonathan, affiche** Bienvenue Jonathan **sur la page web. En revanche, si ce n'est pas un membre de mon site, affiche** Bienvenue **à la place et propose au visiteur de s'inscrire** ».

C'est un exemple très basique de site dynamique : selon que vous êtes un membre enregistré ou non, vous ne verrez pas les mêmes choses et n'aurez peut-être pas accès à toutes les sections.

Et la concurrence ?

HTML et CSS n'ont pas de concurrents car ce sont des standards. Tout le monde est censé les connaître et les utiliser sur tous les sites web.

En revanche, pour ce qui est des sites dynamiques, PHP et MySQL sont loin d'être les seuls sur le coup. Je ne peux pas vous faire une liste complète de leurs concurrents, ce serait bien trop long (et ennuyeux !). Cependant, pour votre culture générale, il faut au moins connaître quelques autres grands noms.

Tout d'abord, si on a souvent tendance à combiner PHP et MySQL pour réaliser de puissants sites dynamiques, il ne faut pas mélanger les deux. Le premier a des concurrents différents du second.

Les concurrents de PHP

Parmi les concurrents de PHP, on peut citer les suivants :

- **ASP.NET :** conçu par Microsoft, il exploite le framework (c'est-à-dire un ensemble de bibliothèques qui fournissent des services pour les développeurs) .NET, bien connu des développeurs C#. Ce langage peut être intéressant si vous avez l'habitude de développer en C# .NET et que vous ne voulez pas être dépaysé.

- **Ruby on Rails :** très actif, ce framework s'utilise avec le langage Ruby et permet de réaliser des sites dynamiques rapidement en suivant certaines conventions.
- **Django :** il est similaire à Ruby on Rails, mais il s'utilise en langage Python.
- **Java et les JSP (Java Server Pages) :** plus couramment appelé JEE ou Java EE, il est particulièrement utilisé dans le monde professionnel. Il demande une certaine rigueur. La mise en place d'un projet JEE est traditionnellement un peu plus longue et plus lourde mais le système est apprécié des professionnels et des institutions. C'est ce qui est utilisé sur le site des impôts en France, par exemple.

Ruby on Rails

Je ne peux pas présenter ici tous les concurrents, mais cela devrait déjà vous donner une bonne idée. Pour information, il est aussi possible d'utiliser le langage C ou le C++, par exemple, bien que ce soit plus complexe et pas forcément toujours très adapté (en clair, je ne le recommande pas du tout).

Lequel choisir dans le lot ? Lequel est le meilleur ?

Étant donné l'objet de ce cours, vous vous attendez sans doute à ce que je vous réponde instantanément « PHP ! ». En fait non, tout dépend de vos connaissances en programmation. Si vous avez déjà manipulé le langage Java, vous serez plus rapidement à l'aise avec les JSP. Si vous connaissez Python, Django semble tout indiqué.

Quant à PHP, il se démarque de ses concurrents par une importante communauté qui peut vous aider rapidement sur Internet si vous avez des problèmes. C'est un langage facile à utiliser, idéal pour les débutants comme pour les professionnels : Wikipédia et Facebook sont des exemples de sites célèbres et très fréquentés qui fonctionnent grâce à PHP.

Ainsi, il n'y a pas de meilleur choix. Je vous recommande le langage pour lequel vous serez certain d'avoir quelqu'un pour vous aider. PHP en ce sens est souvent un très bon choix.

Les concurrents de MySQL

En ce qui concerne les bases de données, le choix est là encore très vaste.

Cependant, alors que PHP et ses concurrents sont la plupart du temps libres et gratuits, ce n'est pas le cas de la plupart des SGBD.

Parmi les concurrents de MySQL, je vous conseille de connaître (au moins de nom) les suivants :

- **Oracle :** c'est le SGBD le plus célèbre, le plus complet et le plus puissant. Il est malheureusement payant (et cher), ce qui le réserve plutôt aux entreprises qui l'utilisent déjà massivement. Il existe cependant des versions gratuites d'Oracle, notamment pour ceux qui veulent apprendre à s'en servir.
- **MariaDB :** variante libre de MySQL, créée depuis que ce dernier a été racheté par… Oracle. Oui, je sais, on peut penser que ce monde est fou ! MySQL appartient à Oracle, mais reste bien une base de données à part. MariaDB est une copie (*fork*) de MySQL qui a la volonté de rester libre et indépendante.
- **Microsoft SQL Server :** édité par Microsoft, on l'utilise souvent en combinaison avec ASP.NET, bien qu'on puisse l'utiliser avec n'importe quel autre langage. Il est payant, mais il existe des versions gratuites limitées.
- **PostgreSQL :** il s'agit d'un SGBD libre et gratuit comme MySQL, qui propose des fonctionnalités plus avancées. Parfois comparé à Oracle, il lui reste cependant du chemin à parcourir. Il dispose d'une communauté un peu moins importante que MySQL et Oracle. Le site OpenClassrooms utilise PostgreSQL.

ORACLE

Logo d'Oracle

Là encore, cette liste est loin d'être exhaustive mais vous présente au moins quelques grands noms.

Pour information, MySQL reste de loin le SGBD libre et gratuit le plus utilisé. Parmi les solutions professionnelles payantes, Oracle est le SGBD le plus avancé et le plus répandu mais son utilisation est surtout réservée aux grosses entreprises.

En fin de compte, si vos moyens sont limités, vous n'avez pas beaucoup de choix pour le SGBD. MySQL est le plus indiqué car il est libre, gratuit, performant et utilisé par de nombreuses personnes qui sont susceptibles de vous aider.

Plusieurs combinaisons sont possibles

Comme vous avez pu le constater, vous avez le choix entre de nombreux outils pour réaliser un site dynamique, la plupart d'entre eux étant gratuits.

Sachez que vous pouvez a priori combiner ces outils comme bon vous semble. Par exemple, on peut très bien utiliser PHP avec une autre base de données que MySQL, telle qu'Oracle ou PostgreSQL. De même, MySQL peut être utilisé avec n'importe quel autre langage : Java, Python, Ruby, etc.

Cependant, la combinaison PHP + MySQL est probablement la plus courante car ces deux outils ont fait leurs preuves.

En résumé

- Il existe deux types de sites web :
  - les sites **statiques** : réalisés en HTML et CSS, leur contenu ne peut être mis à jour que par le webmaster ;
  - les sites **dynamiques** : réalisés avec d'autres outils comme PHP et MySQL en plus de HTML et CSS ; ils permettent aux visiteurs de participer à la vie du site, de poster des messages… bref, de rendre le site vivant !
- Les visiteurs du site sont appelés les clients. Ils demandent au serveur qui héberge le site de leur transmettre les pages web.
- PHP est un langage exécuté par le serveur. Il permet de personnaliser la page en fonction du visiteur, de traiter ses messages, d'effectuer des calculs, etc. Il génère une page HTML.
- MySQL est un système de gestion de bases de données. Il se charge du stockage des informations (liste des messages, des membres…).

2 Préparer son environnement de travail

Nous savons désormais que PHP s'exécute sur le serveur et que son rôle est de générer des pages web. Cependant, seul un serveur peut lire du PHP ; or votre ordinateur n'est pas un serveur. Comment diable allez-vous pouvoir créer un site dynamique si PHP ne fonctionne pas chez vous ?

Qu'à cela ne tienne ! Nous allons temporairement transformer votre ordinateur en serveur pour que vous puissiez exécuter du PHP et travailler sur votre site dynamique. Après avoir lu ce chapitre, vous serez fin prêt à programmer !

Installer les bons programmes

Selon que l'on crée un site statique ou un site dynamique, on a besoin de logiciels différents. En fait, réaliser un site dynamique nécessite malheureusement pour nous quelques logiciels supplémentaires !

Avec un site statique

Les webmasters qui créent des sites statiques avec HTML et CSS ont de la chance, ils ont en général déjà tous les programmes dont ils ont besoin.

- **Un éditeur de texte :** en théorie, un programme tel que le Bloc-notes livré avec Windows suffit, bien qu'il soit recommandé d'utiliser un outil un peu plus évolué comme Notepad++. Nous reparlerons du choix de l'éditeur à la fin de ce chapitre.
- **Un navigateur web :** il permet de tester la page web. Vous pouvez utiliser par exemple Mozilla Firefox, Internet Explorer, Chrome, Opera, Safari, ou tout autre navigateur auquel vous êtes habitué. Il est conseillé de tester son site régulièrement sur différents navigateurs.

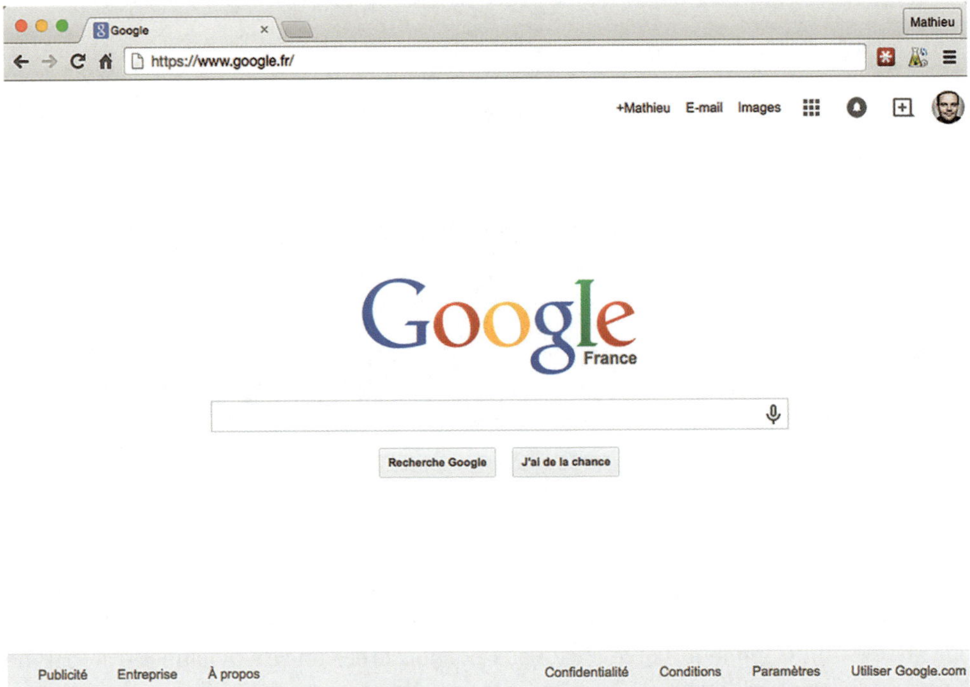

Google Chrome

Cependant, pour ceux qui comme nous travaillent sur des sites dynamiques, ces outils ne suffisent pas. Il est nécessaire d'installer des programmes supplémentaires.

Avec un site dynamique

Pour que votre ordinateur puisse lire du PHP, il faut qu'il se comporte comme un serveur. Rassurez-vous, vous n'avez pas besoin d'acheter une machine spéciale pour cela : il suffit d'installer les mêmes programmes que ceux que l'on trouve sur les serveurs qui délivrent les sites web aux internautes.

- **Apache :** c'est ce qu'on appelle un serveur web. Il s'agit du plus important de tous les programmes, car c'est lui qui est chargé de délivrer les pages web aux visiteurs. Cependant, Apache ne gère que les sites web statiques (il ne peut traiter que des pages HTML). Il faut donc le compléter avec d'autres programmes.
- **PHP :** c'est un plug-in pour Apache qui le rend capable de traiter des pages web dynamiques en PHP. En clair, en combinant Apache et PHP, notre ordinateur sera capable de lire des pages web en PHP.
- **MySQL :** c'est le logiciel de gestion de bases de données dont je vous parlais précédemment. Il permet d'enregistrer des données de manière organisée (comme la liste des membres de votre site). Nous n'en aurons pas besoin immédiatement, mais autant l'installer sans attendre.

Logo d'Apache

Tous ces éléments qui vont nous aider à créer notre site dynamique sont libres et gratuits. Certes, il en existe d'autres (parfois payants), mais la combinaison Apache + PHP + MySQL est la plus courante sur les serveurs web, à tel point que des « packs » prêts à l'emploi ont été créés. Il est possible de les installer un à un mais cela prend plus de temps et vous n'allez rien y gagner (sauf si vous êtes administrateur de serveur, ce qui ne devrait pas être votre cas).

Dans la suite de ce chapitre, nous allons voir comment installer le « pack » correspondant à votre système d'exploitation.

Sous Windows : WAMP

Il existe plusieurs paquetages tout prêts pour Windows. Je vous propose d'utiliser WAMP Server qui a l'avantage d'être régulièrement mis à jour et disponible en français.

Commencez par télécharger WAMP à cette adresse : *http://www.wampserver.com/*.

> Vérifiez que vous prenez une version de WAMP avec PHP 5.4 au minimum. Les fonctionnalités de PHP changent d'une version à l'autre et ce cours est basé sur la version 5.4 ou postérieures.
>
> De préférence, basez-vous désormais sur PHP 7.

Une fois téléchargé, installez WAMP en laissant toutes les options par défaut. Il devrait s'installer dans un répertoire comme `C:\wamp` et créer un raccourci dans le menu ***Démarrer***.

Lorsque vous lancez WAMP, une icône doit apparaître en bas à droite de la barre des tâches, à côté de l'horloge, comme sur la figure suivante.

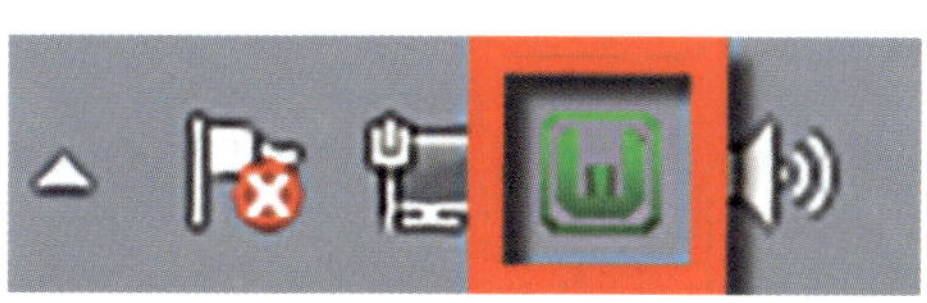

Icône de WAMP

Si une fenêtre apparaît pour vous indiquer que le pare-feu bloque Apache, cliquez sur ***Autoriser l'accès*** (figure suivante). Vous n'avez aucune raison de vous inquiéter, c'est parfaitement normal.

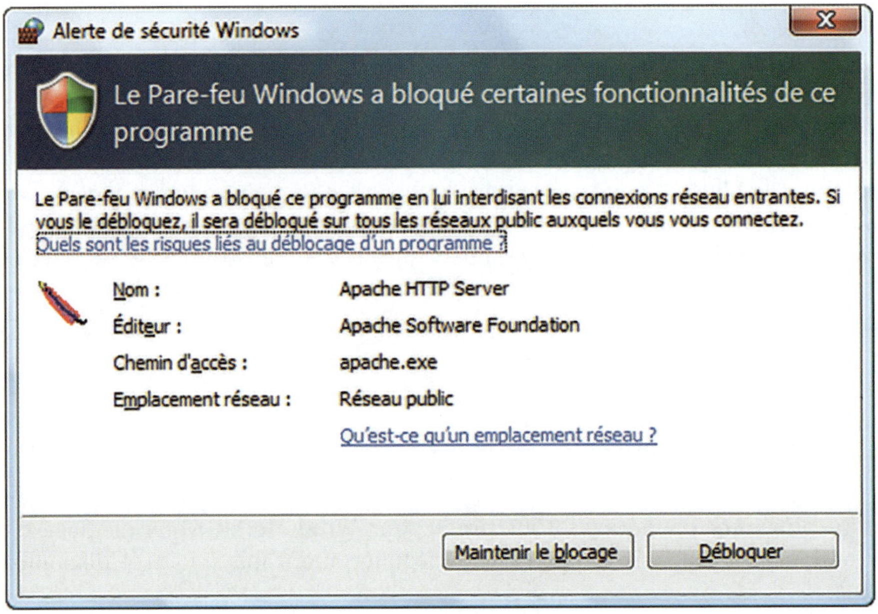

Firewall et Apache

> Si WAMP ne se lance pas correctement malgré tout, vérifiez que Skype n'est pas ouvert en même temps. Les deux programmes ne peuvent pas fonctionner simultanément car ils utilisent les mêmes ports de communication sur votre machine. Si c'est le cas, il suffit de fermer Skype pendant que vous utilisez WAMP.

Par défaut, WAMP est en anglais. Vous pouvez facilement le passer en français en effectuant un clic droit sur l'icône de WAMP dans la barre des tâches, puis en allant dans le menu ***Language/french*** (figure suivante).

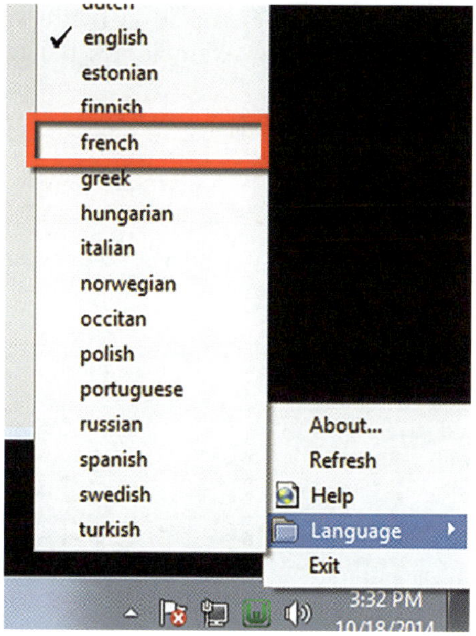

Modification de la langue

WAMP est maintenant en français !

Vous pouvez alors lancer la page d'accueil de WAMP. Effectuez un clic gauche sur l'icône de WAMP (attention, j'ai bien dit un **clic gauche** cette fois), puis cliquez sur ***Localhost***, comme le montre la figure suivante.

Menu localhost de WAMP

Une page web similaire à la capture d'écran de la figure suivante devrait s'ouvrir dans votre navigateur favori (Firefox, par exemple). Si la page s'affiche, cela signifie qu'Apache fonctionne.

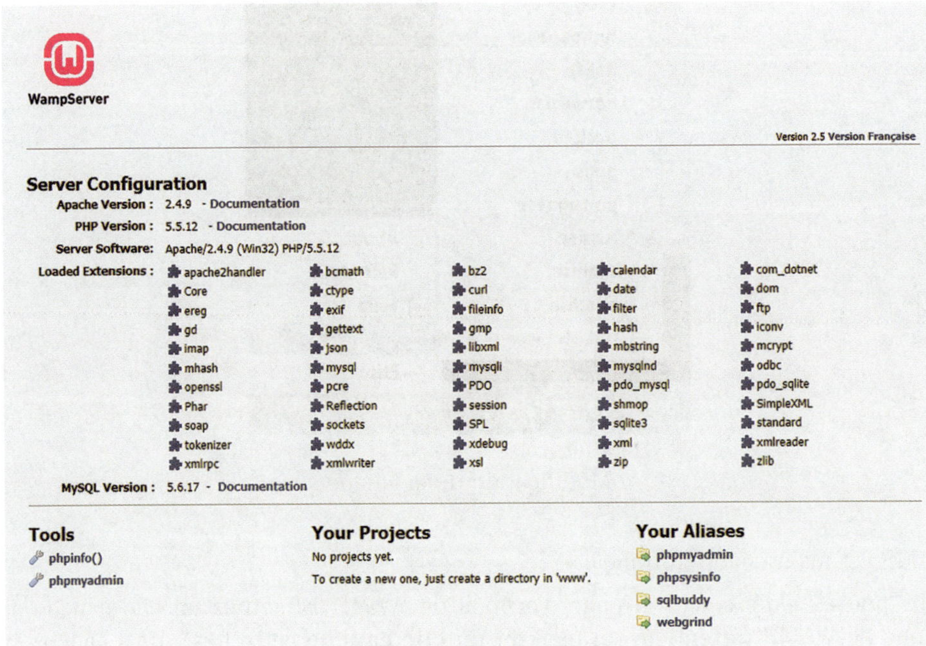

Page d'accueil de WAMP

La page web que vous voyez à l'écran vous a été envoyée par votre propre serveur Apache, que vous avez installé en même temps que WAMP. Vous êtes en train de simuler le fonctionnement d'un serveur web sur votre propre machine. Pour le moment, vous êtes le seul internaute à pouvoir y accéder. On dit qu'on travaille « en local ». Notez que l'URL affichée par le navigateur dans la barre d'adresse est *http://localhost/*, ce qui signifie que vous naviguez sur un site web situé sur votre propre ordinateur.

La section ***Vos projets*** de la page d'accueil de WAMP doit indiquer qu'aucun projet n'existe pour le moment. Considérez que chaque site web que vous entreprenez de faire est un nouveau projet.

Nous allons créer un projet de test que nous appellerons `tests`. Pour ce faire, ouvrez l'explorateur Windows et rendez-vous dans le dossier où WAMP a été installé, puis dans le sous-dossier intitulé `www`. Par exemple, `C:\wamp\www`.

Une fois dans ce dossier, créez un nouveau sous-dossier que vous appellerez `tests`, comme le suggère l'image suivante.

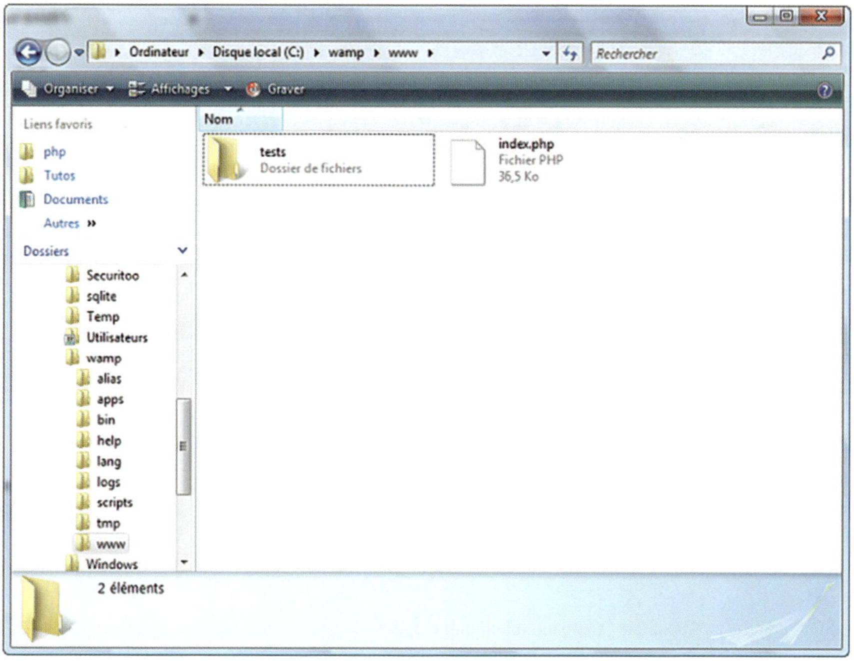

Dossier créé pour WAMP

Retournez sur la page d'accueil de WAMP et actualisez-la (vous pouvez appuyer sur la touche ***F5***). La section ***Vos projets*** devrait maintenant afficher ***tests*** car WAMP a détecté que vous avez créé un nouveau dossier (figure suivante).

Projets dans WAMP

C'est ici que vous créerez vos premières pages web en PHP.

En revanche, si vous cliquez sur ce lien ***tests***, une erreur s'affiche... Sans entrer dans les détails, je vais plutôt vous demander de saisir l'adresse suivante dans la barre d'adresse de votre navigateur et tout ira bien : *http://localhost/tests/*.

Vous devriez alors voir apparaître une page vide comme dans la figure suivante.

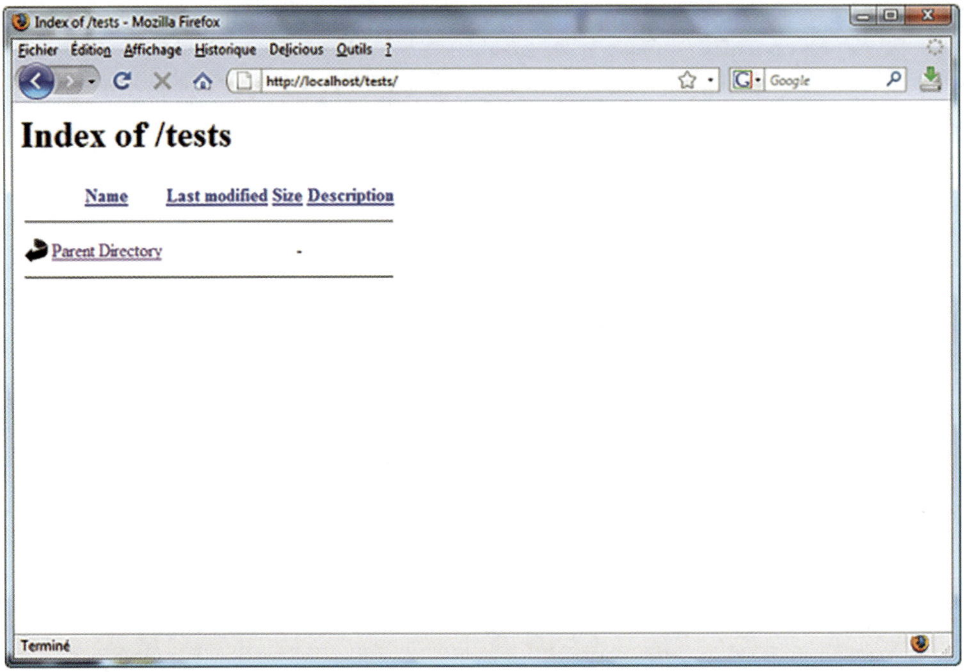

Le contenu est pour le moment vide.

Si vous avez le même résultat, cela signifie que tout fonctionne. Bravo, vous avez installé WAMP et il fonctionne correctement. Vous êtes prêts à programmer en PHP !

Vous pouvez passer les sections suivantes qui ne concernent que les utilisateurs sous Mac OS X et Linux.

Sous Mac OS X : MAMP

Pour ceux qui ont un Mac sous Mac OS X, je vous conseille le programme MAMP (pour *Mac, Apache, MySQL, PHP*). Il est vraiment très simple à installer et à utiliser.

Vous pouvez le télécharger à cette adresse : *http://www.mamp.info/en/downloads/*.

> Vérifiez que vous prenez une version de MAMP avec PHP 5.4 au minimum. Les fonctionnalités de PHP changent d'une version à l'autre et ce cours est basé sur la version 5.4 ou postérieures. La version PHP 7 est la plus récente : utilisez-la autant que possible, elle est plus rapide et sera compatible avec le cours.
>
> Normalement, c'est le cas si vous suivez bien le lien de téléchargement proposé.

Vous devriez avoir téléchargé une archive, un installeur `.pkg`. Il n'y a plus qu'à se laisser guider.

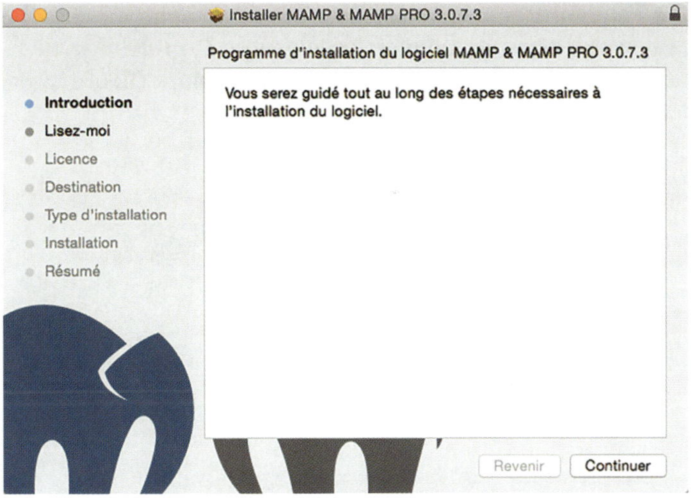

Installation de MAMP

Vous devez tout simplement faire glisser le dossier `MAMP` en bas à gauche vers le dossier `Applications` au-dessus.

MAMP est maintenant installé. Vous le trouverez dans votre dossier `Applications`. La fenêtre principale de MAMP indique que les serveurs Apache et MySQL ont été correctement démarrés. Les cases des serveurs en haut à droite doivent être cochées comme sur la figure suivante.

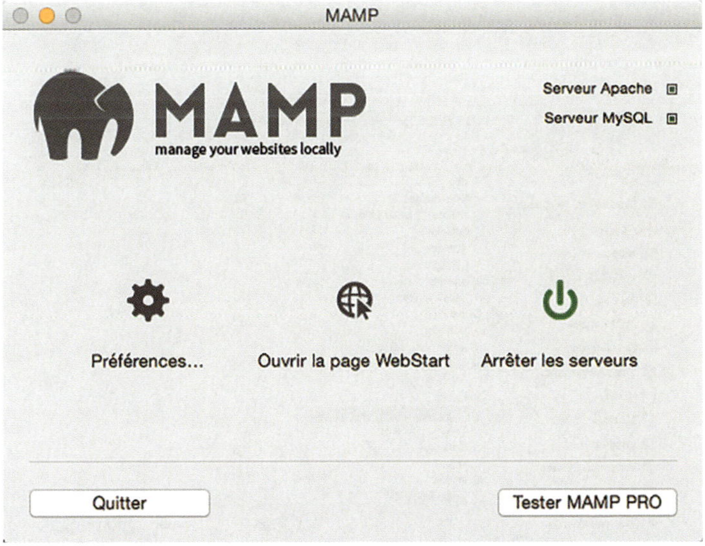

Fenêtre principale de MAMP

Je vous invite à configurer le répertoire dans lequel Apache ira chercher les fichiers PHP de votre site web. Pour cela, cliquez sur le bouton ***Préférences*** de la fenêtre principale. Une boîte de dialogue de configuration s'ouvre alors (figure suivante). Cliquez sur l'onglet ***Serveur Web*** en haut.

Configuration de MAMP

Cliquez sur l'icône  pour sélectionner le dossier dans lequel vous placerez les fichiers de votre site web. Sous Mac OS, un dossier est déjà créé : il s'agit de `Sites`, dans votre répertoire personnel (figure suivante).

Le dossier Sites de Mac OS X

Sélectionnez ce répertoire, qui devrait être de la forme `/Users/pseudo/Sites`. Notez que ce n'est pas une obligation : vous pouvez utiliser n'importe quel autre répertoire si vous le désirez.

Validez les changements et retournez sur la fenêtre principale de MAMP. Cliquez alors sur ***Ouvrir la page WebStart***. Votre navigateur devrait alors s'ouvrir et afficher une page web.

Pour préparer la suite, je vous invite à créer un dossier `tests` dans votre répertoire `Sites`. Nous y placerons nos premiers fichiers PHP de test.

Si le dossier `tests` a été correctement créé, vous pouvez visualiser son contenu en vous rendant à l'adresse *http://localhost:8888/tests/*.

Si tout va bien, une page vide devrait s'afficher (figure suivante).

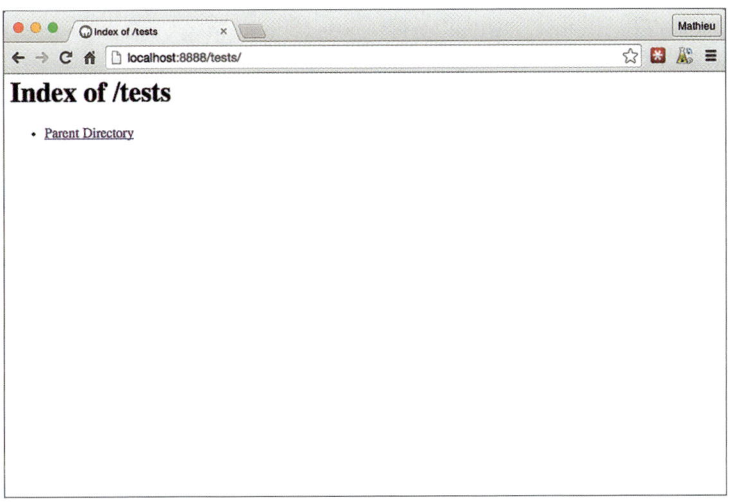

Un dossier vide s'affiche dans le navigateur grâce à MAMP.

MAMP est correctement installé et configuré. Vous êtes maintenant prêt à travailler en PHP pour le chapitre suivant !

Sous Linux : XAMPP

Sous Linux, il est courant d'installer Apache, PHP et MySQL séparément. Toutefois, il existe aussi des packs tout prêts comme XAMPP (pour *X, Apache, MySQL, Perl, PHP*), anciennement connu sous le nom de LAMPP.

Ce pack est plus complet que WAMP pour Windows ou MAMP pour Mac OS X. Nous n'utiliserons toutefois qu'une partie des éléments installés.

> **!** Vérifiez que vous prenez une version de XAMPP avec PHP 5.4 au minimum. Les fonctionnalités de PHP changent d'une version à l'autre et ce cours est basé sur la version 5.4 ou postérieures.
>
> Ça devrait être le cas si vous prenez la dernière version proposée sur le site.

Sur le site officiel de XAMPP (*https://www.apachefriends.org/fr/index.html*), recherchez le lien ***XAMPP pour Linux***.

Téléchargement de XAMPP pour Linux

> **i** XAMPP est aussi disponible pour Windows et Mac OS X comme vous pourrez le constater sur le site. La méthode d'installation est sensiblement différente, mais vous pouvez l'essayer si vous avez déjà testé WAMP (pour Windows) ou MAMP (pour Mac OS X) et que vous n'en êtes pas satisfait.

Une fois le téléchargement terminé, ouvrez une console. L'installation et le lancement de XAMPP se font en effet uniquement en console (allons, allons, pas de chichis, vous n'allez pas me faire avaler que c'est la première fois que vous ouvrez la console !).

Rendez-vous dans le dossier où vous avez téléchargé XAMPP. Par exemple, dans mon cas, le fichier se trouve sur le bureau :

```
cd  /Desktop
```

Vous devez passer `root` pour installer et lancer XAMPP.

`root` est le compte administrateur de la machine qui a notamment le droit d'installer des programmes. Normalement, il suffit de taper `su` et d'entrer le mot de passe `root`. Sous Ubuntu, il faudra taper `sudo su` et taper votre mot de passe habituel.

Si comme moi vous utilisez Ubuntu, tapez donc :

```
sudo su
```

Donnez les droits d'exécution au fichier que vous venez de télécharger :

```
chmod 755 xampp-linux-*-installer.run
```

Puis lancez le programme d'installation :

```
./xampp-linux-*-installer.run
```

Pensez à remplacer le caractère * dans la commande par le numéro de version du fichier téléchargé.

Et voilà ! XAMPP est maintenant installé.

Pour démarrer XAMPP (et donc Apache, PHP et MySQL), tapez la commande suivante :

```
/opt/lampp/lampp start
```

Si vous désirez par la suite arrêter XAMPP, tapez :

```
/opt/lampp/lampp stop
```

N'oubliez pas que vous devez être sous le compte `root` lorsque vous démarrez ou arrêtez XAMPP.

Ce n'est pas bien compliqué, comme vous pouvez le voir !

Vous pouvez maintenant tester XAMPP en ouvrant votre navigateur favori et en tapant l'adresse suivante : http://localhost.

Vous devriez voir la page de sélection de la langue de XAMPP. Cliquez sur ***Français***, comme vous y êtes invité sur l'écran suivant.

Choix de la langue dans XAMPP

La page principale de configuration de XAMPP s'affiche ensuite. Elle est plus complète que ses homologues WAMP et MAMP, notamment parce que XAMPP contient plus de logiciels et propose donc plus de fonctionnalités (beaucoup plus).

Vous pouvez vérifier que tout fonctionne correctement en allant dans le menu ***Statut*** (figure suivante).

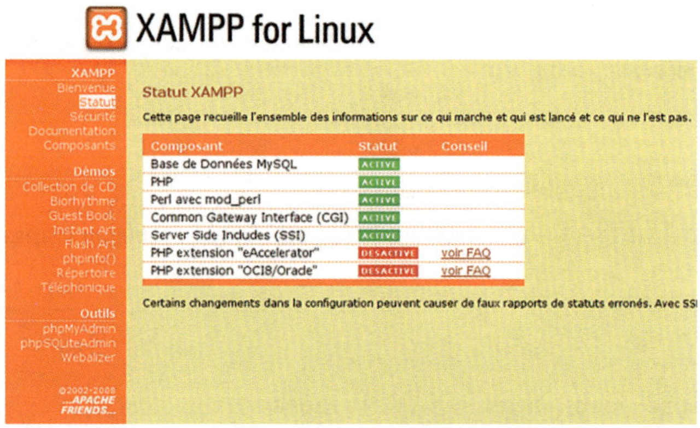

Statut des composants de XAMPP

Au minimum, les modules MySQL et PHP doivent être en vert. Quant aux autres, nous ne les utiliserons pas, donc peu importe.

Les fichiers PHP devront être placés dans le répertoire `/opt/lampp/htdocs`. Vous pouvez y créer un sous-répertoire `tests` pour vos premiers tests.

```
cd /opt/lampp/htdocs
mkdir tests
```

Une fois le dossier créé, vous pouvez y accéder depuis votre navigateur à l'adresse suivante : http://localhost/tests.

Vous devriez voir une page similaire à celle de la figure suivante.

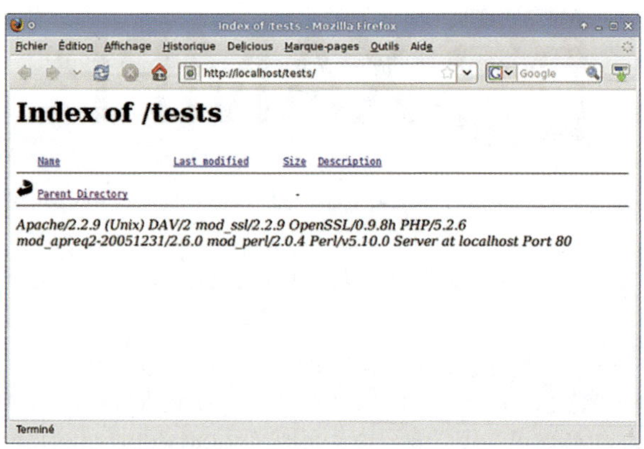

Le dossier tests est actuellement vide dans XAMPP.

Vous êtes prêt à travailler en PHP !

Utiliser un bon éditeur de fichiers

Comme vous devez déjà le savoir, vous disposez de plusieurs solutions pour éditer le code d'une page web :

- Utiliser un éditeur de texte tout simple, déjà présent sur votre ordinateur, comme le **Bloc-notes**. Pour l'ouvrir, sélectionnez ***Démarrer/Programmes/Accessoires/Bloc-notes***. Ce logiciel suffit normalement à écrire des pages web en HTML et même en PHP, mais…
- Le mieux reste d'utiliser un **logiciel spécialisé** qui colore votre code (très pratique) et qui numérote vos lignes (très pratique aussi). Il existe des centaines et des centaines de logiciels gratuits faits pour les développeurs comme vous. Je vais vous en présenter ici deux : un gratuit (Sublime Text) et un payant (PHPStorm).

Je vous propose donc ici d'installer un logiciel qui va vous permettre d'éditer vos fichiers source de manière efficace. Vous en avez probablement déjà installé un si vous avez appris à programmer en HTML/CSS, mais comme on n'est jamais trop prudent, je vais rapidement vous en présenter quelques-uns en fonction de votre système d'exploitation.

Voici le code source HTML que nous allons utiliser pour commencer en terrain connu. Copiez-collez ce code dans l'éditeur de texte que vous allez installer :

```
<!DOCTYPE html>
<html>
     <head>
          <meta charset="utf-8" />
          <title>Ceci est une page HTML de test</title>
     </head>
     <body>
          <h2>Page de test</h2>

          <p>
               Cette page contient <strong>uniquement</strong> du code.<br />
Voici quelques petits tests :
          </p>

          <ul>
          <li style="color: blue;">Texte en bleu</li>
          <li style="color: red;">Texte en rouge</li>
          <li style="color: green;">Texte en vert</li>
          </ul>
     </body>
</html>
```

Pour l'instant, le code ne contient pas de PHP afin de commencer en douceur. Nous allons simplement essayer d'enregistrer un fichier HTML avec ce code pour nous échauffer.

Sublime Text (gratuit)

Que vous soyez sous Windows, Mac ou Linux, je vous recommande de commencer avec l'éditeur Sublime Text (*https://www.sublimetext.com/*) qui est suffisamment léger et simple pour nous qui débutons.

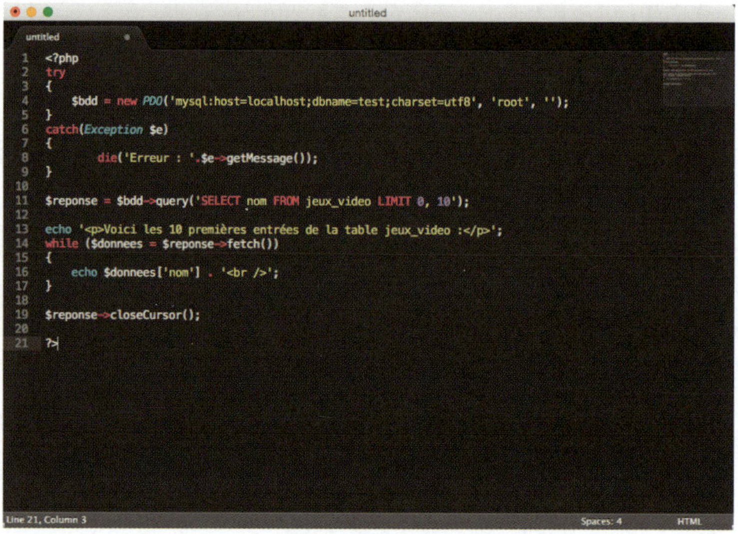

L'éditeur de texte Sublime Text

Ne vous fiez pas à son apparente simplicité : Sublime Text est en effet rapide et simple à la base, mais il est possible d'étendre ses fonctionnalités avec d'innombrables plug-ins !

Sublime Text est un très bon éditeur, utilisé par de nombreux développeurs (y compris des pros). Il voit en revanche ses limites sur de gros projets, où certains pros lui préfèrent PHPStorm.

PHPStorm (payant)

PHPStorm (*https://www.jetbrains.com/phpstorm/*) ressemble un peu plus à une « machine de guerre » que Sublime Text. Et pour cause : c'est un IDE, un environnement de travail de développeur. Il est utilisé par de nombreux développeurs PHP professionnels de ma connaissance.

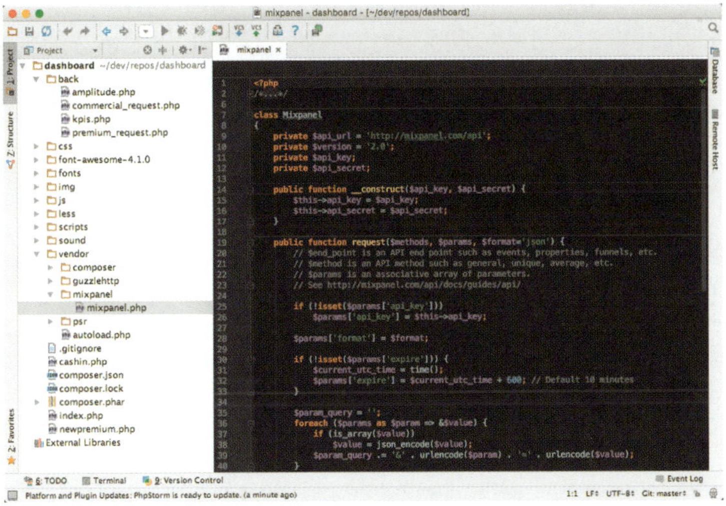

L'éditeur PHPStorm, utilisé par de nombreux professionnels

PHPStorm est plus « costaud » que Sublime Text. Il met plus de temps à charger, il peut avoir de nombreuses fonctionnalités avancées grâce à ses plug-ins... Par ailleurs, PHPStorm est payant.

Vous ne commencerez peut-être pas immédiatement avec PHPStorm, mais rangez-le dans un coin de votre tête car c'est un outil très utilisé que vous essaierez sûrement un jour.

En résumé

- Pour créer des sites web dynamiques, nous devons installer des outils qui transformeront notre ordinateur en serveur afin de pouvoir tester notre site.
- Les principaux outils dont nous avons besoin sont :
  - Apache : le serveur web ;
  - PHP : le programme qui permet au serveur web d'exécuter des pages PHP ;
  - MySQL : le logiciel de gestion de bases de données.
- Bien qu'il soit possible d'installer ces outils séparément, il est plus simple pour nous d'installer un paquetage tout prêt : WAMP sous Windows, MAMP sous Mac OS X ou XAMPP sous Linux.
- Il est conseillé d'utiliser un éditeur de texte qui colore le code source comme Sublime Text pour programmer convenablement en PHP.
- Pour les personnes plus expérimentées qui travaillent sur de gros projets, je recommande PHPStorm.

3

Écrire son premier script

Dans le premier chapitre, nous avons découvert le principe de fonctionnement du PHP. Ici, nous allons passer au concret et réaliser notre toute première page web en PHP.

Ne vous attendez pas à un résultat extraordinaire, mais cela va nous permettre de prendre nos marques. Vous allez en particulier comprendre comment on sépare le code HTML classique du code PHP.

Vous êtes prêt ? Allons-y !

Les balises PHP

Vous savez donc que le code source d'une page HTML est constitué de **balises** (aussi appelées **tags**). Par exemple, `<ul>` est une balise.

Le code PHP vient s'insérer au milieu du code HTML. On va progressivement placer dans nos pages web des morceaux de code PHP à l'intérieur du HTML. Ces bouts de code PHP seront les parties dynamiques de la page, c'est-à-dire les parties qui peuvent changer toutes seules (c'est pour cela qu'on dit qu'elles sont dynamiques).

La figure suivante illustre cela.

Insertion de code PHP

Comme vous pouvez le voir, on retrouve le code HTML qu'on connaît bien… et on insère en plus des données dynamiques au milieu. Ici, par exemple, c'est le pseudonyme : il change en fonction du visiteur. La partie surlignée peut donc changer selon les visiteurs.

> OpenClassrooms fait la même chose pour ses membres inscrits. Votre pseudonyme est affiché en haut des pages lorsque vous êtes connecté.

La forme d'une balise PHP

Pour utiliser du PHP, on va devoir introduire une nouvelle balise… un peu spéciale. Elle commence par `<?php` et se termine par `?>`. Le code PHP sera placé à l'intérieur de cette balise, comme nous allons le voir.

Voici une balise PHP vide :

```
<?php ?>
```

À l'intérieur, on écrira donc du code source PHP :

```
<?php /* Le code PHP se met ici */ ?>
```

On peut sans problème écrire la balise PHP sur plusieurs lignes. En fait, c'est même indispensable car la plupart du temps le code PHP fera plusieurs lignes. Cela donnera quelque chose comme :

```
<?php
/* Le code PHP se met ici
Et ici
Et encore ici */
?>
```

> Il existe d'autres balises pour utiliser du PHP, par exemple `<? ?>`, `<% %>`, etc. Ne soyez donc pas étonné si vous en voyez. Néanmoins, `<?php ?>` est la forme la plus correcte, vous apprendrez donc ici à vous servir de cette balise et non pas des autres.

Insérer une balise PHP au milieu du code HTML

Comme indiqué, la balise PHP que nous venons de découvrir s'insère au milieu du code HTML. Reprenons l'exemple du chapitre précédent :

```
<!DOCTYPE html>
<html>
    <head>
        <title>Ceci est une page de test avec des balises PHP</title>
        <meta charset="utf-8" />
    </head>
    <body>
        <h2>Page de test</h2>

        <p>
            Cette page contient du code HTML avec des balises PHP.<br />
            <?php /* Insérer du code PHP ici */ ?>
            Voici quelques petits tests :
        </p>

        <ul>
        <li style="color: blue;">Texte en bleu</li>
        <li style="color: red;">Texte en rouge</li>
        <li style="color: green;">Texte en vert</li>
        </ul>

        <?php
           /* Encore du PHP
           Toujours du PHP */
        ?>
    </body>
</html>
```

Peut-on placer une balise PHP n'importe où dans le code ?

Oui ! Vraiment n'importe où. Pas seulement dans le corps de la page d'ailleurs : vous pouvez placer une balise PHP dans l'en-tête de la page (regardez la ligne 4 de l'exemple ci-dessous).

```
1. <!DOCTYPE html>
2. <html>
3.     <head>
4.         <title>Ceci est une page de test <?php /* Code PHP */ ?></title>
5.          <meta charset="utf-8" />
6.     </head>php
```

Plus fort encore, vous pouvez même insérer une balise PHP au milieu d'une balise HTML, comme le montre la ligne 5 de l'exemple ci-dessous (bon, ce n'est pas très joli, je vous l'accorde) :

```
1. <!DOCTYPE html>
2. <html>
3.     <head>
4.         <title>Ceci est une page de test</title>
5.         <meta <?php /* Code PHP */ ?> charset="utf-8"/>
6.     </head>
```

Comment ça fonctionne ? À quoi ça peut servir ?

Il faut se rappeler que PHP génère du code HTML. Nous allons mieux comprendre le fonctionnement en apprenant à afficher du texte en PHP.

Afficher du texte

Bon il serait temps de commencer à écrire du code PHP, non ?

Grande nouvelle : c'est maintenant que vous allez apprendre votre première instruction en PHP.

Ne vous attendez pas à quelque chose d'extraordinaire, votre PC ne va pas se mettre à danser la samba tout seul. ;-)

Vous allez cependant un peu mieux comprendre le fonctionnement de PHP, c'est-à-dire comment il génère du code HTML. Il est indispensable de bien comprendre cela, soyez donc attentif !

L'instruction echo

Le PHP est un langage de programmation, ce qui n'est pas le cas du HTML (on parle plutôt de langage de description, car il permet de décrire une page web). Si vous avez déjà programmé dans d'autres langages comme le C ou le Java, cela ne devrait pas vous surprendre. Néanmoins, ici, nous partons de zéro donc je vais supposer que vous n'avez jamais fait de programmation auparavant.

Tout langage de programmation contient ce qu'on appelle des **instructions**. On en écrit une par ligne, en général, et elles se terminent toutes par un point-virgule. Une instruction commande à l'ordinateur d'effectuer une action précise.

Ici, la première instruction que nous allons découvrir permet d'insérer du texte dans la page web. Il s'agit de l'instruction `echo`, la plus simple et la plus basique de toutes les instructions que vous devez connaître.

Voici un exemple d'utilisation de cette instruction :

```
<?php echo "Ceci est du texte"; ?>
```

Comme vous le voyez, à l'intérieur de la balise PHP, on écrit l'instruction `echo` suivie du texte à afficher entre guillemets. Les guillemets permettent de délimiter le début et la fin du texte, ce qui aide l'ordinateur à se repérer. Enfin, l'instruction se termine par un point-virgule, ce qui signifie « fin de l'instruction ».

Notez qu'il existe une instruction identique à `echo` appelée `print`, qui fait la même chose. Cependant, `echo` est plus couramment utilisée.

Il faut savoir qu'on a aussi le droit de demander d'afficher des balises. Par exemple, le code suivant fonctionne :

```
<?php echo "Ceci est du <strong>texte</strong>"; ?>
```

Le mot « texte » sera affiché en gras grâce à la présence des balises `<strong>` et `</strong>`.

Comment faire pour afficher un guillemet ?

Bonne question. Si vous mettez un guillemet, ça veut dire pour l'ordinateur que le texte à afficher s'arrête là. Vous risquez au mieux de faire planter votre beau code et d'avoir une terrible `Parse error`.

La solution consiste à faire précéder le guillemet d'un antislash \ :

```
<?php echo "Cette ligne a été écrite \"uniquement\" en PHP."; ?>
```

Vous savez que le code PHP s'insère au milieu du code HTML. Alors allons-y, prenons une page basique en HTML et plaçons-y du code PHP (ligne 11) :

```
1. <!DOCTYPE html>
2. <html>
3.     <head>
4.         <title>Notre première instruction : echo</title>
5.         <meta charset="utf-8" />
6.     </head>
7.     <body>
8.         <h2>Affichage de texte avec PHP</h2>
9.         <p>
10.            Cette ligne a été écrite entièrement en HTML.<br />
11.            <?php echo "Celle-ci a été écrite entièrement en PHP."; ?>
12.        </p>
13.    </body>
14. </html>
```

Je vous propose de copier-coller ce code source dans votre éditeur de texte et d'enregistrer la page. Nous allons l'essayer et voir ce qu'elle produit comme résultat.

Mais au fait, vous rappelez-vous comment vous devez enregistrer votre page PHP ?

Enregistrer une page PHP

Je vous ai expliqué comment faire dans le chapitre précédent mais un petit rappel ne peut pas faire de mal.

Enregistrez la page avec l'extension `.php`, par exemple `affichertexte.php`, dans le dossier `tests` que je vous ai fait créer. Il doit se trouver dans `C:\wamp\www\tests` sous Windows.

> L'essentiel, quel que soit votre système d'exploitation, est que le fichier soit enregistré dans le dossier `www` (ou un de ses sous-dossiers) sinon le fichier PHP ne pourra pas s'exécuter !

Si vous utilisez Notepad++, sélectionnez `PHP Hypertext Preprocessor file (*.php)` dans la fenêtre pour enregistrer, comme le montre la figure suivante.

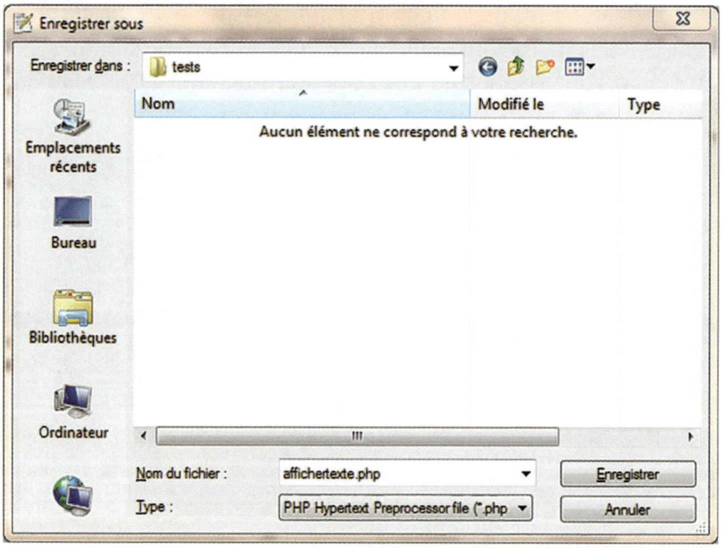

Sauvegarde d'une page PHP

Une fois la page enregistrée, il faut maintenant la tester.

Tester la page PHP

Pour tester votre page PHP, cela dépend de votre système d'exploitation mais la manœuvre est dans les grandes lignes la même.

Sous Windows, démarrez WAMP si ce n'est pas déjà fait. Allez dans le menu ***Localhost***, la page d'accueil s'ouvre. Si vous avez bien créé le dossier `tests` dans le répertoire `www` comme indiqué au chapitre précédent, vous devriez voir un lien vers le dossier `tests`. Cliquez dessus (nous avons déjà fait cela dans le chapitre précédent).

Une page web s'ouvre indiquant tous les fichiers qui se trouvent dans le dossier `tests`. Vous devriez avoir le fichier `affichertexte.php`. Cliquez dessus : votre ordinateur génère alors le code PHP puis ouvre la page. Vous avez le résultat devant vos yeux.

Le même résultat peut être obtenu dans votre navigateur en allant directement à l'adresse *http://localhost/tests/affichertexte.php*. La méthode devrait être quasiment la même, que vous soyez sous Windows, Mac OS X ou Linux.

Alors, que voyez-vous ?

Vous êtes probablement étonné de ce que je vous ai fait faire : cela semble inutile et ce n'est pas tout à fait faux. Le code PHP a « écrit » une ligne à l'écran, tout simplement.

Ce n'est pas plus simple de l'écrire en HTML ?

Si !

Mais vous verrez bientôt l'intérêt de cette fonction. Pour le moment, on constate juste que ça écrit du texte.

En attendant, pour vous amuser et comprendre la force de PHP, essayez juste le code suivant (qu'on expliquera plus tard dans le cours) :

```
<!DOCTYPE html>
<html>
    <head>
        <meta charset="utf-8" />
        <title>Ma page web</title>
    </head>
    <body>
        <h1>Ma page web</h1>
        <p>Aujourd'hui, nous sommes le <?php echo date('d/m/Y
h:i:s'); ?>.</p>
    </body>
</html>
```

Testez ce code et admirez

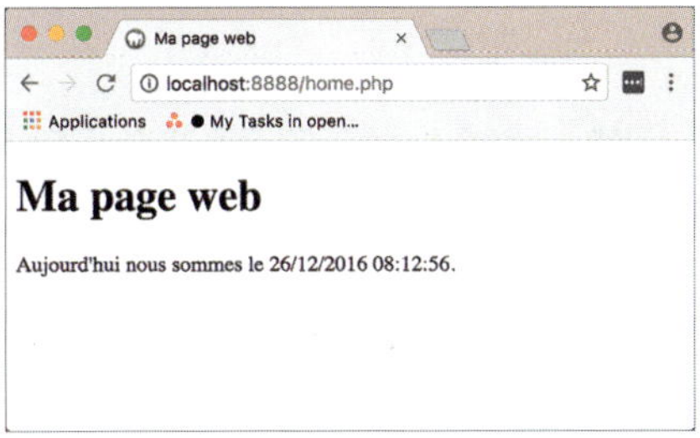

Affichage dynamique de la date et de l'heure en PHP

La date et l'heure s'affichent automatiquement sur la page !

Actualisez à présent la page : l'heure s'est mise à jour toute seule !

Regardez le code source de la page générée dans le navigateur : vous verrez qu'il n'y a pas de code PHP. L'heure a directement été envoyée dans le code HTML.

Comment PHP génère-t-il du code HTML ?

L'instruction `echo` demande à PHP d'insérer à cet endroit le texte que vous demandez. Si on traduit l'instruction que je vous ai présentée plus haut en français, ça donne : Insérer le texte : « **Celle-ci a été écrite entièrement en PHP.** »

> Il ne faut jamais oublier le point-virgule à la fin d'une instruction sous peine d'obtenir le message d'erreur : `Parse Error`.
>
> Notez que ça plante uniquement si votre code PHP fait plus d'une ligne (ça sera tout le temps le cas). Prenez donc l'habitude de toujours mettre un `;` à la fin des instructions.

Je vous ai expliqué, dans le tout premier chapitre, que le PHP générait du code HTML et renvoyait au visiteur uniquement du code HTML (accompagné éventuellement de sa feuille de styles CSS), comme le montre la figure suivante.

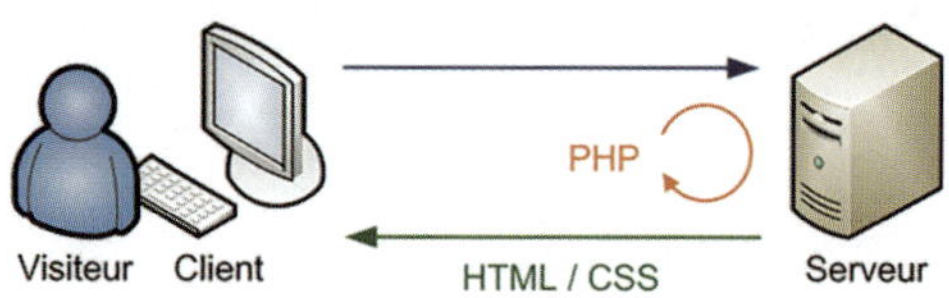

Génération de HTML par PHP

Sur la figure suivante, vous découvrez concrètement ce qu'il se passe avec notre code source.

Le code PHP est exécuté en premier et l'ordinateur fait ce qu'on lui demande. Ici on lui a dit « Affiche ce texte ici ».

Une fois toutes les instructions PHP exécutées (ici c'était simple, il n'y en avait qu'une !), la page qui sort est une page qui ne contient que du HTML ! C'est cette page de « résultat » qui est envoyée au visiteur, car celui-ci ne sait lire que le HTML.

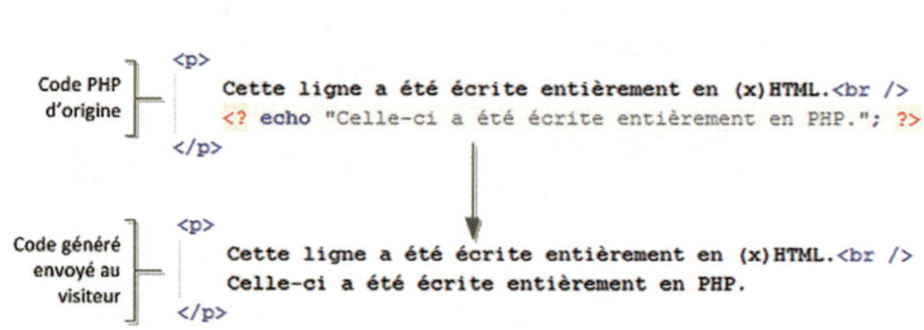

Génération de HTML avec echo

Rappelez-vous, seul le serveur peut exécuter du PHP. Le PHP n'est jamais envoyé au visiteur. Pour que nous puissions exécuter du PHP sur notre ordinateur (afin de faire nos tests), nous avons dû le transformer en mini-serveur en installant un programme tel que WAMP.

Les commentaires

Avant de clore ce chapitre, je tiens à vous parler de quelque chose qui à mes yeux a une très grande importance en PHP, comme dans tout langage de programmation : les commentaires.

Un **commentaire** est un texte que vous insérez pour vous, dans le code PHP. Ce texte est ignoré, c'est-à-dire qu'il disparaît complètement lors de la génération de la page. Il n'y a que vous qui voyez ce texte.

Mais alors, à quoi sert un commentaire ?

C'est pour vous. Cela permet de vous y retrouver dans votre code PHP, parce que si vous n'y touchez pas pendant des semaines et que vous y revenez, vous risquez d'être un peu perdu.

Vous pouvez écrire tout et n'importe quoi, l'essentiel est de s'en servir à bon escient.

Il existe deux types de commentaires :

- les commentaires monolignes ;
- les commentaires multilignes.

Tout dépend de la longueur de votre commentaire. Je vais vous présenter les deux.

Les commentaires monolignes

Pour indiquer que vous écrivez un commentaire sur une seule ligne, vous devez taper deux slashs : //. Ajoutez ensuite votre commentaire.

Un exemple ?

```
<?php
echo "J'habite en Chine."; // Cette ligne indique où j'habite
// La ligne suivante indique mon âge
echo "J'ai 92 ans.";
?>
```

Je vous ai mis deux commentaires à des endroits différents :

- le premier est à la fin d'une ligne ;
- le second est sur toute une ligne.

À vous de voir où vous placez vos commentaires : si vous commentez une ligne précise, mieux vaut mettre le commentaire à la fin de cette ligne.

Les commentaires multilignes

Ce sont les plus pratiques si vous pensez écrire un commentaire sur plusieurs lignes, mais on peut aussi s'en servir pour écrire des commentaires d'une seule ligne. Il faut commencer par écrire `/*` puis refermer par `*/` :

```
<?php
/* La ligne suivante indique mon âge
Si vous ne me croyez pas...
... vous avez raison ;o) */
echo "J'ai 92 ans.";
?>
```

Ici, les commentaires n'ont pas grande utilité, mais vous verrez de quelle façon je les utilise dans les prochains chapitres pour vous décrire le code PHP.

En résumé

- Les pages web contenant du PHP ont l'extension `.php`.
- Une page PHP est en fait une simple page HTML qui contient des instructions en langage PHP.
- Les instructions PHP sont placées dans une balise `<?php ?>`.
- Pour afficher du texte en PHP, on utilise l'instruction `echo`.
- Il est possible d'ajouter des commentaires en PHP pour décrire le fonctionnement du code. On utilise pour cela les symboles `//` ou `/* */`.

4 Configurer PHP pour visualiser les erreurs

Avant d'aller plus loin, il est important de faire une pause sur ce que vous allez sans doute beaucoup rencontrer (et ce n'est absolument pas grave !) : les erreurs.

En effet, lorsqu'un script PHP plante, le comportement par défaut de PHP est de n'afficher qu'une page blanche (une page de navigateur sans contenu).

Pour faciliter notre vie de développeur, il va falloir faire en sorte que les erreurs PHP s'affichent. Sinon, nous aurons de grosses difficultés par la suite pour comprendre pourquoi nos pages ne s'affichent pas correctement.

Nous allons donc changer la configuration de PHP.

Permettre l'affichage des erreurs

Eh oui, PHP est configurable !

> Si les erreurs s'affichent déjà dans votre navigateur, inutile de faire les manipulations qui vont suivre !

Par défaut, PHP n'affiche pas les erreurs pour éviter de donner trop d'indications aux utilisateurs pour des raisons évidentes de sécurité (un mantra à vous répéter : « moins l'utilisateur en sait sur mon application, mieux mon application se portera ! »).

La configuration de PHP se fait dans un fichier appelé `php.ini`. Encore faut-il savoir où il se trouve !

Localiser le fichier de configuration PHP du serveur web

Pour connaître l'ensemble des informations relatives au PHP utilisé par le serveur web, il existe une fonction PHP nommée `phpinfo()` (on parle de fonction, on y reviendra). Nous allons l'utiliser pour localiser le fichier de configuration afin de le modifier.

Je vous invite donc à créer un fichier PHP avec le code qui suit :

```
<?php

phpinfo();

?>
```

Enregistrez-le sous le nom `info.php` dans le dossier qui est lu par votre serveur web. Et enfin, affichez la page. Vous devriez obtenir le résultat qui s'affiche sur la figure suivante.

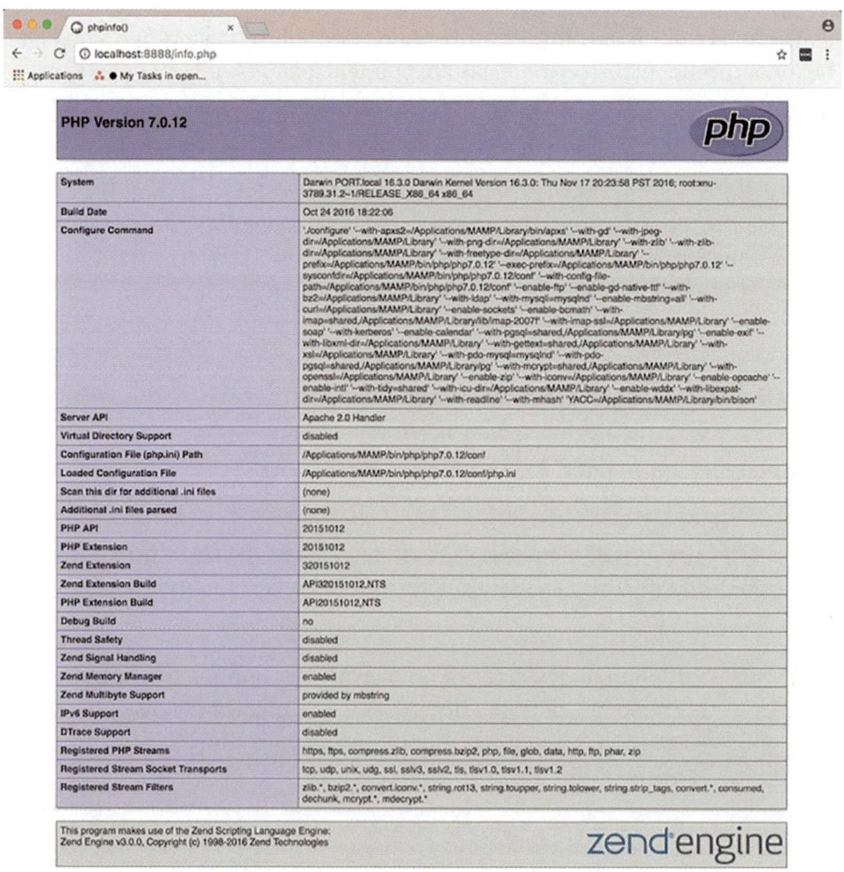

Résultat du script contenant l'instruction phpinfo()

Cette page contient toute une flopée d'informations dont la version de PHP utilisée (pour moi il s'agit de PHP 7.0.12), le type de serveur web (ici Apache)... Et la localisation du (ou des fichiers) de configuration pour PHP.

Retrouvez la ligne `Loaded Configuration File` (ce qui signifie « fichier de configuration chargé »), et regardez la valeur. Dans mon cas, on peut voir ceci :

Loaded Configuration File	/Applications/MAMP/bin/php/php7.0.12/conf/php.ini

Chemin du fichier de configuration de PHP chargé par le serveur web

Je vais donc ouvrir ce fichier et le modifier : il faut s'assurer que les clés de configuration `error_reporting` et `display_errors` ont respectivement les valeurs `E_ALL` et `On`.

Allons-y étape par étape.

1. Effectuez une recherche dans le fichier avec le terme `error_reporting`. S'il n'y a pas écrit `error_reporting = E_ALL`, modifiez cette clé pour afficher la valeur correcte.
2. Ensuite, effectuez une nouvelle recherche dans le fichier avec le terme `display_errors`. S'il n'est pas écrit `display_errors = On`, modifiez cette clé pour afficher la valeur correcte.
3. Enregistrez le fichier.
4. Relancez le serveur pour qu'il prenne en compte vos modifications.

Le point-virgule (;) en début de ligne signifie que tout ce qui suit est un commentaire. Si l'une de ces lignes (ou les deux) sont commentées, il suffit de retirer le point-virgule en début de ligne.

Prenez soin de faire bien attention à ce que ces lignes de configuration n'existent qu'une seule fois dans le fichier : en effet, ne créez pas ces lignes si elles existaient déjà ;)

Tester l'affichage des erreurs

Nous allons maintenant créer une erreur dans un script PHP pour nous assurer que l'erreur s'affiche dans le navigateur : dans le script que nous avons créé pour afficher les informations relatives à PHP pour le serveur web (nous l'avions appelé `info.php`), retirez une parenthèse, puis enregistrez le fichier. Ça devrait donner ceci :

```
<?php
phpinfo(;
?>
```

Oui je sais, il manque une parenthèse, c'est une erreur, on le fait exprès.

Maintenant, affichez la page à l'aide votre navigateur web.

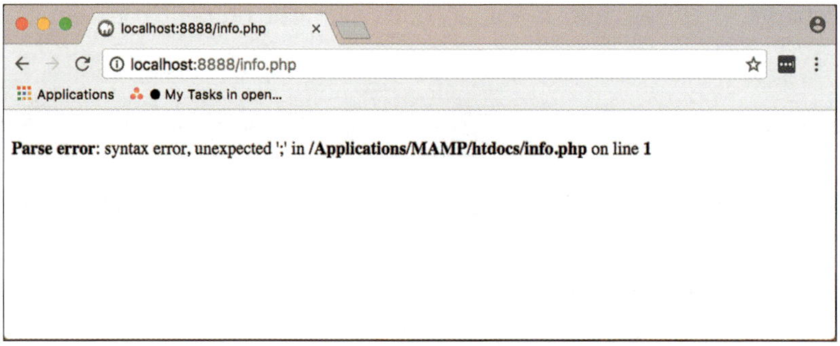

Affichage des erreurs dans le navigateur web

Et voilà ! Si vous voyez bien cette erreur, c'est que PHP est configuré pour afficher le détail des erreurs. Ouf ! Ça nous fera gagner beaucoup de temps pour comprendre nos problèmes par la suite :)

Deuxième partie

Les bases de PHP

Parce qu'il faut bien commencer quelque part…

Découvrez PHP en douceur dans cette deuxième partie.

5 Les variables

Attention, chapitre fondamental !

Les variables sont un élément indispensable dans tout langage de programmation, et en PHP on n'y échappe pas. Ce n'est pas un truc de programmeurs tordus, c'est au contraire quelque chose qui va nous simplifier la vie. Sans les variables, vous n'irez pas bien loin.

Les variables nous permettent de retenir temporairement des informations en mémoire. Avec elles, nous allons pouvoir, par exemple, retenir le pseudonyme du visiteur, effectuer des calculs et bien d'autres choses !

Qu'est-ce qu'une variable ?

Rien qu'avec le nom, vous devez vous dire que c'est quelque chose qui change tout le temps. En effet, le propre d'une variable c'est de pouvoir **varier** (belle lapalissade, n'est-ce pas ? ;-)). Mais qu'est-ce que c'est concrètement ?

Une **variable**, c'est une petite information stockée en mémoire **temporairement**. Elle n'a pas une grande durée de vie. En PHP, la variable (l'information) existe tant que la page est en cours de génération. Dès que la page PHP est générée, toutes les variables sont supprimées de la mémoire car elles ne servent plus à rien. Ce n'est donc pas un fichier qui reste stocké sur le disque dur mais une petite donnée temporaire présente en mémoire vive.

C'est à vous de créer des variables, dès que vous en avez besoin, pour retenir des informations.

Un nom et une valeur

Une variable est toujours constituée de deux éléments :

- **son nom** : pour pouvoir la reconnaître, vous devez donner un nom à votre variable, par exemple `age_du_visiteur` ;
- **sa valeur** : c'est l'information qu'elle contient, et qui peut changer, par exemple `17`.

Ici, je vous ai donné l'exemple d'une variable appelée `age_du_visiteur` qui a pour valeur 17.

On peut modifier quand on veut la valeur de cette variable, faire des opérations dessus, etc. Et quand on en a besoin, on l'appelle (par son nom), et elle nous dit gentiment la valeur qu'elle contient.

Par exemple, on peut imaginer l'échange suivant :

- « Hep ! Toi, la variable `age_du_visiteur`, que contiens-tu ? »
- « 17 »
- « Merci ! »

Vous allez voir que ces petites bébêtes, même si elles peuvent vous sembler encore un peu floues, seront vraiment indispensables pour votre site en PHP.

Par exemple, vous pourrez retenir temporairement le nom du visiteur. Dans une variable `nom_du_visiteur`, vous stockerez son pseudo, mettons « M@teo21 ». Dès que vous en aurez besoin vous pourrez l'utiliser, notamment pour afficher un message de bienvenue personnalisé : « Salut M@teo21 ! Bienvenue sur mon site ! »

Il est de bon ton de ne coder qu'en anglais : en effet, je ne vous le répéterai jamais assez, mais le code que vous écrivez pourrait être relu/repris par n'importe qui, et il est possible que le(la) développeur(se) soit non francophone.

Ainsi, pour les noms de vos variables, prenez soin de ne les écrire qu'en anglais.

Les différents types de variables

Les variables sont capables de stocker différents types d'informations. On parle de **types de données**. Voici les principaux types à connaître.

- **Les chaînes de caractères** (`string`) : elles correspondent au nom informatique qu'on donne au texte. Tout texte est appelé chaîne de caractères. En PHP, ce type de donnée a un nom : `string`. On peut stocker aussi bien des textes courts comme des très longs au besoin (exemple : « Je suis un texte »). Une chaîne de caractères est habituellement écrite entre guillemets ou entre apostrophes (on parle de guillemets simples) : `'Je suis un texte'`. Les deux fonctionnent, mais il y a une petite différence qu'on va découvrir plus loin.
- **Les nombres entiers** (`int`) : ce sont les nombres du type 1, 2, 3, 4, etc. On compte aussi parmi eux les entiers relatifs : -1, -2, -3… Exemple : `42`.
- **Les nombres décimaux** (`float`) : ce sont les nombres à virgule, comme `14,738`. On peut stocker de nombreux chiffres après la virgule, ce qui devrait convenir pour

la plupart des usages que vous en ferez. Attention, les nombres doivent être écrits avec un point au lieu de la virgule (c'est la notation anglaise). Exemple : `14.738`.

- **Les booléens** (`bool`) : c'est un type très important qui permet de stocker soit vrai, soit faux. Cela permet de retenir si une information est vraie ou fausse. On les utilise très fréquemment. On écrit `true` pour vrai et `false` pour faux. Exemple :`true`.
- **Rien** (`NULL`) : aussi bizarre que cela puisse paraître, on a parfois besoin de dire qu'une variable ne contient rien. On indique donc qu'elle vaut `NULL`. Ce n'est pas vraiment un type de donnée, mais plutôt une **absence** de type.

La figure suivante vous résume ce qu'il faut retenir des différents types d'informations qu'est capable de stocker PHP dans les variables.

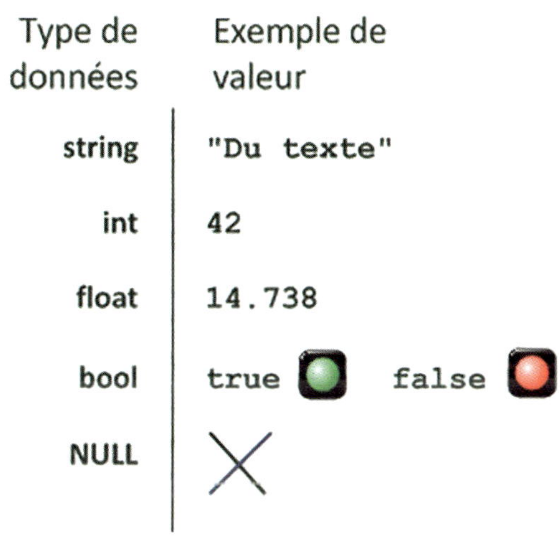

Types de données

Cela devrait vous donner une idée de tout ce que PHP peut stocker en mémoire. Ces types suffiront pour la création de notre site !

Maintenant, passons aux choses concrètes. Comment créer une variable et comment afficher ce qu'elle contient ?

Affecter une valeur à une variable

Premières manipulations de variables

Je vous propose de commencer par regarder ce code d'exemple :

```
<?php
$age_du_visiteur = 17;
?>
```

Avec ce code PHP, on vient en fait de créer une variable :

- son nom est `age_du_visiteur` ;
- sa valeur est `17`.

On ne peut pas mettre d'espace dans un nom de variable. À la place, utilisez un *underscore* (_, caractère situé sous le chiffre 8 sur un clavier Azerty français).

Pour le nom, évitez aussi les accents, les cédilles et tout autre symbole : PHP ne les apprécie pas trop...

Analysons dans le détail le code qu'on vient de voir.

- D'abord, on écrit le symbole « dollar » (`$`) : il précède toujours le nom d'une variable. C'est comme un signe de reconnaissance si vous préférez : ça permet de dire à PHP « J'utilise une variable ». Vous reconnaîtrez toujours la présence d'une variable grâce au symbole « dollar » (`$`).
- Ensuite, il y a le signe « égal » (=) : celui-là c'est logique, sert à dire que la variable `$age_du_visiteur` est égale à...
- À la suite, il y a la valeur de la variable, ici `17`.
- Enfin, il y a l'incontournable point-virgule (`;`) qui permet de terminer l'instruction.

Concrètement, qu'est-ce que le code précédent afficherait ? Rien du tout ! Eh oui, tant que vous n'utilisez pas echo, rien ne s'affiche. Là, le serveur a juste créé la variable temporairement en mémoire, mais il n'a rien fait d'autre.

Supposons maintenant qu'on écrive ceci :

```
<?php
$age_du_visiteur = 17; // La variable est créée et vaut 17
$age_du_visiteur = 23; // La variable est modifiée et vaut 23
$age_du_visiteur = 55; // La variable est modifiée et vaut 55
?>
```

Que se passera-t-il ? La variable `$age_du_visiteur` va être créée et prendre pour valeur, dans l'ordre : `17`, `23`, puis `55`. Tout cela va très vite, l'ordinateur étant très rapide vous n'aurez pas le temps de dire « ouf » que tout ce code PHP aura été exécuté.

Comme tout à l'heure, rien ne s'affiche. Seulement, quelque part dans la mémoire de l'ordinateur, une petite zone nommée `age_du_visiteur` vient de prendre la valeur `17`, puis `23`, puis `55`.

Utiliser les types de données

Vous vous souvenez des types de données dont je vous ai parlé il y a quelques minutes ? Les `string`, `int`, `float`... Voici un exemple de variable pour chacun de ces types.

Le type string (chaîne de caractères)

Ce type permet de stocker du texte. Pour cela, vous devez entourer votre texte de guillemets doubles `""` ou de guillemets simples `''` (attention, ce sont des apostrophes).

Voici deux exemples, l'un avec des guillemets simples et l'autre avec des guillemets doubles :

```
<?php
$nom_du_visiteur = "Mateo21";
$nom_du_visiteur = 'Mateo21';
?>
```

Attention, petit piège : si vous voulez insérer un guillemet simple alors que le texte est entouré de guillemets simples, il faut l'échapper comme on l'a vu précédemment en insérant un antislash devant. Il en va de même pour les guillemets doubles. Voici deux exemples pour bien comprendre :

```
<?php
$variable = "Mon \"nom\" est Mateo21";
$variable = 'Je m\'appelle Mateo21';
?>
```

En effet, si vous oubliez de mettre un antislash, PHP va croire que c'est la fin de la chaîne et il ne comprendra pas le texte qui suivra (vous aurez en fait un message `Parse error`).

Vous pouvez en revanche insérer sans problème des guillemets simples au milieu de guillemets doubles et inversement :

```
<?php
$variable = 'Mon "nom" est Mateo21';
$variable = "Je m'appelle Mateo21";
?>
```

La différence est subtile, faites attention. Il y a d'ailleurs une différence plus importante entre les deux types de guillemets dont nous parlerons plus loin.

Le type int (nombre entier)

On vient de l'utiliser pour nos exemples précédents. Il suffit tout simplement d'écrire le nombre que vous voulez stocker, sans guillemets.

```
<?php
$age_du_visiteur = 17;
?>
```

Le type float (nombre décimal)

Vous devez écrire votre nombre avec un point au lieu d'une virgule. C'est la notation anglaise.

```
<?php
$poids = 57.3;
?>
```

Le type bool (booléen)

Pour dire si une variable vaut vrai ou faux, vous devez écrire le mot `true` ou `false` sans guillemets autour (ce n'est pas une chaîne de caractères !). Je vous conseille de bien choisir le nom de votre variable pour qu'on comprenne ce que ça signifie. Voyez vous-même :

```
<?php
$je_suis_un_zero = true;
$je_suis_bon_en_php = false;
?>
```

Une variable vide avec NULL

Si vous voulez créer une variable qui ne contient rien, vous devez lui passer le mot-clé `NULL` (vous pouvez aussi l'écrire en minuscules : `null`).

```
<?php
$pas_de_valeur = NULL;
?>
```

Cela sert simplement à indiquer que la variable ne contient rien, tout du moins pour le moment.

Afficher et concaténer des variables

Nous avons appris à créer des variables et à stocker des informations à l'intérieur. Mais pour le moment, aucun de nos codes source n'affiche quoi que ce soit.

Afficher le contenu d'une variable

Vous vous souvenez qu'on peut afficher du texte avec `echo` ? On peut aussi s'en servir pour afficher la valeur d'une variable !

```php
<?php
$age_du_visiteur = 17;
echo $age_du_visiteur;
?>
```

Comme vous le voyez, il suffit d'écrire le nom de la variable que vous voulez afficher.

> Au fait, on ne doit pas mettre de guillemets après le `echo` ?

Non, quand il s'agit d'une variable on ne met pas de guillemets autour.

Créez un fichier PHP avec ce code source pour le tester. Inutile de mettre tout le code HTML autour, ce n'est pas grave, ce ne sera pas une « vraie » page HTML valide mais c'est bien suffisant pour nos tests. Vous devriez voir le résultat s'afficher sur un fond blanc dans votre navigateur.

17

Affiche une variable

Le nombre contenu à l'intérieur de la variable s'affiche dans la page (ici, `17`).

Concaténer

Non, ce n'est pas une insulte. Cela signifie **assemblage**. ;-)

En fait, écrire 17 tout seul comme on l'a fait n'est pas très parlant. On aimerait écrire du texte autour pour dire : « Le visiteur a 17 ans ». La concaténation est justement un moyen d'assembler du texte et des variables.

Comment faire cela ? Les petits malins auront l'idée d'écrire trois instructions `echo` :

```php
<?php
$age_du_visiteur = 17;
echo "Le visiteur a ";
echo $age_du_visiteur;
echo " ans";
?>
```

Vous pouvez tester, ça fonctionne, comme vous le montre la figure suivante.

Le visiteur a 17 ans

Ajouter du texte autour d'une variable

Mais il y a plus malin. On peut tout faire sur une ligne. Pour cela, il y a deux méthodes et c'est justement maintenant que l'utilisation des guillemets simples ou doubles va faire la différence.

Concaténer avec des guillemets doubles

Avec des guillemets doubles, c'est le plus simple. Vous pouvez écrire le nom de la variable au milieu du texte et il sera remplacé par sa valeur.

Concrètement, essayez ce code :

```
<?php
$age_du_visiteur = 17;
echo "Le visiteur a $age_du_visiteur ans";
?>
```

Vous obtenez : « Le visiteur a 17 ans ».

En effet, lorsque vous utilisez des guillemets doubles, les variables qui se trouvent à l'intérieur sont analysées et remplacées par leur vraie valeur. Cette solution présente l'avantage d'être facile à utiliser, mais je vous recommande plutôt celle qui utilise des guillemets simples.

Concaténer avec des guillemets simples

Si vous écrivez le code précédent entre guillemets simples, vous allez avoir une drôle de surprise :

```
<?php
$age_du_visiteur = 17;
echo 'Le visiteur a $age_du_visiteur ans'; // Ne marche pas
?>
```

Vous obtenez : « Le visiteur a $age_du_visiteur ans ».

Miséricorde ! On ne peut pas concaténer du texte avec des guillemets simples ?

Eh bien si ! Mais cette fois, il va falloir écrire la variable en dehors des guillemets et séparer les éléments les uns des autres à l'aide d'un point. Regardez :

```
<?php
$age_du_visiteur = 17;
echo 'Le visiteur a ' . $age_du_visiteur . ' ans';
?>
```

Cette fois, vous obtenez bien le résultat souhaité : « Le visiteur a 17 ans ».

Ça a l'air bien plus compliqué, mais en fait c'est cette méthode qu'utilisent la plupart des programmeurs expérimentés en PHP. En effet, le code est plus lisible, on repère bien la variable alors que tout à l'heure elle était comme « noyée » dans le texte. Par ailleurs, votre éditeur de texte devrait colorer la variable, ce qu'il ne faisait pas pour le code précédent.

Cette méthode d'écriture est aussi un chouïa plus rapide, car PHP voit de suite où se trouve la variable et n'a pas besoin de la chercher au milieu du texte.

Dorénavant, j'écrirai toutes mes chaînes de caractères entre guillemets simples (à de rares exceptions près) et j'utiliserai la seconde méthode de concaténation que l'on vient de voir. Prenez le temps de vous habituer à l'utiliser et cela finira par devenir complètement naturel pour vous.

Faire des calculs simples

On va maintenant faire travailler votre ordinateur, et vous allez voir qu'il encaisse les calculs sans problème. Eh oui, PHP sait aussi faire des calculs !

Oh je vous rassure, on ne va pas faire des calculs tordus, juste des additions, des soustractions, des multiplications et des divisions. C'est du niveau de tout le monde, non ? ;-)

Ici, comme vous vous en doutez, on ne va travailler que sur des variables qui contiennent des nombres.

Les opérations de base

Les signes à connaître pour effectuer les quatre opérations de base (vous les trouverez sur le pavé numérique de votre clavier, à droite en principe) sont représentés par le tableau suivant.

Opérations de base

Symbole	Signification
+	Addition
-	Soustraction
*	Multiplication
/	Division

Après, pour vous en servir, ça coule de source. Voici quelques exemples :

```
<?php
$nombre = 2 + 4; // $nombre prend la valeur 6
$nombre = 5 - 1; // $nombre prend la valeur 4
```

```
$nombre = 3 * 5; // $nombre prend la valeur 15
$nombre = 10 / 2; // $nombre prend la valeur 5

// Allez, on ajoute un peu de difficulté
$nombre = 3 * 5 + 1; // $nombre prend la valeur 16
$nombre = (1 + 2) * 2; // $nombre prend la valeur 6
?>
```

Allons, ne boudez pas, un peu de calcul mental ça n'a jamais fait de mal à personne.

Si vous vérifiez mes calculs, vous verrez qu'il n'y a rien de bien compliqué dans tout ça.

Seulement, il ne faut pas avoir peur de « jongler » avec les variables.

Voici des calculs avec plusieurs variables :

```
<?php
$nombre = 10;
$resultat = ($nombre + 5) * $nombre; // $resultat prend la valeur 150
?>
```

C'est de la pure logique, je ne peux rien vous dire de plus.

Si vous avez compris ces bouts de code, vous avez tout compris.

Le modulo

Il est possible de faire un autre type d'opération un peu moins connu : le **modulo**, qui représente le reste de la division entière.

Par exemple, 6/3 = 2 et il n'y a pas de reste. En revanche, 7/3 = 2 (car le nombre 3 « rentre » 2 fois dans le nombre 7) et il reste 1. Vous avez fait ce type de calcul à l'école primaire, souvenez-vous !

Le modulo permet justement de récupérer ce « reste ». Pour faire un calcul avec un modulo, on utilise le symbole `%`.

```
<?php
$nombre = 10 % 5; // $nombre prend la valeur 0 car la division tombe juste
$nombre = 10 % 3; // $nombre prend la valeur 1 car il reste 1
?>
```

Et les autres opérations ?

Je passe sous silence les opérations plus complexes telles que la racine carrée, l'exponentielle, la factorielle, etc. Toutes ces opérations peuvent être réalisées en PHP mais il faudra passer par ce qu'on appelle des **fonctions**, une notion que l'on découvrira plus tard. Les opérations basiques que nous venons de voir sont amplement suffisantes pour la programmation PHP de tous les jours.

En résumé

- Une variable est une petite information qui reste stockée en mémoire le temps de la génération de la page PHP. Elle a un nom et une valeur.
- Il existe plusieurs types de variables qui permettent de stocker différents types d'informations : du texte (`string`), des nombres entiers (`int`), des nombres décimaux (`float`), des booléens pour stocker vrai ou faux (`bool`), etc.
- En PHP, un nom de variable commence par le symbole dollar : `$age` par exemple.
- La valeur d'une variable peut être affichée avec l'instruction `echo`.
- Il est possible de faire des calculs mathématiques entre plusieurs variables : addition, soustraction, multiplication…

6 Les conditions

Ce chapitre est d'une importance capitale. En effet, vous serez très souvent amené à employer des **conditions** dans vos pages web PHP.

À quoi servent les conditions ? On a parfois besoin d'afficher des choses différentes en fonction de certaines données. Par exemple, si c'est le matin, vous voudrez dire « Bonjour » à votre visiteur ; si c'est le soir, il vaudra mieux dire « Bonsoir ».

C'est là qu'interviennent les conditions. Elles permettent de donner des ordres différents à PHP selon le cas. Pour notre exemple, on lui dirait : « Si c'est le matin, affiche "Bonjour". Sinon, si c'est le soir, affiche "Bonsoir". » Vous allez voir que les conditions constituent vraiment la base pour rendre votre site dynamique, c'est-à-dire pour afficher des choses **différentes** en fonction du visiteur, de la date, de l'heure de la journée, etc.

Voilà pourquoi ce chapitre est si important !

Allez, on y va !

La structure de base : if… else

Une condition peut être écrite en PHP sous différentes formes. On parle de structures **conditionnelles**.

Celle que je vais vous apprendre à utiliser maintenant est la principale à connaître. Nous en verrons d'autres un peu plus loin.

Pour étudier la structure `if… else`, nous allons suivre le plan qui suit.

1. **Les symboles à connaître :** il va d'abord falloir retenir quelques symboles qui permettent de faire des comparaisons. Soyez attentif car ils vous seront utiles pour les conditions.

2. **La structure** `if... else` **:** c'est le gros morceau. Vous allez voir comment fonctionne une condition avec `if... else`. Inutile de vous dire qu'il est indispensable de bien comprendre cette partie.
3. **Des conditions multiples :** on compliquera un peu nos conditions. Vous allez voir en effet qu'on peut utiliser plusieurs conditions à la fois.
4. **Le cas des booléens :** nous verrons ensuite qu'il existe une façon particulière d'utiliser les conditions quand on travaille sur des booléens. Si vous ne savez pas ce que sont les booléens, revoyez le chapitre sur les variables.
5. **L'astuce bonus :** parce qu'il y a toujours un bonus pour récompenser ceux qui ont bien suivi jusqu'au bout !

Les symboles à connaître

Juste avant de commencer, je dois vous montrer les symboles que nous serons amenés à utiliser. Le tableau suivant reprend ces symboles et leur signification. Essayez de bien les retenir, ils vous seront utiles !

Symboles à connaître et leur signification

Symbole	Signification
==	`Est égal à`
>	`Est supérieur à`
<	`Est inférieur à`
>=	`Est supérieur ou égal à`
<=	`Est inférieur ou égal à`
!=	`Est différent de`

Il y a deux symboles « égal » (==) sur la première ligne, à ne pas confondre avec le simple = que nous avons vu dans le chapitre sur les variables. Ici, le double égal sert à tester l'égalité, à dire « si c'est égal à... ».

Dans les conditions, on utilisera toujours le double égal (==).

La structure if... else

Voici ce qu'on doit écrire, dans l'ordre, pour utiliser une condition.

1. Pour introduire une condition, on utilise le mot `if`, qui en anglais signifie « si ».
2. On ajoute ensuite, entre parenthèses, la condition (vous allez voir que vous pouvez inventer une infinité de conditions).
3. Enfin, on ouvre des accolades à l'intérieur desquelles on placera les instructions à exécuter si la condition est remplie.

Puisqu'un exemple vaut toujours mieux qu'un long discours :

```
<?php
$age = 8;

if ($age <= 12)
{
    echo "Salut gamin !";
}
?>
```

Ici, on demande à PHP : « si la variable `$age` est inférieure ou égale à `12`, affiche "Salut gamin !". »

Vous remarquerez que dans la quasi-totalité des cas, c'est sur une variable qu'on fait la condition.

Dans notre exemple, on travaille sur la variable `$age`. Ce qui compte ici, c'est qu'il y a deux possibilités :

- soit la condition est remplie (l'âge est inférieur ou égal à 12 ans) et on affiche alors quelque chose ;
- soit elle n'est pas remplie et on saute les instructions entre accolades, on ne fait rien.

Bon, on peut quand même améliorer notre exemple. On va afficher un autre message si l'âge est supérieur à 12 ans :

```
<?php
$age = 8;
if ($age <= 12) // SI l'âge est inférieur ou égal à 12
{
    echo "Salut gamin ! Bienvenue sur mon site !<br />";
    $autorisation_entrer = "Oui";
}
else // SINON
{
    echo "Ceci est un site pour enfants, vous êtes trop vieux pour pouvoir
entrer. Au revoir !<br />";
    $autorisation_entrer = "Non";
}

echo "Avez-vous l'autorisation d'entrer ? La réponse est : $autorisation_entrer";
?>
```

Comment fonctionne ce code ? Tout d'abord, j'ai mis plusieurs instructions entre accolades.

Ensuite, vous avez remarqué que j'ai ajouté le mot `else` (« sinon »). En clair, on demande : « Si l'âge est inférieur ou égal à 12 ans, fais ceci, sinon fais cela. »

Essayez ce bout de code chez vous, en vous amusant à modifier la valeur de `$age` (sur la première ligne). Vous allez voir que le message qui s'affiche change en fonction de l'âge que vous indiquez !

Bien entendu, vous mettez les instructions que vous voulez entre accolades. Ici, par exemple, j'ai donné une valeur différente à la variable `$autorisation_entrer` après avoir affiché un message, valeur qui pourrait nous servir par la suite :

```
<?php
if ($autorisation_entrer == "Oui") // SI on a l'autorisation d'entrer
{
    // instructions à exécuter quand on est autorisé à entrer
}
elseif ($autorisation_entrer == "Non") // SINON SI on n'a pas l'autorisation d'entrer
{
    // instructions à exécuter quand on n'est pas autorisé à entrer
}
else // SINON (la variable ne contient ni Oui ni Non, on ne peut pas agir)
{
   echo "Euh, je ne connais pas ton âge, tu peux me le rappeler s'il te plaît ?";
}
?>
```

Ouh là, ça commence à se compliquer un tantinet, n'est-ce pas ?

La principale nouveauté ici, c'est le mot-clé `elseif` qui signifie « sinon si ». Dans l'ordre, PHP rencontre les conditions suivantes.

1. Si `$autorisation_entrer` est égale à « Oui », tu exécutes ces instructions...
2. Sinon si `$autorisation_entrer` est égale à « Non », tu exécutes ces autres instructions...
3. Sinon, tu redemandes l'âge pour savoir si on a ou non l'autorisation d'entrer.

Au départ, une variable ne contient rien. Sa valeur est vide, on dit qu'elle vaut `NULL`, c'est-à-dire rien du tout.

Pour vérifier si la variable est vide, vous pouvez taper : `if ($variable == NULL)`.

Le cas des booléens

Si vous regardez bien le dernier code source (avec `$autorisation_entrer`), vous ne trouvez pas qu'il serait plus adapté d'utiliser des booléens ?

On a parlé des booléens dans le chapitre sur les variables. Vous vous souvenez ?

Ce sont ces variables qui valent soit `true` (vrai), soit `false` (faux). Eh bien, les booléens sont particulièrement utiles avec les conditions ! Voici comment on teste une variable booléenne :

```
<?php
if ($autorisation_entrer == true)
{
    echo "Bienvenue petit nouveau. :o)";
}
```

```
elseif ($autorisation_entrer == false)
{
    echo "T'as pas le droit d'entrer !";
}
?>
```

Voilà, jusque-là rien d'extraordinaire. Vous avez vu que je n'ai pas mis de guillemets pour `true` et `false`, comme indiqué dans le chapitre sur les variables.

Mais l'un des avantages des booléens est qu'ils sont particulièrement adaptés aux conditions.

Pourquoi ? Parce qu'en fait vous n'êtes pas obligés d'ajouter `== true`. Quand vous travaillez sur une variable booléenne, PHP comprend très bien ce que vous avez voulu dire :

```
<?php
if ($autorisation_entrer)
{
    echo "Bienvenue petit nouveau. :o)";
}
else
{
    echo "T'as pas le droit d'entrer !";
}
?>
```

PHP comprend qu'il faut qu'il vérifie si `$autorisation_entrer` vaut `true`. Les avantages sont les suivants :

- plus rapide à écrire pour vous ;
- plus compréhensible.

En effet, si vous « lisez » la première ligne, ça donne : « SI on a l'autorisation d'entrer... »

C'est donc un raccourci à connaître quand on travaille sur des booléens.

Oui mais ta méthode « courte » ne marche pas pour vérifier si le booléen vaut faux. Comment fait-on avec la méthode courte ?

Il y a un symbole qui permet de vérifier si la variable vaut `false` : le point d'exclamation (`!`). On écrit :

```
<?php
if (! $autorisation_entrer)
{

}
?>
```

C'est une autre façon de faire. Si vous préférez mettre `if ($autorisation_entrer == false)`, c'est tout aussi bien, mais la méthode « courte » est plus lisible.

Des conditions multiples

Nous allons essayer de poser plusieurs conditions à la fois. Pour cela, on aura besoin de nouveaux mots-clés. Le tableau suivant reprend les principaux mots-clés à connaître.

Mots-clés pour les conditions multiples

Mot-clé	Signification	Symbole équivalent
AND	Et	&&
OR	Ou	||

Le symbole équivalent pour OR est constitué de deux barres verticales. Pour saisir une barre verticale, appuyez simultanément sur les touches ***Alt Gr + 6*** (sur un clavier Azerty français) ou ***Alt Gr + &*** (sur un clavier Azerty belge).

La première colonne contient le mot-clé en anglais, la troisième son équivalent en symbole. Les deux fonctionnent aussi bien, mais je vous recommande d'utiliser le mot-clé, c'est plus « facile » à lire (j'espère que vous connaissez un peu l'anglais, quand même). Servez-vous de ces mots-clés pour mettre plusieurs conditions entre les parenthèses. Voici un premier exemple :

```
<?php
if ($age <= 12 AND $langue == "français")
{
    echo "Bienvenue sur mon site !";
}
elseif ($age <= 12 AND $langue == "anglais")
{
    echo "Welcome to my website!";
}
?>
```

C'est tout simple en fait et ça se comprend très bien : si l'âge est inférieur ou égal à 12 ans et que le visiteur parle français, on lui affiche un message de bienvenue en français. Sinon, si le visiteur parle anglais, on affiche un message en anglais.

Bon allez, un dernier exemple avec OR pour que vous l'ayez vu au moins une fois, et on arrête là.

```
<?php
if ($sexe == "fille" OR $sexe == "garçon")
{
    echo "Salut Terrien !";
}
else
{
    echo "Euh, si t'es ni une fille ni un garçon, t'es quoi alors ?";
}
?>
```

L'astuce bonus

Avec les conditions, il y a une astuce à connaître.

Sachez que les deux codes suivants donnent exactement le même résultat :

```
<?php
if ($variable == 23)
{
    echo '<strong>Bravo !</strong> Vous avez trouvé le nombre mystère !';
}
?>

<?php
if ($variable == 23)
{
?>
<strong>Bravo !</strong> Vous avez trouvé le nombre mystère !
<?php
}
?>
```

Comme vous le voyez, dans le second cas on n'a pas utilisé de `echo`. En effet, il vous suffit d'ouvrir l'accolade (`{`), puis de fermer la balise PHP (`?>`), et vous pouvez mettre tout le texte à afficher que vous voulez en HTML !

C'est rudement pratique quand il y a de grosses quantités de texte à afficher, et aussi pour éviter d'avoir à se soucier des antislashs devant les guillemets (`"` ou `'`).

Il vous faudra toutefois penser à refermer l'accolade après (à l'intérieur d'une balise PHP, bien entendu).

Et après ça, ma foi, il n'y a rien de particulier à savoir. Vous allez rencontrer des conditions dans la quasi-totalité des exemples que je vous donnerai par la suite.

Normalement, vous ne devriez pas rencontrer de problèmes pour utiliser des conditions, il n'y a rien de bien difficile. Contentez-vous de reprendre le schéma que je vous ai donné pour la structure `if... else` et de l'appliquer à votre cas. Nous aurons d'ailleurs bientôt l'occasion de pratiquer un peu, et vous verrez que les conditions sont souvent indispensables.

Une alternative pratique : switch

En théorie, les structures à base de `if... else if... else` que je viens de vous montrer suffisent pour traiter n'importe quelle condition.

Pourquoi se compliquer la vie avec une autre structure ?

Pour vous faire comprendre l'intérêt de `switch`, je vais vous donner un exemple un peu lourd avec les `if` et `elseif` que vous venez d'apprendre :

```
<?php
if ($note == 0)
{
    echo "Tu es vraiment un gros nul !!!";
}

elseif ($note == 5)
{
    echo "Tu es très mauvais";
}

elseif ($note == 7)
{
    echo "Tu es mauvais";
}

elseif ($note == 10)
{
    echo "Tu as pile poil la moyenne, c'est un peu juste…";
}

elseif ($note == 12)
{
    echo "Tu es assez bon";
}

elseif ($note == 16)
{
    echo "Tu te débrouilles très bien !";
}

elseif ($note == 20)
{
    echo "Excellent travail, c'est parfait !";
}

else
{
    echo "Désolé, je n'ai pas de message à afficher pour cette note";
}
?>
```

Comme vous le voyez, c'est lourd, long et répétitif. Dans ce cas, on peut utiliser une autre structure plus souple : `switch`.

Voici le même exemple avec `switch` (le résultat est le même, mais le code est plus adapté) :

```
<?php
$note = 10;
```

```
switch ($note) // On indique sur quelle variable on travaille
{
    case 0: // Dans le cas où $note vaut 0
        echo "Tu es vraiment un gros nul !!!";
    break;

    case 5: // Dans le cas où $note vaut 5
        echo "Tu es très mauvais";
    break;

    case 7: // Dans le cas où $note vaut 7
        echo "Tu es mauvais";
    break;

    case 10: // etc., etc.
        echo "Tu as pile poil la moyenne, c'est un peu juste…";
    break;

    case 12:
        echo "Tu es assez bon";
    break;

    case 16:
        echo "Tu te débrouilles très bien !";
    break;

    case 20:
        echo "Excellent travail, c'est parfait !";
    break;

    default:
        echo "Désolé, je n'ai pas de message à afficher pour cette note";
}
?>
```

Testez donc ce code !

Essayez de changer la note (dans la première instruction) pour voir comment PHP réagit ! Et si vous voulez apporter quelques modifications à ce code (vous allez voir qu'il n'est pas parfait), n'hésitez pas, ça vous fera de l'entraînement !

Tout d'abord, il y a beaucoup moins d'accolades (elles marquent seulement le début et la fin du `switch`).

`case` signifie « cas ». Dans le `switch`, on indique au début sur quelle variable on travaille (ici, `$note`). On dit à PHP : « Je vais analyser la valeur de `$note`. » Après, on utilise des `case` pour analyser chaque cas (`case 0`, `case 10`, etc.). Cela signifie : « Dans le cas où la valeur est 0… Dans le cas où la valeur est 10… »

L'avantage de cela est que l'on n'a plus besoin de mettre le double égal ! L'inconvénient est que cela ne fonctionne pas avec les autres symboles (<, >, <=, >=, !=). En clair, le `switch` ne peut tester que l'égalité.

Le mot-clé `default` à la fin est un peu l'équivalent du `else`. C'est le message qui s'affiche par défaut, quelle que soit la valeur de la variable.

Il y a cependant une chose importante à savoir : supposons dans notre exemple que la note soit de 10. PHP va lire : `case 0` ? Non. Je saute. `case 5` ? Non plus. Je saute. `case 7` ? Non plus. Je saute. `case 10` ? Oui, j'exécute les instructions. Mais contrairement aux `elseif`, PHP ne s'arrête pas là et continue à lire les instructions des `case` qui suivent ! Soit `case 12`, `case 16`, etc.

Pour empêcher cela, utilisez l'instruction `break;` qui demande à PHP de sortir du `switch`. Dès que PHP tombe sur `break`, il sort des accolades et ne lit donc pas les `case` suivants. En pratique, on utilise très souvent un `break` car sinon, PHP lit des instructions qui suivent et qui ne conviennent pas.

Essayez d'enlever les `break` dans le code précédent, vous allez comprendre pourquoi ils sont indispensables !

Quand doit-on choisir `if`, et quand doit-on choisir `switch` ?

C'est surtout un problème de présentation et de clarté. Pour une condition simple et courte, on utilise le `if`, et quand on a une série de conditions à analyser, on préfère utiliser `switch` pour rendre le code plus clair.

Les ternaires : des conditions condensées

Il existe une autre forme de condition, beaucoup moins fréquente, mais que je vous présente quand même car vous pourriez un jour ou l'autre tomber dessus. Il s'agit de ce qu'on appelle les **ternaires**.

Un ternaire est une condition condensée qui fait deux choses sur une seule ligne :

- on teste la valeur d'une variable dans une condition ;
- on affecte une valeur à une variable selon que la condition est vraie ou non.

Prenons cet exemple à base de `if... else` qui met un booléen `$majeur` à vrai ou faux selon l'âge du visiteur :

```
<?php
$age = 24;

if ($age >= 18)
{
    $majeur = true;
}
else
{
```

```
    $majeur = false;
}
?>
```

On peut faire la même chose en une seule ligne grâce à une structure ternaire :

```
<?php
$age = 24;

$majeur = ($age >= 18) ? true : false;
?>
```

Ici, tout notre test précédent a été fait sur une seule ligne !

La condition testée est `$age >= 18`. Si c'est vrai, alors la valeur indiquée après le point d'interrogation (ici, `true`) sera affectée à la variable `$majeur`. Sinon, c'est la valeur qui suit les `:` qui sera affectée à `$majeur`.

C'est un peu tordu mais ça marche.

Si vous n'utilisez pas ce type de condition dans vos pages web, je ne vous en voudrai pas. Il faut avouer que les ternaires sont un peu difficiles à lire car ils sont très condensés. Mais sachez les reconnaître et les comprendre si vous en rencontrez un jour en lisant le code source de quelqu'un d'autre.

En résumé

- Les conditions permettent à PHP de prendre des décisions en fonction de la valeur des variables.
- La forme de condition la plus courante est `if`... `elseif`... `else` qui signifie « si... sinon si... sinon ».
- On peut combiner des conditions avec les mots-clés `AND` (« et ») et `OR` (« ou »).
- Si une condition comporte de nombreux `elseif`, il peut être plus pratique d'utiliser `switch`, une autre forme de condition.
- Les ternaires sont des conditions condensées qui font un test sur une variable, et en fonction des résultats de ce test donnent une valeur à une autre variable. Elles sont cependant plus rarement utilisées.

7 Les boucles

Dans la série des éléments de base de PHP à connaître absolument, voici les boucles ! Répéter des instructions, ça, l'ordinateur sait faire (et en plus, il ne bronche jamais) !

Imaginez que vous êtes en train de créer le forum de votre site. Sur une page, on affiche par exemple une trentaine de messages. Il serait bien trop long et répétitif de dire « Affiche le message 1 et le nom de son auteur », « Affiche le message 2 et le nom de son auteur », « Affiche le message 3 et le nom de son auteur », etc. Pour éviter d'avoir à faire cela, on peut utiliser un système de boucle qui nous permettra de dire une seule fois : « Affiche 30 messages et le nom de leur auteur à chaque fois. »

Bien entendu, nous n'allons pas pouvoir apprendre à créer le forum de votre site dans ce chapitre, il est encore trop tôt. Néanmoins, prenez bien le temps de comprendre le fonctionnement des boucles car nous en aurons besoin tout au long de ce cours.

Ce n'est pas bien compliqué, vous allez voir !

Une boucle simple : while

Qu'est-ce qu'une boucle ? C'est une structure qui fonctionne sur le même principe que les conditions (`if... else`). D'ailleurs, vous allez voir qu'il y a beaucoup de similitudes avec le chapitre sur les conditions.

Concrètement, une boucle permet de répéter des instructions plusieurs fois. En clair, c'est un gain de temps, c'est très pratique, et bien souvent indispensable.

Le schéma de la figure suivante présente le principe des boucles.

Principe de fonctionnement d'une boucle

Voilà ce qui se passe dans une boucle :

1. comme d'habitude, les instructions sont d'abord exécutées dans l'ordre, de haut en bas (flèche rouge) ;
2. à la fin des instructions, on retourne à la première (flèche verte) ;
3. on recommence à lire les instructions dans l'ordre (flèche rouge) ;
4. et on retourne à la première (flèche verte) ;
5. etc.

Le seul hic dans ce schéma, c'est que cela ne s'arrête jamais ! Les instructions seraient exécutées à l'infini !

C'est pour cela que, quel que soit le type de boucle (`while` ou `for`), il faut indiquer une **condition**. Tant que la condition est remplie, les instructions sont réexécutées. Dès que la condition n'est plus remplie, on sort enfin de la boucle.

Voici comment faire avec une boucle simple : `while`.

```
<?php
while ($continuer_boucle == true)
{
    // Instructions à exécuter dans la boucle
}
?>
```

`While` peut se traduire par « tant que ». Ici, on demande à PHP : « TANT QUE `$continuer_boucle` est vrai, exécuter ces instructions. »

Les instructions qui sont répétées en boucle se trouvent entre les accolades `{` et `}`. Mais je ne vous apprends rien, vous commencez à avoir l'habitude de voir des accolades un peu partout.

Il n'y a guère plus de choses à savoir. Néanmoins, je vais quand même vous montrer un ou deux exemples d'utilisation de boucles, pour que vous voyiez à quoi ça peut servir…

Pour notre premier exemple, supposons que vous avez été puni et que vous devez copier 100 fois : « Je ne dois pas regarder les mouches voler quand j'apprends le PHP. »

Avant, il fallait prendre son mal en patience et ça durait des heuuuures… Maintenant, avec PHP, on va faire ça en un clin d'œil !

Regardez ce code :

```
<?php
$nombre_de_lignes = 1;

while ($nombre_de_lignes <= 100)
{
    echo 'Je ne dois pas regarder les mouches voler quand j\'apprends le
PHP.<br />';
    $nombre_de_lignes++; // $nombre_de_lignes = $nombre_de_lignes + 1
}
?>
```

Ce qui affiche… un grand nombre de lignes (voir figure suivante).

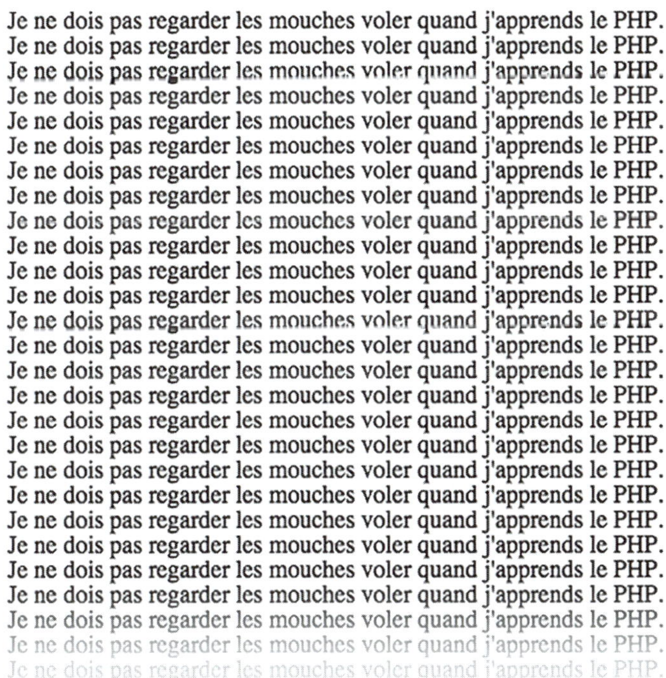

Des lignes affichées grâce à une boucle PHP

La boucle pose la condition : « TANT QUE `$nombre_de_lignes` est inférieur ou égal à 100. »

Cette boucle contient deux instructions :

- le `echo`, qui permet d'afficher du texte en PHP. À noter qu'il y a une balise HTML
 à la fin : cela permet d'aller à la ligne. Vu que vous connaissez le HTML, ça n'a rien de surprenant : chaque phrase sera écrite sur une seule ligne ;
- ensuite, une instruction bizarre : `$nombre_de_lignes++;` Quésaco ? Regardez mon commentaire : c'est exactement la même chose. En fait, c'est une façon plus courte d'ajouter `1` à la variable. On appelle cela **l'incrémentation** (ce nom barbare signifie tout simplement qu'on a ajouté 1 à la variable).

Chaque fois qu'on fait une boucle, la valeur de la variable augmente : `1`, `2`, `3`, `4`... `99`, `100`... Dès que la variable atteint `101`, on arrête la boucle. Et voilà, on a écrit 100 lignes en un clin d'œil.

Si la punition avait été plus grosse, pas de problème ! Il aurait suffi de changer la condition (par exemple, mettre « TANT QUE c'est inférieur ou égal à 500 » pour l'écrire 500 fois).

> Il faut TOUJOURS s'assurer que la condition sera fausse au moins une fois. Si elle ne l'est jamais, alors la boucle s'exécutera à l'infini !
>
> PHP refuse normalement de travailler plus d'une quinzaine de secondes. Il s'arrêtera tout seul s'il voit que son travail dure trop longtemps et affichera un message d'erreur.

Nous venons donc de voir comment afficher une phrase plusieurs centaines de fois sans effort.

> Est-ce vraiment utile ? On n'a pas besoin de faire ça sur un site web !

Pas vraiment, mais comme je vous l'ai dit en introduction, nous apprenons ici des techniques de base qu'on va pouvoir réutiliser dans les prochains chapitres de ce cours. Imaginez à la fin que ce système de boucles va vous permettre de demander à PHP d'afficher d'une seule traite tous les messages de votre forum. Bien sûr, il vous faudra d'autres connaissances pour y parvenir, mais sans les boucles vous n'auriez rien pu faire !

Je vous demande pour le moment de pratiquer et de comprendre comment ça marche.

Bon, un autre exemple pour le plaisir ?

On peut écrire de la même manière une centaine de lignes, mais chacune peut être différente (on n'est pas obligé d'écrire la même chose à chaque fois).

Cet exemple devrait vous montrer que la valeur de la variable augmente à chaque passage dans la boucle :

```
<?php
$nombre_de_lignes = 1;

while ($nombre_de_lignes <= 100)
```

```
{
    echo 'Ceci est la ligne n°' . $nombre_de_lignes . '<br />';
    $nombre_de_lignes++;
}
?>
```

Le résultat est représenté sur la figure suivante.

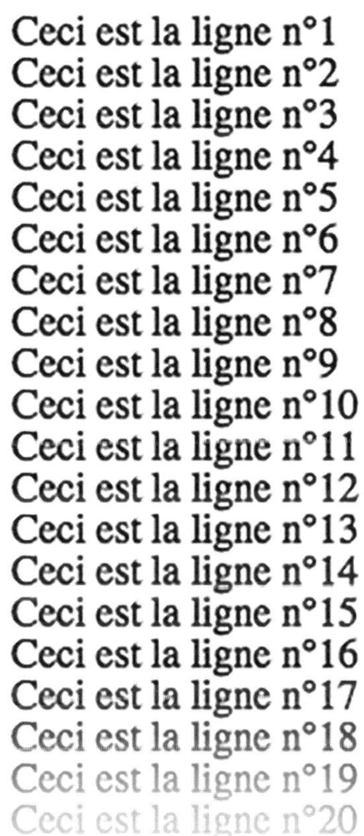

Une boucle qui compte les lignes

Voilà, c'est tout bête et cet exemple ressemble beaucoup au précédent. La particularité ici est d'afficher à chaque fois la valeur de `$nombre_de_lignes` (ça vous permet de voir que sa valeur augmente petit à petit).

> L'astuce que je vous avais donnée dans le chapitre sur les conditions fonctionne aussi ici : vous pouvez fermer la balise PHP `?>`, écrire du texte en HTML, puis rouvrir la balise PHP `<?php`. Cela vous évite d'utiliser une ou plusieurs instructions `echo` au milieu. On aura l'occasion d'utiliser cette astuce de nombreuses fois dans la suite du cours.

Une boucle plus complexe : for

Mais non, n'ayez pas peur voyons.

Il ne vous arrivera rien de mal : ici, le mot « complexe » ne veut pas dire « compliqué ».

`for` est un autre type de boucle, dans une forme un peu plus condensée et plus commode à écrire, ce qui fait que `for` est assez fréquemment utilisé.

Cependant, sachez que `for` et `while` donnent le même résultat et servent à la même chose : répéter des instructions en boucle. L'une peut paraître plus adaptée que l'autre dans certains cas, cela dépend aussi des goûts.

Alors, comment ça marche un `for` ? Ça ressemble beaucoup au `while`, mais c'est la première ligne qui est un peu particulière. Pour que vous compreniez bien la différence avec le `while`, je vais reprendre l'exemple précédent, mais cette fois avec un `for` :

```
<?php
for ($nombre_de_lignes = 1; $nombre_de_lignes <= 100; $nombre_de_lignes++)
{
    echo 'Ceci est la ligne n°' . $nombre_de_lignes . '<br />';
}
?>
```

Que de choses dans une même ligne !

Je ne vais vous expliquer que la ligne du `for`, le reste n'ayant pas changé.

Après le mot `for`, on trouve des parenthèses qui contiennent trois éléments, séparés par des points-virgules (`;`).

Décrivons chacun de ces éléments :

- Le premier sert à l'**initialisation**. C'est la valeur qu'on donne au départ à la variable (ici, elle vaut `1`).
- Le deuxième est la **condition**. Comme pour le `while`, tant que la condition est remplie, la boucle est réexécutée. Dès que la condition ne l'est plus, on en sort.
- Enfin, le troisième est l'**incrémentation**, qui vous permet d'ajouter 1 à la variable à chaque tour de boucle.

Les deux derniers codes donnent donc exactement le même résultat. Le `for` permet de faire la même chose que le `while`, mais il rassemble sur une seule ligne tout ce qu'il faut savoir sur le fonctionnement de la boucle.

Comment savoir lequel choisir entre un `while` et un `for` ?

La boucle `while` est plus simple et plus flexible : elle permet de réaliser tous les types de boucles, mais on peut oublier d'effectuer certaines étapes comme l'incrémentation de la variable.

En revanche, `for` est bien adapté quand on doit compter le nombre de répétitions des instructions et il permet de ne pas oublier de faire l'incrémentation pour augmenter la valeur de la variable !

Si vous hésitez entre les deux, il suffit simplement de vous poser la question suivante : « Est-ce que je sais d'avance combien de fois je veux que mes instructions soient répétées ? »

Si la réponse est oui, alors la boucle `for` est tout indiquée. Sinon, il vaut mieux utiliser la boucle `while`.

En résumé

- Les boucles demandent à PHP de répéter des instructions plusieurs fois.
- Les deux principaux types de boucles sont :
  - `while` : à utiliser de préférence lorsqu'on ne sait pas à l'avance combien de fois la boucle doit être répétée ;
  - `for` : à utiliser lorsqu'on veut répéter des instructions un nombre de fois précis.
- L'incrémentation est une technique qui consiste à ajouter 1 à la valeur d'une variable. La décrémentation, au contraire, permet de retirer 1 à cette variable. On trouve souvent des incrémentations au sein de boucles `for`.

8 Les tableaux

Nous abordons ici un aspect très important du PHP : les *arrays*.

Vous allez voir qu'il s'agit de variables « composées », qu'on peut imaginer sous la forme de tableaux.

On peut faire énormément de choses avec les arrays et leur utilisation n'est pas toujours très facile. Cependant, ils vont très rapidement nous devenir indispensables et vous **devez** bien comprendre leur fonctionnement. Si vous y parvenez, nous aurons fait le tour des bases du PHP et vous serez fin prêt pour la suite, qui s'annonce concrète et passionnante.

Les deux types de tableaux

Un tableau (aussi appelé « array ») est une variable. Mais une variable un peu spéciale.

Reprenons. Jusqu'ici vous avez travaillé avec des variables toutes simples : elles ont un nom et une valeur. Par exemple :

```
<?php
$prenom = 'Nicole';
echo 'Bonjour ' . $prenom; // Cela affichera : Bonjour Nicole
?>
```

Ce qui peut se matérialiser sous la forme :

Nom	Valeur
`$prenom`	Nicole

Ici, nous allons voir qu'il est possible d'enregistrer de nombreuses informations dans une seule variable grâce aux tableaux. On en distingue deux types :

- les tableaux numérotés ;
- les tableaux associatifs.

Les tableaux numérotés

Ces tableaux sont très simples à imaginer. Regardez par exemple le tableau suivant, qui reprend le contenu de la variable `$prenoms` :

Clé	Valeur
0	François
1	Michel
2	Nicole
3	Véronique
4	Benoît
...	...

`$prenoms` est un array : c'est ce qu'on appelle une variable « tableau ». Elle n'a pas qu'une seule valeur, mais plusieurs (vous pouvez en mettre autant que vous voulez).

Dans un array, les valeurs sont rangées dans des « cases » différentes. Ici, nous travaillons sur un array *numéroté*, c'est-à-dire que chaque case est identifiée par un numéro. Ce numéro est appelé **clé**.

Un array numéroté commence toujours à la case n° 0 ! Ne l'oubliez jamais, ou vous risquez de faire des erreurs par la suite…

Construire un tableau numéroté

Pour créer un tableau numéroté en PHP, on utilise généralement la fonction `array`.

Cet exemple vous montre comment créer l'array `$prenoms` :

```
<?php
// La fonction array permet de créer un array
$prenoms = array ('François', 'Michel', 'Nicole', 'Véronique', 'Benoît');
?>
```

L'ordre a beaucoup d'importance. Le premier élément (« `François` ») aura le n° `0`, ensuite `Michel` le n° `1`, etc.

Vous pouvez aussi créer manuellement le tableau case par case :

```
<?php
$prenoms[0] = 'François';
$prenoms[1] = 'Michel';
$prenoms[2] = 'Nicole';
?>
```

Si vous ne voulez pas avoir à écrire vous-même le numéro de la case que vous créez, vous pouvez laisser PHP le sélectionner automatiquement en laissant les crochets vides :

```
<?php
$prenoms[] = 'François'; // Créera $prenoms[0]
$prenoms[] = 'Michel'; // Créera $prenoms[1]
$prenoms[] = 'Nicole'; // Créera $prenoms[2]
?>
```

Afficher un tableau numéroté

Pour afficher un élément, il faut donner sa position entre crochets après `$prenoms`. Cela revient à dire à PHP :

« Affiche-moi le contenu de la case n° 1 de `$prenoms`. »

Pour faire cela en PHP, il faut écrire le nom de la variable, suivi du numéro entre crochets. Pour afficher « Michel », on doit donc écrire :

```
<?php
echo $prenoms[1];
?>
```

C'est tout bête, du moment que vous n'oubliez pas que Michel est en deuxième position et qu'il a donc le numéro 1 (étant donné qu'on commence à compter à partir de 0).

Si vous oubliez les crochets, cela ne fonctionnera pas (cela affichera uniquement « Array »...). Dès que vous travaillez sur des arrays, vous êtes obligé d'utiliser les crochets pour indiquer dans quelle « case » on doit aller chercher l'information, sinon PHP ne sait pas quoi récupérer.

Les tableaux associatifs

Les tableaux associatifs fonctionnent sur le même principe, sauf qu'au lieu de numéroter les cases, on va les étiqueter en leur donnant à chacune un nom différent.

Par exemple, supposons que je veuille, dans un seul array, enregistrer les coordonnées de quelqu'un (nom, prénom, adresse, ville, etc.). Si l'array est numéroté, comment savoir que le n° 0 est le nom, le n° 1 le prénom, le n° 2 l'adresse… ? C'est là que les tableaux associatifs deviennent utiles.

Construire un tableau associatif

Pour créer un tableau associatif, on utilisera la fonction `array` comme précédemment, mais cette fois on va mettre « l'étiquette » devant chaque information :

```
<?php
// On crée notre array $coordonnees
$coordonnees = array (
     'prenom' => 'François',
     'nom' => 'Dupont',
     'adresse' => '3 rue du Paradis',
     'ville' => 'Marseille');
?>
```

Il n'y a ici qu'une seule instruction (un seul point-virgule). J'aurais pu tout mettre sur la même ligne, mais rien ne m'empêche de séparer ça sur plusieurs lignes pour que ce soit plus lisible.

Vous remarquez qu'on écrit une flèche (=>) pour dire « associé à ». Par exemple, on dit « ville » associée à « Marseille ».

Nous avons créé un tableau qui ressemble à la structure suivante :

Clé	Valeur
`prenom`	François
`nom`	Dupont
`adresse`	3 rue du Paradis
`ville`	Marseille

Il est aussi possible de créer le tableau case par case, comme ceci :

```
<?php
$coordonnees['prenom'] = 'François';
$coordonnees['nom'] = 'Dupont';
$coordonnees['adresse'] = '3 rue du Paradis';
$coordonnees['ville'] = 'Marseille';
?>
```

Afficher un tableau associatif

Pour afficher un élément, il suffit d'indiquer le nom de ce dernier entre crochets et entre guillemets ou apostrophes puisque l'étiquette du tableau associatif est un texte.

Par exemple, pour extraire la ville, on devra taper :

```
<?php
echo $coordonnees['ville'];
?>
```

Ce code affiche « Marseille ».

Quand utiliser un array numéroté et quand utiliser un array associatif ?

Comme vous l'avez vu dans mes exemples, ces deux types de tableaux ne servent pas à stocker la même chose…

- Les arrays numérotés permettent de stocker une série d'éléments du même type, comme des prénoms. Chaque élément du tableau contiendra alors un prénom.
- Les arrays associatifs permettent de découper une donnée en plusieurs sous-éléments. Par exemple, une adresse peut être découpée en nom, prénom, nom de rue, ville…

Parcourir un tableau

Lorsqu'un tableau a été créé, on a souvent besoin de le parcourir pour savoir ce qu'il contient. Nous allons étudier trois moyens d'explorer un array :

- la boucle `for` ;
- la boucle `foreach` ;
- la fonction `print_r` (utilisée principalement pour le débogage).

La boucle for

Il est très simple de parcourir un tableau numéroté avec une boucle `for`. En effet, puisqu'il est numéroté à partir de 0, on peut créer une boucle `for` qui incrémente un compteur à partir de 0 :

```
<?php
// On crée notre array $prenoms
$prenoms = array ('François', 'Michel', 'Nicole', 'Véronique', 'Benoît');

// Puis on fait une boucle pour tout afficher :
for ($numero = 0; $numero < 5; $numero++)
{
    echo $prenoms[$numero] . '<br />'; // Affichera $prenoms[0], $prenoms[1] etc.
}
?>
```

Affichage des valeurs du tableau avec for

Quand on écrit `$prenoms[$numero]`, la variable `$numero` est d'abord remplacée par sa valeur. Par exemple, si `$numero` vaut 2, alors cela signifie qu'on cherche à obtenir ce que contient `$prenoms[2]`, c'est-à-dire… `Nicole`. Bravo, vous avez compris !

La boucle foreach

Même si la boucle `for` fonctionne, on peut utiliser un autre type de boucle, plus adapté aux tableaux, que l'on n'a pas encore vu jusqu'ici : `foreach`. C'est une sorte de boucle `for` spécialisée dans les tableaux.

`foreach` va passer en revue chaque ligne du tableau, et lors de chaque passage, elle va mettre la valeur de cette ligne dans une variable temporaire (par exemple, `$element`).

Je parle chinois ? Regardez plutôt :

```
<?php
$prenoms = array ('François', 'Michel', 'Nicole', 'Véronique', 'Benoît');

foreach($prenoms as $element)
{
    echo $element . '<br />'; // Affichera $prenoms[0], $prenoms[1] etc.
}
?>
```

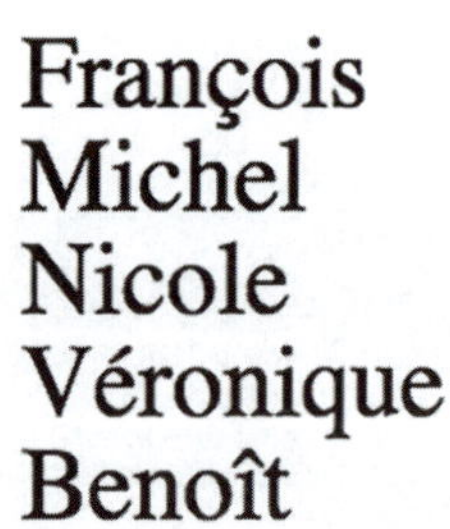

Affichage des valeurs du tableau avec foreach

C'est le même code que tout à l'heure, mais cette fois il est basé sur une boucle `foreach`. À chaque tour de boucle, la valeur de l'élément suivant est mise dans la variable `$element`. On peut donc utiliser `$element` uniquement à l'intérieur de la boucle afin d'afficher l'élément en cours.

L'avantage de `foreach` est qu'il permet aussi de parcourir les tableaux associatifs.

```
<?php
$coordonnees = array (
     'prenom' => 'François',
     'nom' => 'Dupont',
     'adresse' => '3 rue du Paradis',
     'ville' => 'Marseille');

foreach($coordonnees as $element)
{
     echo $element . '<br />';
}
?>
```

Parcourir les tableaux associatifs.

`foreach` va mettre tour à tour dans la variable `$element` le prénom, le nom, l'adresse et la ville contenus dans l'array `$coordonnees`.

On met donc entre parenthèses :

1. d'abord le nom de l'array (ici, `$coordonnees`) ;
2. ensuite le mot-clé `as` (qui signifie quelque chose comme « en tant que ») ;
3. enfin, le nom d'une variable que vous choisissez et qui va contenir tour à tour chacun des éléments de l'array (ici, `$element`).

Entre les accolades, on n'utilise donc que la variable `$element`.

La boucle s'arrête lorsque l'on a parcouru tous les éléments de l'array.

Toutefois, avec cet exemple, on ne récupère que la valeur. Or, on peut aussi récupérer la clé de l'élément. Dans ce cas, on doit écrire `foreach` comme ceci :

```
<?php foreach($coordonnees as $cle => $element) ?>
```

À chaque tour de boucle, on disposera non pas d'une, mais de deux variables :

- `$cle`, qui contiendra la clé de l'élément en cours d'analyse (« prenom », « nom », etc.) ;
- `$element`, qui contiendra la valeur de l'élément en cours (« François », « Dupont », etc.).

Testons le fonctionnement avec un exemple :

```
<?php
$coordonnees = array (
     'prenom' => 'François',
     'nom' => 'Dupont',
     'adresse' => '3 rue du Paradis',
     'ville' => 'Marseille');

foreach($coordonnees as $cle => $element)
{
     echo '[' . $cle . '] vaut ' . $element . '<br />';
}
?>
```

[prenom] vaut François
[nom] vaut Dupont
[adresse] vaut 3 Rue du Paradis
[ville] vaut Marseille

Récupérer la clé de l'élément.

Grâce à cette façon de procéder, la boucle contient maintenant la clé ET la valeur.

Croyez-moi, `foreach` est une boucle vraiment pratique ! On s'en sert régulièrement !

Afficher rapidement un array avec print_r

Parfois, en codant votre site en PHP, vous aurez un array et vous voudrez savoir ce qu'il contient, juste pour information. Pour cela, vous pourriez utiliser une boucle `for` ou, mieux, une boucle `foreach`. Mais si vous n'avez pas besoin d'une mise en forme spéciale et que vous voulez juste savoir ce que contient l'array, vous pouvez faire appel à la fonction `print_r`. C'est une sorte de `echo` spécialisé dans les arrays.

Cette commande a toutefois un défaut : elle ne renvoie pas de code HTML comme `<br />` pour les retours à la ligne. Pour bien les voir, il faut donc utiliser la balise HTML `<pre>` qui nous permet d'avoir un affichage plus correct.

```
<?php
$coordonnees = array (
     'prenom' => 'François',
     'nom' => 'Dupont',
```

```
    'adresse' => '3 rue du Paradis',
    'ville' => 'Marseille');

echo '<pre>';
print_r($coordonnees);
echo '</pre>';
?>
```

```
Array
(
    [prenom] => François
    [nom] => Dupont
    [adresse] => 3 Rue du Paradis
    [ville] => Marseille
)
```

Avec utilisation de la balise

Voilà, c'est facile à utiliser du moment que l'on n'oublie pas la balise `<pre>` pour avoir un affichage correct.

Bien entendu, vous n'afficherez jamais des choses comme ça à vos visiteurs. On peut en revanche s'en servir pour le débogage, **pendant** la création du site, afin de voir rapidement ce que contient l'array.

Rechercher dans un tableau

Nous allons maintenant faire des recherches dans des arrays. Cela vous sera parfois très utile pour savoir si votre array contient ou non certaines informations.

Nous allons voir trois types de recherches, basées sur des fonctions PHP :

- `array_key_exists` : pour vérifier si une clé existe dans l'array ;
- `in_array` : pour vérifier si une valeur existe dans l'array ;
- `array_search` : pour récupérer la clé d'une valeur dans l'array.

Vérifier si une clé existe dans l'array : array_key_exists

Voici notre problème : on a un array, mais on ne sait pas si la clé que l'on recherche s'y trouve.

Pour vérifier cela, on va utiliser la fonction `array_key_exists` qui va parcourir le tableau pour nous et nous dire s'il contient cette clé.

On doit d'abord lui donner le nom de la clé à rechercher, puis le nom de l'array dans lequel on fait la recherche :

```
<?php array_key_exists('cle', $array); ?>
```

La fonction renvoie un booléen, c'est-à-dire `true` (vrai) si la clé est dans l'array, et `false` (faux) si la clé ne s'y trouve pas. Cela nous permet de faire un test facilement avec un `if` :

```
<?php
$coordonnees = array (
     'prenom' => 'François',
     'nom' => 'Dupont',
     'adresse' => '3 rue du Paradis',
     'ville' => 'Marseille');

if (array_key_exists('nom', $coordonnees))
{
     echo 'La clé "nom" se trouve dans les coordonnées !';
}

if (array_key_exists('pays', $coordonnees))
{
     echo 'La clé "pays" se trouve dans les coordonnées !';
}

?>
```

La clé "nom" se trouve dans les coordonnées !

Vérifier si la clé est dans l'array $coordonnees.

On ne trouvera que « nom », et pas « pays » (logique). Seule la première condition sera donc exécutée.

Vérifier si une valeur existe dans l'array : in_array

Le principe est le même que `array_key_exists`… mais cette fois, on recherche dans les valeurs. `in_array` renvoie `true` si la valeur se trouve dans l'array, `false` si elle ne s'y trouve pas.

Pour changer un peu de notre array `$coordonnees`, je vais en créer un nouveau (numéroté) composé de fruits.

```
<?php
$fruits = array ('Banane', 'Pomme', 'Poire', 'Cerise', 'Fraise', 'Framboise');

if (in_array('Myrtille', $fruits))
{
     echo 'La valeur "Myrtille" se trouve dans les fruits !';
}
```

```
if (in_array('Cerise', $fruits))
{
    echo 'La valeur "Cerise" se trouve dans les fruits !';
}
?>
```

La valeur "Cerise" se trouve dans les fruits !

Vérifier si une valeur existe dans l'array $fruits.

On ne voit que le message pour la cerise, tout simplement parce que `in_array` a renvoyé `true` pour « Cerise » et `false` pour « Myrtille ».

Récupérer la clé d'une valeur dans l'array : array_search

`array_search` fonctionne comme `in_array` : il travaille sur les valeurs d'un array. Voici ce que renvoie la fonction :

- si elle a trouvé la valeur, `array_search` renvoie la clé correspondante (c'est-à-dire le numéro si c'est un array numéroté, ou le nom de la clé si c'est un array associatif) ;
- si elle n'a pas trouvé la valeur, `array_search` renvoie `false`.

Reprenons l'array numéroté avec les fruits :

```
<?php
$fruits = array ('Banane', 'Pomme', 'Poire', 'Cerise', 'Fraise', 'Framboise');

$position = array_search('Fraise', $fruits);
echo '"Fraise" se trouve en position ' . $position . '<br />';

$position = array_search('Banane', $fruits);
echo '"Banane" se trouve en position ' . $position;
?>
```

"Fraise" se trouve en position 4
"Banane" se trouve en position 0

Récupérer la clé d'une valeur.

Je sais que je me répète, mais n'oubliez pas qu'un array numéroté commence à 0 ! Cela explique donc pourquoi on nous répond que « Banane » se trouve en position 0.

Voilà donc les fonctions qu'il fallait connaître pour effectuer une recherche dans un array. Il y en a d'autres mais vous connaissez maintenant les principales.

En résumé

- Les tableaux (ou arrays) sont des variables représentées sous forme de tableau. Elles peuvent donc stocker de grandes quantités d'informations.
- Chaque ligne d'un tableau possède une clé (qui permet de l'identifier) et une valeur.
- Il existe deux types de tableaux :
  - les tableaux *numérotés* : chaque ligne est identifiée par une clé numérotée. La numérotation commence à partir de 0 ;
  - les tableaux *associatifs* : chaque ligne est identifiée par une courte chaîne de texte.
- Pour parcourir un tableau, on peut utiliser la boucle `for` que l'on connaît déjà, mais aussi la boucle `foreach` qui est dédiée aux tableaux.
- Il existe de nombreuses fonctions permettant de travailler sur des tableaux et notamment d'effectuer des recherches.

9 Les fonctions

En PHP, on n'aime pas avoir à répéter le même code. Pour pallier ce problème, nous vous avons présenté les boucles, qui permettent d'exécuter des instructions un certain nombre de fois. Ici, nous allons découvrir un autre type de structure indispensable pour la suite : les fonctions.

Comme les boucles, les fonctions permettent d'éviter d'avoir à répéter du code PHP qu'on utilise souvent. Mais alors que les boucles sont de bêtes machines tout juste capables de répéter deux cents fois la même chose, les fonctions sont des robots « intelligents » qui s'adaptent en fonction de ce que vous voulez faire et qui automatisent grandement la plupart des tâches courantes.

Qu'est-ce qu'une fonction ?

Une fonction est une série d'instructions qui effectuent des actions et qui retournent une valeur. En général, dès que vous avez besoin de réaliser des opérations un peu longues dont vous aurez à nouveau besoin plus tard, il est conseillé de vérifier s'il n'existe pas déjà une fonction qui fait cela pour vous. Et si la fonction n'existe pas, vous avez la possibilité de la créer.

Imaginez que les fonctions sont des robots.

Une fonction est comme un robot.

Vous ne savez pas ce qui se passe à l'intérieur de ce robot, mais vous pouvez appuyer sur un bouton pour lui demander de faire quelque chose de précis. Avec les fonctions, c'est le même principe !

Dialoguer avec une fonction

Voici le genre de dialogue qu'on peut avoir avec une fonction :

- « Toi, la fonction `calculCube`, donne-moi le volume d'un cube dont l'arête mesure 4 cm ».

La fonction effectue les calculs demandés puis répond :

- « Ce cube a un volume de 64 cm^3 ».

En **entrée**, on donne à la fonction un **paramètre** sur lequel elle va effectuer des calculs (ici, la longueur de l'arête : `4`), et la fonction nous retourne en **sortie** le résultat : `64`. Voyez la figure suivante.

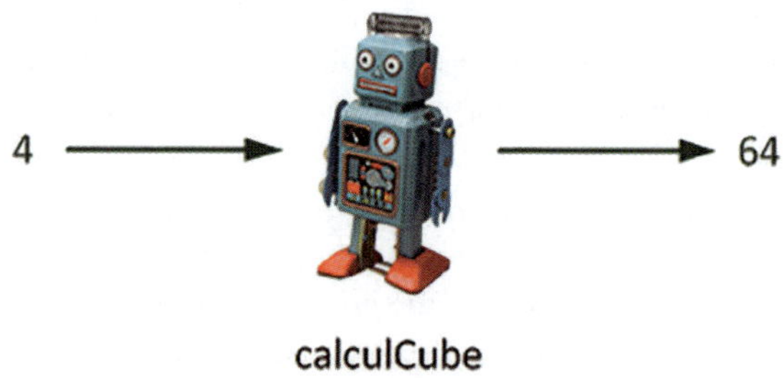

Calcul du cube

Grâce à la fonction, vous n'avez pas eu besoin de vous souvenir de la manière dont on calcule le volume d'un cube. Bon, ici c'était assez simple (il suffisait de faire `$4*4*4$`), mais vous serez souvent amené à faire des opérations de plus en plus complexes et les fonctions vous permettront de ne pas avoir à vous soucier des détails des calculs.

Si vous aviez eu à déterminer le volume du cube une seule fois, vous auriez pu chercher la formule dans un livre et écrire le calcul à la main. Mais si vous aviez à le faire 5 fois ? 10 fois ? 100 fois ?

> En quoi est-ce différent des boucles ? Avec les boucles on peut aussi répéter le même code plusieurs fois !

Oui, mais les fonctions sont capables de s'adapter selon les informations que vous leur envoyez. Par exemple dans notre cas, il suffit de transmettre la longueur de l'arête du cube à notre fonction pour qu'elle nous retourne le résultat. Ces informations qu'on donne en **entrée** à la fonction sont appelées **paramètres** (un mot à connaître !).

> Les fonctions ne servent qu'à faire des calculs mathématiques ? Je veux juste créer un site web, pas faire des maths !

J'ai choisi un exemple mathématique ici parce que je le trouve simple et parlant, mais dans la pratique on ne passe pas son temps à calculer des logarithmes et des exponentielles quand on crée un site web, je suis d'accord.

Concrètement, les fonctions peuvent permettre de récupérer des informations comme la date et l'heure actuelles, de crypter des données, d'envoyer des e-mails, de faire des recherches dans du texte, et bien d'autres choses encore !

Les fonctions en PHP

Nous avons jusqu'ici imaginé le dialogue avec une fonction représentée par un robot, ce qui n'est pas très intéressant.

Revenons aux choses sérieuses et concrètes.

Appeler une fonction

En PHP, comment appelle-t-on une fonction ? Par son nom, pardi ! Voici un exemple :

```
<?php
calculCube();
?>
```

> La fonction `calculCube` est une fonction imaginaire : elle n'existe pas (à moins de la créer nous-même). Par conséquent, n'essayez pas d'exécuter ce code PHP chez vous car il ne fonctionnera pas. Lisez simplement pour bien comprendre le fonctionnement, vous aurez ensuite l'occasion de pratiquer, plus loin dans ce chapitre.

Comme vous le voyez, j'ai simplement écrit le nom de la fonction, suivi de parenthèses vides, puis de l'inévitable point-virgule. En faisant cela, j'appelle la fonction `calculCube`, mais je ne lui envoie aucune information, aucun paramètre.

Certaines fonctions peuvent agir sans paramètres, mais elles sont assez rares. Dans le cas de `calculCube`, ça n'a pas de sens de l'appeler sans lui donner la longueur de l'arête du cube pour faire le calcul !

Pour lui envoyer un paramètre (un nombre, une chaîne de caractères, un booléen...), il faut l'écrire entre les parenthèses :

```
<?php
calculCube(4);
?>
```

Ainsi, `calculCube` saura qu'elle doit travailler avec le nombre `4`.

Souvent, les fonctions acceptent plusieurs paramètres. Vous devez dans ce cas les séparer par des virgules :

```
<?php
fonctionImaginaire(17, 'Vert', true, 41.7);
?>
```

Cette fonction recevra quatre paramètres : `17`, le texte `"Vert"`, le booléen `true` et le nombre `41,7`.

Récupérer la valeur de retour de la fonction

Maintenant que nous savons appeler une fonction et même lui envoyer plusieurs paramètres, il faut récupérer ce qu'elle nous retourne si toutefois elle retourne quelque chose. Il y a en effet deux types de fonctions :

- celles qui ne retournent aucune valeur (ça ne les empêche pas d'effectuer des actions) ;
- celles qui retournent une valeur.

Si la fonction ne retourne aucune valeur, il n'y a rien de plus à faire que dans les codes précédents. La fonction est appelée, fait son travail, et on ne lui demande rien de plus.

En revanche, si la fonction retourne une valeur (comme ça devrait être le cas pour `calculCube`), on la récupère dans une variable, comme ceci :

```
<?php
$volume = calculCube(4);
?>
```

Sur une ligne comme celle-ci, il se passe en fait les deux choses suivantes (dans l'ordre, de droite à gauche) :

1. la fonction `calculCube` est appelée avec le paramètre `4` ;
2. le résultat renvoyé par la fonction (lorsqu'elle a terminé) est stocké dans la variable `$volume`.

La variable `$volume` aura donc pour valeur `64` après l'exécution de cette ligne de code !

> Comme on l'a vu, il est possible d'envoyer en entrée plusieurs paramètres à une fonction ; en revanche cette dernière ne peut retourner qu'une seule valeur. Il existe un moyen de contourner cette limitation en combinant des variables au sein d'un tableau de variables (appelé array) dont on parlera dans le prochain chapitre.

Les fonctions prêtes à l'emploi

PHP propose des centaines et des centaines de fonctions prêtes à l'emploi. Sur le site officiel, la documentation PHP les répertorie toutes, classées par catégories (*http://fr.php.net/manual/fr/funcref.php*).

Ces fonctions sont très pratiques et très nombreuses. En fait, c'est en partie sur ce point que réside la force de PHP : ses fonctions sont vraiment excellentes car elles couvrent la quasi-totalité de nos besoins. À chaque fois, ou presque, que je m'apprêtais à écrire une fonction, j'ai constaté qu'elle existait déjà.

Voici un petit aperçu des fonctions qui existent pour vous mettre l'eau à la bouche :

- une fonction qui permet de rechercher et de remplacer des mots dans une variable ;
- une fonction qui envoie un fichier sur un serveur ;
- une fonction qui permet de créer des images miniatures (aussi appelées *thumbnails*) ;
- une fonction qui envoie un e-mail avec PHP (très pratique pour créer une newsletter !) ;
- une fonction qui permet de modifier des images, y écrire du texte, tracer des lignes, des rectangles, etc. ;
- une fonction qui crypte des mots de passe ;
- une fonction qui renvoie l'heure, la date…
- etc.

Dans la plupart des cas, il faudra passer des paramètres à la fonction pour qu'elle sache sur quoi travailler.

Nous allons ici découvrir rapidement quelques fonctions pour vous habituer à les utiliser. Nous ne pourrons jamais toutes les passer en revue (j'ai dit qu'il y en avait des centaines et des centaines !) mais avec l'expérience de ces premières fonctions et la documentation de PHP, vous n'aurez aucun mal à aller plus loin par vous-même.

Nous allons voir quelques fonctions qui effectuent des modifications sur des chaînes de caractères et une qui permet de récupérer la date. Ce sont seulement des exemples destinés à vous habituer à utiliser des fonctions.

Traiter des chaînes de caractères

De nombreuses fonctions permettent de manipuler le texte. En voici quelques-unes qui vont vous montrer leur intérêt.

strlen : longueur d'une chaîne

Cette fonction retourne la longueur d'une chaîne de caractères, c'est-à-dire le nombre de lettres et de chiffres dont elle est constituée (espaces compris). Exemple :

```
<?php
$phrase = 'Bonjour tout le monde ! Je suis une phrase !';
$longueur = strlen($phrase);


echo 'La phrase ci-dessous comporte ' . $longueur . ' caractères :<br />'
. $phrase;
?>
```

Résultat :

**La phrase ci-dessous comporte 45 caractères :
Bonjour tout le monde ! Je suis une phrase !**

Comptage du nombre de caractères

> Méfiez-vous, il se peut que le nombre de caractères soit parfois inexact. Ceci est dû à un bogue de PHP dans la gestion des encodages de caractères. Ce problème sera corrigé dans les prochaines versions du langage.

str_replace : rechercher et remplacer

`str_replace` remplace une chaîne de caractères par une autre.

Exemple :

```
<?php
$ma_variable = str_replace('b', 'p', 'bim bam boum');

echo $ma_variable;
?>
```

Résultat :

pim pam poum

Remplacement de caractères

On a besoin d'indiquer trois paramètres :

- la chaîne qu'on recherche (ici, les « b », on aurait pu rechercher un mot aussi) ;
- la chaîne qu'on veut mettre à la place (ici, on remplace des « p » par des « b ») ;
- la chaîne dans laquelle on doit faire la recherche.

Ce qui nous donne : « pim pam poum ».

str_shuffle : mélanger les lettres

Pour vous amuser à mélanger aléatoirement les caractères de votre chaîne !

```
<?php
$chaine = 'Cette chaîne va être mélangée !';
$chaine = str_shuffle($chaine);

echo $chaine;
?>
```

Résultat :

v eehregnîné! Cétalmaaet êect

Lettres mélangées

strtolower : écrire en minuscules

`strtolower` met tous les caractères d'une chaîne en minuscules.

```
<?php
$chaine = 'COMMENT ÇA JE CRIE TROP FORT ???';
$chaine = strtolower($chaine);

echo $chaine;
?>
```

Résultat :

comment ça je crie trop fort ???

Lettres en minuscules

À noter que `strtoupper` fait la même chose en sens inverse : il transforme des minuscules en majuscules.

Récupérer la date

Nous allons découvrir la fonction qui renvoie l'heure et la date. Il s'agit de `date` (un nom facile à retenir, avouez !). Cette fonction peut donner beaucoup d'informations. Voici les principaux paramètres à connaître :

Paramètre	Description
`H`	Heure
`i`	Minute
`d`	Jour
`m`	Mois
`Y`	Année

> **!** Lors de votre saisie, respectez la casse : les majuscules et les minuscules sont importantes !

Si vous voulez afficher l'année, il faut donc envoyer le paramètre `Y` à la fonction :

```
<?php
$annee = date('Y');
echo $annee;
?>
```

On peut bien entendu faire mieux, voici la date complète et l'heure :

```
<?php
// Enregistrons les informations de date dans des variables

$jour = date('d');
$mois = date('m');
$annee = date('Y');

$heure = date('H');
$minute = date('i');

// Maintenant, on peut afficher ce qu'on a recueilli
echo 'Bonjour ! Nous sommes le ' . $jour . '/' . $mois . '/' . $annee .
'et il est ' . $heure. ' h ' . $minute;
?>
```

Résultat :

Affichage de la date

Et voilà le travail ! On a pu afficher la date et l'heure en un clin d'œil.

Normalement, quand vous avez testé le code précédent, vous avez dû avoir la date et l'heure exactes (n'hésitez donc pas à essayer d'exécuter ce code source chez vous).

> **i** Si l'heure n'était pas bonne, sachez que c'est le serveur qui donne l'heure, et le serveur d'OpenClassrooms étant situé à Paris, vous comprendrez le décalage horaire si vous habitez dans un autre pays.

Créer ses propres fonctions

Bien que PHP propose des centaines et des centaines de fonctions (j'insiste, mais il faut dire qu'il y en a tellement !), parfois il n'y aura pas ce que vous cherchez et il faudra écrire vous-même la fonction. C'est une façon pratique d'étendre les possibilités offertes par PHP.

Quand écrire une fonction ? En général, si vous effectuez des opérations un peu complexes que vous pensez avoir besoin de refaire régulièrement, il est conseillé de créer une fonction.

Nous allons découvrir la création de fonctions à travers deux exemples :

- l'affichage d'un message de bienvenue en fonction du nom ;
- le calcul du volume d'un cône.

Premier exemple : dis bonjour au monsieur

C'est peut-être un peu fatigant de dire bonjour à chacun de ses visiteurs, non ? Ça serait bien de le faire automatiquement… Les fonctions sont justement là pour nous aider !

Regardez le code suivant :

```
<?php
$nom = 'Sandra';
echo 'Bonjour, ' . $nom . ' !<br />';

$nom = 'Patrick';
echo 'Bonjour' ' . $nom . ' !<br />';

$nom = 'Claude';
echo 'Bonjour, ' . $nom . ' !<br />';
?>
```

Vous voyez, c'est un peu fatigant à la longue… Alors nous allons créer une fonction qui le fait à notre place !

```
<?php
function DireBonjour($nom)
{
    echo 'Bonjour ' . $nom . ' !<br />';
}

DireBonjour('Marie');
DireBonjour('Patrice');
DireBonjour('Edouard');
DireBonjour('Pascale');
DireBonjour('François');
DireBonjour('Benoît');
DireBonjour('Père Noël');
?>
```

Résultat :

Bonjour Marie !
Bonjour Patrice !
Bonjour Edouard !
Bonjour Pascale !
Bonjour François !
Bonjour Benoît !
Bonjour Père Noël !

Appels de la fonction DireBonjour

Alors qu'y a-t-il de différent ici ? C'est surtout au début du code qu'il y a une nouveauté : c'est la fonction. En fait, les premières lignes permettent de définir la fonction (son nom, ce qu'elle est capable de faire, etc.). Elles ne font rien de particulier, mais elles disent à PHP : « Une fonction `DireBonjour` existe maintenant. »

Pour créer une fonction, vous devez taper `function` (en français, ça veut dire fonction). Ensuite, donnez-lui un nom. Par exemple, celle-ci s'appelle `DireBonjour`.

Ce qui est plus particulier après, c'est ce qu'on met entre parenthèses : il y a une variable. C'est le **paramètre** dont a besoin la fonction pour travailler, afin qu'elle sache à qui elle doit dire bonjour dans notre cas. Notre fonction doit forcément être appelée avec un paramètre (le nom) sans quoi elle ne pourra pas travailler.

> Vous avez peut-être remarqué que cette ligne est la seule à ne pas se terminer par un point-virgule. C'est normal, il ne s'agit pas d'une instruction mais juste d'une « carte d'identité » de la fonction (son nom, ses paramètres...).

Ensuite, vous repérez des accolades. Elles permettent de marquer les limites de la fonction. Cette dernière commence avec une accolade ouvrante `{` et se termine avec une accolade fermante `}`. Entre les deux, on trouve son contenu.

Ici, la fonction contient une seule instruction (`echo`). J'ai fait simple pour commencer mais vous verrez qu'en pratique, une fonction contient plus d'instructions que cela.

Voilà, la fonction est créée, vous n'avez plus besoin d'y toucher. Pour l'appeler par la suite, il suffit d'indiquer son nom, et de préciser ses paramètres entre parenthèses. Enfin, il ne faut pas oublier le fameux point-virgule (`;`) car il s'agit d'une instruction.

Par exemple :

```
<?php
DireBonjour('Marie');
?>
```

À vous d'essayer ! Créez une page avec cette fonction et dites bonjour à qui vous voulez. Vous verrez, ça marche (encore heureux !).

> Un conseil pour vous entraîner sur les fonctions : basez-vous sur mes exemples et essayez de les retoucher petit à petit pour voir ce que ça donne. Il peut y avoir des fonctions très simples comme des fonctions très compliquées, alors allez-y prudemment.

Deuxième exemple : calculer le volume d'un cône

Allez, on passe à la vitesse supérieure. La fonction `DireBonjour` qu'on a créée ne renvoyait aucune valeur, elle se contentait d'effectuer une action (afficher un texte, dans le cas présent). Maintenant, nous allons créer une fonction qui renvoie une valeur.

Ici notre fonction va servir à faire un calcul : celui du volume d'un cône. Le principe est le suivant : vous donnez à la fonction le rayon et la hauteur du cône, elle travaille et vous renvoie le volume que vous cherchiez.

Tout d'abord, il faut connaître la formule pour calculer le volume d'un cône. Vous avez oublié comment on fait ? Il faut connaître le rayon de la base et la hauteur. La formule à utiliser est la suivante :

$$rayon^2 \times \pi \times hauteur \times \frac{1}{3}$$

Formule du calcul du volume d'un cône

Voyez la figure suivante.

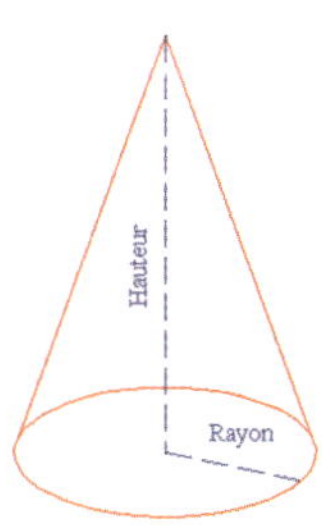

Représentation d'un cône

Si vous avez bien suivi au chapitre précédent, vous êtes normalement en mesure de comprendre le code suivant. Le seul problème si on doit le faire plusieurs fois : c'est assez vite répétitif. Regardez :

```
<?php
// Calcul du volume d'un cône de rayon 5 et de hauteur 2
$volume = 5 * 5 * 3.14 * 2 * (1/3);
```

```
echo 'Le volume du cône de rayon 5 et de hauteur 2 est : ' . $volume . ' cm<sup>3</sup><br />';

// Calcul du volume d'un cône de rayon 3 et de hauteur 4
$volume = 3 * 3 * 3.14 * 4 * (1/3);
echo 'Le volume du cône de rayon 3 et de hauteur 4 est : ' . $volume . ' cm<sup>3</sup><br />';
?>
```

Nous allons donc créer une fonction `VolumeCone`, qui va calculer le volume du cône en fonction du rayon et de la hauteur. Cette fonction ne va rien afficher, on veut juste qu'elle nous renvoie le volume qu'on cherche.

Regardez attentivement le code suivant, il présente deux nouveautés :

```
<?php
// Ci-dessous, la fonction qui calcule le volume du cône
function VolumeCone($rayon, $hauteur)
{
    $volume = $rayon * $rayon * 3.14 * $hauteur * (1/3); // Calcul du volume
    return $volume; // Indique la valeur à renvoyer, ici le volume
}

$volume = VolumeCone(3, 1);
echo 'Le volume d\'un cône de rayon 3 et de hauteur 1 est de ' . $volume;
?>
```

Regardez bien la fonction, on constate la présence de l'instruction `return $volume;`.

Cette instruction indique ce que doit renvoyer la fonction. Ici, elle renvoie le volume. Si vous aviez tapé `return 15`, ça aurait à chaque fois affiché un volume de 15 (c'est un peu idiot j'en conviens, mais faites l'essai !).

La fonction renvoie une valeur, qu'on doit donc récupérer dans une variable :

```
<?php
$volume = VolumeCone(3, 1);
?>
```

Ensuite, on peut afficher ce que contient la variable à l'aide d'une instruction `echo`.

Les possibilités de création de fonctions sont quasi infinies. Il est clair que normalement, vous n'allez pas avoir à créer de fonction qui calcule le volume d'un cône (qui est assez fou pour faire ça ?). En fait, tout ce que je vous demande ici, c'est de comprendre qu'une fonction peut se révéler très pratique et vous faire gagner du temps.

En résumé

- Les fonctions sont des blocs de code qui exécutent des instructions en fonction de certains paramètres.
- Les fonctions ont généralement une entrée et une sortie. Par exemple, si on donne la valeur 4 à la fonction de calcul du cube, celle-ci renvoie 64 en sortie.

- PHP propose des centaines et des centaines de fonctions prêtes à l'emploi pour tous types de tâches : envoyer un e-mail, récupérer l'heure, crypter des mots de passe, etc.
- Si PHP ne propose pas la fonction dont on a besoin, il est possible de la créer avec le mot-clé `function`.

10 Au secours ! Mon script plante !

Alors comme ça votre script ne fonctionne pas et PHP vous affiche des erreurs incompréhensibles ?

Vous n'avez pas de souci à vous faire, c'est tout à fait normal. On ne réussit jamais un script du premier coup (en tout cas, moi, jamais !).

Des milliers de messages d'erreur différents peuvent survenir (OK, jusque-là rien de très rassurant), et je n'ai pas vraiment la possibilité de vous en dresser une liste complète… mais je peux vous présenter les erreurs les plus courantes, ce qui devrait résoudre la grande majorité de vos problèmes. ;-)

Les erreurs les plus courantes

Il est facile de parler d'erreurs « courantes », car vous verrez que certaines erreurs reviennent plus souvent que d'autres.

Nous allons passer en revue les erreurs suivantes :

- `parse error` ;
- `undefined function` ;
- `wrong parameter count`.

Parse error

Si on devait dire qu'il existe UNE erreur de base, ça serait très certainement celle-ci. Impossible de programmer en PHP sans y avoir droit un jour.

Le message d'erreur que vous obtenez ressemble à celui-ci :

```
Parse error: parse error in fichier.php on line 15
```

Ce message vous indique une erreur dans `fichier.php` à la ligne 15. Généralement, cela veut dire que votre problème se situe à la ligne 15, mais ce n'est pas toujours le cas (ce serait trop facile, sinon !). Parfois c'est la ligne précédente qui a un problème : pensez donc à regarder autour de la ligne indiquée.

Avec un éditeur de texte spécialisé comme Notepad++, les numéros de ligne apparaissent sur votre gauche, comme sur la figure suivante.

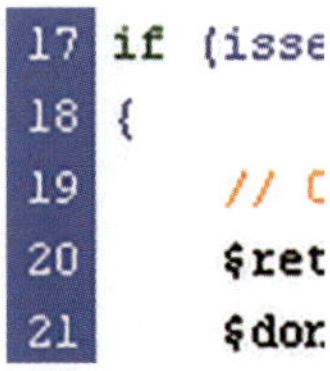

Numérotation des lignes dans Notepad++

Mais concrètement, qu'est-ce qu'une *parse error* ? Il s'agit en fait d'une instruction PHP mal formée. Il peut y avoir plusieurs causes à cela.

- Vous avez oublié le **point-virgule à la fin** de l'instruction. Comme toutes les instructions doivent se terminer par un point-virgule, si vous oubliez d'en mettre un, ça provoquera une *parse error*. Par exemple :

```
$id_news = 5
```

  Si vous ajoutez le point-virgule à la fin, tout rentrera dans l'ordre !

```
$id_news = 5;
```

- Vous avez oublié de **fermer un guillemet** (ou une apostrophe, ou une parenthèse). Par exemple :

```
echo "Bonjour !;
```

  Il suffit de fermer correctement les guillemets pour supprimer le problème :

```
echo "Bonjour !";
```

- Vous vous êtes trompés dans la **concaténation**, vous avez peut-être oublié un point par exemple :

```
echo "J'ai " . $age " ans";
```

Une fois l'erreur corrigée, cela donne :

```
echo "J'ai " . $age . " ans";
```

- Il peut aussi s'agir d'une **accolade mal fermée** (pour un `if`, par exemple). Vérifiez que vous avez correctement fermé toutes vos accolades. Si vous oubliez d'en fermer une, il est probable que la *parse error* vous indique que l'erreur se trouve à la dernière ligne du fichier (par exemple, à la ligne 115 si votre fichier comporte 115 lignes).

Donc, si on vous indique une erreur à la dernière ligne, il va probablement falloir relire tout le fichier PHP à la recherche d'une accolade mal fermée !

Si on vous dit que l'erreur est à la ligne 15 et que vous ne voyez vraiment pas d'erreur à cette ligne, n'hésitez pas à chercher l'erreur à la ligne juste au-dessus, elle s'y trouve peut-être !

undefined function

Une autre erreur assez classique : la fonction inconnue. Vous obtenez ce message d'erreur :

```
Fatal Error: Call to undefined function: fonction_inconnue() in fichier.php
on line 27
```

Là, il faut comprendre que vous avez utilisé une fonction qui n'existe pas.

Deux possibilités :

- la **fonction n'existe vraiment pas**. Vous avez probablement fait une faute de frappe, vérifiez si une fonction à l'orthographe similaire existe ;
- la fonction existe, mais PHP ne la reconnaît pas. C'est parce que cette fonction se trouve dans une **extension de PHP que vous n'avez pas activée**. Par exemple, si vous essayez d'utiliser la fonction `imagepng` alors que vous n'avez pas activé la bibliothèque GD pour les images en PHP, on vous dira que la fonction n'existe pas. Activez la bibliothèque qui utilise la fonction et tout sera réglé.

Une dernière chose : il se peut aussi que vous essayiez d'utiliser une fonction qui n'est pas disponible dans la version de PHP que vous utilisez.

Vérifiez dans le manuel dans quelles versions de PHP cette fonction est disponible.

wrong parameter count

Si vous utilisez mal une fonction, vous obtiendrez cette erreur :

```
Warning: Wrong parameter count for fonction() in fichier.php on line 112
```

Cela signifie que vous avez oublié des paramètres pour la fonction, ou même que vous en avez trop mis. Consultez le mode d'emploi de la fonction pour savoir combien de paramètres elle prend et quels sont ceux qui sont facultatifs.

Par exemple, la fonction `fopen` requiert au minimum deux paramètres : le premier correspond au nom du fichier à ouvrir et le second ; au mode d'ouverture (en lecture seule, écriture, etc.). Si vous ne mettez que le nom du fichier à ouvrir, comme ceci :

```
$fichier = fopen("fichier.txt");
```

... vous obtiendrez l'erreur *Wrong parameter count*. Pensez donc à ajouter le paramètre qui manque, par exemple comme ceci :

```
$fichier = fopen("fichier.txt", "r");
```

Dans les versions actuelles de PHP, le message d'erreur vous donne même le nombre de paramètres que vous avez oubliés !

Traiter les erreurs SQL

Comme vous le savez, le langage SQL est un langage à part entière dont on se sert en PHP. S'il peut y avoir des erreurs en PHP, il peut aussi y avoir des erreurs en SQL !

Par exemple, il se peut que votre requête soit mal écrite, que la table que vous voulez ouvrir n'existe pas, etc. Bref, les erreurs possibles sont là encore nombreuses.

Toutefois, ce n'est pas MySQL qui vous dira qu'il y a une erreur, mais PHP, et ce dernier n'est pas très bavard en ce qui concerne les erreurs SQL. Nous allons donc voir :

- comment repérer une erreur SQL en PHP ;
- comment faire parler PHP pour qu'il nous donne l'erreur SQL (de gré, ou de force !).

Repérer l'erreur SQL en PHP

Lorsqu'il s'est produit une erreur SQL, la page affiche le plus souvent l'erreur suivante :

```
Fatal error: Call to a member function fetch() on a non-object
```

Cette erreur survient lorsque vous voulez afficher les résultats de votre requête, généralement dans la boucle `while ($donnees = $reponse->fetch())`.

Quand vous obtenez cette erreur, il ne faut pas chercher plus loin : c'est la requête SQL qui précède qui n'a pas fonctionné. Il vous manque cependant des détails sur ce qui a posé problème dans la requête. Nous allons maintenant voir comment on peut remédier à cela.

Allez ! Crache le morceau !

Comme visiblement PHP n'a pas envie de nous donner l'erreur renvoyée par MySQL, on va le lui demander d'une autre manière. Nous avons d'ailleurs déjà vu cette méthode dans le chapitre 2 traitant de MySQL.

Repérez la requête qui plante selon vous (certainement celle juste avant la boucle `while`), et demandez d'afficher l'erreur s'il y en a une, comme ceci :

```
<?php
$reponse = $bdd->query('SELECT nom FROM jeux_video') or
die(print_r($bdd->errorInfo()));
?>
```

Si la requête fonctionne, aucune erreur ne sera affichée. Si en revanche la requête plante, PHP arrêtera de générer la page et vous affichera l'erreur donnée par MySQL...

À partir de là, il va falloir vous débrouiller tout seul, car les erreurs SQL sont assez nombreuses et je ne peux pas toutes les lister.

En général, MySQL vous dit « You have an error in your SQL syntax near 'XXX' ». À vous de bien relire votre requête SQL ; l'erreur se trouve généralement près de l'emplacement indiqué.

Quelques erreurs plus rares

Les erreurs PHP sont très variées, et je ne parle même pas des erreurs SQL. N'espérez donc pas que je vous fasse ici la liste des 3 946 erreurs de PHP, j'en serais incapable (je ne les ai pas encore toutes eues, mais ça ne saurait tarder à l'allure à laquelle je vais).

Je vais vous présenter ici quelques erreurs un peu plus rares que *parse error*, mais que vous rencontrerez probablement un jour :

- `headers already sent by`... ;
- `l'image contient des erreurs` ;
- `maximum execution time exceeded`.

headers already sent by...

Voici une erreur classique quand on travaille avec les sessions ou avec les cookies :

```
Cannot modify header information - headers already sent by ...
```

Que doit-on comprendre par-là ?

Les **headers** sont des informations d'en-tête qui sont envoyées avant toute chose au navigateur du visiteur. Elles permettent de dire « Ce que tu vas recevoir est une page HTML », « Ce que tu vas recevoir est une image PNG » ou encore « Inscris un cookie ».

Tout cela doit être effectué avant que le moindre code HTML ne soit envoyé. En PHP, la fonction qui permet d'envoyer des informations de headers s'appelle `header()`. On s'en est notamment servi dans le chapitre sur la bibliothèque GD pour indiquer qu'on envoyait une image et non pas une page HTML.

> Il y a d'autres fonctions qui envoient des headers toutes seules. C'est le cas de `session_start()` et de `setcookie()`.

Ce que vous devez retenir, c'est que chacune de ces fonctions doit être **utilisée au tout début de votre code PHP**. Il ne faut RIEN mettre avant, sinon ça provoquera l'erreur *Headers already sent by…*

Un exemple de code qui génère l'erreur :

```
<html>
<?php session_start(); ?>
```

Ici, j'ai eu le malheur de mettre un peu de code HTML avant le `session_start()`, et c'est ce qui a provoqué l'erreur. Placez le `session_start()` en tout premier, et vous n'aurez plus de problème :

```
<?php session_start(); ?>
<html>
```

L'image contient des erreurs

C'est le navigateur qui vous donne ce message d'erreur et non pas PHP.

Ce message survient lorsque **vous travaillez avec la bibliothèque GD**. Si vous avez fait une erreur dans votre code (par exemple, une banale *parse error*), celle-ci sera **inscrite dans l'image**. Du coup, l'image ne sera pas valide et le navigateur ne pourra pas l'afficher.

> Bon d'accord, l'erreur est dans l'image. Mais comment faire pour faire « apparaître » l'erreur ?

Deux possibilités s'offrent à vous :

- vous pouvez supprimer la ligne suivante dans votre code :

```
<?php header ("Content-type: image/png"); ?>
```

L'erreur apparaîtra à la place du message « L'image contient des erreurs ».

- vous pouvez aussi afficher le code source de l'image (comme si vous alliez regarder la source HTML de la page, sauf que là il s'agit d'une image).

Dans les deux cas, vous verrez le message d'erreur apparaître. À partir de là, il ne vous restera plus qu'à corriger le bogue !

maximum execution time exceeded

Il s'agit du genre d'erreur qui arrive le plus souvent à cause d'une boucle infinie :

```
Fatal error: Maximum execution time exceeded in fichier.php on line 57
```

Imaginez que vous fassiez une boucle `while`, mais que celle-ci ne s'arrête jamais : votre script PHP va tourner en boucle sans jamais s'arrêter.

Heureusement, PHP limite le temps d'exécution d'une page PHP à 30 secondes par défaut. Si une page met plus de 30 secondes à se générer, PHP arrête tout en signalant que c'est trop long. Et il fait bien, parce que sinon cela pourrait ralentir tout le serveur et rendre votre site inaccessible !

Voici un exemple de boucle `while` qui ne s'arrêtera jamais :

```
<?php
$nombre = 5;
while ($nombre == 5)
{
    echo 'Zéro ';
}
?>
```

Comme vous pouvez le voir, un tel code PHP ne s'arrêtera jamais parce que `$nombre` vaut TOUJOURS `5`...

Si vous obtenez l'erreur *Maximum execution time exceeded*, il va falloir repérer une boucle qui ne s'arrête jamais, car c'est elle qui provoque ce problème.

Rassurez-vous : la limite est fixée à 30 secondes, mais vous n'y serez jamais confronté. En général, un serveur met moins de 50 millisecondes à charger une page PHP (on est très loin des 30 secondes !).

11 Inclure des portions de page

Vous est-il déjà arrivé de vouloir modifier le menu de votre site et de devoir pour cela corriger le code HTML de chacune de vos pages web ? Le menu d'une page web apparaît en effet sur chacune des pages et vous avez très certainement dû le recopier sur chacune d'elles. Cela fonctionne, mais ce n'est pas très pratique…

Une des fonctionnalités les plus simples et les plus utiles de PHP est l'**inclusion de pages**. On peut très facilement inclure toute une page ou un bout de page à l'intérieur d'une autre. Cela va grandement vous faciliter la tâche en vous évitant d'avoir à copier le même code HTML plusieurs fois.

Au fil de ce chapitre, vous allez découvrir un des multiples avantages que vous donne le PHP lors de la création de votre site. C'est d'ailleurs ce qui m'a fait instantanément aimer ce langage lorsque je l'ai découvert, alors que comme vous, je venais seulement d'apprendre le HTML et le CSS. :-)

Le principe

La plupart des sites web sont généralement découpés selon le schéma suivant.

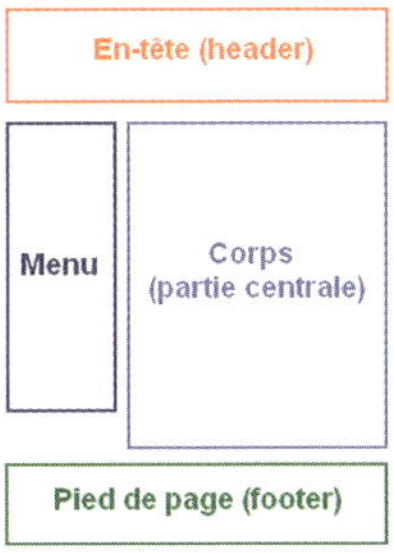

Découpage usuel d'une page web

Le problème

Jusqu'ici, vous étiez condamné à copier à l'identique sur chaque page :

- l'en-tête ;
- le menu ;
- le pied de page.

Cela donnait du code lourd et répétitif sur toutes les pages !

Regardez le code d'exemple suivant qui représente une page web (appelons-la `index.php`) avec en-tête, menu et pied de page :

```
<!DOCTYPE html>
<html>
    <head>
        <meta charset="utf-8" />
        <title>Mon super site</title>
    </head>

    <body>

    <!-- L'en-tête -->

    <header>

    </header>

    <!-- Le menu -->

    <nav id="menu">
        <div class="element_menu">
            <h3>Titre menu</h3>
            <ul>
                <li><a href="page1.html">Lien</a></li>
                <li><a href="page2.html">Lien</a></li>
                <li><a href="page3.html">Lien</a></li>
            </ul>
        </div>
    </nav>

    <!-- Le corps -->

    <div id="corps">
        <h1>Mon super site</h1>

        <p>
            Bienvenue sur mon super site !<br />
            Vous allez adorer ici, c'est un site génial qui va parler
de... euh... Je cherche encore un peu le thème de mon site. :-D
        </p>
    </div>

    <!-- Le pied de page -->

    <footer id="pied_de_page">
        <p>Copyright moi, tous droits réservés</p>
```

```
    </footer>

    </body>
</html>
```

D'une page à l'autre, ce site contiendra à chaque fois le même code pour l'en-tête, le menu et le pied de page ! En effet, seul le contenu du corps change en temps normal.

La solution

En PHP, nous pouvons facilement insérer d'autres pages (on peut aussi insérer seulement des morceaux de pages) à l'intérieur d'une page.

Le principe de fonctionnement des **inclusions** en PHP est plutôt simple à comprendre. Vous avez un site web composé de disons vingt pages. Sur chaque page, il y a un menu, toujours le même. Pourquoi ne pas écrire ce menu (et seulement lui) une seule fois dans une page `menus.php` ?

En PHP, vous allez pouvoir inclure votre menu sur toutes vos pages. Ainsi, lorsque vous voudrez modifier votre menu, vous n'aurez qu'à modifier `menus.php` et l'ensemble des pages de votre site web sera automatiquement mis à jour !

La pratique

Comme je vous le disais, je vous propose de créer un nouveau fichier PHP et d'y insérer uniquement le code HTML correspondant à votre menu, comme ceci :

```
<nav id="menu">
    <div class="element_menu">
        <h3>Titre menu</h3>
        <ul>
            <li><a href="page1.html">Lien</a></li>
            <li><a href="page2.html">Lien</a></li>
            <li><a href="page3.html">Lien</a></li>
        </ul>
    </div>
</nav>
```

Faites de même pour une page `entete.php` et une page `pied_de_page.php` en fonction des besoins de votre site.

? Mais… la page `menus.php` ne contiendra pas le moindre code PHP… c'est normal ?

Une page dont l'extension est `.php` peut très bien ne contenir aucune balise PHP (même si c'est plutôt rare). Dans ce cas, cela redevient une page HTML classique qui n'est pas modifiée avant l'envoi.

En théorie, vous pourriez très bien enregistrer votre page avec l'extension `.html`, soit `menus.html`. Néanmoins, afin d'éviter de mélanger des pages `.php` et `.html` sur votre site, je vous recommande de travailler uniquement avec l'extension `.php` à partir de maintenant.

Maintenant que vos « morceaux de pages » sont prêts, reprenez les pages de votre site, par exemple la page d'accueil nommée `index.php`. Remplacez le menu par le code PHP suivant :

```
<?php include("menus.php"); ?>
```

Cette instruction ordonne à l'ordinateur : « Insère ici le contenu de la page `menus.php`. »

> Contrairement à `echo`, j'ai ici placé des parenthèses autour des guillemets. Il faut dire que `echo` était un peu une exception. Dorénavant, vous verrez souvent des parenthèses. `include` est en réalité une structure de langage particulière, comme `echo`, et peut donc s'utiliser avec ou sans parenthèses.
>
> Pour le moment, nous débutons. Nous nous contenterons donc de faire comme cela sans trop entrer dans les détails pour ne pas nous brûler les ailes.

Si nous reprenons le code que nous avons vu tout à l'heure et que nous remplaçons chaque code répétitif par un `include` (lignes 10, 12 et 28), cela donne le code source suivant :

```
1. <!DOCTYPE html>
2. <html>
3.     <head>
4.         <meta charset="utf-8" />
5.         <title>Mon super site</title>
6.     </head>
7.
8.     <body>
9.
10.    <?php include("entete.php"); ?>
11.
12.    <?php include("menus.php"); ?>
13.
14.    <!-- Le corps -->
15.
16.    <div id="corps">
17.        <h1>Mon super site</h1>
18.
19.        <p>
20.            Bienvenue sur mon super site !<br />
21.            Vous allez adorer ici, c'est un site génial qui va parler
22.            de... euh... Je cherche encore un peu le thème de mon
23.            site. :-D
24.        </p>
25.    </div>
26.
27.    <!-- Le pied de page -->
```

```
        <?php include("pied_de_page.php"); ?>

    </body>
</html>
```

Ce code suppose que votre page `index.php` et celles qui sont incluses (comme `menus.php`) sont dans le même dossier. Si le menu était dans un sous-dossier appelé `includes`, il aurait fallu écrire :

```
<?php include("includes/menus.php"); ?>
```

C'est le même principe que pour les liens relatifs, que vous connaissez déjà dans le langage HTML.

Nous avons vu que la page PHP était générée, donc la question que vous devez vous poser est : que reçoit le visiteur ? Eh bien, il reçoit exactement le même code qu'avant !

Le schéma suivant vous aidera à comprendre comment les pages sont incluses.

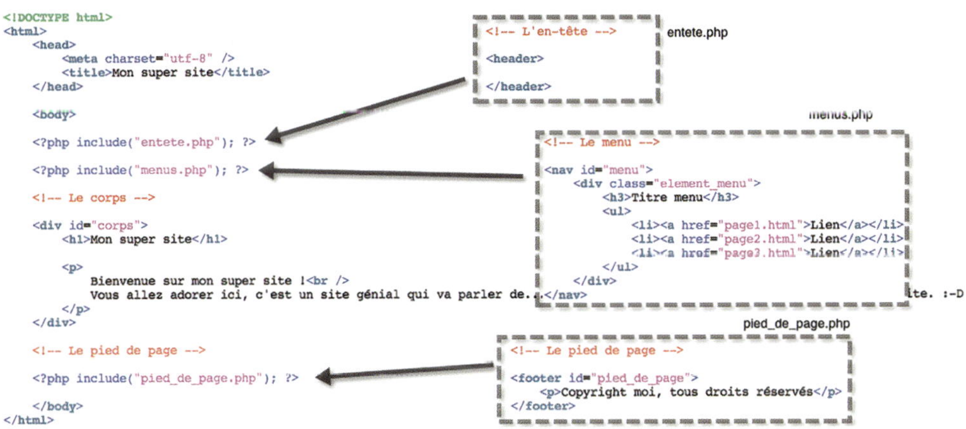

Les include en pratique

La page finale que reçoit le visiteur est identique à celle que je vous ai montrée au début du chapitre… mais vous, vous avez énormément gagné en flexibilité puisque votre code n'est plus recopié 150 fois inutilement.

Le nombre d'`include` par page n'est pas limité, par conséquent vous pouvez découper votre code en autant de sous-parties que vous le souhaitez !

En résumé

- Une page PHP peut inclure une autre page (ou un morceau de page) grâce à l'instruction `include`.

- L'instruction `include` sera remplacée par le contenu de la page demandée.
- Cette technique, très simple à mettre en place, permet par exemple de placer les menus de son site dans un fichier `menus.php` qu'on inclura dans toutes les pages. Cela permet de centraliser le code des menus alors qu'on était auparavant obligé de le copier dans chaque page sur nos sites statiques en HTML et CSS !

12 Coder proprement

En programmation comme partout ailleurs, il y a deux types de personnes : celles qui effectuent leur travail rapidement sans se soucier de la qualité, de la lisibilité ou de l'évolutivité de leur code, et celles qui soignent un peu leur travail, car elles ont conscience que cet effort supplémentaire leur fera gagner un temps énorme à l'avenir.

Quand on débute, on a tendance à se dire « Ça marche, parfait, ne touchons plus à rien et laissons comme ça ». C'est un mauvais réflexe et je ne serai pas le seul à vous le dire : n'importe quel programmeur PHP ayant un peu d'expérience sait qu'un code qui fonctionne n'est pas forcément bon.

Ce chapitre regroupe une série de conseils apparemment peu importants, sur lesquels je voudrais que vous portiez toute votre attention.

C'est peu de choses, et c'est pourtant ce qui fait la distinction entre un « bon » programmeur et un programmeur du dimanche !

Des noms clairs

J'ai plusieurs fois insisté sur ce point dans les premiers exemples du livre, et cette fois j'y reviens avec un peu plus d'explications.

Quand vous créez un script PHP, vous devez **inventer** des noms. Vous allez devoir attribuer des noms à différents types d'éléments :

- les variables ;
- les fonctions ;
- les classes.

L'idée est simple : il faut que vous fassiez l'effort de choisir des noms de variables et de fonctions clairs et compréhensibles.

Par exemple, voici de mauvais noms de variables :

- `$temp` ;
- `$data` ;
- `$info` ;
- `$val` ;
- `$val2`.

Je n'ai pas inventé ces noms de variables ; en fait, pour tout vous dire, ce sont des noms que j'ai vraiment vus dans de nombreux codes source.

Prenons par exemple `$info` : « info », oui mais sur **quoi** ?

Ce qui est crucial, c'est pourtant de savoir ce que contient une variable. Une variable contient toujours une info, c'est à vous de préciser laquelle.

Je ne vous parle même pas des variables « sans nom » : `$temp`, `$tmp` et compagnie. Ces noms sont à bannir absolument.

> Mais à quoi ça peut servir de chercher un nom de variable clair ? Après tout, c'est mon code, en ce qui me concerne, je comprends très bien ce que je fais !

Faux.

Bien sûr que vous savez ce que vous faites, pourtant le problème peut apparaître dans deux cas.

- Si vous donnez votre code PHP à un ami pour qu'il vous aide à un point de blocage, ou pour qu'il continue votre code. Essayez par exemple de montrer votre code PHP sur des forums sur Internet, vous verrez que si vous utilisez des noms peu clairs, vous aurez beaucoup moins de réponses parce qu'il aura été bien plus difficile de comprendre le fonctionnement de votre code !
- Un autre cas (sous-estimé), c'est celui où vous retouchez votre code ultérieurement. Je ne dis pas le lendemain (les idées sont encore fraîches), mais trois mois plus tard, ou même trois semaines. Croyez-en mon expérience : il m'est arrivé de devoir relire mon code source en me demandant : « Mais qu'est-ce que j'ai bien pu vouloir faire, là ? »

Passez ne serait-ce qu'une seconde de plus à réfléchir à des noms clairs. N'ayez pas peur de choisir des noms un peu longs, ce n'est pas une perte de temps, bien au contraire.

Vous pouvez utiliser le symbole underscore (_) pour remplacer les espaces, qui sont, je vous le rappelle, interdits dans les noms de variables et de fonctions.

Voici quelques exemples de noms de variables clairs :

- `$ip_visiteur` ;
- `$pseudo_membre` ;
- `$date_news` ;
- `$mot_de_passe` ;
- `$forum_selectionne`.

Pour finir, et en espérant vous convaincre (parce que croyez-moi, c'est très important), voici le même code source en deux exemplaires :

- le premier contient des noms courts et pas clairs ; il est difficile de comprendre rapidement ce qu'il fait ;
- le deuxième contient des noms un peu plus longs, mais au moins on arrive tout de suite à savoir à quoi sert telle variable ou telle fonction.

Ces deux codes produisent exactement le même résultat ; simplement, l'un d'eux est beaucoup plus compréhensible que l'autre.

Des noms de variables peu clairs

```
<?php
$mess_page = 20;

$ret = $bdd->query('SELECT COUNT(*) AS nb FROM livre');

$data = $ret->fetch();
$total = $data['nb'];

$nb_total  = ceil($total / $mess_page);

echo 'Page : ';
for ($i = 1 ; $i <= $nb_total ; $i++)
{
     echo '<a href="livre.php?page=' . $i . '">' . $i . '</a> ';
}

?>
```

Des noms de variables beaucoup plus clairs

```
<?php
$nombreDeMessagesParPage = 20;

$retour = $bdd->query('SELECT COUNT(*) AS nb_messages FROM livre');
$donnees = $retour->fetch();
$totalDesMessages = $donnees['nb_messages'];

$nombreDePages  = ceil($totalDesMessages / $nombreDeMessagesParPage);

echo 'Page : ';
for ($page_actuelle = 1 ; $page_actuelle <= $nombreDePages ;
$page_actuelle++)
{
     echo '<a href="livre.php?page=' . $page_actuelle . '">' . $page_
actuelle . '</a> ';
}
?>
```

C'est fou comme des noms écrits correctement en français permettent d'y voir plus clair.

Indenter son code

Une des premières choses qui saute aux yeux quand on regarde un code source, c'est son **indentation**.

Le principe de l'indentation est d'utiliser intelligemment les tabulations pour « décaler » certaines parties de votre code afin de montrer plus clairement sa structure.

La quasi-totalité des éditeurs de texte ont l'habitude que vous utilisiez du code indenté, et vous aident donc beaucoup à clarifier votre code.

> Quand je dis « la plupart », je ne parle pas de Bloc-notes. Si jusque-là vous saisissez votre code PHP dans le Bloc-notes, je vous conseille d'essayer un logiciel dédié, comme Notepad++.
>
> Avec un éditeur dédié, vous avez non seulement une indentation du code semi-automatique mais en plus, votre code est automatiquement coloré, ce qui aide énormément, croyez-moi !

Il y a plusieurs « styles » d'indentation de code ; cela varie un peu selon les goûts des développeurs. Celui que je vous propose est simple à retenir :

- chaque fois que vous ouvrez des accolades `{`, par exemple pour un `if`, un `while` ou un `for`, vous décalez tout le code qui suit d'une tabulation vers la droite ;
- chaque fois que vous fermez une accolade `}`, vous décalez tout le code qui suit d'une tabulation vers la gauche.

Un code non indenté

Voyez ce que ça donne avec cet exemple :

```
<?php
for ($ligne = 1 ; $ligne <= 100 ; $ligne++)
{
if ($ligne % 2 == 0)
{
echo $ligne . ' : <strong>ligne paire</strong>';
}
else
{
echo $ligne . ' : <em>ligne impaire</em>';
}
echo '<br />';
}
?>
```

Un code indenté

Et voici maintenant le même code correctement indenté si l'on respecte la règle des tabulations :

```
<?php
for ($ligne = 1 ; $ligne <= 100 ; $ligne++)
{
	if ($ligne % 2 == 0)
	{
		echo $ligne . ' : <strong>ligne paire</strong>';
	}
	else
	{
		echo $ligne . ' : <em>ligne impaire</em>';
	}

	echo '<br />';
}
?>
```

L'avantage avec un code indenté, c'est qu'on distingue mieux les « niveaux » des instructions. Les blocs sont bien séparés et on arrive à se repérer plus facilement.

Avoir un code correctement indenté est quasiment indispensable lorsque vous commencez à faire des scripts de plusieurs dizaines de lignes (ce qui arrive assez vite !).

Certains développeurs ont tendance à remplacer les tabulations par deux ou quatre espaces, car la largeur d'une tabulation peut varier d'un logiciel à un autre, alors que celle d'un espace est fixe. En général, c'est l'éditeur de texte lui-même qui convertit nos tabulations par des espaces, de façon transparente.

Un code correctement commenté

Le dernier point, qui est peut-être le plus délicat pour des raisons de dosage, concerne les commentaires dans le code.

Les commentaires ne servent à rien, puisqu'ils ne sont pas lus par PHP lors de la génération de la page… comme les noms de variables et l'indentation du code, me direz-vous.

En effet. Mais là encore, les commentaires sont pour vous, et éventuellement pour la personne qui lira votre code. Il faut commenter votre code, mais il ne faut surtout pas tomber dans l'excès !

Je m'explique. Si après une ligne comme celle-ci :

```
<?php echo $pseudo_visiteur; ?>
```

… vous ajoutez le commentaire « Affiche le pseudo du visiteur », là je dis non, non et non !

Il est **strictement inutile** de commenter une à une les lignes de votre code ! Si j'ai insisté tout à l'heure pour que vous choisissiez des noms de variables et de fonctions clairs, c'est justement pour vous éviter d'avoir besoin de trop commenter.

Le plus judicieux et le plus intelligent, c'est de commenter un « groupe de lignes » pour expliquer brièvement à quoi elles servent quand cela n'est pas évident.

C'est le **sens général** de votre code que vous devez expliquer dans les commentaires, et non pas le rôle de chaque ligne !

Pour vous aider, on peut distinguer deux types de commentaires :

- ceux qui commencent par `//` : ils permettent de commenter sur une seule ligne à la fois ;
- ceux qui commencent par `/*` et qui se terminent par `*/` : ils sont utilisés pour de longs commentaires s'étalant sur plusieurs lignes.

Voici une petite illustration d'un code correctement commenté :

```
<?php
/*
Script «Questionnaire de satisfaction»
     Par M@teo21

Dernière modification : 20 août XXXX
*/

// On vérifie d'abord s'il n'y a pas de champ vide
if ($_POST['description'] == NULL OR $_POST['mail'] == NULL)
{
     echo 'Tous les champs ne sont pas remplis !';
}
else // Si c'est bon, on enregistre les informations dans la base
{
     $bdd->prepare('INSERT INTO enquete VALUES (\'\', ?, ?)');
     $bdd->execute(array($_POST['description'], $_POST['mail']));

     // Puis on envoie les photos

     for ($numero = 1 ; $numero <= 3 ; $numero++)
     {
          if ($_FILES['photo' . $numero]['error'] == 0)
          {
               if ($_FILES['photo' . $numero]['size'] < 500000)
               {
                    move_uploaded_file($_FILES['photo' . $numero]['tmp_
name'], $numero . '.jpg');
               }
               else
               {
                    echo 'La photo ' . $numero . 'n\'est pas valide.<br />';
                    $probleme = true;
               }
          }
     }
```

```
    // Enfin, on affiche un message de confirmation si tout s'est bien
    // passé

    if (!(isset($probleme)))
    {
        echo 'Merci ! Les informations ont été correctement
enregistrées !';
    }
}
?>
```

Comme vous le voyez, je n'ai pas commenté toutes les lignes. J'ai juste commenté des groupes de lignes pour expliquer leur fonction globale, ce qui permet à l'auteur (moi ou un autre) de se repérer beaucoup plus facilement dans le code par la suite !

Les standards

Vous l'aurez compris, lorsque nous travaillons en équipe, il est important de garder une certaine cohérence dans la manière d'écrire du code. Cela sera d'autant plus important lorsque vous développerez avec un framework tel que Symfony (*http://symfony.com/*).

Un collectif de développeurs (*http://www.php-fig.org/members/*) s'est réuni pour établir des standards à suivre en ce qui concerne l'écriture de code PHP. Ce consortium s'appelle le FIG (*Framework Interop Group*) et a surtout été créé pour faire en sorte que l'ensemble des frameworks PHP respectent des règles communes.

Les standards sont appelés « PSR » (*PHP Standards Recommendations*) et il y en a toute une liste. Vous pouvez les retrouver la liste de ces recommandations à l'adresse suivante : *http://www.php-fig.org/psr/*.

Je vous propose de nous attarder sur deux d'entre elles :

- la PSR-1 (*http://www.php-fig.org/psr/psr-1/*) : règles basiques en rapport avec le standard de codage ;
- la PSR-2 (*http://www.php-fig.org/psr/psr-2/*) : guide du coding style.

Ces standards renferment tout un ensemble de règles qu'il faut suivre. Je vous invite donc à les lire attentivement.

Il se peut que vous fassiez tout de même des erreurs… Il existe un outil pratique qui automatise la correction de votre code au regard des règles imposées. Je vous invite donc à utiliser PHP-CS-Fixer.

C'est un outil qui ne s'utilise qu'en ligne de commande. Vous retrouverez les étapes d'installation à cette adresse : *https://github.com/FriendsOfPHP/PHP-CS-Fixer/blob/master/README.rst* (en anglais). Je vous invite vivement à utiliser cet outil pour faire en sorte que votre code respecte les règles de codage.

Troisième partie

Transmettre des données de page en page

Maintenant que vous avez acquis les bases de PHP, nous pouvons nous intéresser à du concret.

Le langage PHP a été conçu pour que vous puissiez transmettre des informations de page en page, au fil de la navigation d'un visiteur sur votre site. C'est notamment ce qui vous permet de retenir son pseudonyme tout au long de sa visite, mais aussi de récupérer et de traiter les informations qu'il renseigne sur votre site, notamment dans des formulaires.

Grâce à cette partie, vous allez pouvoir commencer à vraiment communiquer avec vos visiteurs !

13 Transmettre des données avec l'URL

Savez-vous ce qu'est une URL ? Cet acronyme signifie *Uniform Resource Locator* et sert à représenter une adresse sur le Web. Toutes les adresses que vous voyez en haut de votre navigateur, comme *http://www.openclassrooms.com*, sont des URL.

Je me doute bien que vous ne passez pas votre temps à les regarder (il y a bien mieux à faire !), mais je suis sûr que vous avez déjà été surpris de voir que certaines URL sont assez longues et comportent parfois des caractères un peu curieux. Par exemple, après avoir fait une recherche sur Google, une URL longue s'affiche dans la barre d'adresse, qui ressemble à ceci :

http://www.google.fr/search?rlz=1C1GFR343&q=openclassrooms

Dans cet exemple, les informations situées après le point d'interrogation sont des données que l'on fait transiter d'une page à une autre. Nous allons découvrir dans ce chapitre comment cela fonctionne.

Envoyer des paramètres dans l'URL

En introduction, je vous disais que l'URL permettait de transmettre des informations. Comment est-ce que cela fonctionne exactement ?

Former une URL pour envoyer des paramètres

Imaginons que votre site s'appelle `monsite.com` et que vous avez une page PHP intitulée `bonjour.php`. Pour accéder à cette page, vous devez aller à l'URL suivante :

http://www.monsite.com/bonjour.php

Jusque-là, rien de bien nouveau. Ce que je vous propose d'apprendre à faire, c'est d'**envoyer** des informations à la page `bonjour.php`. Pour cela, on va ajouter des informations à la fin de l'URL, comme ceci :

http://www.monsite.com/bonjour.php?nom=Dupont&prenom=Jean

Ce que vous voyez après le point d'interrogation, ce sont des **paramètres** qu'on envoie à la page PHP. Celle-ci peut récupérer ces informations dans des variables. La figure suivante montre le découpage de cette URL.

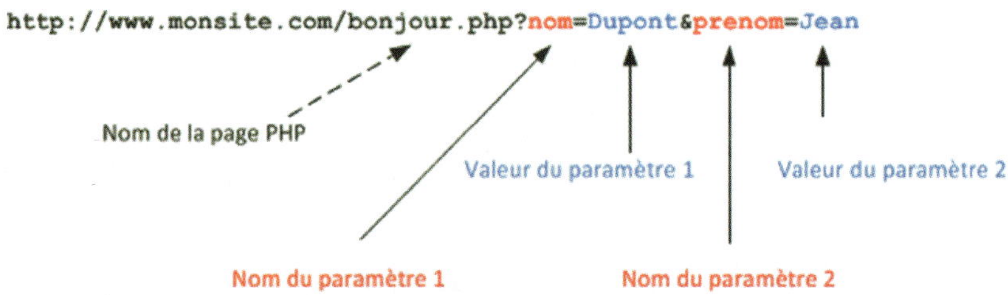

Structure d'une URL

Le point d'interrogation sépare le nom de la page PHP des paramètres. Ensuite, ces derniers s'enchaînent selon la forme `nom=valeur` et sont séparés les uns des autres par le symbole `&`.

On peut écrire autant de paramètres qu'on veut ?

En théorie, oui. Il suffit de les séparer par le symbole `&` comme je l'ai fait. On peut donc voir une URL de la forme :

page.php?param1=valeur1&param2=valeur2&param3=valeur3&param4=valeur4…

La seule limite est la longueur de l'URL. En général il n'est pas conseillé de dépasser les 256 caractères, mais les navigateurs arrivent parfois à gérer des URL plus longues. Quoi qu'il en soit, vous aurez compris qu'on ne peut pas non plus écrire un roman dans l'URL.

Créer un lien avec des paramètres

Maintenant que nous savons cela, nous pouvons créer des liens en HTML qui transmettent des paramètres d'une page vers une autre.

Imaginons que vous avez deux fichiers sur votre site :

- `index.php` (l'accueil) ;
- `bonjour.php`.

Nous voulons faire un lien de `index.php` qui mène à `bonjour.php` et qui lui transmet des informations dans l'URL, comme le schématise la figure suivante.

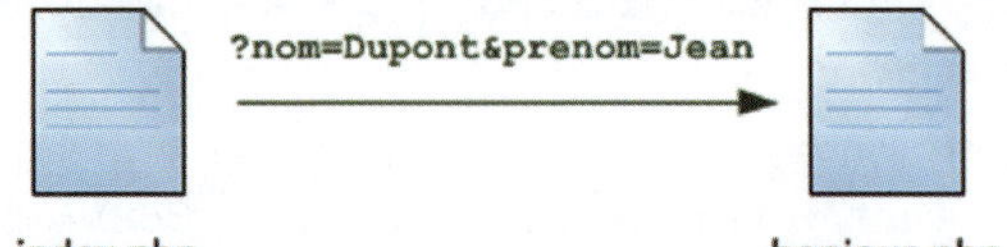

Lien entre index.php et bonjour.php

Pour cela, ouvrez `index.php` (puisque c'est ce fichier qui contiendra le lien) et insérez-y par exemple le code suivant :

```
<a href="bonjour.php?nom=Dupont&amp;prenom=Jean">Dis-moi bonjour !</a>
```

Comme vous le voyez, le symbole `&` dans le code a été remplacé par `&` dans le lien. Cela n'a rien à voir avec PHP : en HTML, on demande à ce que les symboles `&` soient écrits `&` dans le code source. Si vous ne le faites pas, le code ne passera pas la validation W3C.

Ce lien appelle la page `bonjour.php` et lui envoie deux paramètres :

- `nom` : Dupont ;
- `prenom` : Jean.

Vous avez sûrement deviné ce qu'on essaie de faire ici : on appelle une page `bonjour.php` qui va dire « Bonjour » à la personne dont le nom et le prénom ont été envoyés en paramètres.

Comment faire dans la page `bonjour.php` pour récupérer ces informations ? C'est ce que nous allons voir maintenant.

Récupérer les paramètres en PHP

Nous savons maintenant comment former des liens pour envoyer des paramètres vers une autre page. Nous avons pour cela ajouté des paramètres à la fin de l'URL.

Intéressons-nous maintenant à la page qui réceptionne les paramètres. Dans notre exemple, il s'agit de la page `bonjour.php`. Celle-ci va automatiquement créer un array au nom un peu spécial : `$_GET`. Il s'agit d'un array associatif dont les clés correspondent aux noms des paramètres envoyés en URL.

Reprenons notre exemple pour mieux voir comment cela fonctionne. Nous avons fait un lien vers `bonjour.php?nom=Dupont&prenom=Jean`, cela signifie que nous aurons accès aux variables suivantes :

Nom	**Valeur**
`$_GET['nom']`	Dupont
`$_GET['prenom']`	Jean

On peut donc récupérer ces informations, les traiter, les afficher… autrement dit, on est libre de faire ce qu'on veut avec. Pour commencer, essayons tout simplement de les afficher.

Créez un nouveau fichier PHP, appellez-le `bonjour.php` et placez-y le code suivant :

> Bien sûr, pour une vraie page web il faudrait écrire toutes les informations d'en-tête nécessaires en HTML : le doctype, la balise <head>, etc. Ici, pour faire simple, je n'écris pas tout ce code. La page ne sera pas très belle (ni valide W3C d'ailleurs) mais ce n'est pas encore notre problème : pour l'instant, nous faisons juste des tests.

```
<p>Bonjour <?php echo $_GET['prenom']; ?> !</p>
```

Ici, nous affichons le prénom qui a été passé dans l'URL. Bien entendu, nous avons aussi accès au nom. Nous pouvons afficher le nom et le prénom sans problème :

```
<p>Bonjour <?php echo $_GET['prenom'] . ' ' . $_GET['nom']; ?> !</p>
```

Comme vous le voyez, j'en ai profité pour faire une petite concaténation, comme nous avons appris à le faire. Ce code n'est pas bien complexe : nous affichons le contenu de deux cases de l'array `$_GET`. C'est vraiment très simple et il n'y a rien de nouveau. Tout ce qu'il faut savoir, c'est qu'on peut retrouver les paramètres envoyés dans l'URL grâce à un array nommé `$_GET`.

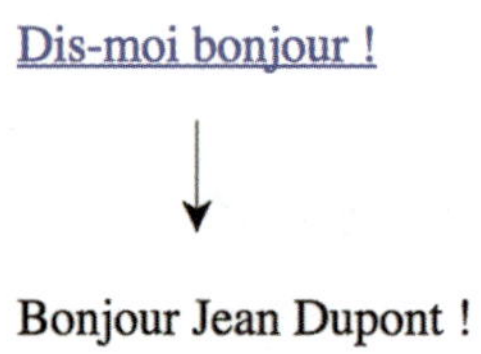

Récupérer les paramètres «Jean» et «Dupont» en PHP.

Vous devriez aussi faire le test chez vous pour vous assurer que vous comprenez bien le fonctionnement ! Au besoin, vous pouvez télécharger mes fichiers d'exemple à cette adresse : *http://www.openclassrooms.com/uploads/fr/ftp/mateo21/php/url_get/url_get.zip*.

Ne jamais faire confiance aux données reçues !

Avant de terminer ce chapitre, je suis obligé de vous mette en garde contre les **dangers** qui guettent l'apprenti webmaster que vous êtes. Nous allons en effet découvrir qu'il ne faut JAMAIS faire confiance aux variables qui transitent de page en page, comme `$_GET` que nous étudions ici.

Le but de cette section est, je l'avoue, de vous faire peur, car trop peu de développeurs PHP ont conscience des dangers et des failles de sécurité qu'ils peuvent rencontrer, ce qui risque pourtant de mettre en péril leur site web ! Oui je suis alarmiste, oui je veux que vous ayez (un peu) peur ! Mais rassurez-vous : je vais vous expliquer tout ce qu'il faut savoir pour que ça se passe bien et que vous ne risquiez rien. ;-)

Ce qui compte, c'est que vous ayez conscience très tôt (dès maintenant) des problèmes que vous pourrez rencontrer lorsque vous recevrez des paramètres de l'utilisateur.

N'importe quel visiteur peut trafiquer les URL

Si vous testez les codes précédents chez vous, vous devriez tomber sur une URL de la forme :

http://localhost/tests/bonjour.php?nom=Dupont&prenom=Jean

On vous dit bien « Bonjour Jean Dupont ! ». Mais si vous êtes un peu bricoleur, vous pouvez vous amuser à changer les paramètres directement dans la barre d'adresse, comme dans la figure suivante.

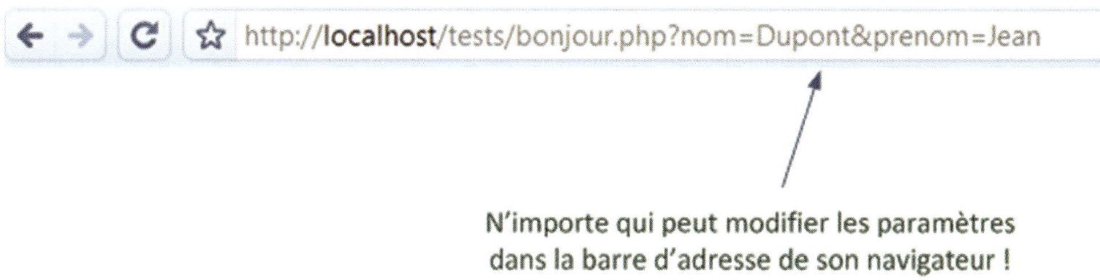

On peut facilement modifier les paramètres dans le navigateur.

Essayez par exemple de modifier l'adresse pour :

http://localhost/tests/bonjour.php?nom=Dupont&prenom=Marc

Comme vous le voyez, ça fonctionne ! N'importe qui peut facilement modifier les URL et y mettre ce qu'il veut : il suffit simplement de changer l'URL dans la barre d'adresse du navigateur.

> Et alors, quel est le problème ? Ce n'est pas plus mal, si le visiteur veut adapter l'URL pour qu'on lui dise bonjour avec son vrai nom et son vrai prénom ?

Peut-être, mais cela montre une chose : **on ne peut pas avoir confiance dans les données qu'on reçoit**. N'importe quel visiteur peut les changer. Dans la page `index.php`, j'ai fait un lien qui dit bonjour à Jean Dupont, mais la page `bonjour.php` ne va pas forcément afficher « Bonjour Jean Dupont ! » puisque n'importe quel visiteur peut s'amuser à modifier l'URL.

Je vous propose de faire des modifications encore plus vicieuses et de voir ce qu'on peut faire pour éviter les problèmes qui en découlent.

Tester la présence d'un paramètre

Allons plus loin. Qu'est-ce qui empêche le visiteur de supprimer tous les paramètres de l'URL ? Par exemple, il peut très bien tenter d'accéder à :

http://localhost/tests/bonjour.php

Que va afficher la page `bonjour.php` ? Faites le test ! Elle va afficher quelque chose comme :

```
Bonjour
Notice: Undefined index: prenom in C:\wamp\www\tests\bonjour.php on line 9

Notice: Undefined index: nom in C:\wamp\www\tests\bonjour.php on line 9!
```

Que s'est-il passé ? On a essayé d'afficher la valeur de `$_GET['prenom']` et celle de `$_GET['nom']`... Mais comme on vient de les supprimer de l'URL, ces variables n'ont pas été créées et donc elles n'existent pas ! PHP nous avertit qu'on essaie d'utiliser des variables qui n'existent pas, d'où les `Undefined index`.

Pour résoudre ce problème, on peut faire appel à une fonction un peu spéciale : `isset()`. Cette fonction teste si une variable existe. Nous allons nous en servir pour afficher un message spécifique si le nom ou le prénom est absent.

```
<?php
if (isset($_GET['prenom']) AND isset($_GET['nom'])) // On a le nom et le
                                                     // prénom
{
    echo 'Bonjour ' . $_GET['prenom'] . ' ' . $_GET['nom'] . ' !';
}
else // Il manque des paramètres, on avertit le visiteur
{
    echo 'Il faut renseigner un nom et un prénom !';
}
?>
```

Que fait ce code ? Il teste si les variables `$_GET['prenom']` et `$_GET['nom']` existent. Si c'est le cas, on dit bonjour au visiteur. S'il nous manque une des variables (ou les deux), on affiche un message d'erreur : « Il faut renseigner un nom et un prénom ! »

Essayez maintenant d'accéder à la page `bonjour.php` sans les paramètres, vous allez voir qu'on gère bien le cas où le visiteur aurait retiré les paramètres de l'URL.

> Est-ce que c'est vraiment la peine de prévoir ce cas ? C'est vrai quoi, moi je ne m'amuse jamais à modifier mes URL et mes visiteurs non plus, je pense !

Oui, oui, trois fois oui ! Il faut anticiper le cas où des paramètres que vous attendiez viendraient à manquer.

Vous vous souvenez de ce que je vous ai dit ? Il ne faut jamais faire confiance à l'utilisateur. Tôt ou tard vous tomberez sur un utilisateur malintentionné qui essaiera de trafiquer l'URL pour mettre n'importe quoi dans les paramètres. Il faut que votre site soit prêt à faire face à cette configuration.

Dans notre exemple, si on ne prévoyait pas le cas, ce n'était pas bien grave (on avait juste des messages d'erreur). Mais lorsque votre site web deviendra plus complexe, cela pourrait avoir des conséquences plus ennuyeuses.

> Un exemple ? Sur OpenClassrooms.com, nous avions une fois oublié de gérer le cas où un paramètre viendrait à manquer. Un utilisateur avait essayé de l'enlever « pour voir » : notre page PHP était faite de telle sorte que si le paramètre manquait, toutes les préférences de tous les membres inscrits du site étaient supprimées !
>
> Vous n'en êtes pas encore là, mais je tiens à vous sensibiliser aux problèmes qui peuvent survenir. Soyez donc vigilants dès maintenant et ne supposez jamais que vous allez recevoir tous les paramètres que vous attendiez.

Contrôler la valeur des paramètres

Allons plus loin dans notre tripatouillage de l'URL. On va modifier notre code source pour gérer un nouveau paramètre : le nombre de fois que le message doit être répété. Les paramètres vont donc être :

```
bonjour.php?nom=Dupont&prenom=Jean&repeter=8
```

Le paramètre `repeter` définit le nombre de fois où l'on dit « bonjour » sur la page. Sauriez-vous adapter notre code pour qu'il dise « bonjour » le nombre de fois indiqué ? Voici la solution que je vous propose :

```
<?php
if (isset($_GET['prenom']) AND isset($_GET['nom']) AND
isset($_GET['repeter']))
{
     for ($i = 0 ; $i < $_GET['repeter'] ; $i++)
     {
          echo 'Bonjour ' . $_GET['prenom'] . ' ' . $_GET['nom'] . ' !<br
/>';
     }
}
else
{
    echo 'Il faut renseigner un nom, un prénom et un nombre de
répétitions !';
}
?>
```

On teste si le paramètre `repeter` existe lui aussi (avec `isset($_GET['repeter'])`). Si tous les paramètres sont bien là, on fait une boucle (j'ai choisi de faire un `for`, mais on aurait aussi pu faire un `while`). La boucle incrémente une petite variable `$i` pour répéter le message de bienvenue le nombre de fois indiqué.

Le résultat ? Si on va sur…

http://localhost/tests/bonjour.php?nom=Dupont&prenom=Jean&repeter=8

… alors le message de bienvenue s'affichera huit fois :

```
Bonjour Jean Dupont !
Bonjour Jean Dupont !
Bonjour Jean Dupont !
Bonjour Jean Dupont !
Bonjour Jean Dupont !
Bonjour Jean Dupont !
Bonjour Jean Dupont !
Bonjour Jean Dupont !
```

Nous avons amélioré notre page pour qu'elle puisse dire « bonjour » plusieurs fois, et ce nombre de fois est personnalisable dans l'URL. Très bien.

Maintenant, mettez-vous dans la peau du méchant. Soyez méchant. Soyez vicieux. Que pourrions-nous faire que nous n'aurions pas prévu, simplement en modifiant l'URL ?

J'ai une idée ! On peut mettre un nombre de répétitions très grand, par exemple 1984986545665156. La page PHP va boucler un très grand nombre de fois et votre PC ne pourra probablement pas supporter une telle charge de travail.

```
bonjour.php?nom=Dupont&prenom=Jean&repeter=1984986545665156
```

Si vous avez peur d'essayer, je vous rassure : votre PC ne va pas prendre feu. En revanche, il va se mettre à consommer énormément de mémoire pour stocker tous les messages « bonjour » et n'arrivera sûrement pas jusqu'au bout (PHP s'arrête au bout d'un certain temps d'exécution). Ou alors s'il y arrive, votre page va être extrêmement surchargée de messages « bonjour ».

> Comment peut-on empêcher ça ?

En étant plus malin et surtout plus prévoyant. Voici ce qu'il faut anticiper.

- Le cas où le nombre qu'on vous envoie **n'est pas une valeur raisonnable**.
  - Par exemple, on peut dire que si on dépasse 100 fois, c'est trop et il faut refuser d'exécuter la page.
  - De même, que se passe-t-il si je demande de répéter « -4 fois » ? Ça ne devrait pas être autorisé. Il faut que le nombre soit au moins égal à 1.

- Le cas où **la valeur n'est pas logique**, où elle n'est pas du tout ce qu'on attendait. Rien n'empêche le visiteur de remplacer la valeur du paramètre `repeter` par du texte !
  – Que se passe-t-il si on essaie d'accéder à :

```
bonjour.php?nom=Dupont&prenom=Jean&repeter=grenouille
```

Cela ne devrait pas être autorisé. Le mot « grenouille » n'a pas de sens, on veut un nombre entier positif.

– Que se passe-t-il si on essaie d'accéder à :

```
bonjour.php?nom=Dupont&prenom=Jean&repeter=true
```

Cela ne devrait pas être autorisé non plus, on attendait un nombre entier positif, pas un booléen.

Pour résoudre ces problèmes, on doit :

1. vérifier que `repeter` contient bien un nombre ;
2. s'assurer que ce nombre est compris dans un intervalle raisonnable (entre 1 et 100, par exemple).

Pour vérifier que `repeter` contient bien un nombre, une bonne solution pourrait être de forcer la conversion de la variable en type entier (`int`). On peut utiliser pour cela ce qu'on appelle le **transtypage**, une notion qu'on n'a pas encore vue jusqu'ici, mais qui est très simple à comprendre. Regardez ce code :

```
<?php
$_GET['repeter'] = (int) $_GET['repeter'];
?>
```

Il faut lire cette instruction de droite à gauche. Le `(int)` entre parenthèses est comme un tuyau de conversion. Tout ce qui transite à travers ressort forcément en une valeur de type `int` (entier). Voyez la figure suivante pour vous en convaincre.

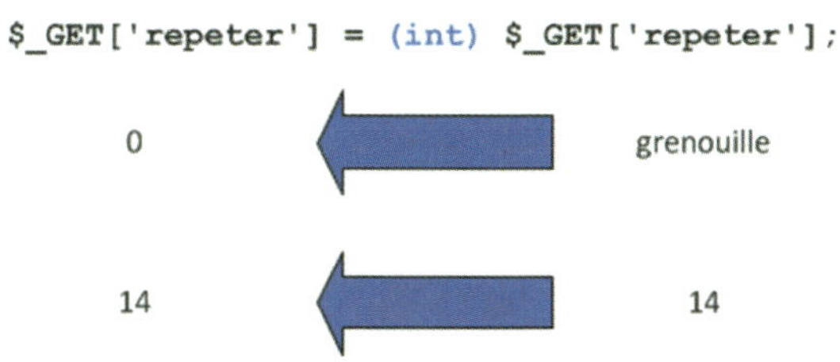

Transtypage

Si la valeur est bien un entier (par exemple, 14), alors elle n'est pas modifiée. En revanche, si la variable contient autre chose qu'un entier (par exemple, « grenouille »), elle est transformée en entier. Ici, comme PHP ne peut pas associer de valeur à « grenouille », c'est pourquoi il lui donne 0.

Après avoir exécuté cette instruction, la variable `$_GET['repeter']` contient maintenant forcément un nombre entier. Il ne reste plus qu'à vérifier que ce nombre est bien compris entre 1 et 100 à l'aide d'une condition (ce que vous savez faire, normalement !).

Voici donc le code final sécurisé qui prévoit tous les cas pour éviter d'être pris au dépourvu par un utilisateur malintentionné :

```
<?php
if (isset($_GET['prenom']) AND isset($_GET['nom']) AND
isset($_GET['repeter']))
{
	// 1 : On force la conversion en nombre entier
	$_GET['repeter'] = (int) $_GET['repeter'];

	// 2 : Le nombre doit être compris entre 1 et 100
	if ($_GET['repeter'] >= 1 AND $_GET['repeter'] <= 100)
	{
		for ($i = 0 ; $i < $_GET['repeter'] ; $i++)
		{
			echo 'Bonjour ' . $_GET['prenom'] . ' ' . $_GET['nom'] .
' !<br />';
		}
	}
}
else
{
	echo 'Il faut renseigner un nom, un prénom et un nombre de
répétitions !';
}
?>
```

Cela fait beaucoup de conditions pour quelque chose qui était à la base assez simple, mais c'était nécessaire. Vous devrez toujours faire très attention et prévoir les cas les plus tordus, comme nous venons de le faire :

- vérifier que tous les paramètres que vous attendiez sont bien là ;
- vérifier qu'ils contiennent bien des valeurs correctes comprises dans des intervalles raisonnables.

Si vous gardez cela en tête, vous n'aurez pas de problèmes. :-)

Nous n'avons pas encore vu tous les risques liés aux données envoyées par l'utilisateur. Cette première approche devrait déjà vous avoir sensibilisé au problème, mais nous irons plus loin dans le chapitre suivant pour couvrir entièrement ce sujet. Tout ceci est un peu complexe, je suis d'accord, mais c'est réellement important !

En résumé

- Une URL représente l'adresse d'une page web (commençant généralement par *http://*).
- Lorsqu'on fait un lien vers une page, il est possible d'ajouter des paramètres sous la forme `bonjour.php?nom=Dupont&prenom=Jean` qui seront transmis à la page.
- La page `bonjour.php` dans l'exemple précédent recevra ces paramètres dans un array nommé `$_GET` :
  - `$_GET['nom']` aura pour valeur « Dupont » ;
  - `$_GET['prenom']` aura pour valeur « Jean ».
- Cette technique est très pratique pour transmettre des valeurs à une page, mais il faut prendre garde au fait que le visiteur peut les modifier très facilement. Il ne faut donc pas faire aveuglément confiance à ces informations et tester prudemment leur valeur avant de les utiliser.
- La fonction `isset()` permet de vérifier si une variable est définie ou non.
- Le transtypage est une technique qui permet de convertir une variable dans le type de donnée souhaité. Cela permet de s'assurer, par exemple, qu'une variable est bien un `int` (nombre entier).

14 Transmettre des données avec les formulaires

Les formulaires constituent le principal moyen pour vos visiteurs d'entrer des informations sur votre site. Les formulaires permettent de créer une **interactivité**.

Par exemple, sur un forum, on doit insérer du texte puis cliquer sur un bouton pour envoyer son message. Sur un livre d'or, sur un minichat, on procède de la même façon. On a besoin des formulaires partout pour échanger des informations avec nos visiteurs.

Vous allez voir qu'il y a de nombreux rappels de HTML dans ce chapitre… et ce n'est pas un hasard : ici, le PHP et le HTML sont intimement liés. Le HTML permet de créer le formulaire, tandis que le PHP permet de traiter les informations que le visiteur a saisies dans le formulaire.

Ce chapitre est particulièrement important, nous réutiliserons ce que nous avons appris ici dans toute la suite du cours. Soyez attentifs !

Créer la base du formulaire

En HTML, pour insérer un formulaire, on se sert de la balise `<form>`. On l'utilise de la manière suivante :

```
<form method="post" action="cible.php">

<p>
    On insérera ici les éléments de notre formulaire.
</p>

</form>
```

On écrira le contenu de notre formulaire entre les balises `<form>` et `</form>`. Si vous avez lu mon cours sur HTML 5 et CSS, vous verrez qu'une bonne partie de ce chapitre ne sera composée que de rappels puisque je vais vous expliquer comment on insère les champs du formulaire dans la page. Cependant, et ce sera nouveau, nous allons aussi découvrir comment traiter en PHP les données qui ont été envoyées par le visiteur.

Je souhaite attirer votre attention sur la toute première ligne de ce code. Il faut connaître deux attributs très importants pour la balise `<form>` : la méthode (`method`) et la cible (`action`). Il est impératif que vous compreniez à quoi ils servent.

La méthode

Il faut savoir qu'il existe plusieurs moyens d'envoyer les données du formulaire, on parle de « méthodes ». Vous pouvez en employer deux :

- `get` : les données transiteront par l'URL comme on l'a appris précédemment. On pourra les récupérer grâce à l'array `$_GET`. Cette méthode est assez peu utilisée car on ne peut pas envoyer beaucoup d'informations dans l'URL, limitée à 256 caractères.
- `post` : les données ne transiteront pas par l'URL, l'utilisateur ne les verra donc pas passer dans la barre d'adresse. Cette méthode permet d'envoyer autant de données qu'on veut, c'est pourquoi on la privilégie le plus souvent. Néanmoins, les données ne sont pas plus sécurisées qu'avec la méthode `get` et il faudra toujours vérifier si tous les paramètres sont bien présents et valides, comme on l'a fait dans le chapitre précédent. **On ne doit pas plus faire confiance aux formulaires qu'aux URL.**

C'est à vous de choisir par quelle méthode vous souhaitez que les données du formulaire soient envoyées. Si vous hésitez, sachez que dans 99 % des cas, la méthode qu'on utilise est `post`, vous écrirez donc `method="post"` comme je l'ai fait.

La cible

L'attribut `action` sert à définir la page appelée par le formulaire. C'est cette page qui recevra les données du formulaire et qui sera chargée de les traiter.

Imaginons le schéma de la figure suivante.

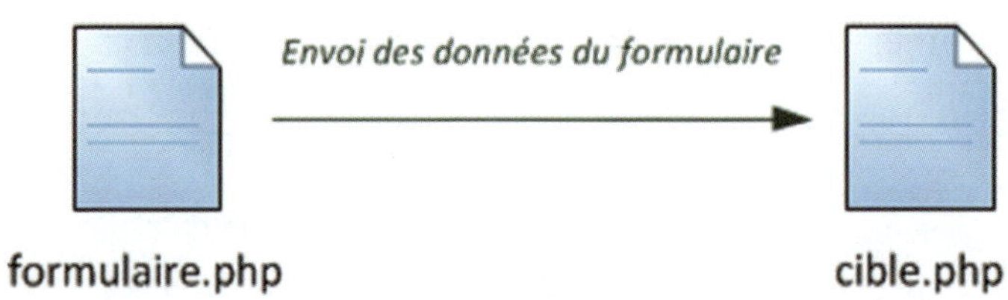

Appel de la page cible par le formulaire

Dans cet exemple, le formulaire se trouve dans la page `formulaire.php`. Cette page ne fait aucun traitement particulier, mais une fois le formulaire envoyé (lorsqu'on a cliqué sur le bouton ***Valider***), le visiteur est redirigé vers la page `cible.php` qui reçoit les données du formulaire, comme vous le montre la figure suivante.

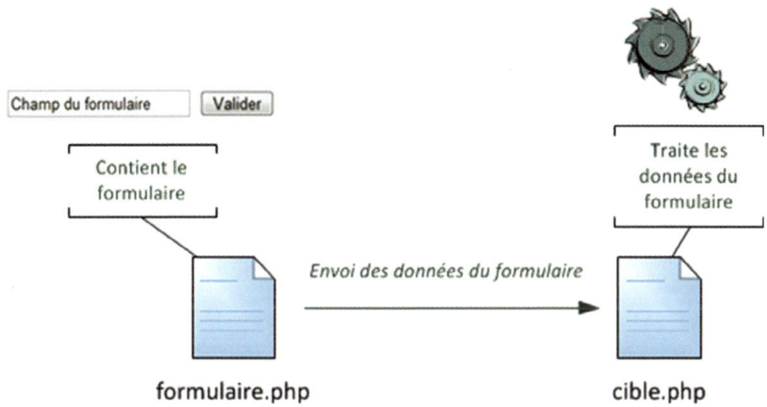

Fonctionnement d'un formulaire

Le nom de la page cible est défini grâce à l'attribut `action`.

La page cible ne doit pas forcément s'appeler `cible.php`. J'utilise ce nom dans mes exemples simplement pour que vous compreniez bien que c'est la page qui est appelée.

Remarquez qu'en théorie rien n'empêche le formulaire de s'appeler lui-même. Il suffirait d'écrire `action="formulaire.php"`. Dans ce cas, la page du formulaire doit être capable aussi bien d'afficher le formulaire que de traiter les données. C'est tout à fait possible de le faire mais afin de ne pas compliquer les choses trop vite, on va éviter de faire comme ça ici.

Retenez donc bien que vous travaillez normalement sur deux pages différentes : la page qui contient le formulaire (`formulaire.php`), et celle qui reçoit les données du formulaire pour les traiter (`cible.php`).

Les éléments du formulaire

Dans un formulaire, vous le savez peut-être déjà, on peut insérer beaucoup d'éléments différents : zones de texte, boutons, cases à cocher, etc.

Je vais ici tous les énumérer et vous montrer comment vous servir de chacun d'eux dans la page `cible.php` qui fera le traitement. Vous allez voir, c'est vraiment très simple : au lieu de recevoir un array `$_GET`, vous allez recevoir un array `$_POST` contenant les données du formulaire !

Les petites zones de texte

Une zone de texte ressemble à la figure suivante.

Zone de texte

En HTML, on l'insère tout simplement avec la balise :

```
<input type="text" />
```

Pour les mots de passe, vous pouvez utiliser `type="password"`, ce qui aura pour effet de cacher le texte entré par le visiteur. Mis à part ce détail, le fonctionnement reste le même.

Il y a deux attributs à connaître qu'on peut ajouter à cette balise :

- `Name` (obligatoire) : c'est le nom de la zone de texte. Choisissez-le bien, car c'est lui qui va produire une variable. Par exemple :

```
<input type="text" name="pseudo" />
```

- `Value` (facultatif) : c'est ce que contient la zone de texte au départ. Par défaut, la zone de texte est vide mais il peut être pratique de pré-remplir le champ. Exemple :

```
<input type="text" name="pseudo" value="M@teo21" />
```

Oui, je sais que vous commencez à vous inquiéter car vous n'avez pas encore vu de PHP pour le moment mais n'ayez pas peur. Le fonctionnement est tout simple et a un air de déjà-vu. Le texte que le visiteur aura entré sera disponible dans `cible.php` sous la forme d'une variable appelée `$_POST['pseudo']`.

Pour l'exemple, je vous propose de créer un formulaire qui demande le prénom du visiteur puis qui l'affiche fièrement sur la page `cible.php`. On va donc distinguer deux codes source : celui de la page du formulaire et celui de la page cible.

Voici le code de la page `formulaire.php` :

```
<p>
    Cette page ne contient que du HTML.<br />
    Veuillez taper votre prénom :
</p>

<form action="cible.php" method="post">
<p>
```

```
        <input type="text" name="prenom" />
        <input type="submit" value="Valider" />
</p>
</form>
```

Rappel de HTML : le champ <input type="submit" /> permet de créer le bouton de validation du formulaire qui commande l'envoi des données, et donc la redirection du visiteur vers la page cible.

Maintenant, je vous propose de créer la page cible.php. Cette page va recevoir le prénom dans une variable nommée $_POST['prenom'].

```
<p>Bonjour !</p>

<p>Je sais comment tu t'appelles, hé hé. Tu t'appelles <?php echo
$_POST['prenom']; ?> !</p>

<p>Si tu veux changer de prénom, <a href="formulaire.php">clique ici</a>
pour revenir à la page formulaire.php.</p>
```

Le code web suivant ouvre la page formulaire.php pour que vous puissiez tester.

Essayez !

http://www.openclassrooms.com/uploads/fr/ftp/mateo21/php/form_text/formulaire.php

Dans cible.php, on a affiché une variable $_POST['prenom'] qui contient ce que l'utilisateur a entré dans le formulaire.

Les grandes zones de texte

La grande zone de texte (on l'appelle aussi « zone de saisie multiligne ») ressemble à la figure suivante.

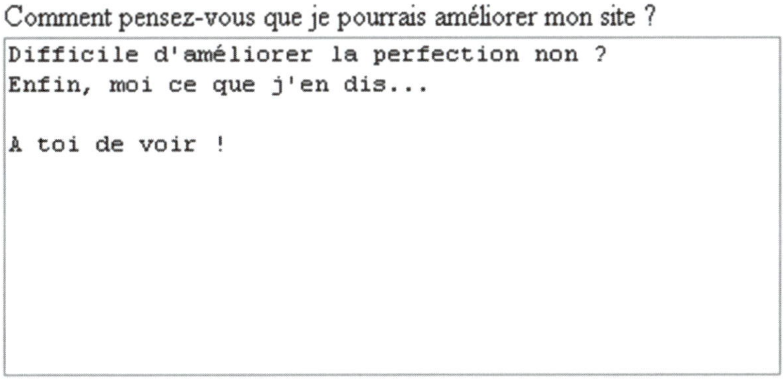

Une grande zone de texte

On peut y écrire autant de lignes que l'on veut. C'est plus adapté si le visiteur doit écrire un long message, par exemple.

On va utiliser le code HTML suivant pour insérer cette zone de texte :

```
<textarea name="message" rows="8" cols="45">
Votre message ici.
</textarea>
```

Là encore, on a un attribut `name` qui va définir le nom de la variable qui sera créée dans `cible.php`. Dans notre cas, ce sera la variable `$_POST['message']`.

Vous remarquerez qu'il n'y a pas d'attribut `value`. En fait, le texte par défaut est ici écrit entre les balises `<textarea>` et `</textarea>`. Si vous ne voulez rien mettre par défaut, alors n'écrivez rien entre ces balises.

> Les attributs `rows` et `cols` permettent de définir la taille de la zone de texte en hauteur et en largeur respectivement.

La liste déroulante

La figure suivante représente une liste déroulante.

Une liste déroulante

On utilise le code HTML suivant pour construire une liste déroulante :

```
<select name="choix">
    <option value="choix1">Choix 1</option>
    <option value="choix2">Choix 2</option>
    <option value="choix3">Choix 3</option>
    <option value="choix4">Choix 4</option>
</select>
```

Tout bêtement, on utilise la balise <select> à laquelle on donne un nom (ici : « choix »). On écrit ensuite les différentes options disponibles... puis on referme la balise avec </select>.

Ici, une variable `$_POST['choix']` sera créée, et elle contiendra le choix qu'a fait l'utilisateur. S'il a choisi « Choix 3 », la variable `$_POST['choix']` sera égale au `value` correspondant, c'est-à-dire `choix3`.

Vous pouvez aussi définir le choix par défaut de la liste. Normalement, c'est le premier, mais si vous ajoutez l'attribut `selected="selected"` à une balise <option>, alors ce sera le choix par défaut. On pourrait par exemple écrire :

```
<option value="choix3" selected="selected">Choix 3</option>
```

Les cases à cocher

La figure suivante représente une série de cases à cocher.

Cases à cocher

On utilisera le code suivant pour afficher des cases à cocher :

```
<input type="checkbox" name="case" id="case" /> <label for="case">Ma case à cocher</label>
```

L'utilisation de la balise <label> n'est pas obligatoire, mais je la recommande fortement. Elle permet d'associer le libellé à la case à cocher qui a le même `id` que son attribut `for`, ce qui permet de cliquer sur le libellé pour cocher la case. On y gagne donc en ergonomie.

Là encore, on donne un nom à la case à cocher via l'attribut `name` (ici : « case »). Ce nom va générer une variable dans la page cible, par exemple `$_POST['case']`.

- Si la case a été cochée, alors `$_POST['case']` aura pour valeur « on ».
- Si elle n'a pas été cochée, alors `$_POST['case']` n'existera pas. Vous pouvez faire un test avec `isset($_POST['case'])` pour vérifier si la case a été cochée ou non.

Si vous voulez que la case soit cochée par défaut, il faudra lui ajouter l'attribut `checked="checked"`. Par exemple :

```
<input type="checkbox" name="case" checked="checked" />
```

Les boutons d'option

Les boutons d'option fonctionnent par groupes de deux au minimum. La figure suivante en montre un exemple.

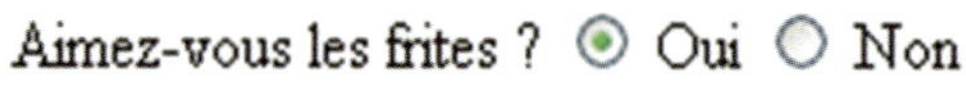

Boutons d'option

Le code correspondant à cet exemple est le suivant :

```
Aimez-vous les frites ?
<input type="radio" name="frites" value="oui" id="oui" checked="checked" />
<label for="oui">Oui</label>
<input type="radio" name="frites" value="non" id="non" /> <label
for="non">Non</label>
```

Comme vous pouvez le voir, les deux boutons d'option ont le même nom (« frites »). C'est très important, car ils fonctionnent par groupes : tous les boutons d'option d'un même groupe doivent avoir le même nom. Cela permet au navigateur de savoir lesquels désactiver quand on active un autre bouton du groupe. Il serait illogique en effet de pouvoir sélectionner à la fois « Oui » et « Non ».

Pour pré-cocher l'un de ces boutons, faites comme pour les cases à cocher : ajoutez un attribut `checked="checked"`. Ici, comme vous pouvez le voir, « Oui » est sélectionné par défaut.

Dans la page cible, une variable `$_POST['frites']` sera créée. Elle aura la valeur du bouton d'option choisi par le visiteur, issue de l'attribut `value`. Si on aime les frites, alors on aura `$_POST['frites'] = 'oui'`.

Il faut bien penser à renseigner l'attribut `value` du bouton d'option car c'est lui qui va déterminer la valeur de la variable.

Les champs cachés

Les champs cachés constituent un type de champ à part. En quoi cela consiste ? C'est un code dans votre formulaire qui n'apparaîtra pas aux yeux du visiteur, mais qui va quand même créer une variable avec une valeur. On peut s'en servir pour transmettre des informations fixes.

Je m'explique : supposons que vous ayez besoin de « retenir » que le pseudo du visiteur est « Mateo21 ». Vous allez taper ce code :

```
<input type="hidden" name="pseudo" value="Mateo21" />
```

À l'écran, sur la page web on ne verra rien. Mais dans la page cible, une variable `$_POST['pseudo']` sera créée, et elle aura la valeur « Mateo21 » !

C'est apparemment inutile, mais vous verrez que vous en aurez parfois besoin.

On croit souvent à tort que, parce que ces champs sont cachés, le visiteur ne peut pas les voir. C'est faux ! En effet, n'importe quel visiteur peut afficher le code source de la page et voir qu'il y a des champs cachés en lisant le code HTML. Mieux, il peut même modifier la valeur du champ caché s'il a les outils appropriés.

Que faut-il retenir ? Ce n'est pas parce que le champ est caché que vous devez considérer qu'il est inviolable. N'importe quel visiteur (un peu malin) peut le lire, modifier sa valeur et même le supprimer. **Ne faites pas confiance aux données envoyées par le visiteur !** Vous vous souvenez de cette règle dont je vous ai parlé dans le chapitre précédent ? Elle est plus que jamais d'actualité.

La faille XSS

Vous vous souvenez des mises en garde du chapitre précédent ? Elles ne concernaient pas que les paramètres qui transitent par l'URL : tout cela vaut aussi pour les formulaires !

Même si je vois comment on peut modifier l'URL, je ne comprends pas comment un visiteur peut modifier le formulaire de mon site et trafiquer les données !

On a tendance à croire que les visiteurs ne peuvent pas « bidouiller » le formulaire mais c'est faux. Je vais dans un premier temps vous montrer pourquoi les formulaires ne sont pas plus sûrs que les URL, puis je vous parlerai d'un autre danger important : la faille XSS. Avec ça, nous aurons vraiment fait le tour de ce qu'il faut savoir pour être tranquille par la suite !

Pourquoi les formulaires ne sont pas sûrs ?

Tout ce que nous avons appris dans le chapitre précédent sur les URL reste valable ici. Toutes les informations qui proviennent de l'utilisateur, à savoir les données de `$_GET` et de `$_POST`, doivent être traitées avec la plus grande méfiance.

Vous ne pouvez pas supposer que vous allez recevoir ce que vous attendiez.

Cette règle est très simple, mais je vous propose un exemple concret pour bien visualiser le problème. Si vous demandez à vos visiteurs de saisir leur date de naissance *au format JJ/MM/AAAA*, combien vont respecter cette mise en forme ? Combien vont se tromper par inattention ? Je vous garantis que parmi tous vos visiteurs, alors que vous attendiez quelque chose comme « 04/10/1987 », vous allez tomber sur une personne qui va écrire : « Je suis né le 4 octobre 1987. » C'est un exemple un peu extrême mais ça va vous arriver, soyez-en sûr. Par conséquent, quand vous ferez le traitement de la date en PHP, il faudra bien vérifier qu'elle respecte le format que vous avez indiqué.

Pour vérifier si une chaîne de texte correspond à un certain format, comme « JJ/MM/AAAA », on peut utiliser une validation par *expression régulière*. Les expressions régulières feront l'objet de deux chapitres vers la fin de ce cours car il s'agit d'un sujet assez complexe.

De la même manière, comme dans le chapitre précédent, même si vous demandez un nombre compris entre 1 et 100, il y aura bien quelqu'un pour écrire « 48451254523 ». Soyez donc vigilant et n'ayez jamais confiance en ce qui vient de l'utilisateur, à savoir les données issues des arrays `$_GET` et `$_POST`.

Avec les formulaires, vous ne pouvez pas non plus supposer qu'on va vous envoyer tous les champs que vous attendiez. Un visiteur peut très bien s'amuser à supprimer un champ de texte, et dans ce cas votre page `cible.php` ne recevra jamais le texte qu'elle attendait ! Il faudra impérativement qu'elle vérifie que toutes les données qu'elle attendait sont bien là avant d'effectuer la moindre opération.

Puisque la page du formulaire se trouve sur mon site, comment peut faire un visiteur pour modifier ma page web ? Il peut voir les sources mais pas les modifier !

En effet, vos visiteurs ne peuvent pas modifier vos pages web sur le serveur… Mais ils peuvent les reprendre et les modifier ailleurs.

Souvenez-vous du schéma de la figure suivante :

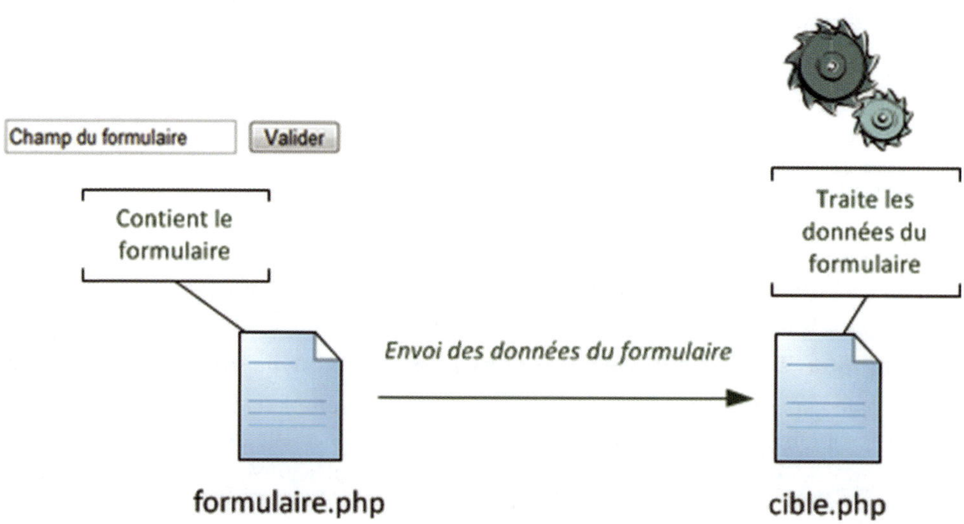

La page `formulaire.php` contient le formulaire et `cible.php` traite les données qu'on lui a envoyées. Autant le code PHP n'est jamais visible par vos visiteurs, autant le code HTML du formulaire, lui, peut être vu par tout le monde.

À partir de là, qu'est-ce qui empêche quelqu'un de créer une copie légèrement modifiée de votre formulaire et de la stocker sur son serveur, comme sur la figure suivante ?

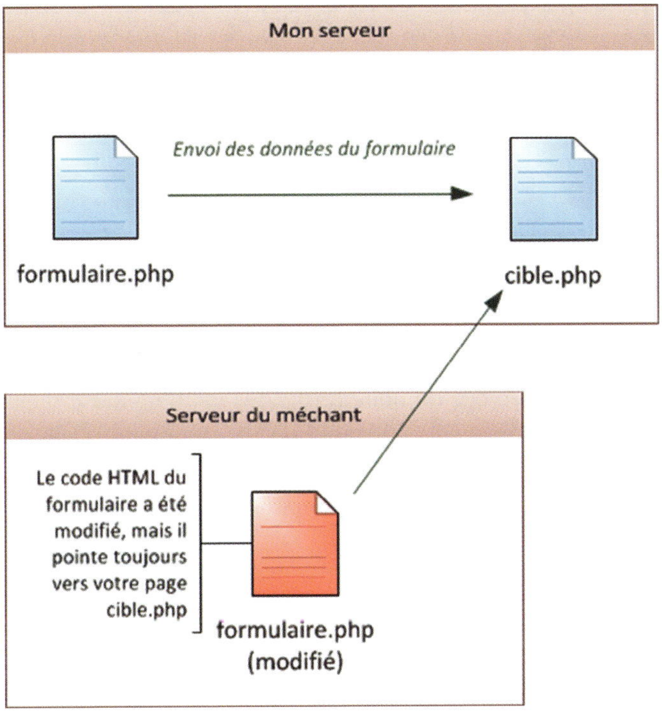

Le formulaire modifié

Sur ce schéma, le « méchant » (nous l'appellerons comme ça, parce que ça lui va bien. ;)) a pris le code HTML de votre formulaire, l'a modifié et l'a enregistré sur son serveur (ou même sur son ordinateur). L'attribut `action` a été modifié pour indiquer l'adresse absolue (donc complète) de votre page cible :

```
<form method="post" action="http://www.monsite.com/cible.php">
```

Le méchant peut maintenant modifier votre formulaire, ajouter des champs, en supprimer, bref… faire ce qu'il veut avec ! Votre page `cible.php` n'y verra que du feu car il est **impossible** de savoir avec certitude de quel formulaire vient le visiteur.

Ces explications sont assez techniques. En fait, on les réserve normalement aux personnes plus expérimentées. Cependant, je tenais volontairement à vous montrer comment c'est possible. Même si tout n'est pas totalement clair dans votre tête, vous avez au moins **l'idée** du mode de fonctionnement.

S'il y a une chose à retenir ici, c'est que **les formulaires sont modifiables par tous les visiteurs**. Par conséquent, votre page `cible.php` devra être aussi vigilante que nous l'avons été dans le chapitre précédent et ne pas faire confiance aux données de l'utilisateur (les programmeurs ont d'ailleurs une maxime : « Never trust user input », ce qui signifie « Ne faites jamais confiance aux données de l'utilisateur »).

> Il y a un moyen encore plus simple de modifier le formulaire de votre site sans avoir accès à votre serveur. Internet Explorer 8 et Google Chrome embarquent des « outils pour les développeurs » qui permettent de modifier le code HTML de la page qu'on visite en temps réel. Firefox peut faire de même avec son célèbre plug-in Firebug.

Attention au code HTML que vous recevez !

Il nous reste un dernier point important à voir ensemble et après, j'arrête de vous faire peur, promis !

La faille XSS (pour *cross-site scripting*) est vieille comme le monde (euh… comme le Web) et on la trouve encore sur de nombreux sites web, même professionnels ! C'est une technique qui consiste à injecter du code HTML contenant du JavaScript dans vos pages pour le faire exécuter à vos visiteurs.

Reprenons la page qui affiche le prénom qu'on lui envoie. Elle contient notamment le code suivant :

```
<p>Je sais comment tu t'appelles, hé hé. Tu t'appelles <?php echo
$_POST['prenom']; ?> !</p>
```

Si le visiteur décide d'écrire du code HTML à la place de son prénom, cela fonctionnera très bien ! Par exemple, imaginons qu'il écrive dans le champ « Prénom » le code : `<strong>Badaboum</strong>`. Le code source HTML qui sera généré par PHP sera le suivant :

```
<p>Je sais comment tu t'appelles, hé hé. Tu t'appelles <strong>Badaboum
</strong> !</p>
```

> Et alors ? S'il veut mettre son prénom en gras, c'est son problème, non ?

Outre le fait qu'il peut insérer n'importe quel code HTML (et rendre votre page invalide), ce qui n'est pas le plus grave, il peut aussi ouvrir des balises de type `<script>` pour faire exécuter du code JavaScript au visiteur qui visualisera la page !

```
<p>Je sais comment tu t'appelles, hé hé. Tu t'appelles <script type="text/
javascript">alert('Badaboum')</script> !</p>
```

Tous les visiteurs qui arriveront sur cette page verront une boîte de dialogue JavaScript s'afficher. Plutôt gênant. Voyez la figure suivante.

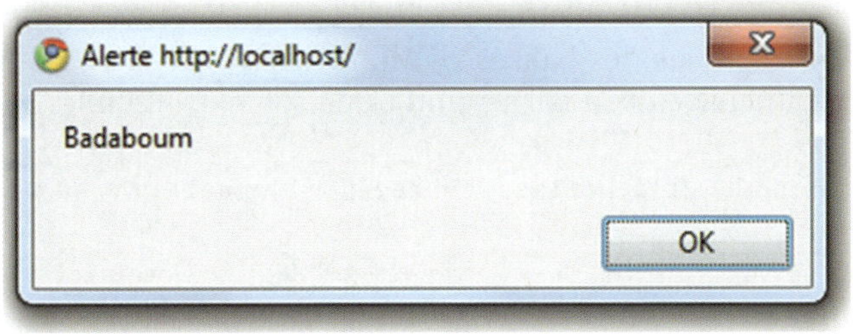

Exécution de JavaScript par la faille XSS

> Les choses deviennent vraiment critiques si le visiteur est assez malin pour récupérer vos cookies de cette façon. Les cookies stockent des informations sur votre session et parfois des informations plus confidentielles, comme votre pseudonyme et votre mot de passe sur le site ! Il est possible de forcer le visiteur qui lira le code JavaScript à envoyer tous les cookies qu'il a enregistrés pour votre site web, ce qui peut conduire au vol de son compte sur ce site.
>
> Je n'entrerai pas dans le détail de cette méthode car on s'éloignerait un peu trop du sujet, mais sachez que c'est possible et qu'il faut donc à tout prix éviter qu'un visiteur puisse injecter du code JavaScript dans vos pages.

Résoudre le problème est facile : il faut protéger le code HTML en l'échappant, c'est-à-dire en affichant les balises (ou en les retirant) plutôt que de les faire exécuter par le navigateur, comme sur la figure suivante.

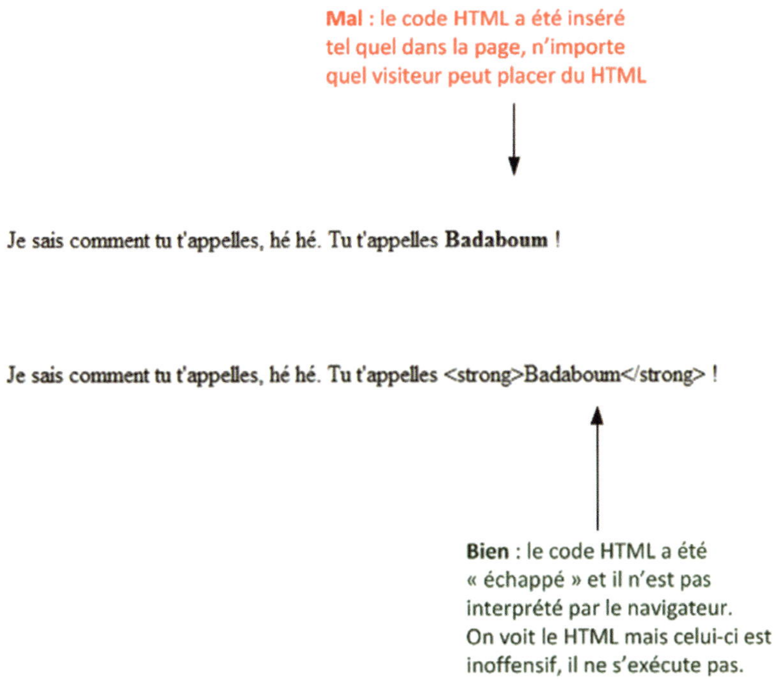

Éviter la faille XSS en échappant le HTML.

Pour échapper le code HTML, il suffit d'utiliser la fonction `htmlspecialchars` qui va transformer les chevrons des balises HTML <> en `<` et `>`, respectivement. Cela provoquera l'affichage de la balise plutôt que son exécution.

```
<p>Je sais comment tu t'appelles, hé hé. Tu t'appelles <?php echo
htmlspecialchars($_POST['prenom']); ?> !</p>
```

Le code HTML qui en résultera sera propre et protégé car les balises HTML insérées par le visiteur auront été échappées :

```
<p>Je sais comment tu t'appelles, hé hé. Tu t'appelles
&lt;strong&gt;Badaboum&lt;/strong&gt; !</p>
```

Il faut penser à utiliser cette fonction sur tous les textes envoyés par l'utilisateur qui sont susceptibles d'être affichés sur une page web. Sur un forum, par exemple, il faut penser à échapper les messages postés par vos membres, mais aussi leurs pseudos (ils peuvent s'amuser à y mettre du HTML !) ainsi que leurs signatures. Bref, tout ce qui est affiché et qui vient à la base d'un visiteur, vous devez penser à le protéger avec `htmlspecialchars`.

Si vous préférez retirer les balises HTML que le visiteur a tenté d'envoyer plutôt que de les afficher, utilisez la fonction `strip_tags`.

L'envoi de fichiers

Vous saviez qu'on pouvait aussi envoyer des fichiers grâce aux formulaires ? Vous aurez besoin de lire cette section si vous voulez que vos visiteurs puissent envoyer (on dit aussi *uploader*) des images, des programmes ou tout autre type de fichier sur votre site.

Cette section est un peu plus complexe que le reste du chapitre. Sa lecture n'est d'ailleurs pas obligatoire pour la bonne compréhension de la suite du cours.

Par conséquent, n'hésitez pas à revenir la lire plus tard, lorsque vous en aurez besoin, si vous ne voulez pas vous attaquer de suite à une partie un peu « difficile ».

Là encore, ça se passe en deux temps.

1. Le visiteur arrive sur votre formulaire et le remplit (en indiquant le fichier à envoyer). Une simple page HTML suffit pour créer le formulaire.
2. PHP réceptionne les données du formulaire et, s'il y a des fichiers dedans, il les « enregistre » dans l'un des dossiers du serveur.

L'envoi du fichier peut être un peu long si celui-ci est gros. Il faudra afficher un message invitant le visiteur à patienter pendant l'envoi.

On va commencer par créer le formulaire permettant d'envoyer un fichier (une simple page HTML).

Nous verrons ensuite comment traiter l'envoi du fichier côté serveur avec PHP.

Le formulaire d'envoi de fichier

Dès l'instant où votre formulaire propose aux visiteurs d'envoyer un fichier, il faut ajouter l'attribut enctype="multipart/form-data" à la balise <form>.

```
<form action="cible_envoi.php" method="post" enctype="multipart/form-data">
    <p>Formulaire d'envoi de fichier</p>
</form>
```

Grâce à enctype, le navigateur du visiteur sait qu'il s'apprête à envoyer des fichiers.

Maintenant que c'est fait, nous pouvons ajouter à l'intérieur du formulaire une balise permettant d'envoyer un fichier. C'est une balise très simple de type <input type=" file" />. Il faut penser comme toujours à donner un nom à ce champ de formulaire (grâce à l'attribut name) pour que PHP puisse reconnaître le champ par la suite.

```
<form action="cible_envoi.php" method="post" enctype="multipart/form-data">
        <p>
                Formulaire d'envoi de fichier :<br />
                <input type="file" name="monfichier" /><br />
                <input type="submit" value="Envoyer le fichier" />
        </p>
</form>
```

Voilà, c'est suffisant.

Vous pouvez ajouter d'autres champs plus classiques au formulaire (champ de texte, cases à cocher). Vous pouvez aussi proposer d'envoyer plusieurs fichiers en même temps.

Là, on va se contenter d'un seul champ (envoi de fichier) pour faire simple.

Le traitement de l'envoi en PHP

Comme vous avez dû le remarquer, le formulaire pointe vers une page PHP qui s'appelle cible_envoi.php. Le visiteur sera donc redirigé sur cette page après l'envoi du formulaire.

C'est maintenant que ça devient important. Il faut qu'on écrive le code de la page cible_envoi.php pour traiter l'envoi du fichier.

> « Traiter l'envoi du fichier » ? C'est-à-dire ?
>
> Si le fichier a été envoyé sur le serveur c'est bon, non ? Qu'est-ce que PHP aurait besoin de faire ?

En fait, au moment où la page PHP s'exécute, le fichier a été envoyé sur le serveur mais il est stocké dans un **dossier temporaire**.

C'est à vous de décider si vous acceptez définitivement le fichier ou non. Par exemple, vous pouvez vérifier si le fichier a la bonne extension (si vous demandiez une image et qu'on vous envoie un `.txt`, vous devrez refuser le fichier).

Si le fichier est bon, vous l'accepterez grâce à la fonction `move_uploaded_file`, et ce, d'une manière définitive.

Comment savoir si le fichier est valide ?

Pour chaque fichier envoyé, une variable `$_FILES['nom_du_champ']` est créée. Dans notre cas, la variable s'appellera `$_FILES['monfichier']`.

Cette variable est un tableau qui contient plusieurs informations sur le fichier :

Variable	Signification
`$_FILES['monfichier']['name']`	Contient le nom du fichier envoyé par le visiteur.
`$_FILES['monfichier']['type']`	Indique le type du fichier envoyé. Si c'est une image `.gif`, par exemple, le type sera `image/gif`.
`$_FILES['monfichier']['size']`	Indique la taille du fichier envoyé. Attention : cette taille est en octets. Il faut environ 1 000 octets pour faire 1 Ko, et 1 000 000 d'octets pour faire 1 Mo. Attention : la taille de l'envoi est limitée par PHP. Par défaut, impossible d'uploader des fichiers de plus de 8 Mo.
`$_FILES['monfichier']['tmp_name']`	Juste après l'envoi, le fichier est placé dans un répertoire temporaire sur le serveur en attendant que votre script PHP décide si oui ou non il accepte de le stocker pour de bon. Cette variable contient l'emplacement temporaire du fichier (c'est PHP qui gère ça).
`$_FILES['monfichier']['error']`	Contient un code d'erreur permettant de savoir si l'envoi s'est bien effectué ou s'il y a eu un problème et si oui, lequel. La variable vaut 0 s'il n'y a pas eu d'erreur.

Si vous avez inséré un second champ d'envoi de fichier dans votre formulaire, il y aura une seconde variable `$_FILES['nom_de_votre_autre_champ']` découpée de la même manière que ce que l'on vient de voir dans ce tableau.

`$_FILES['nom_de_votre_autre_champ']['size']` contiendra donc la taille du second fichier, et ainsi de suite.

Je vous propose de procéder aux vérifications suivantes pour décider si l'on accepte le fichier ou non.

1. Vérifier tout d'abord si le visiteur a bien envoyé un fichier (en testant la variable `$_FILES['monfichier']` avec `isset()`) et s'il n'y a pas eu d'erreur d'envoi (grâce à `$_FILES['monfichier']['error']`).
2. Vérifier si la taille du fichier ne dépasse pas 1 Mo, par exemple (environ 1 000 000 d'octets) grâce à `$_FILES['monfichier']['size']`.
3. Vérifier si l'extension du fichier est autorisée (il faut interdire à tout prix que les gens puissent envoyer des fichiers PHP, sinon ils pourraient exécuter des scripts sur votre serveur). Dans notre cas, nous autoriserons seulement les images (fichiers `.png`, `.jpg`, `.jpeg` et `.gif`).
4. Nous analyserons pour cela la variable `$_FILES['monfichier']['name']`.

Nous allons donc effectuer une série de tests dans notre page `cible_envoi.php`.

Tester si le fichier a bien été envoyé

On commence par vérifier qu'un fichier a été envoyé. Pour cela, on va tester si la variable `$_FILES['monfichier']` existe avec `isset()`.

On vérifie dans le même temps s'il n'y a pas d'erreur d'envoi.

```
<?php
// Testons si le fichier a bien été envoyé et s'il n'y a pas d'erreur
if (isset($_FILES['monfichier']) AND $_FILES['monfichier']['error'] == 0)
{

}
?>
```

Vérifier la taille du fichier

On veut interdire que le fichier dépasse 1 Mo, soit environ 1 000 000 octets (j'arrondis pour simplifier). On doit donc tester `$_FILES['monfichier']['size']` :

```
<?php
// Testons si le fichier a bien été envoyé et s'il n'y a pas d'erreur
if (isset($_FILES['monfichier']) AND $_FILES['monfichier']['error'] == 0)
{
        // Testons si le fichier n'est pas trop gros
        if ($_FILES['monfichier']['size'] <= 1000000)
        {

        }
}
?>
```

Vérifier l'extension du fichier

On peut récupérer l'extension du fichier dans une variable grâce à ce code :

```
<?php
$infosfichier = pathinfo($_FILES['monfichier']['name']);
$extension_upload = $infosfichier['extension'];
?>
```

La fonction `pathinfo` renvoie un array contenant entre autres l'extension du fichier dans `$infosfichier['extension']`. On stocke cette information dans une variable `$extension_upload`.

Une fois l'extension récupérée, on peut la comparer à un tableau d'extensions autorisées (un array) et vérifier si l'extension récupérée fait bien partie des extensions autorisées à l'aide de la fonction `in_array()`.

Ouf ! On obtient finalement le code suivant :

```
<?php
// Testons si le fichier a bien été envoyé et s'il n'y a pas d'erreur
if (isset($_FILES['monfichier']) AND $_FILES['monfichier']['error'] == 0)
{
        // Testons si le fichier n'est pas trop gros
        if ($_FILES['monfichier']['size'] <= 1000000)
        {
                // Testons si l'extension est autorisée
                $infosfichier = pathinfo($_FILES['monfichier']['name']);
                $extension_upload = $infosfichier['extension'];
                $extensions_autorisees = array('jpg', 'jpeg', 'gif',
'png');
                if (in_array($extension_upload, $extensions_autorisees))
                {

                }
        }
}
?>
```

Valider l'upload du fichier

Si tout est bon, on accepte le fichier en appelant `move_uploaded_file()`.

Cette fonction prend deux paramètres :

- Le nom temporaire du fichier (on le récupère avec `$_FILES['monfichier']['tmp_name']`).
- Le chemin qui est le nom sous lequel sera stocké le fichier de façon définitive. On peut utiliser le nom d'origine du fichier `$_FILES['monfichier']['name']` ou générer un nom au hasard.

Je propose de placer le fichier dans un sous-dossier `uploads`.

On gardera le même nom de fichier que celui d'origine. Comme `$_FILES['monfichier']['name']` contient le chemin entier vers le fichier d'origine (`C:\dossier\fichier`

`.png`, par exemple), il nous faudra extraire le nom du fichier. On peut utiliser pour cela la fonction `basename` qui renverra juste « fichier.png ».

```
<?php
// Testons si le fichier a bien été envoyé et s'il n'y a pas d'erreur
if (isset($_FILES['monfichier']) AND $_FILES['monfichier']['error'] == 0)
{
        // Testons si le fichier n'est pas trop gros
        if ($_FILES['monfichier']['size'] <= 1000000)
        {
                // Testons si l'extension est autorisée
                $infosfichier = pathinfo($_FILES['monfichier']['name']);
                $extension_upload = $infosfichier['extension'];
                $extensions_autorisees = array('jpg', 'jpeg', 'gif',
'png');
                if (in_array($extension_upload, $extensions_autorisees))
                {
                        // On peut valider le fichier et le stocker
                        //définitivement
                        move_uploaded_file($_FILES['monfichier']['tmp_
name'], 'uploads/' . basename($_FILES['monfichier']['name']));
                        echo "L'envoi a bien été effectué !";
                }
        }
}
?>
```

Lorsque vous mettrez le script sur Internet à l'aide d'un logiciel FTP, vérifiez que le dossier `uploads` sur le serveur existe et qu'il a les droits d'écriture. Pour ce faire, sous FileZilla par exemple, effectuez un clic droit sur le dossier et choisissez ***Attributs du fichier***.

Cela vous permettra d'éditer les droits du dossier (on parle de *CHMOD*). Mettez les droits à 733, ainsi PHP pourra placer les fichiers uploadés dans ce dossier.

Ce script est un début, mais en pratique il vous faudra sûrement encore l'améliorer. Par exemple, si le nom du fichier contient des espaces ou des accents, ça posera un problème une fois envoyé sur le Web. En outre, si quelqu'un envoie un fichier qui a le même nom que celui d'une autre personne, l'ancien sera écrasé !

La solution consiste en général à « choisir » nous-même le nom du fichier stocké sur le serveur plutôt que de se servir du nom d'origine. Vous pouvez créer un compteur qui s'incrémente : `1.png`, `2.png`, `3.jpg`, etc.

Soyez toujours très vigilant sur la sécurité, vous devez éviter que quelqu'un puisse envoyer des fichiers PHP sur votre serveur.

Pour aller plus loin, je vous recommande de lire le tutoriel de DHKold sur l'upload de fichiers par formulaire à l'adresse suivante : *http://www.openclassrooms.com/tutoriel-3-37674-upload-de-fichiers-par-formulaire.html*.

Bonne lecture !

En résumé

- Les formulaires sont le moyen le plus pratique pour le visiteur de transmettre des informations à votre site. PHP est capable de récupérer les données saisies par vos visiteurs et de les traiter.
- Les données envoyées via un formulaire se retrouvent dans un array `$_POST`.
- De la même manière que pour les URL, il ne faut pas accorder sa confiance absolue aux données que vous envoie l'utilisateur. Il pourrait très bien ne pas remplir tous les champs voire trafiquer le code HTML de la page pour supprimer ou ajouter des champs. Traitez les données avec vigilance.
- Que ce soit pour des données issues de l'URL (`$_GET`) ou d'un formulaire (`$_POST`), il faut s'assurer qu'aucun texte qui vous est envoyé ne contient du HTML si celui-ci est destiné à être affiché sur une page. Sinon, vous ouvrez une faille appelée XSS qui peut être néfaste pour la sécurité de votre site.
- Pour éviter la faille XSS, il suffit d'appliquer la fonction `htmlspecialchars` sur tous les textes envoyés par vos visiteurs que vous afficherez.
- Les formulaires permettent d'envoyer des fichiers. On retrouve les informations sur les fichiers envoyés dans un array `$_FILES`. Leur traitement est cependant plus complexe.

15 TP : protéger une page par mot de passe

Bienvenue dans votre premier TP !

Ce qui suit n'est pas un chapitre comme les autres, vous n'allez rien apprendre de nouveau. Mais pour la première fois, vous allez pratiquer pour de bon et réaliser votre premier script PHP !

Le but de chaque TP est de vous montrer à quoi peut servir tout ce que vous venez d'apprendre. Quand vous lisez un chapitre, vous êtes parfois dans le flou, vous vous dites peut-être : « Ok, j'ai compris, mais je ne vois vraiment pas l'objectif. Comment je peux faire un site web avec tout ça ? »

Maintenant, place au concret !

Et – bonne surprise – vous avez déjà le niveau pour protéger le contenu d'une page par mot de passe ! C'est ce que je vais vous apprendre à faire dans ce chapitre.

Comme c'est votre premier TP, il est probable que vous fassiez des erreurs (vous voyez, je ne vous cache rien). Vous aurez envie de vous pendre ou de vous jeter par la fenêtre, **c'est tout à fait normal**.

Je connais peu de personnes qui peuvent se vanter d'avoir réussi du premier coup leur premier script PHP. Ne vous découragez pas, essayez de suivre et de comprendre le fonctionnement de ce TP, et ça ira déjà mieux au prochain. :-)

Instructions pour réaliser le TP

Les prérequis

En règle générale, il faut avoir lu tous les chapitres qui précèdent le TP pour bien le comprendre. Voici la liste des connaissances dont vous aurez besoin pour réaliser ce TP :

- afficher du texte avec `echo` ;

- utiliser les variables (affectation, affichage...) ;
- transmettre des variables via une zone de texte d'un formulaire ;
- utiliser des conditions simples (`if`, `else`).

Si l'un de ces points est un peu flou pour vous (vous avez peut-être oublié), n'hésitez pas à relire le chapitre correspondant, vous en aurez besoin pour traiter convenablement le TP. Vous verrez, il ne vous sera pas demandé de faire des choses compliquées. Le but est simplement d'assembler toutes vos connaissances pour répondre à un problème précis.

Votre objectif

Voici le scénario : vous voulez mettre en ligne une page web pour fournir des informations confidentielles à certaines personnes seulement. Pour limiter l'accès à cette page, il faudra connaître un mot de passe.

Dans notre cas, les données confidentielles seront les codes d'accès au serveur central de la NASA (soyons fous !). Le mot de passe pour pouvoir visualiser les codes d'accès sera `kangourou`.

Sauriez-vous réaliser une page qui affiche ces codes secrets uniquement si l'on a entré le bon mot de passe ?

Comment procéder ?

Pour coder correctement, je recommande toujours de travailler d'abord au brouillon (vous savez, avec un stylo et une feuille de papier !). Ça peut bien souvent paraître une perte de temps, mais c'est tout à fait le contraire. Si vous vous mettez à écrire des lignes de code au fur et à mesure, ça va être le bazar à coup sûr. À l'inverse, si vous prenez cinq minutes pour y réfléchir devant une feuille de papier, votre code sera mieux structuré et vous éviterez de nombreuses erreurs (qui font perdre du temps).

À quoi doit-on réfléchir sur notre brouillon ?

1. Au problème que vous vous posez (qu'est-ce que je veux réussir à faire ?).
2. Au schéma du code : vous allez commencer par le découper en plusieurs morceaux, eux-mêmes découpés en petits morceaux (c'est plus facile à avaler).
3. Aux fonctions et aux connaissances en PHP dont vous allez avoir besoin (pour être sûr que vous les utilisez convenablement).

Et pour montrer l'exemple, nous allons suivre cette liste pour notre TP.

Problème posé

On doit protéger l'accès à une page par un mot de passe. La page ne doit pas s'afficher si l'on n'a pas le mot de passe.

Schéma du code

Pour que l'utilisateur puisse entrer le mot de passe, le plus simple est de créer un formulaire. Celui-ci appellera la page protégée et lui enverra le mot de passe. Un exemple de ce type de page est représenté à la figure suivante.

L'accès au contenu de la page ne sera autorisé que si le mot de passe fourni par l'utilisateur est `kangourou`.

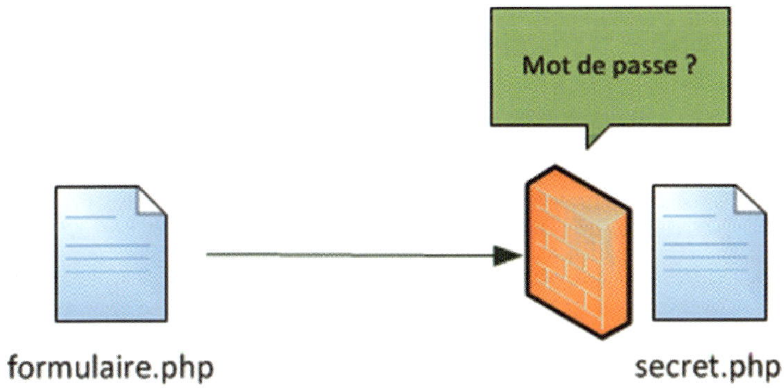

Page protégée par mot de passe

Vous devez donc créer deux pages web :

- `formulaire.php` : contient un simple formulaire comme vous savez les faire ;
- `secret.php` : contient les « codes secrets » mais ne les affiche que si on lui donne le mot de passe.

Connaissances requises

Nous avons détaillé les connaissances requises au début de ce chapitre. Vous allez voir que ce TP n'est qu'une simple application pratique de ce que vous connaissez déjà, mais cela sera une bonne occasion de vous entraîner. ;-)

À vous de jouer !

On a préparé le terrain ensemble ; maintenant, vous savez tout ce qu'il faut pour réaliser le script !

Vous êtes normalement capable de saisir le code vous-même, et c'est ce que je vous invite à faire. Ça ne marchera probablement pas du premier coup, mais ne vous en faites pas : ça ne marche jamais du premier coup !

Bon code !

Correction

Maintenant, on corrige !

Vous ne devriez lire cette partie que si vous avez terminé votre travail (pour le comparer au mien), ou si vous êtes complètement bloqué. Si tel est le cas, ne découvrez pas le résultat de toute la correction d'un seul coup. Regardez juste la section qui vous pose problème et essayez de continuer sans la correction.

Comme vous le savez, il faut créer deux pages. Commençons par la plus simple, `formulaire.php` :

```
<!DOCTYPE html>
<html>
     <head>
          <meta charset="utf-8" />
          <title>Page protégée par mot de passe</title>
     </head>
     <body>
          <p>Veuillez entrer le mot de passe pour obtenir les codes d'accès
au serveur central de la NASA :</p>
          <form action="secret.php" method="post">
               <p>
               <input type="password" name="mot_de_passe" />
               <input type="submit" value="Valider" />
               </p>
          </form>
          <p>Cette page est réservée au personnel de la NASA. Si vous ne
travaillez pas à la NASA, inutile d'insister vous ne trouverez jamais le
mot de passe ! ;-)</p>
     </body>
</html>
```

Si vous avez bien suivi le chapitre sur les formulaires, la création de cette page ne doit pas vous avoir posé de problème. J'ai choisi un champ de type `password` puisqu'il s'agit d'un mot de passe. À part ça, rien de bien particulier.

Maintenant, intéressons-nous à la page `secret.php` qui est appelée par le formulaire.

```
<!DOCTYPE html>
<html>
     <head>
          <meta charset="utf-8" />
          <title>Codes d'accès au serveur central de la NASA</title>
     </head>
     <body>

          <?php
     if (isset($_POST['mot_de_passe']) AND $_POST['mot_de_passe'] ==
"kangourou") // Si le mot de passe est bon
     {
     // On affiche les codes
     ?>
```

```
        <h1>Voici les codes d'accès :</h1>
        <p><strong>CRD5-GTFT-CK65-JOPM-V29N-24G1-HH28-LLFV</strong></p>

        <p>
        Cette page est réservée au personnel de la NASA. N'oubliez pas
de la visiter régulièrement car les codes d'accès sont changés toutes les
semaines.<br />
        La NASA vous remercie de votre visite.
        </p>
        <?php
    }
    else // Sinon, on affiche un message d'erreur
    {
        echo '<p>Mot de passe incorrect</p>';
    }
    ?>


    </body>
</html>
```

Dans la page secrète, on vérifie d'abord si l'on a envoyé un mot de passe (avec `isset`) et si ce dernier correspond bien à celui qu'on attendait (`kangourou`). Si ces deux conditions sont remplies, on affiche alors les codes d'accès.

> Comme vous le voyez, je n'ai pas inséré de `echo` pour afficher tout ce texte. Quand il y a beaucoup de texte à afficher, il est préférable de fermer les balises PHP après l'accolade du `if`, c'est plus simple et plus lisible.
>
> En revanche, pour le cas du `else`, comme il n'y avait qu'une seule petite phrase à afficher, j'ai choisi de l'afficher avec un `echo`.

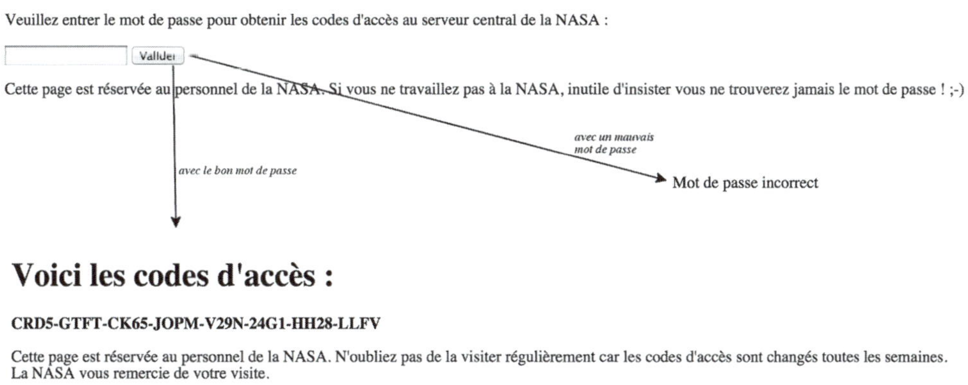

Résultat

Alors, ça vous plaît ?

Vous aurez beau chercher, on ne peut pas afficher la page cachée tant qu'on n'a pas entré le bon mot de passe. Vous n'avez qu'à mettre au défi un ami ou un membre de votre famille, il pourra chercher des heures, il ne verra pas la page cachée s'il n'a pas le bon mot de passe !

Cette protection est-elle vraiment efficace ?

Oui, honnêtement elle l'est. Du moins, elle est efficace si vous mettez un mot de passe compliqué (pas simplement `kangourou`).

Pour moi, un bon mot de passe est long, composé de caractères bizarres, de majuscules, de minuscules, de chiffres, etc. Par exemple, `k7hYTe40Lm8Mf` est un bon mot de passe qui a peu de chances d'être trouvé « par hasard ».

Aller plus loin

Si vous le souhaitez, sachez qu'il est possible de réaliser ce TP en une seule page au lieu de deux.

Imaginez pour cela que le formulaire, sur la page `formulaire.php`, s'appelle lui-même. En clair, l'attribut `action` du formulaire serait `action="formulaire.php"`. Cela voudrait dire que les données seraient envoyées sur la même page, comme sur la figure suivante.

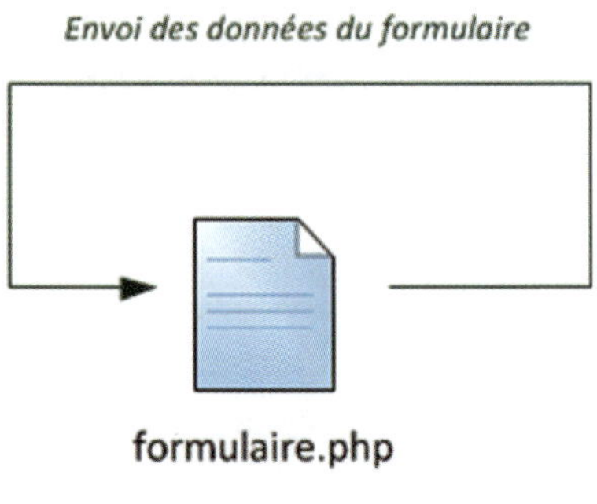

La page s'envoie les données à elle-même.

Dans ce mode de fonctionnement, la page `formulaire.php` contiendrait à la fois le formulaire et le message secret.

Comment peut-on faire ça ? Ce n'est pas dangereux ? Ça ne semble pas très sécurisé.

On peut très bien faire cela de façon tout à fait sécurisée, c'est juste un peu plus « difficile » à imaginer.

Il faut construire le code de votre page `formulaire.php` en deux grandes parties :

- si aucun mot de passe n'a été envoyé (ou s'il est faux) : afficher le formulaire ;
- si le mot de passe a été envoyé et qu'il est bon : afficher les codes secrets.

Toute votre page PHP sera donc construite autour d'un grand `if` qui pourrait ressembler à ceci :

```
<?php

// Le mot de passe n'a pas été envoyé ou n'est pas bon
if (!isset($_POST['mot_de_passe']) OR $_POST['mot_de_passe'] != "kangourou")
{
    // Afficher le formulaire de saisie du mot de passe
}
// Le mot de passe a été envoyé et il est bon
else
{
    // Afficher les codes secrets
}

?>
```

Voilà dans les grandes lignes comment on ferait. Chaque fois que la page `formulaire.php` est appelée, elle détermine (grâce au `if`) si on l'appelle pour afficher la partie secrète ou si on l'appelle pour afficher le formulaire de saisie du mot de passe.

Voici alors ce qui se passera :

1. La première fois que le visiteur charge la page `formulaire.php`, aucune donnée `POST` n'est envoyée à la page. C'est donc le formulaire qui s'affiche.
2. Une fois qu'on a envoyé le formulaire, la page `formulaire.php` est rechargée et cette fois, elle reçoit les données `POST` qu'on vient d'envoyer. Elle peut donc les analyser et, si le mot de passe est bon, elle affiche les codes secrets.

Sauriez-vous refaire ce TP en une seule page, en vous basant sur mes indices ? Essayez ! Ce sera un très bon exercice !

Et si vous avez des difficultés, n'hésitez pas à demander de l'aide sur le forum PHP d'OpenClassrooms (*http://www.openclassrooms.com/forum-81-123-php.html*).

> Vous pourriez même aller plus loin, car dans mon schéma de code précédent, je n'ai pas prévu de cas pour afficher « Mot de passe incorrect ». Cela peut se faire facilement en découpant votre page en trois à l'aide d'un `elseif` : formulaire, mot de passe incorrect, codes secrets.

16 Variables superglobales

Vous avez probablement remarqué que les arrays `$_GET` et `$_POST` sont des variables un peu particulières : leur nom est écrit en majuscules et commence par un underscore (_), mais surtout ces variables sont générées automatiquement par PHP. Ce sont ce qu'on appelle des **variables superglobales**.

Il existe d'autres types de variables superglobales que nous allons découvrir dans ce chapitre. Parmi elles, certaines permettent de stocker des informations pendant la durée d'une visite, c'est le principe des sessions, mais aussi de stocker des informations sur l'ordinateur de vos visiteurs pendant plusieurs mois, c'est le principe des cookies.

Des variables très spéciales

Les variables superglobales sont des variables un peu particulières pour trois raisons :

- elles sont écrites en majuscules et commencent toutes, à une exception près, par un underscore (_). `$_GET` et `$_POST`, que vous connaissez déjà, en sont des exemples ;
- les superglobales sont des `array` car elles contiennent généralement de nombreuses informations ;
- enfin, ces variables sont automatiquement créées par PHP à chaque fois qu'une page est chargée. Elles existent donc sur toutes les pages et sont accessibles partout : au milieu de votre code, au début, dans les fonctions, etc.

Pour afficher le contenu d'une superglobale et voir ce qu'elle contient, le plus simple est d'utiliser la fonction `print_r`, puisqu'il s'agit d'un array. Voici un exemple :

```
<pre>
<?php
print_r($_GET);
?>
</pre>
```

Je vous propose de passer en revue les principales variables superglobales qui existent. Nous ne les utiliserons pas toutes, mais nous pourrons ensuite nous concentrer sur les plus utiles d'entre elles.

- `$_SERVER` : ce sont des valeurs renvoyées par le serveur. Elles sont nombreuses et quelques-unes d'entre elles peuvent nous être d'une grande utilité. Je vous propose de retenir au moins `$_SERVER['REMOTE_ADDR']`. Elle nous donne l'adresse IP du client qui a demandé à voir la page, ce qui peut être utile pour l'identifier.
- `$_ENV` : ce sont des variables d'environnement toujours données par le serveur. C'est le plus souvent sous des serveurs Linux qu'on retrouve des informations dans cette superglobale. Généralement, on ne trouvera rien de bien utile ici pour notre site web.
- `$_SESSION` : on y retrouve les variables de session. Ce sont des variables qui restent stockées sur le serveur le temps de la présence d'un visiteur. Nous allons apprendre à nous en servir dans ce chapitre.
- `$_COOKIE` : contient les valeurs des cookies enregistrés sur l'ordinateur du visiteur. Cela nous permet de stocker des informations sur l'ordinateur du visiteur pendant plusieurs mois, pour se souvenir de son nom par exemple.
- `$_GET` : vous la connaissez, elle contient les données envoyées en paramètres dans l'URL.
- `$_POST` : de même, c'est une variable que vous connaissez et qui contient les informations qui viennent d'être envoyées par un formulaire.
- `$_FILES` : elle contient la liste des fichiers qui ont été envoyés via le formulaire précédent.

Vous connaissez déjà une bonne partie de ces variables superglobales, comme vous pouvez le constater. Je vous propose d'étudier plus en détail les sessions et les cookies au prochain chapitre. Nous aurons ainsi fait le tour des principaux moyens de transmettre des variables de page en page !

En résumé

- Les variables superglobales sont des variables automatiquement créées par PHP. Elles se présentent sous la forme d'arrays contenant différents types d'informations.
- Dans les chapitres précédents, nous avons découvert deux superglobales essentielles : `$_GET` (qui contient les données issues de l'URL) et `$_POST` (qui contient les données issues d'un formulaire).

17 Sessions et cookies

Les sessions

Les sessions constituent un moyen de conserver des variables sur toutes les pages de votre site. Jusqu'ici, nous étions parvenus à passer des variables de page en page via la méthode `GET` (en modifiant l'URL : `page.php?variable=valeur`) et via la méthode `POST` (à l'aide d'un formulaire).

Mais imaginez maintenant que vous souhaitez transmettre des variables sur toutes les pages de votre site pendant la durée de la présence d'un visiteur. Ce ne serait pas facile avec `GET` et `POST` car ils sont plutôt faits pour transmettre les informations une seule fois, d'une page à une autre. On sait ainsi envoyer d'une page à une autre le nom et le prénom du visiteur, mais dès qu'on charge une autre page, ces informations sont « oubliées ». C'est pour cela qu'on a inventé les sessions.

Fonctionnement

Comment sont gérées les sessions en PHP ? Voici les trois étapes à connaître.

1. Un visiteur arrive sur votre site. On demande à créer une session pour lui. PHP génère alors un numéro unique. Celui-ci est souvent très long et écrit en hexadécimal, par exemple : `a02bbffc6198e6e0cc2715047bc3766f`. Ce numéro sert d'identifiant et est appelé « id de session » (ou `PHPSESSID`). PHP transmet automatiquement cet `id` à toutes les pages en utilisant généralement un cookie.
2. Une fois la session générée, on peut créer une infinité de variables de session pour nos besoins. Par exemple, on peut créer une variable `$_SESSION['nom']` qui contient le nom du visiteur, `$_SESSION['prenom']` qui contient le prénom, etc. Le serveur conserve ces variables même lorsque la page PHP a fini d'être générée.

Cela veut dire que, quelle que soit la page de votre site, vous pourrez par exemple récupérer le nom et le prénom du visiteur via la superglobale `$_SESSION`.

3. Lorsque le visiteur se déconnecte de votre site, la session est fermée et PHP « oublie » alors toutes les variables de session que vous avez créées. Il est en fait difficile de savoir précisément quand un visiteur quitte votre site. En effet, lorsqu'il ferme son navigateur ou va sur un autre site, le vôtre n'en est pas informé. Soit le visiteur clique sur un bouton ***Déconnexion*** (que vous aurez créé) avant de s'en aller, soit on attend quelques minutes d'inactivité pour le déconnecter automatiquement : on parle alors de « timeout ». Le plus souvent, le visiteur est déconnecté par un timeout.

Tout ceci peut vous sembler un peu compliqué, mais c'est en fait très simple à utiliser. Vous devez connaître deux fonctions :

- `session_start()` : démarre le système de sessions. Si le visiteur vient d'arriver sur le site, alors un numéro de session est généré pour lui. Vous devez appeler cette fonction au tout début de chacune des pages où vous avez besoin des variables de session.
- `session_destroy()` : ferme la session du visiteur. Cette fonction est automatiquement appelée lorsque le visiteur ne charge plus de page de votre site pendant plusieurs minutes (c'est le timeout), mais vous pouvez aussi créer une page « Déconnexion » si le visiteur souhaite se déconnecter manuellement.

Il y a un petit piège : il faut appeler `session_start()` sur chacune de vos pages AVANT d'écrire le moindre code HTML (avant même la balise `<!DOCTYPE>`). Si vous oubliez de lancer `session_start()`, vous ne pourrez pas accéder aux variables superglobales `$_SESSION`.

Exemple d'utilisation des sessions

Je vous propose d'étudier un exemple concret pour que vous voyiez à quel point c'est simple à utiliser :

```
<?php
// On démarre la session AVANT d'écrire du code HTML
session_start();

// On s'amuse à créer quelques variables de session dans $_SESSION
$_SESSION['prenom'] = 'Jean';
$_SESSION['nom'] = 'Dupont';
$_SESSION['age'] = 24;
?>

<!DOCTYPE html>
<html>
    <head>
        <meta charset="utf-8" />
        <title>Titre de ma page</title>
    </head>
    <body>
```

```
        <p>
            Salut <?php echo $_SESSION['prenom']; ?> !<br />
            Tu es à l'accueil de mon site (index.php). Tu veux aller sur une
autre page ?
        </p>
        <p>
            <a href="mapage.php">Lien vers mapage.php</a><br />
            <a href="monscript.php">Lien vers monscript.php</a><br />
            <a href="informations.php">Lien vers informations.php</a>
        </p>
        </body>
</html>
```

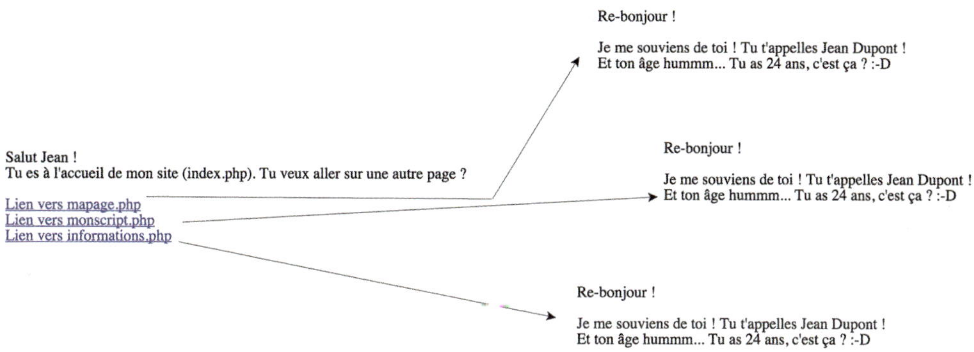

Sessions

Ne vous y trompez pas : on peut créer les variables de session n'importe où dans le code (pas seulement au début comme je l'ai fait ici). La seule chose qui importe, c'est que le `session_start()` soit fait au tout début de la page.

Comme vous le voyez, j'ai créé trois variables de session qui contiennent ici le nom, le prénom et l'âge du visiteur.

J'ai aussi fait des liens vers d'autres pages de mon site. Notez quelque chose de très important : ces liens sont tout simples et ne transmettent aucune information. Je ne m'occupe de rien : ni de transmettre le nom, le prénom ou l'âge du visiteur, ni de transmettre l'`id` de session. PHP gère tout pour nous.

Maintenant, sur toutes les pages de mon site (bien entendu, il faudra démarrer le système de sessions sur toutes les pages avec `session_start()`), je peux utiliser si je le souhaite les variables `$_SESSION['prenom']`, `$_SESSION['nom']` et `$_SESSION['age']`.

Voici par exemple le code source de la page `informations.php` :

```
<?php
session_start(); // On démarre la session AVANT toute chose
?>
```

```
<!DOCTYPE html>
<html>
    <head>
        <meta charset="utf-8" />
        <title>Titre de ma page</title>
    </head>
    <body>
    <p>Re-bonjour !</p>
    <p>
        Je me souviens de toi ! Tu t'appelles <?php echo $_
SESSION['prenom'] . ' ' . $_SESSION['nom']; ?> !<br />
        Et ton âge hummm... Tu as <?php echo $_SESSION['age']; ?> ans,
c'est ça ? :-D
    </p>
    </body>
</html>
```

Vous voyez ? On a juste fait démarrer la session avec un `session_start()`, puis on a affiché les valeurs des variables de session.

Et là, magie !

Les valeurs des variables ont été conservées, on n'a rien eu à faire !

En résumé, on peut créer des variables de session comme on crée des variables classiques, à condition de les écrire dans l'array `$_SESSION` et d'avoir lancé le système de sessions avec `session_start()`. Ces variables sont ainsi conservées de page en page pendant toute la durée de la présence de votre visiteur.

Si vous voulez détruire manuellement la session du visiteur, vous pouvez ajouter un lien ***Déconnexion*** amenant vers une page qui fait appel à la fonction `session_destroy()`. Néanmoins, sachez que sa session sera automatiquement détruite au bout d'un certain temps d'inactivité.

L'utilité des sessions en pratique

Concrètement, les sessions peuvent servir dans de nombreux cas sur votre site (et pas seulement pour retenir un nom et un prénom !). Voici quelques exemples :

- Imaginez un script qui demande un login et un mot de passe pour qu'un visiteur puisse se « connecter » (s'authentifier). On peut enregistrer ces informations dans des variables de session et se souvenir de l'identifiant du visiteur sur toutes les pages du site !
- Puisqu'on retient son login et que la variable de session n'est créée que s'il a réussi à s'authentifier, on peut l'utiliser pour restreindre certaines pages de notre site à certains visiteurs uniquement. Cela permet de créer toute une zone d'administration sécurisée : si la variable de session login existe, on affiche le contenu, sinon on affiche une erreur. Cela devrait vous rappeler le TP précédent « Page protégée par mot de

passe », sauf qu'ici on peut se servir des sessions pour protéger automatiquement plusieurs pages.

- On se sert activement des sessions sur les sites de vente en ligne. Cela permet de gérer un « panier » : on retient les produits que commande le client quelle que soit la page où il est. Lorsqu'il valide sa commande, on récupère ces informations et... on le fait payer. ;)

Si votre site est hébergé chez Free.fr, vous devrez créer un dossier `sessions` à la racine de votre FTP pour activer les sessions.

Les cookies

Travailler avec des cookies revient à peu près à la même chose qu'avec des sessions, à quelques petites différences près que nous allons voir ici. Voici ce que nous allons faire pour découvrir les cookies :

1. nous allons voir ce qu'est exactement un cookie (parce que si ça se trouve, il y en a qui croient en ce moment même que je vais parler de recettes de cuisine !) ;
2. ensuite, nous verrons comment **écrire un cookie** : c'est facile à faire, si on respecte quelques règles ;
3. enfin, nous verrons comment **récupérer le contenu d'un cookie** : ce sera le plus simple.

Qu'est-ce qu'un cookie ?

Un cookie, c'est un petit fichier qu'on enregistre sur l'ordinateur du visiteur.

Ce fichier contient du texte et permet de « retenir » des informations sur le visiteur. Par exemple, vous pouvez enregistrer dans un cookie le pseudo du visiteur, comme ça la prochaine fois qu'il viendra sur votre site, vous pourrez lire son pseudo en allant regarder ce que son cookie contient.

Parfois les cookies ont une mauvaise image. On fait souvent l'erreur de penser que les cookies sont « dangereux ». Non, ce ne sont pas des virus, juste de petits fichiers texte qui permettent de retenir des informations. Au pire, un site marchand peut retenir que vous aimez les appareils photos numériques et vous afficher uniquement des publicités pour des appareils photos, mais c'est tout, ces petites bêtes sont inoffensives pour votre ordinateur.

Chaque cookie stocke généralement une information à la fois. Si vous voulez stocker le pseudonyme du visiteur et sa date de naissance, il est donc recommandé de créer deux cookies.

Où sont stockés les cookies sur mon disque dur ?

Cela dépend de votre navigateur web. Généralement on ne touche pas directement à ces fichiers, mais on peut afficher à l'intérieur du navigateur la liste des cookies qui sont stockés. On peut choisir de les supprimer à tout moment.

Si vous utilisez Mozilla Firefox, vous pouvez aller dans le menu ***Outils/Options/Vie privée*** et cliquer sur ***Supprimer des cookies spécifiques***. Vous obtenez alors la liste et la valeur de tous les cookies stockés, comme sur la figure suivante.

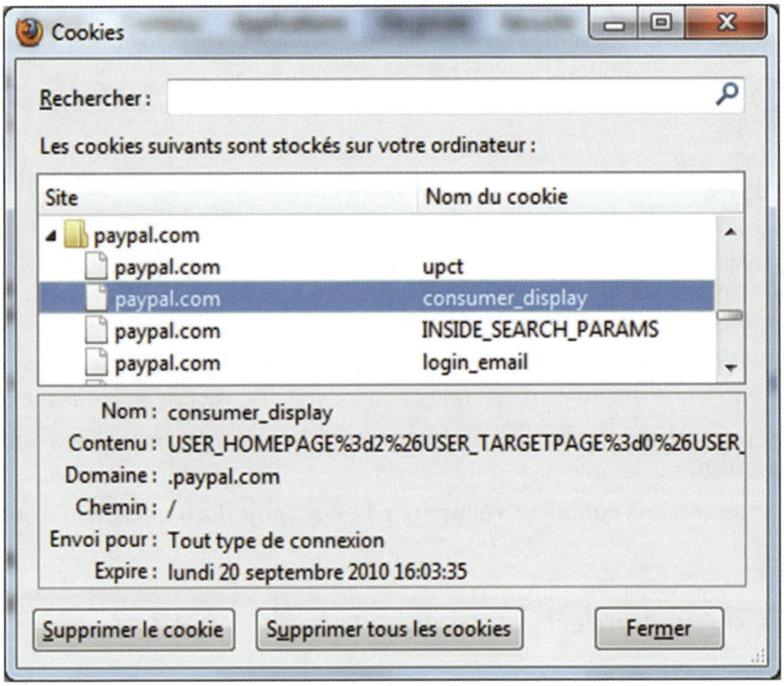

Cookies sous Mozilla Firefox

Les cookies sont classés par site web. Chaque site web peut écrire plusieurs cookies. Chacun d'eux a un nom et une valeur (paramètre ***Contenu*** sur la figure suivante). Vous noterez que comme tout cookie qui se respecte, chacun a une date d'expiration. Après cette date, ils sont automatiquement supprimés par le navigateur.

Les cookies sont donc des informations temporaires qu'on stocke sur l'ordinateur des visiteurs. La taille est limitée à quelques kilo-octets : vous ne pouvez pas stocker beaucoup d'informations à la fois, mais c'est en général suffisant.

Écrire un cookie

Comme une variable, un cookie a un nom et une valeur. Par exemple, le cookie `pseudo` aurait chez moi la valeur `M@teo21`.

Pour écrire un cookie, on utilise la fonction PHP `setcookie` (qui signifie « placer un cookie » en anglais).

On lui donne en général trois paramètres, dans l'ordre suivant :

1. le nom du cookie (ex : `pseudo`) ;
2. la valeur du cookie (ex : `M@teo21`) ;
3. la date d'expiration du cookie, sous forme de timestamp (ex : `1090521508`).

Le paramètre correspondant à la date d'expiration du cookie mérite quelques explications. Il s'agit d'un timestamp, c'est-à-dire du nombre de secondes écoulées depuis le 1er janvier 1970. Le timestamp est une valeur qui augmente de 1 toutes les secondes. Pour obtenir le timestamp actuel, on fait appel à la fonction `time()`. Pour définir une date d'expiration du cookie, il faut ajouter au « moment actuel » le nombre de secondes au bout duquel il doit expirer.

Si vous voulez supprimer le cookie dans un an, il vous faudra donc écrire : `time() + 365*24*3600`. Cela veut dire : timestamp actuel + nombre de secondes dans une année. Cela aura pour effet de supprimer votre cookie dans exactement un an.

Voici donc comment on peut créer un cookie :

```
<?php setcookie('pseudo', 'M@teo21', time() + 365*24*3600); ?>
```

Sécuriser son cookie avec le mode httpOnly

Je recommande toutefois d'activer l'option `httpOnly` sur le cookie. Sans entrer dans les détails, cela rendra votre cookie inaccessible en JavaScript sur tous les navigateurs qui supportent cette option (c'est le cas de tous les navigateurs récents.). Cette option permet de réduire drastiquement les risques de faille XSS sur votre site, au cas où vous auriez oublié d'utiliser `htmlspecialchars` à un moment.

Je vous **recommande** donc de créer votre cookie plutôt comme ceci :

```
<?php setcookie('pseudo', 'M@teo21', time() + 365*24*3600, null, null,
false, true); ?>
```

Le dernier paramètre `true` permet d'activer le mode `httpOnly` sur le cookie, et donc de le rendre en quelque sorte plus sécurisé. Ça ne coûte rien et vous diminuez le risque qu'un jour l'un de vos visiteurs puisse se faire voler le contenu d'un cookie à cause d'une faille XSS.

Les paramètres du milieu sont des paramètres que nous n'utilisons pas, je leur ai donc envoyé `null`.

Créer le cookie avant d'écrire du HTML

Il y a un petit problème avec `setcookie`... Comme pour `session_start`, cette fonction ne marche QUE si vous l'appelez avant tout code HTML (donc avant la balise `<!DOCTYPE>`).

> Ne placez donc JAMAIS le moindre code HTML avant d'utiliser `setcookie`. La plupart des gens qui ont des problèmes avec `setcookie` ont fait cette erreur, alors ne l'oubliez pas !

Voyons maintenant comment je ferais pour écrire deux cookies, un qui retient mon pseudo pendant un an, et un autre qui retient le nom de mon pays :

```
<?php
setcookie('pseudo', 'M@teo21', time() + 365*24*3600, null, null, false,
true); // On écrit un cookie
setcookie('pays', 'France', time() + 365*24*3600, null, null, false, true);
// On écrit un autre cookie...

// Et SEULEMENT MAINTENANT, on peut commencer à écrire du code html
?>

<!DOCTYPE html>
<html>
	<head>
		<meta charset="utf-8" />
		<title>Ma super page PHP</title>
	</head>
	<body>

	etc.
```

Et voilà, les cookies sont écrits ! Comme vous le voyez, pour écrire deux cookies il faut appeler deux fois `setcookie`.

Afficher un cookie

C'est la partie la plus simple. Avant de commencer à travailler sur une page, PHP lit les cookies du client pour récupérer toutes les informations qu'ils contiennent. Ces informations sont placées dans la superglobale `$_COOKIE`, sous forme d'array, comme d'habitude.

De ce fait, si je veux ressortir le pseudo du visiteur que j'avais inscrit dans un cookie, il suffit d'écrire : `$_COOKIE['pseudo']`.

Ce qui nous donne un code PHP tout simple pour afficher de nouveau le pseudo du visiteur :

```
<p>
	Hé ! Je me souviens de toi !<br />
	Tu t'appelles <?php echo $_COOKIE['pseudo']; ?> et tu viens de <?php
echo $_COOKIE['pays']; ?> c'est bien ça ?
</p>
```

Comme vous le voyez encore une fois, le gros avantage est que les superglobales sont accessibles partout.

Vous avez besoin de savoir ce que contient le cookie `pseudo` ? Affichez donc le contenu de la superglobale `$_COOKIE['pseudo']`.

À noter que si le cookie n'existe pas, la variable superglobale n'existe pas. Il faut donc faire un `isset` pour vérifier si le cookie existe ou non.

> Les cookies viennent du visiteur. Comme toute information qui vient du visiteur, **elle n'est pas sûre**. N'importe quel visiteur peut créer des cookies et envoyer ainsi de fausses informations à votre site. Souvenez-vous en lorsque vous lisez les cookies du visiteur : il peut les avoir modifiés. Soyez donc prudent et n'ayez pas une confiance aveugle en leur contenu !

Modifier un cookie existant

Vous vous demandez peut-être comment modifier un cookie déjà existant ? Là encore, c'est très simple : il faut refaire appel à `setcookie` en gardant le même nom de cookie, ce qui « écrasera » l'ancien.

Par exemple, si j'habite maintenant en Chine, je ferai :

```
<?php setcookie('pays', 'Chine', time() + 365*24*3600, null, null, false,
true); ?>
```

Notez que le temps d'expiration du cookie est alors remis à zéro pour un an.

En résumé

- Les variables superglobales sont des variables automatiquement créées par PHP. Elles se présentent sous la forme d'arrays contenant différents types d'informations.
- Dans les chapitres précédents, nous avons découvert deux superglobales essentielles : `$_GET` (qui contient les données issues de l'URL) et `$_POST` (qui contient les données issues d'un formulaire).
- La superglobale `$_SESSION` permet de stocker des informations qui seront automatiquement transmises de page en page pendant toute la durée de visite d'un internaute sur votre site. Il faut au préalable activer les sessions en appelant la fonction `session_start()`.
- La superglobale `$_COOKIE` représente le contenu de tous les cookies stockés par votre site sur l'ordinateur du visiteur. Les cookies sont de petits fichiers qu'on peut écrire sur la machine du visiteur pour retenir son nom, par exemple. On crée un cookie avec la fonction `setcookie()`.

18 Lire et écrire dans un fichier

Les variables sont simples à utiliser, mais elles ne contiennent que des informations **temporaires**. La durée de vie d'une variable n'est en effet jamais très longue. Or, vous aurez certainement besoin de stocker définitivement des informations sur votre site.

Par exemple, il est impossible de stocker les messages d'un forum dans des variables… puisque celles-ci seront supprimées à la fin de l'exécution de la page ! Pour stocker ces informations plus longtemps, il faut les écrire sur le disque dur. Et quoi de plus logique pour cela que de créer des fichiers ?

PHP permet justement d'enregistrer des données dans des fichiers sur le disque dur du serveur.

Autoriser l'écriture de fichiers (CHMOD)

Pour que PHP puisse créer des fichiers, il doit avoir accès à un dossier qui lui en autorise la création. Il faut en effet donner le droit à PHP de créer et modifier les fichiers, sinon celui-ci ne pourra rien faire.

Pour créer ces droits, on dit en général qu'on doit modifier le CHMOD (pour *change mode*) du fichier ou du dossier. C'est le nom de la commande qui permet de modifier les droits sous Linux.

Sous Windows, vous n'en avez probablement jamais entendu parler, tout simplement parce que ça n'existe pas. Mais le serveur de votre site, lui, est le plus souvent sous Linux. Et sous Linux, on utilise ce qu'on appelle le CHMOD pour gérer les droits.

Le CHMOD est un nombre à trois chiffres qu'on attribue à un fichier (par exemple, `777`). Selon la valeur de ce nombre, Linux autorisera (ou non) la modification du fichier.

Le problème, c'est que Linux n'autorise généralement pas les modifications de fichiers par un script PHP. Or, c'est justement ce qu'on veut faire. Alors, comment allons-nous procéder ? En modifiant le CHMOD, pardi !

Il va falloir passer par… votre logiciel FTP ! Oui, celui-là même qui vous sert à envoyer vos pages sur le Web.

Vous pouvez utiliser celui que vous voulez, FileZilla ou un autre, la manipulation est quasiment la même.

Connectez-vous à votre serveur, et effectuez un clic droit sur l'un des fichiers pour obtenir le menu contextuel de la figure suivante.

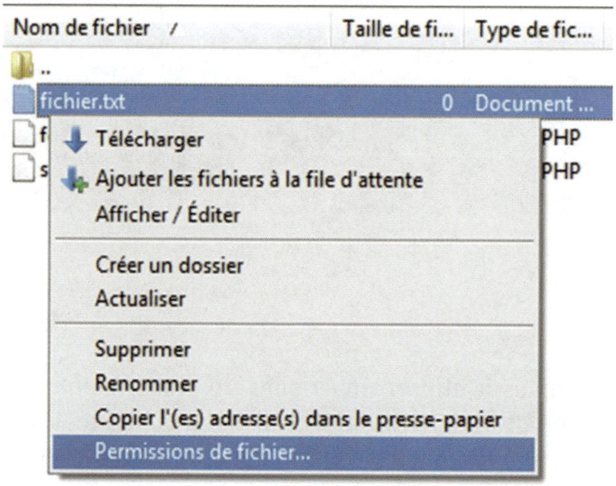

Modifier les permissions d'un fichier.

Normalement, vous devriez avoir un menu ***CHMOD*** ou ***Permissions de fichier*** (comme ci-dessous).

Cela devrait ouvrir une fenêtre qui ressemble à peu près à la figure suivante.

CHMOD à 777 pour activer l'écriture

Et c'est là que se trouve la solution à tous nos problèmes ! Sans entrer dans les détails parce qu'il n'est pas question de faire un cours sur Linux ici, voilà comment ça fonctionne : trois types de personnes ont le droit de lire/modifier des fichiers.

- Le propriétaire : c'est l'utilisateur sous Linux qui a créé le fichier. Il a en général tous les droits : lire, écrire et exécuter.
  Selon les droits qu'il possède, le premier chiffre du CHMOD change. Ici, c'est `7` : cela veut dire qu'il a tous les droits.
- Le groupe : cela ne nous concerne pas trop ici. Ce sont les droits du groupe d'utilisateurs auquel appartient le fichier. Cela correspond au deuxième chiffre du CHMOD (ici, `7`).
- Les permissions publiques : ah ! là, ça devient intéressant. Elles concernent tout le monde, c'est-à-dire même vos fichiers PHP. C'est le troisième chiffre du CHMOD (par défaut à `5`, il faut mettre cette valeur à `7`).

Si vous indiquez `777` comme valeur pour le CHMOD, cela signifie que tous les programmes du serveur ont le droit de modifier le fichier, notamment PHP qui pourra ainsi **modifier le fichier en question.**

> Vous pouvez aussi modifier le CHMOD d'un dossier. Cela déterminera si on a le droit de lire/écrire dans ce dossier.
>
> Cela vous sera notamment utile si vous avez besoin de créer des fichiers dans un dossier en PHP.

Pour ceux qui veulent en savoir plus sur les CHMOD, je traite le sujet beaucoup plus en détail dans mon cours sur Linux. Si le sujet vous intéresse, n'hésitez pas à aller lire le tutoriel disponible à l'adresse suivante : *http://www.openclassrooms.com/tutoriel-3-12783-les-utilisateurs-et-les-droits.html#ss_part_5*.

Ouvrir et fermer un fichier

Avant de lire/écrire dans un fichier, il faut d'abord l'ouvrir.

Commencez par créer un fichier `compteur.txt`, par exemple. Envoyez-le sur votre serveur avec votre logiciel FTP, et appliquez-lui un CHMOD à `777` comme vous venez d'apprendre à le faire.

Maintenant, on va créer un fichier PHP qui va travailler sur `compteur.txt`.

Votre mission, si vous l'acceptez : compter le nombre de fois qu'une page a été vue sur votre site et enregistrer ce nombre dans ce fichier.

Voici comment nous allons procéder :

```
<?php
// 1 : on ouvre le fichier
$monfichier = fopen('compteur.txt', 'r+');

// 2 : on fera ici nos opérations sur le fichier...
```

```
// 3 : quand on a fini de l'utiliser, on ferme le fichier
fclose($monfichier);
?>
```

Il faut respecter cinq étapes :

1. On ouvre le fichier avec `fopen`. Cette fonction renvoie une information que vous devez mettre dans une variable (ici, `$monfichier`). Cela nous sera utile tout à l'heure pour fermer le fichier.
2. On indique tout d'abord à `fopen` le fichier qu'on veut ouvrir (`compteur.txt`), puis **comment** on veut l'ouvrir (ici, j'ai mis `'r+'`). Voici regroupées dans le tableau ci-dessous les principales possibilités d'ouverture d'un fichier.

Types d'ouvertures d'un fichier

MODE	EXPLICATION
`r`	Ouvre le fichier en lecture seule. Cela signifie que vous pourrez seulement lire le fichier.
`r+`	Ouvre le fichier en lecture et écriture. Vous pourrez non seulement lire le fichier, mais aussi y écrire (on l'utilisera assez souvent en pratique).
`a`	Ouvre le fichier en écriture seule. Mais il y a un avantage : si le fichier n'existe pas, il est automatiquement créé.
`a+`	Ouvre le fichier en lecture et écriture. Si le fichier n'existe pas, il est créé automatiquement. Attention : le répertoire doit avoir un CHMOD à `777` dans ce cas ! À noter que si le fichier existe déjà, le texte sera ajouté à la fin.

3. Ici, comme on a créé le fichier avant, il est inutile d'utiliser `a+`.
4. On fait nos opérations de lecture/écriture sur le fichier. Nous allons voir comment ça fonctionne un peu plus loin.
5. Enfin, quand on a fini d'utiliser le fichier, on fait un `fclose` pour le fermer. On doit préciser quel fichier doit être fermé : mettez-y la variable `$monfichier` pour que PHP sache de quel fichier il s'agit et c'est bon.

Vous n'êtes absolument pas obligé d'ajouter l'extension `.txt` à votre fichier. Vous pouvez l'appeler comme vous le voulez : `compteur.cpt`, `compteur.num`, ou même `compteur` tout court.

Lire et écrire dans un fichier

Maintenant que nous savons ouvrir et fermer notre fichier, nous allons apprendre à le lire et à le modifier.

Lire

Pour lire un fichier, on a deux possibilités :

- lire caractère par caractère avec la fonction `fgetc` ;
- lire ligne par ligne avec `fgets`.

En général, on se débrouillera pour mettre une information par ligne dans notre fichier. On se sert donc assez peu de `fgetc` qui est plutôt lourd à utiliser (il faudrait faire une boucle pour lire caractère par caractère).

Dans notre cas, on va supposer que notre fichier ne contient qu'une ligne : le nombre de pages qui ont été vues sur le site.

Pour récupérer ce nombre, il faudra procéder comme ceci :

```
<?php
// 1 : on ouvre le fichier
$monfichier = fopen('compteur.txt', 'r+');

// 2 : on lit la première ligne du fichier
$ligne = fgets($monfichier);

// 3 : quand on a fini de l'utiliser, on ferme le fichier
fclose($monfichier);
?>
```

Il faut indiquer à `fgets` le fichier à lire. On lui donne notre variable `$monfichier` qui lui permettra de l'identifier.

`fgets` renvoie toute la ligne (la fonction arrête la lecture au premier saut de ligne). Notre variable `$ligne` devrait donc contenir la première ligne du fichier.

Et si mon fichier fait quinze lignes, comment toutes les lire facilement ?

Il faut faire une boucle. Un premier `fgets` vous donnera la première ligne. Au deuxième tour de boucle, le prochain appel à `fgets` renverra la deuxième ligne, et ainsi de suite.

C'est un peu lourd, mais si on stocke assez peu d'informations dans le fichier, cela peut suffire. Si on a beaucoup d'informations à stocker, on préférera utiliser une base de données (on en parlera dans la prochaine partie).

Écrire

Pour l'écriture, on n'a qu'une seule possibilité : utiliser `fputs`.

Cette fonction va écrire la ligne que vous voulez dans le fichier.

Elle s'utilise comme ceci :

```
<?php fputs($monfichier, 'Texte à écrire'); ?>
```

Toutefois, il faut savoir où l'on écrit le texte. En effet, le fonctionnement d'un fichier est assez étrange…

1. Vous l'ouvrez avec `fopen`.
2. Vous lisez, par exemple, la première ligne avec `fgets`.
   Oui mais voilà : maintenant, le « curseur » de PHP se trouve à la fin de la première ligne, comme dans la figure suivante.

Le curseur de PHP est à la fin de la première ligne.

3. Si vous faites un `fputs` juste après, il va écrire à la suite ! Pour éviter ça, on va utiliser la fonction `fseek` qui va replacer le curseur où l'on veut dans le fichier. En l'occurrence, on va replacer le curseur au début du fichier en faisant :

```
fseek($monfichier, 0);
```

4. Notre curseur sera alors repositionné au début, voyez donc la figure suivante.

Le curseur de PHP est replacé à l'endroit choisi.

> Si vous avez ouvert le fichier avec le mode `'a'` ou `'a+'`, toutes les données que vous écrirez seront **toujours** ajoutées à la fin du fichier. La fonction `fseek` n'aura donc aucun effet dans ce cas.

5. Ouf, notre curseur est au début du fichier, on peut maintenant faire un `fputs`.
   La ligne va s'écrire par-dessus l'ancienne, ce qui fait que l'ancien texte sera écrasé (remplacé par le nouveau).

Pour y voir un peu plus clair, je vous propose le code source suivant qui compte le nombre de fois que la page a été vue :

```
<?php
$monfichier = fopen('compteur.txt', 'r+');

$pages_vues = fgets($monfichier); // On lit la première ligne (nombre de
                                  // pages vues)
$pages_vues += 1;                 // On augmente de 1 ce nombre de
                                  // pages vues
fseek($monfichier, 0);            // On remet le curseur au début du
                                  // fichier
fputs($monfichier, $pages_vues);  // On écrit le nouveau nombre de pages
                                  // vues

fclose($monfichier);

echo '<p>Cette page a été vue ' . $pages_vues . ' fois !</p>';
?>
```

Cette page a été vue 3255530 fois !

Page qui compte le nombre de fois que la page a été vue.

Ce n'était pas si dur, vous voyez.

Voici la description des quatre lignes du milieu (les plus importantes) :

1. on récupère la première ligne du fichier, qui est le nombre de pages qui ont été vues pour le moment sur le site ;
2. on ajoute 1 à la variable `$pages_vues`. Si elle valait 15, elle vaut désormais 16 ;
3. on replace notre fameux « curseur » au début du fichier (parce que sinon, il se trouvait à la fin de la première ligne et on aurait écrit à la suite) ;
4. on écrit notre nouveau nombre de pages vues dans le fichier, en écrasant l'ancien nombre.

> Le fichier doit exister et contenir un nombre (tel que 0) pour que ce code fonctionne.
>
> De plus, si vous avez oublié de mettre un CHMOD à `777` sur le fichier `compteur.txt`, vous aurez l'erreur suivante :
>
> `"Warning: fopen(compteur.txt): failed to open stream: Permission denied"`.
>
> Ici, PHP essaie de vous dire qu'il n'a pas réussi à ouvrir le fichier car il n'a pas le droit d'écrire dedans. Il faut donc absolument mettre ce CHMOD si vous voulez pouvoir toucher au fichier !

Voilà, vous venez de voir comment on se sert d'un fichier : ouverture, lecture, écriture et fermeture.

Pour un gros fichier, cela devient vite compliqué, mais pour un petit fichier comme celui-ci, cela convient très bien.

Dans la suite de ce cours, nous allons découvrir une méthode plus efficace pour stocker des données : nous allons utiliser une base de données MySQL.

En résumé

- PHP permet d'enregistrer des informations dans des fichiers sur le serveur.
- Il faut au préalable s'assurer que les fichiers autorisent PHP à les modifier. Pour cela, il faut changer les permissions du fichier (on parle de CHMOD) à l'aide d'un logiciel FTP comme FileZilla. Donnez la permission `777` au fichier pour permettre à PHP de travailler dessus.
- La fonction `fopen` permet d'ouvrir le fichier, `fgets` de le lire ligne par ligne et `fputs` d'y écrire une ligne.
- À moins de stocker des données très simples, l'utilisation des fichiers n'est pas vraiment la technique la plus adaptée pour enregistrer des informations. Il est vivement recommandé de faire appel à une base de données.

Quatrième partie

Stocker des informations dans une base de données

En PHP, on peut difficilement se passer d'une base de données. Cet outil incontournable sert à enregistrer des données de façon efficace et organisée.

Tout ce que vous voulez **enregistrer** sur votre site va se retrouver stocké dans une base de données : liste des membres, messages des forums, news, etc.

19 Présentation des bases de données

Pour l'instant, vous avez découvert le fonctionnement du langage PHP, mais vous ne vous sentez probablement pas encore capable de créer de vrais sites web avec ce que vous avez appris. C'est parfaitement normal car il vous manque un élément crucial : la **base de données**.

Une base de données permet d'enregistrer des données de façon organisée et hiérarchisée. Certes, vous connaissez les variables, mais celles-ci restent en mémoire seulement le temps de la génération de la page. Vous avez aussi appris à écrire dans des fichiers, mais cela devient vite très compliqué dès que vous avez beaucoup de données à enregistrer.

Or, il va bien falloir stocker quelque part la liste de vos membres, les messages de vos forums, les options de navigation des membres… Les bases de données constituent le meilleur moyen de faire cela de façon simple et propre. Nous allons les étudier durant toute cette partie du cours !

Le langage SQL et les bases de données

La base de données (BDD) est un système qui enregistre des informations. Un peu comme un fichier texte ? Non, pas vraiment. Ce qui est très important ici, c'est que ces informations sont toujours **classées**. Et c'est ça qui fait que la BDD est si pratique : c'est un moyen simple de ranger des informations.

> ? Et si je préfère rester désordonné ? Si je n'ai pas envie de classer mes informations ? Est-on obligé de classer chaque information qu'on enregistre ?

C'est un peu ce que je me disais au début… Classer certaines choses, d'accord, mais il me semblait que je n'en aurais besoin que très rarement.

Grave erreur ! Comme vous allez le constater, 99 % du temps, on range ses informations dans une base de données. Pour le reste, on peut les enregistrer dans un fichier comme on a appris à le faire… mais quand on a goûté aux bases de données, on peut difficilement s'en passer ensuite !

Imaginez par exemple une armoire, dans laquelle chaque dossier est à sa place.

Quand tout est rangé, il est beaucoup plus facile de retrouver un objet, n'est-ce pas ? Eh bien là, c'est pareil : en classant les informations que vous collectez (concernant vos visiteurs, par exemple), il vous sera très facile de récupérer plus tard ce que vous cherchez.

Les SGBD s'occupent du stockage

Je vous ai présenté brièvement les SGBD (Systèmes de gestion de bases de données) dans le premier chapitre de ce cours. Les SGBD sont les programmes qui se chargent du stockage de vos données.

Pour rappel, les plus connus sont :

- **MySQL :** libre et gratuit, c'est probablement le SGBD le plus connu. Nous l'utiliserons dans cette partie ;
- **PostgreSQL :** libre et gratuit comme MySQL, avec plus de fonctionnalités mais un peu moins connu ;
- **SQLite :** libre et gratuit, très léger mais très limité en termes de fonctionnalités ;
- **Oracle :** utilisé par les très grosses entreprises ; sans aucun doute un des SGBD les plus complets, mais il n'est pas libre et on le paie le plus souvent très cher ;
- **Microsoft SQL Server :** le SGBD de Microsoft.

Il faut donc choisir le SGBD que vous allez utiliser pour stocker les données. Je vous recommande de travailler plutôt avec les SGBD libres et gratuits, tels que MySQL, PostgreSQL et SQLite. Après, tout est question de goût et des fonctionnalités que vous recherchez. MySQL est un bon compromis.

> Nous allons utiliser MySQL, mais sachez que l'essentiel de ce que vous allez apprendre fonctionnera de la même manière avec un autre SGBD. Cette partie est construite afin que vous ayez le moins possible de choses à apprendre de nouveau si vous choisissez de changer de SGBD.

Vous donnez les ordres au SGBD en langage SQL

Vous allez devoir communiquer avec le SGBD pour lui donner l'ordre de récupérer ou d'enregistrer des données. Pour lui « parler », on utilise le langage SQL.

La bonne nouvelle, c'est que le langage SQL est un standard, c'est-à-dire que quel que soit le SGBD que vous utilisez, vous vous servirez du langage SQL. La mauvaise, c'est qu'il existe quelques petites variantes d'un SGBD à l'autre, mais cela concerne généralement les commandes les plus avancées.

Comme vous vous en doutez, il va falloir apprendre le langage SQL pour travailler avec les bases de données. Ce langage n'a rien à voir avec le PHP, mais vous en aurez impérativement besoin.

Voici un exemple de commande en langage SQL, pour vous donner une idée :

```
SELECT id, auteur, message, datemsg FROM livreor ORDER BY datemsg DESC
```

Le principal objectif ici sera d'apprendre à utiliser ce langage SQL pour que vous soyez capable de donner n'importe quel ordre à la base de données, comme « Récupère-moi les 10 dernières news de mon site », « Supprime le dernier message posté dans ce forum », etc.

PHP fait la jonction entre vous et MySQL

Pour compliquer un petit peu l'affaire (sinon, ce n'est pas rigolo), on ne va pas pouvoir parler à MySQL directement. Seul PHP peut le faire !

C'est donc PHP qui va faire l'intermédiaire entre vous et MySQL. On devra demander à PHP : « Va dire à MySQL de faire ceci. »

Je crois qu'un petit schéma ne serait pas du luxe... Voyez la figure suivante.

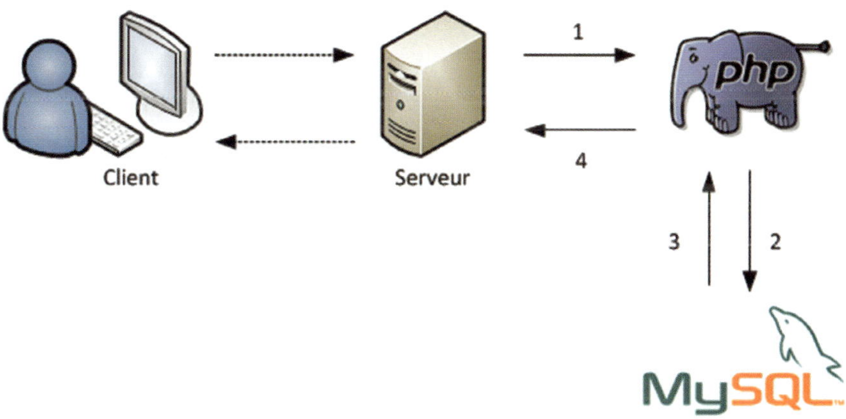

Communication entre PHP et MySQL

Voici ce qui peut se passer lorsque le serveur reçoit une demande d'un client qui veut poster un message sur l'un de vos forums :

1. le serveur utilise toujours PHP, il lui fait donc passer le message ;
2. PHP effectue les actions demandées et se rend compte qu'il a besoin de MySQL. En effet, le code PHP contient à un endroit l'instruction : « Va demander à MySQL d'enregistrer ce message. » Il fait donc passer le message à MySQL ;

3. MySQL fait le travail que PHP lui avait soumis et lui répond : « OK, c'est bon ! » ;
4. PHP renvoie au serveur que MySQL a bien fait ce qui lui était demandé.

Maintenant que nous avons fait les présentations, nous allons découvrir comment est organisée une base de données. Bien en comprendre l'organisation est en effet absolument indispensable.

Structure d'une base de données

Avec les bases de données, il faut utiliser un vocabulaire **précis**. Heureusement, vous ne devriez pas avoir trop de mal à vous en souvenir, vu qu'on va se servir d'une image : celle d'une armoire. Écoutez-moi attentivement et n'hésitez pas à lire lentement, plusieurs fois si c'est nécessaire.

Je vous demande d'imaginer ce qui suit.

- L'armoire est appelée la **base** dans le langage SQL. C'est le gros meuble dans lequel les secrétaires ont l'habitude de classer les informations.
- Dans une armoire, il y a plusieurs tiroirs. Un tiroir, en SQL, c'est ce qu'on appelle une **table**. Chaque tiroir contient des données différentes. Par exemple, on peut imaginer un tiroir qui contient les pseudonymes et informations concernant vos visiteurs, un autre qui contient les messages postés sur votre forum…
- Mais que contient une table ? C'est là que sont enregistrées les données, sous la forme d'un tableau. Dans ce tableau, les colonnes sont appelées des **champs**, et les lignes sont appelées des **entrées**.

Une table est donc représentée sous la forme d'un tableau ; par exemple, le tableau suivant vous montre à quoi peut ressembler le contenu d'une table appelée `visiteurs`.

Contenu de la table visiteurs

Numéro	Pseudonyme	E-mail	Âge
1	Kryptonic	kryptonic@free.fr	24
2	Serial_Killer	serialkiller@unitedgamers.com	16
3	M@teo21	top_secret@siteduzero.com	18
4	Bibou	bibou557@laposte.net	29
…	…	…	…

Ce tableau représente le contenu d'une table (c'est-à-dire le tiroir de l'armoire).

Les champs dans cet exemple sont : « Numéro », « Pseudonyme », « E-mail » et « Âge ». Chaque ligne est une entrée. Ici, il y en a quatre, mais une table peut très bien contenir 100, 1 000, ou même 100 000 entrées (je vous souhaite d'avoir autant de visiteurs !).

Et pour finir, voici l'indispensable schéma, en figure suivante, pour que tout soit clair.

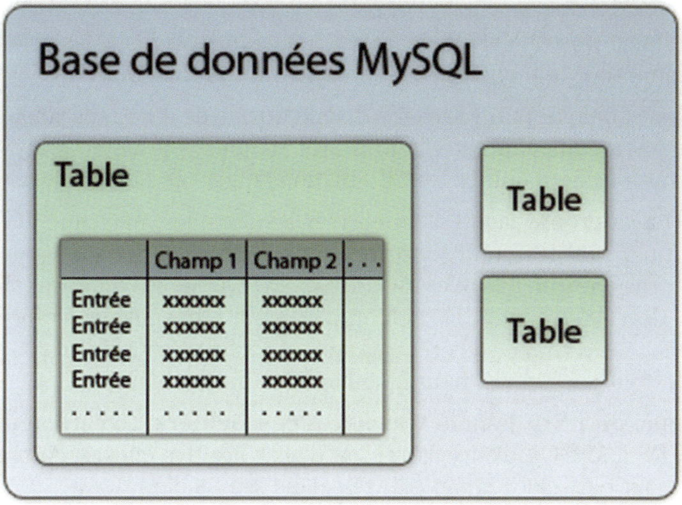

Organisation d'une base de données MySQL

La base de données contient plusieurs tables (on peut en ajouter autant qu'on veut). Chaque table est en fait un tableau où les colonnes sont appelées « champs » et où les lignes sont appelées « entrées ».

Pour vous donner des exemples concrets, voici quelques noms de tables qu'on peut être amené à créer pour les besoins de son site web :

- `news` : stocke toutes les news qui sont affichées à l'accueil ;
- `livre or` : stocke tous les messages postés sur le livre d'or ;
- `forum` : stocke tous les messages postés sur le forum ;
- `newsletter` : stocke les adresses e-mail de tous les visiteurs inscrits à la newsletter.

Voilà, vous devriez commencer à comprendre pourquoi vous allez avoir besoin d'une BDD sur votre site.

Si quelque chose ne vous paraît pas clair, si vous avez l'impression de mélanger un peu bases, tables, champs ou entrées, relisez de nouveau cette partie. Il faut que vous soyez capable de reproduire le schéma tout seul sur un bout de papier.

Où sont enregistrées les données ?

Avant de terminer le chapitre, voici une question qu'on se pose fréquemment.

Ils sont bien jolis ces tableaux et ces schémas, ces bases, ces champs... Mais concrètement, où MySQL enregistre-t-il les données ?

En fait, tout ce que je viens de vous montrer, c'est une façon de « visualiser » la chose. Il faut que vous imaginiez que la base de données gère les informations sous forme de tableaux, parce que c'est la meilleure représentation qu'on peut s'en faire.

Mais concrètement, quand MySQL enregistre des informations, il les écrit bien quelque part. Oui, comme tout le monde, il les enregistre **dans des fichiers** !

Ces fichiers sont quelque part sur votre disque dur, mais il ne faut jamais les ouvrir et encore moins les modifier directement. Il faut toujours parler avec MySQL qui va se charger d'extraire et de modifier les informations dans ces fichiers.

Chaque SGBD a sa propre façon d'enregistrer les données, mais aucun d'eux ne peut y échapper : pour que les données restent enregistrées, il faut les stocker dans des fichiers sur le disque dur. Par exemple, avec MySQL sous Windows, si vous utilisez WAMP, vous devriez trouver les fichiers où sont stockées les informations dans `C:\wamp\mysql\data`. Je vous recommande très fortement de ne pas y toucher car ces fichiers ne sont pas prévus pour être modifiés directement !

Dans la pratique, **on n'ira jamais toucher à ces fichiers directement**. On demandera TOUJOURS à MySQL d'enregistrer, ou d'aller lire des choses. Après, c'est lui qui se débrouille pour classer ça comme il veut dans ses fichiers.

Et c'est justement le gros avantage de la base de données : le rangement des informations n'est pas contraignant. Vous demandez à MySQL de vous sortir toutes les news de votre site enregistrées de février à juillet : il va lire dans ses fichiers et il vous fournira les réponses. Vous vous contentez de « dialoguer » avec MySQL. Il se charge quant à lui du « sale boulot », c'est-à-dire de ranger vos données dans ses fichiers.

En résumé

- Une base de données est un outil qui stocke vos données de manière organisée et vous permet de les retrouver facilement par la suite.
- On communique avec MySQL grâce au langage SQL. Ce langage est commun à tous les systèmes de gestion de base de données (avec quelques petites différences néanmoins pour certaines fonctionnalités plus avancées).
- PHP fait l'intermédiaire entre vous et MySQL.
- Une base de données contient plusieurs tables.
- Chaque table est un tableau où les colonnes sont appelées « champs » et les lignes « entrées ».

20 phpMyAdmin

Nous allons maintenant faire des manipulations sur une base de données. Vous allez « voir » ce que peuvent contenir une base et ses tables.

Il existe plusieurs façons d'accéder à sa base de données et d'y faire des modifications. On peut utiliser une ligne de commande (console), exécuter les requêtes en PHP ou faire appel à un programme qui nous permet d'avoir rapidement une vue d'ensemble. Ici, je vous propose de découvrir **phpMyAdmin**, un des outils les plus connus permettant de manipuler une base de données MySQL.

phpMyAdmin est livré avec WAMP, vous allez donc pouvoir vous en servir tout de suite. Presque tous les hébergeurs permettent d'utiliser phpMyAdmin ; renseignez-vous auprès du vôtre pour savoir comment y accéder.

Créer une table

La première chose que je vous recommande de faire, c'est d'ouvrir phpMyAdmin. Pour cela, démarrez WAMP, effectuez un clic gauche sur l'icône de la barre des tâches et allez dans ***phpMyAdmin***. Vous y êtes. ;-)

phpMyAdmin n'est pas un programme mais un ensemble de pages PHP toutes prêtes dont on se sert pour gagner du temps.

Commençons donc simplement : dans ce chapitre, nous ne coderons pas, nous allons simplement manipuler phpMyAdmin.

L'accueil de phpMyAdmin ressemble à la figure suivante.

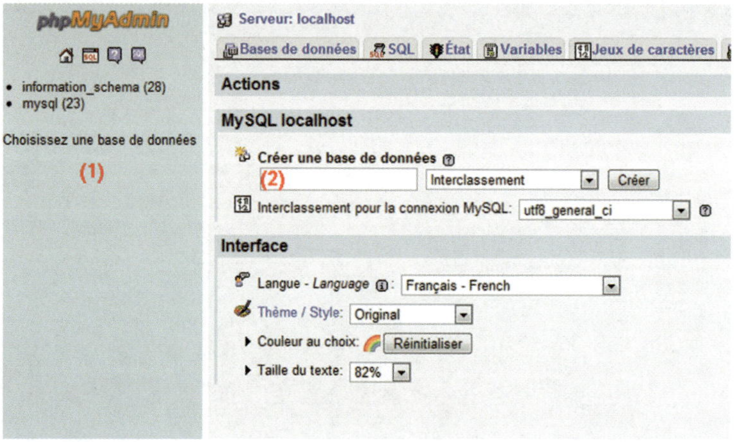

Accueil de phpMyAdmin

Vous pouvez remarquer deux endroits importants, signalés par des numéros sur ma capture d'écran.

1. **Liste des bases :** c'est la liste de vos bases de données. Le nombre indiqué entre parenthèses est le nombre de tables contenues dans la base.
   Sur la figure suivante, on a donc deux bases : `information_schema`, qui contient 28 tables, et `mysql`, qui en contient 23.
2. **Créer une base :** pour créer une nouvelle base de données, entrez un nom dans le champ de formulaire à droite, puis cliquez sur ***Créer***. Et voilà c'est fait !

Pour le moment, deux bases existent déjà : `information_schema` et `mysql`. N'y touchez pas, elles servent au fonctionnement interne de MySQL.

Nous allons maintenant créer une nouvelle base `test` dans laquelle nous travaillerons tout le temps par la suite. Utilisez le formulaire à droite pour créer cette base : nommez-la `test` et cliquez sur le bouton ***Créer***.

L'écran de la figure suivante devrait alors s'afficher si la base a bien été créée.

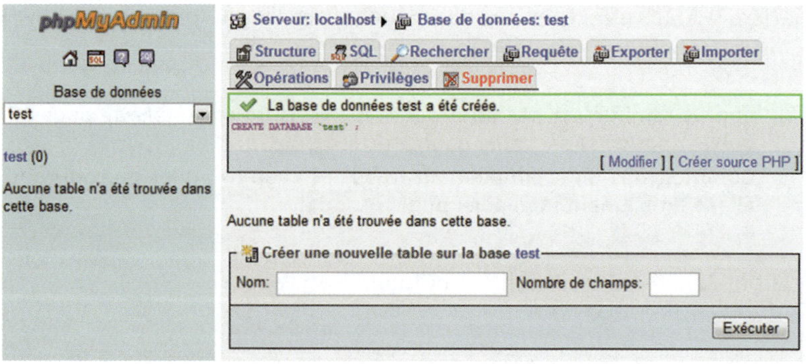

La base de test a été créée, elle est vide.

On vous indique qu'aucune table n'a été trouvée dans la base. Et si on en créait une ?

Dans le champ « Créer une nouvelle table sur la base test », entrez le nom `news` et le nombre de champs `3`, comme vous le montre la figure suivante.

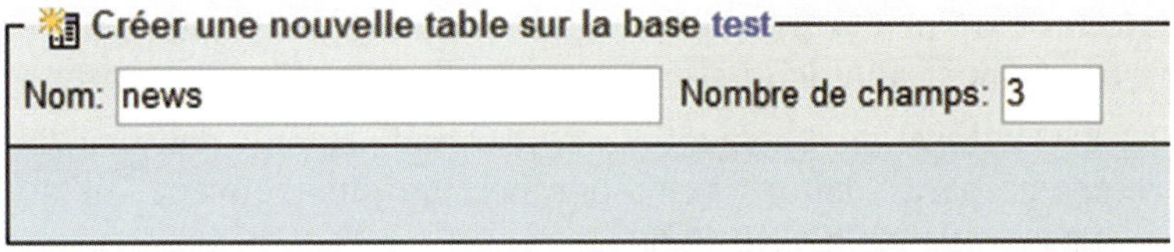

Créer une table.

Cliquez ensuite sur ***Exécuter***.

La table n'est pas immédiatement créée : il faut maintenant indiquer le nom des champs et les données qu'ils peuvent contenir. Je vous propose de faire simple car pour l'instant on cherche juste à tester phpMyAdmin. Pour cette table, on va créer les trois champs suivants :

- `id` : comme bien souvent, vous allez devoir créer un champ appelé `id` (prononcez à l'anglaise « aille di »). C'est le numéro d'identification. Grâce à lui, toutes vos entrées seront numérotées, ce qui est bien pratique. Il y aura ainsi les news n° 1, n° 2, n° 3, etc.
- `titre` : ce champ contiendra le titre de la news.
- `contenu` : enfin, ce champ contiendra la news elle-même.

Soyons clairs, je ne suis pas en train de vous apprendre à créer un système de news pour votre site. Nous aurons l'occasion d'y travailler un peu plus tard. Pour le moment, nous cherchons seulement à découvrir le fonctionnement de phpMyAdmin.

Vous devriez avoir l'écran de la figure suivante sous les yeux.

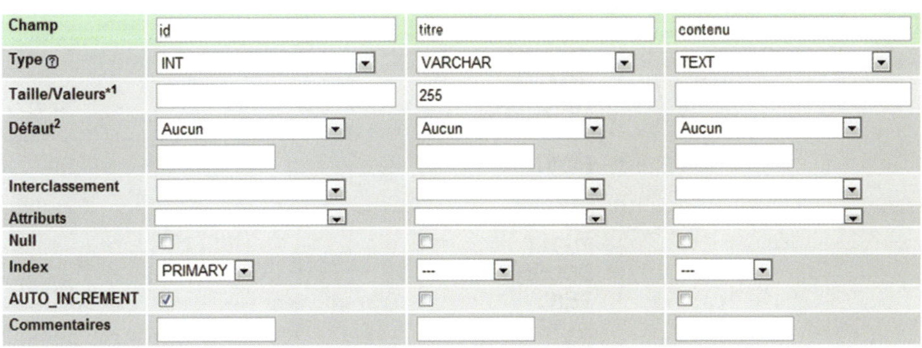

Créer une table MySQL.

Chaque colonne représente un champ. Nous avons demandé trois champs, il y a donc trois colonnes.

phpMyAdmin vous demande beaucoup d'informations mais rassurez-vous, il n'est pas nécessaire de tout remplir. La plupart du temps, les sections les plus intéressantes seront :

- **Champ :** permet de définir le nom du champ (très important !) ;
- **Type :** le type de donnée que va stocker le champ (nombre entier, texte, date…) ;
- **Taille/Valeurs :** permet d'indiquer la taille maximale du champ, utile pour le type `varchar` notamment afin de limiter le nombre de caractères autorisés ;
- **Index :** active l'indexation du champ. Ce mot barbare signifie dans les grandes lignes que votre champ sera adapté aux recherches. Le plus souvent, on utilise l'index `primary` sur les champs de type `id`.
- **AUTO_INCREMENT :** permet au champ de s'incrémenter tout seul à chaque nouvelle entrée. On l'utilise fréquemment sur les champs de type `id`.

Je vous propose de remplir le formulaire comme je l'ai fait. Veillez à bien cocher ***AUTO_INCREMENT*** et à définir un index `primary` sur le champ `id`.

Quand vous avez terminé, cliquez sur le bouton ***Sauvegarder*** en bas de la page. Votre table est créée !

Avant d'aller plus loin, je voudrais revenir un peu plus en détail sur les types de champs et les index, notamment l'index `primary` que l'on a utilisé.

Les types de champs MySQL

Si vous déroulez la liste des types que vous propose MySQL, vous devriez tomber à la renverse, comme l'illustre la figure suivante.

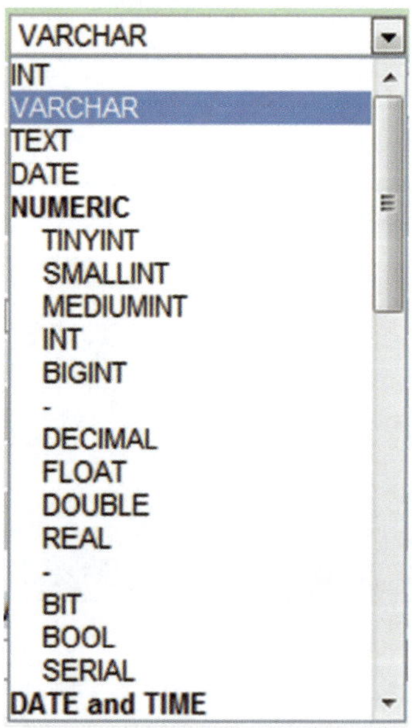

Types de données MySQL

Alors que PHP ne propose que quelques types de données que l'on connaît bien maintenant (`int`, `string`, `bool`...), MySQL propose de très nombreux types de données, classés par catégorie :

- `numeric` : ce sont les nombres. On y trouve des types dédiés aux petits nombres entiers (`tinyint`), aux gros nombres entiers (`bigint`), aux nombres décimaux, etc.
- `date and time` : ce sont les dates et les heures. De nombreux types différents permettent de stocker une date, une heure, ou les deux à la fois.
- `string` : ce sont les chaînes de caractères. Là encore, il existe des types adaptés à toutes les tailles.
- `spatial` : cela concerne les bases de données spatiales, utiles pour ceux qui font de la cartographie. Ce ne sera pas notre cas, donc nous n'en parlerons pas ici.

En fait, phpMyAdmin a eu la bonne idée de proposer au tout début de cette liste les quatre types de données les plus courants :

- `int` : nombre entier ;
- `varchar` : texte court (entre 1 et 255 caractères) ;
- `text` : texte long (on peut y stocker un roman sans problème) ;
- `date` : date (jour, mois, année).

Nous n'aurons besoin de jongler qu'entre ces quatre types, donc ce sont eux qu'il faut retenir. Cela couvrira 99 % de nos besoins.

Une petite remarque à propos de `varchar` : c'est un type adapté aux textes courts, comme le titre d'une news de votre site. Sa seule exigence est que vous devez indiquer la taille maximale du champ (entre 1 et 255). Si vous ne le faites pas, vous ne pourrez pas créer la table. Si vous ne savez pas à combien limiter votre champ, vous pouvez entrer la valeur maximale (255) comme je l'ai fait dans l'exemple précédent.

Les clés primaires

Toute table doit posséder un champ qui joue le rôle de clé primaire. Cette dernière permet d'identifier de manière unique une entrée dans la table. En général, on utilise le champ `id` comme clé primaire, comme on vient de le faire.

Chaque news de votre site doit pouvoir être identifiée de manière unique. Le moyen le plus simple pour cela est de lui donner un numéro unique, dans un champ nommé `id`. **Il ne peut pas y avoir deux news avec le même `id` !** Il en irait de même pour les autres tables de votre site : par exemple, chaque membre doit se voir attribuer un numéro unique. Si deux membres ont le même numéro, on ne pourra pas les différencier !

Il est vital que chaque table possède sa clé primaire. On ne vous interdira pas de créer des tables sans clé primaire, mais leurs performances seront extrêmement réduites. Je vous conseille donc de prendre le réflexe de créer à chaque fois ce champ `id` en lui donnant l'index `primary`, ce qui aura pour effet d'en faire une clé primaire. Vous en profiterez en général pour cocher la case ***AUTO_INCREMENT*** afin que ce champ gère lui-même les nouvelles valeurs automatiquement (1, 2, 3, 4...).

Modifier une table

À gauche de votre écran, la table `news` que vous venez de créer devient visible, telle que vous la voyez sur la figure suivante.

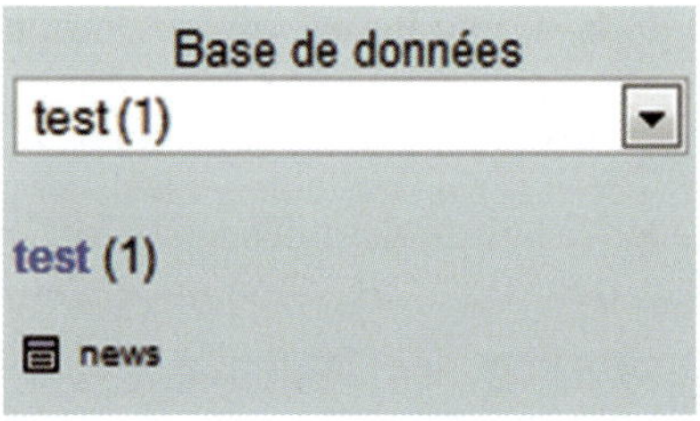

Liste des tables

- Si vous cliquez sur ***news***, le contenu de la table s'affiche à droite de l'écran.
- Si vous cliquez sur la petite image de tableau à gauche, phpMyAdmin vous présentera la structure de la table.

Actuellement, comme notre table est vide (elle ne contient aucune entrée), c'est la structure de la table (figure suivante) qui s'affichera dans les deux cas.

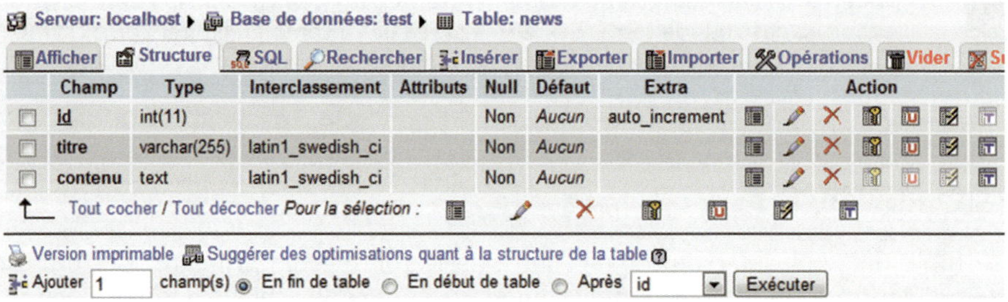

Structure de la table news

Ce tableau vous rappelle de quels champs est constituée votre table : c'est sa structure. Notez que le champ `id` est souligné car c'est la clé primaire de la table.

Sachez qu'il est possible d'ajouter ou de supprimer des champs à tout moment. Ce n'est pas parce que votre table a été créée qu'elle reste figée. Il existe des options pour renommer les champs, les supprimer, en ajouter, etc.

Jetez déjà un œil aux onglets situés en haut : ***Structure***, ***Afficher***, ***SQL***, etc. Cela vous conduira vers différentes options que nous verrons plus loin. Nous allons commencer par nous intéresser à l'onglet ***Insérer***, qui va nous permettre d'ajouter des entrées à la table.

Une page s'ouvre dans laquelle vous pouvez entrer des valeurs pour chacun des champs. Cela va être pour nous l'occasion d'insérer notre première news, comme le suggère la figure suivante.

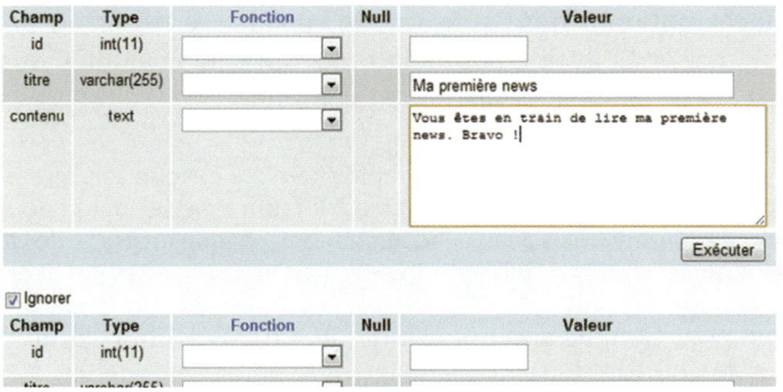

Insertion d'un nouvel enregistrement

Seule la colonne ***Valeur*** nous intéresse. Vous pouvez entrer une valeur pour chacun des trois champs. Vous remarquerez que je n'ai pas mis de valeur pour le champ `id` : c'est normal, son numéro est automatiquement calculé grâce à l'option `auto_increment`. Ne vous en occupez pas et choisissez plutôt un titre, puis insérez un contenu. L'`id` de la première news sera 1, celui de la deuxième sera 2, etc.

Les `id` ne doivent pas obligatoirement se suivre de 1 en 1. S'il n'y a pas de news n° 15, par exemple, cela ne pose aucun problème. Ce qui compte, c'est qu'il n'y ait pas deux news avec le même `id`. C'est justement ce que permet d'éviter la clé primaire : elle interdit que deux entrées aient le même `id`.

Une fois que vous avez inséré le texte que vous vouliez, cliquez sur le premier bouton ***Exécuter*** de la page.

Il y a d'autres champs en dessous : ignorez-les. Ils vous permettent d'ajouter plusieurs entrées à la fois, mais nous n'en avons pas besoin.

Recommencez une ou deux fois en faisant la même manipulation et en laissant le champ `id` vide.

Affichez maintenant le contenu de la table. Vous pouvez cliquer soit sur l'onglet ***Afficher***, en haut, soit sur le nom de la table dans le menu à gauche. La figure suivante vous présente le contenu que vous devriez voir.

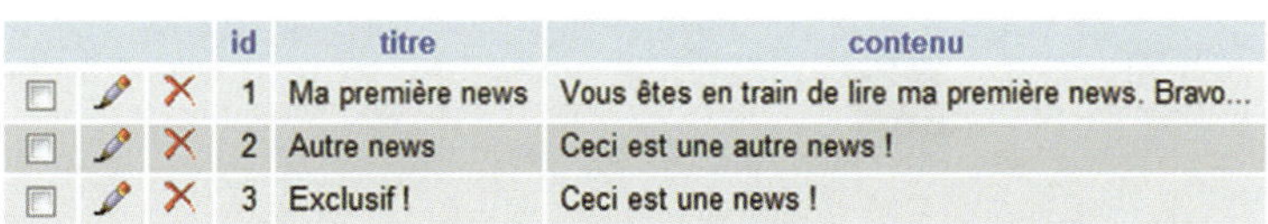

	id	titre	contenu
	1	Ma première news	Vous êtes en train de lire ma première news. Bravo...
	2	Autre news	Ceci est une autre news !
	3	Exclusif !	Ceci est une news !

Contenu de la table news

Vous repérez ici les champs `id`, `titre` et `contenu`. Cette table possède trois entrées, et comme vous pouvez le voir, MySQL a bien fait les choses puisque les numéros d'`id` se sont créés tout seuls.

Vous pouvez modifier ou supprimer chacun des éléments que vous voyez à l'écran. Il y a beaucoup d'autres options en dessous que je vous laisse regarder. Pour l'instant, ce qui compte, c'est que vous ayez compris la procédure pour ajouter des éléments à la table et que vous soyez capable de lister son contenu.

Je ne vais pas devoir passer par phpMyAdmin à chaque fois que je veux ajouter ou supprimer un élément, quand même ? Il faudra passer par là pour ajouter chaque news de son site, mais aussi chaque membre, chaque message des forums ?

Non, bien sûr que non. Comme son nom l'indique, phpMyAdmin est un outil d'administration. Il permet de voir rapidement la structure et le contenu de vos tables. Il est aussi possible d'ajouter ou de supprimer des éléments, comme on vient de le voir, mais on ne le fera que très rarement. Nous apprendrons à créer des pages en PHP qui insèrent ou suppriment des éléments directement depuis notre site web.

Il nous reste encore à découvrir quelques-unes des fonctionnalités offertes par phpMy Admin et nous aurons terminé notre tour d'horizon de cet outil.

Autres opérations

Nous avons jusqu'ici découvert le rôle de trois onglets :

- ***Afficher*** : affiche le contenu de la table ;
- ***Structure*** : présente la structure de la table (liste des champs) ;
- ***Insérer*** : permet d'insérer de nouvelles entrées dans la table.

Je souhaite vous présenter six autres onglets :

- ***SQL*** ;
- ***Importer*** ;
- ***Exporter*** ;
- ***Opérations*** ;
- ***Vider*** ;
- ***Supprimer***.

SQL

Cliquez sur l'onglet ***SQL*** : 

L'écran de la figure suivante s'affiche alors.

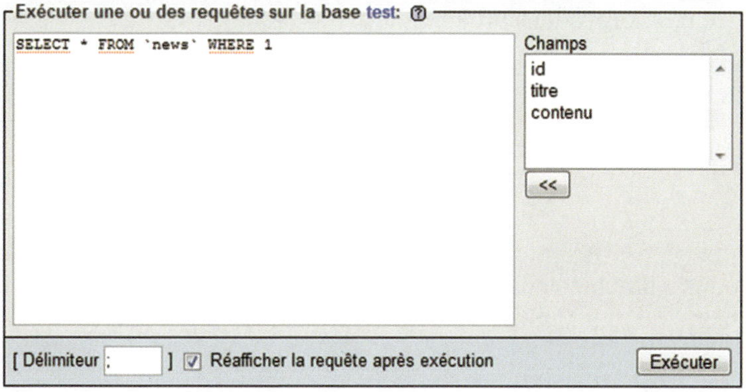

Écriture d'une requête SQL

C'est ici que vous pouvez exécuter ce que l'on appelle des *requêtes SQL* pour demander à MySQL de faire quelque chose.

C'est dans la grande zone de texte que vous pouvez taper ces requêtes. Par exemple, on nous propose ici :

```
SELECT * FROM 'news' WHERE 1
```

Cela signifie : « Afficher tout le contenu de la table `news`. » C'est justement ce langage SQL que nous allons découvrir tout au long des prochains chapitres.

Notez qu'il est aussi possible d'écrire des requêtes SQL dans une nouvelle fenêtre. Pour ouvrir une nouvelle fenêtre de requête SQL, cliquez sur le bouton ***SQL*** en haut du menu de gauche, ainsi que vous le propose la figure suivante.

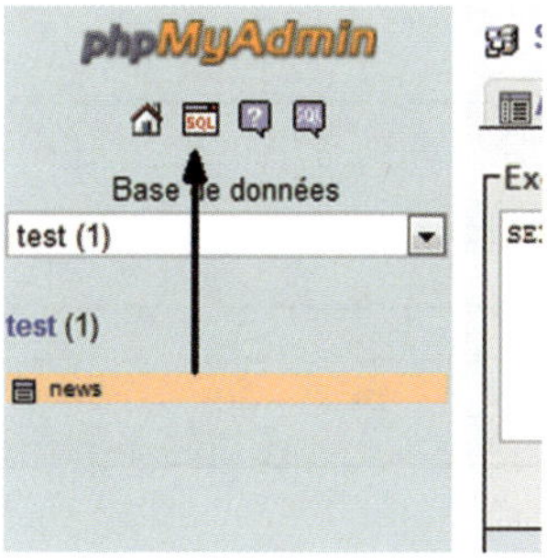

Ouvrir une nouvelle fenêtre SQL

Cette nouvelle fenêtre se révélera souvent très pratique.

Importer

Il est également possible, via l'onglet ***Importer***, de faire appel à une base de données en provenance d'un précédent projet.

Onglet Importer

Dans la page qui s'affiche, vous pouvez envoyer un fichier de requêtes SQL (généralement un fichier `.sql`) à MySQL pour qu'il les exécute (figure suivante).

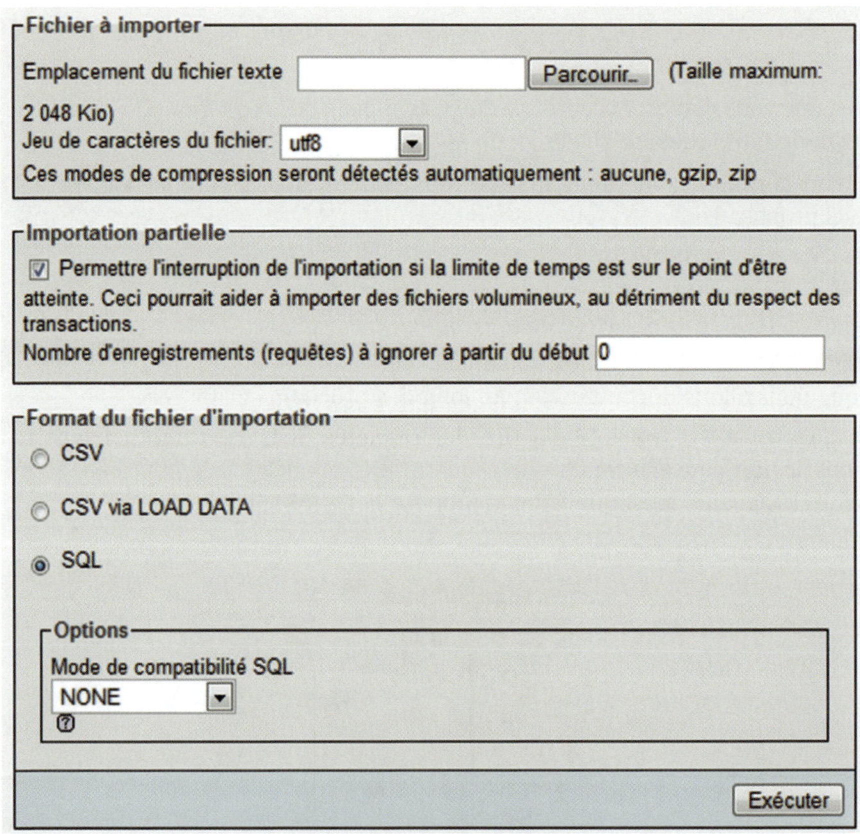

Importer une table.

Seul le premier champ en haut devrait nous intéresser : il nous permet d'indiquer l'emplacement d'un fichier sur notre disque dur contenant des requêtes SQL à exécuter.

Cliquez ensuite sur le bouton ***Exécuter*** tout en bas sans vous préoccuper des autres champs.

> Quelle différence y a-t-il entre écrire la requête SQL (comme on vient de le voir juste avant) et envoyer un fichier contenant des requêtes SQL ?

C'est la même chose, sauf que parfois, quand on doit envoyer un très grand nombre de requêtes, il est plus pratique d'utiliser un fichier. D'ailleurs, dans les prochains chapitres, je vous donnerai un fichier de requêtes à exécuter, et il faudra utiliser cette méthode.

Exporter

Intéressons-nous maintenant à l'onglet ***Exporter***. C'est ici que vous allez pouvoir récupérer votre base de données sur le disque dur sous forme de fichier texte `.sql` (qui contiendra des tonnes de requêtes SQL).

> Ce fichier qu'on va « exporter », est-ce que c'est le même que celui dont on parlait plus haut ? Celui situé dans `C:\wamp\mysql\data` ?

Non, pas du tout. Ce que je vous ai montré tout à l'heure, c'était quelque chose d'illisible. Je vous avais dit qu'on n'y toucherait pas, je ne vous ai pas menti.

Le fichier que vous allez obtenir grâce à « l'exportation » de phpMyAdmin, c'est un fichier qui dit à MySQL **comment recréer votre base de données** (avec des requêtes en langage SQL).

> À quoi sert ce fichier ?

On peut s'en servir pour deux choses :

- **transmettre votre base de données sur Internet :** pour le moment, votre base de données se trouve sur votre disque dur. Mais lorsque vous voudrez héberger votre site sur Internet, il faudra utiliser la base de données en ligne de votre hébergeur ! Le fichier `.sql` que vous allez générer vous permettra de **reconstruire** la base de données grâce à l'outil d'importation de phpMyAdmin (en général, les hébergeurs proposent eux aussi phpMyAdmin pour que vous puissiez effectuer facilement des opérations sur votre base en ligne) ;
- **faire une copie de sauvegarde de la base de données :** on ne sait jamais, si vous faites une bêtise ou si quelqu'un réussit à détruire toutes les informations sur votre site (dont la base de données), vous serez bien content d'avoir une copie de secours sur votre disque dur !

Votre écran doit ressembler à celui de la figure suivante.

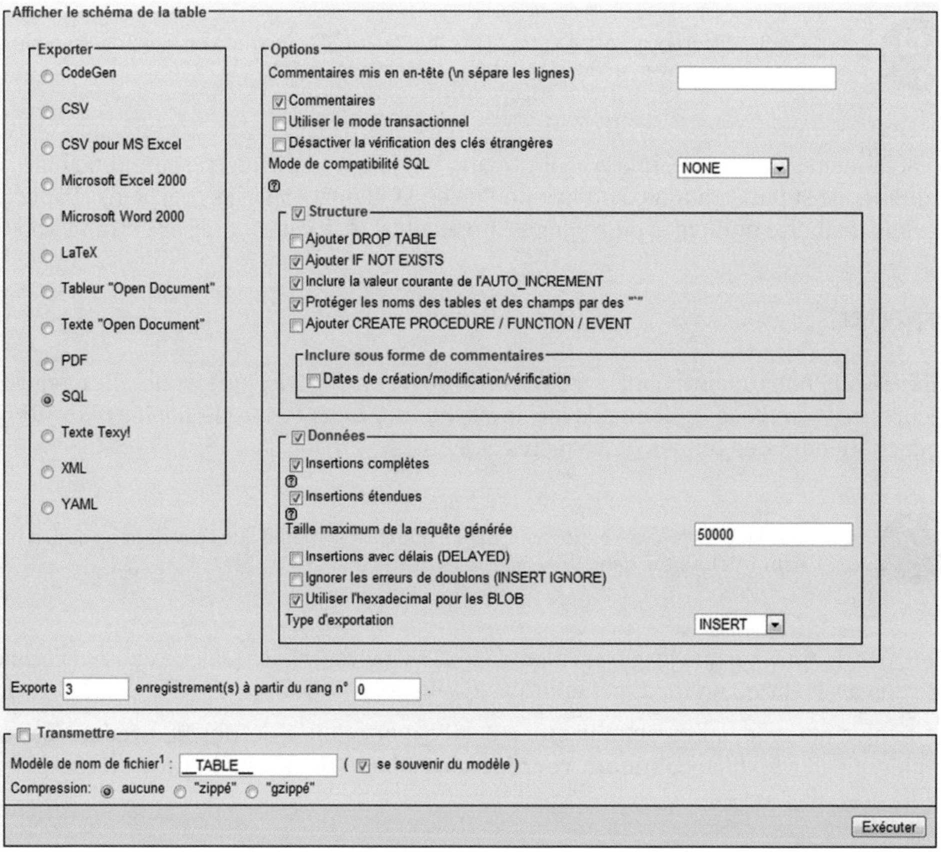

Exporter une table.

Je vous conseille de laisser les options par défaut, c'est largement suffisant.

Distinguez simplement la structure des données de la table. La structure d'une table se résume en quelques lignes : ce sont en fait les noms des champs, leurs types, etc. En revanche, les données correspondent aux entrées, et il peut y en avoir beaucoup ! Pour faire une sauvegarde complète, il faut donc prendre la structure ET les données.

> Pensez à cocher la case ***Transmettre*** en bas, sinon il ne se passera rien. Vous pouvez demander une compression, ce qui est utile si votre table est très grosse.

Cliquez sur ***Exécuter***. On vous proposera alors de télécharger un fichier : c'est tout à fait normal. N'hésitez pas à regarder ce qu'il y a dans ce fichier : vous allez voir qu'il contient plusieurs requêtes SQL. C'est ce langage que je vais vous apprendre dans les chapitres qui suivent !

Comment dois-je faire pour recréer la base de données sur mon site web ?

Il faut aller sur le phpMyAdmin de votre hébergeur. Renseignez-vous pour en connaître l'adresse. Par exemple, chez Free c'est *http://phpmyadmin.free.fr/phpMyAdmin* (il faudra indiquer votre login et mot de passe).

Une fois dessus, rendez-vous dans l'onglet ***Importer*** présenté tout à l'heure. Cliquez sur ***Parcourir*** pour indiquer où se trouve le fichier SQL que vous venez de créer sur votre disque dur. Cliquez sur ***Exécuter***, attendez qu'il soit envoyé, et c'est bon ! Votre base de données est alors recréée sur Internet !

Opérations

Vous pouvez dans cet onglet effectuer diverses opérations sur votre table.

Je ne vais pas les énumérer une à une, ni vous expliquer comment elles fonctionnent vu que c'est très simple. Sachez simplement que vous pourriez avoir besoin de :

- **changer le nom de la table :** indiquez le nouveau nom pour cette table ;
- **déplacer la table vers :** si vous voulez placer cette table dans une autre base de données ;
- **copier la table :** faire une copie de la table, dans une autre base ou dans la même (attention : dans ce cas, il faudra lui attribuer un nom différent) ;
- **optimiser la table :** à force d'utiliser une table, surtout si elle est grosse, on finit par avoir des « pertes » qui font que la table n'est plus bien organisée. Un clic sur ce lien et c'est de nouveau arrangé.

Vider

Cet onglet permet de vider tout le contenu de la table. Toutes les entrées vont disparaître, seule la structure de la table restera (c'est-à-dire les champs).

Il n'est pas possible d'annuler cette opération !

Supprimer

Pour supprimer la totalité de la table (structure et données), cliquez sur cet onglet.

Là encore, réfléchissez-y à deux fois avant de tout supprimer, car vous ne pourrez rien récupérer par la suite, à moins d'avoir fait une sauvegarde au préalable avec l'outil d'exportation.

En résumé

- phpMyAdmin est un outil qui nous permet de visualiser rapidement l'état de notre base de données et de la modifier, sans avoir à écrire de requêtes SQL.
- On crée généralement un champ nommé `id` qui sert à numéroter les entrées d'une table. Ce champ doit avoir un index `PRIMARY` (on dit qu'on crée une clé primaire) et l'option `AUTO_INCREMENT` qui permet de laisser MySQL gérer la numérotation.
- MySQL gère différents types de données pour ses champs, à la manière de PHP. On trouve des types adaptés au stockage de nombres, de textes, de dates, etc.
- phpMyAdmin possède un outil d'importation et d'exportation des tables qui nous permettra notamment d'envoyer notre base de données sur Internet lorsque nous mettrons notre site en ligne.

21 Lire des données

Dans ce chapitre, nous retournons à nos pages PHP. À partir de maintenant, nous allons apprendre à communiquer avec une base de données via PHP. Ce sera l'occasion de découvrir le langage SQL, que nous étudierons tout au long des prochains chapitres.

Nous allons ici nous entraîner à lire des données dans une table. Il est vivement conseillé d'avoir un peu manipulé phpMyAdmin au préalable : cet outil vous permettra de vérifier si les manipulations que vous faites en PHP ont bien l'impact que vous attendiez dans votre base de données.

Se connecter à la base de données en PHP

Pour pouvoir travailler avec la base de données en PHP, il faut d'abord s'y connecter.

Nous allons apprendre dans ce chapitre à lire des données dans une BDD (base de données). Or, je vous rappelle que PHP doit faire l'intermédiaire entre vous et MySQL. Le problème c'est que PHP ne peut pas dire à MySQL dès le début « Récupère-moi ces valeurs ». En effet, MySQL demande d'abord un nom d'utilisateur et un mot de passe. S'il ne le faisait pas, tout le monde pourrait accéder à votre BDD et lire les informations – parfois confidentielles – qu'elle contient.

Il va donc falloir que PHP s'authentifie : on dit qu'il *établit une connexion* avec MySQL. Une fois que la connexion sera établie, vous pourrez faire toutes les opérations que vous voudrez sur votre base de données !

Comment se connecter à la base de données en PHP ?

Bonne question ! En effet, PHP propose plusieurs moyens de se connecter à une base de données MySQL.

- L'extension `mysql_` : ce sont des fonctions qui permettent d'accéder à une base de données MySQL et donc de communiquer avec MySQL. Leur nom commence toujours par `mysql_`. Toutefois, ces fonctions sont vieilles et on recommande de ne plus les utiliser aujourd'hui.
- L'extension `mysqli_` : ce sont des fonctions améliorées d'accès à MySQL. Elles proposent plus de fonctionnalités et sont plus à jour.
- L'extension PDO : c'est un outil complet qui permet d'accéder à n'importe quel type de base de données. On peut donc l'utiliser pour se connecter aussi bien à MySQL que PostgreSQL ou Oracle.

Ce sont toutes des extensions car PHP est très modulaire. On peut très facilement ajouter ou supprimer des éléments à PHP, car tout le monde n'a pas forcément besoin de toutes les fonctionnalités.

Quel moyen choisir parmi tous ceux-là ?

Vous l'aurez compris, les fonctions `mysql_` ne sont plus à utiliser (on dit qu'elles sont « obsolètes »). Il reste à choisir entre `mysqli_` et PDO. Nous allons ici utiliser PDO car c'est cette méthode d'accès aux bases de données qui sera la plus utilisée dans les prochaines versions de PHP. Par ailleurs, le gros avantage de PDO est que vous pouvez l'utiliser de la même manière pour vous connecter à n'importe quel autre type de base de données (PostgreSQL, Oracle…).

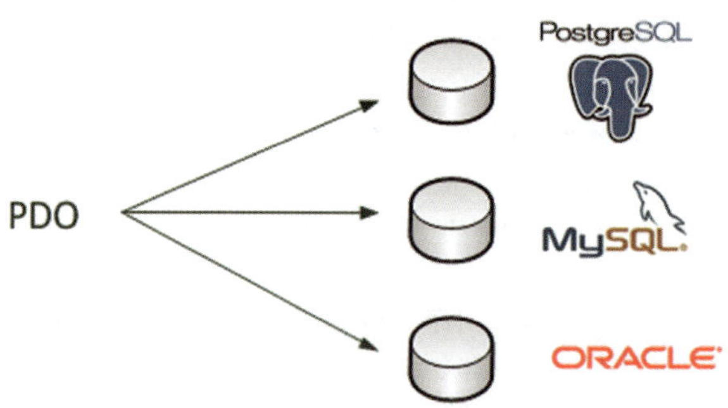

PDO permet de se connecter à n'importe quel type de base de données.

Vous pourrez donc réutiliser ce que vous allez apprendre si vous choisissez d'utiliser une autre base de données que MySQL.

Activer PDO

Normalement, PDO est activé par défaut. Pour le vérifier (figure suivante), faites un clic gauche sur l'icône de WAMP dans la barre des tâches, puis allez dans le menu ***PHP/Extensions PHP*** et vérifiez que l'option ***php_pdo_mysql*** est bien cochée.

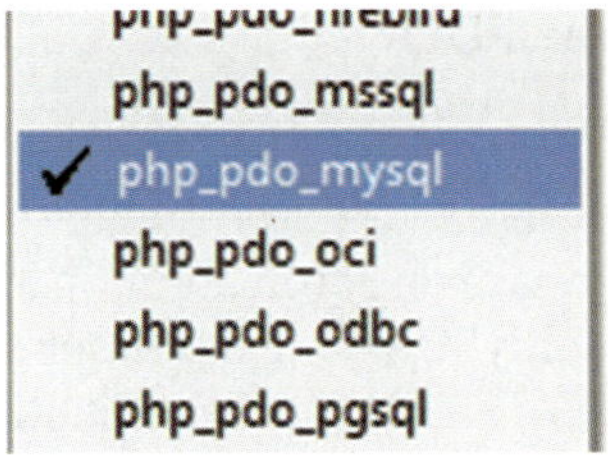

Vérifiez que l'extension PDO est activée.

Et si je n'utilise pas WAMP ?

Vous pouvez ouvrir le fichier de configuration de PHP (qui s'appelle généralement `php.ini`). Si vous utilisez MAMP sur Mac, il se trouve dans `/Applications/MAMP/conf/PHP5XXX/php.ini`, `PHP5XXX` étant le numéro de version de PHP que vous utilisez, probablement le dernier. Vous pouvez retrouver la version de PHP que vous utilisez dans la section ***Préférences*** de MAMP, onglet ***PHP***.

Dans `php.ini`, recherchez la ligne qui contient `pdo_mysql` (ligne 3 de l'exemple suivant). Supprimez le point-virgule devant s'il y en a un pour activer l'extension :

```
1. ;extension=php_pdo_firebird.dll
2. ;extension=php_pdo_mssql.dll
3. extension=php_pdo_mysql.dll
4. ;extension=php_pdo_oci.dll
5. ;extension=php_pdo_odbc.dll
```

Je vous recommande également de passer la ligne `display_errors` à `On` pour que les erreurs s'affichent, ça va grandement vous aider :

```
display_errors = On
```

Si vous êtes sous Linux et que vous utilisez XAMPP, recherchez la ligne qui commence par `pdo_mysql.default_socket` et complétez-la comme ceci :

```
pdo_mysql.default_socket = /opt/lampp/var/mysql/mysql.sock
```

Enregistrez le fichier puis redémarrez PHP. Il suffit pour cela de relancer votre logiciel favori (WAMP, MAMP, XAMPP...).

Se connecter à MySQL avec PDO

Maintenant que nous sommes certains que PDO est activé, nous pouvons nous connecter à MySQL. Nous allons avoir besoin des quatre informations suivantes :

- **Le nom de l'hôte :** c'est l'adresse de l'ordinateur où MySQL est installé (comme une adresse IP). Le plus souvent, MySQL est installé sur le même ordinateur que PHP : dans ce cas, mettez la valeur `localhost` (cela signifie « sur le même ordinateur »). Néanmoins, il est possible que votre hébergeur web vous indique une autre valeur à renseigner qui ressemblerait à ceci : `sql.hebergeur.com`). Dans ce cas, il faudra modifier cette valeur lorsque vous enverrez votre site sur le Web ;
- **la base :** c'est le nom de la base de données à laquelle vous voulez vous connecter. Dans notre cas, la base s'appelle `test`. Nous l'avons créée avec phpMyAdmin dans le chapitre précédent ;
- **le login :** il permet de vous identifier. Renseignez-vous auprès de votre hébergeur pour le connaître. Le plus souvent (chez un hébergeur gratuit), c'est le même login que vous utilisez pour le FTP ;
- **le mot de passe :** il y a des chances pour que le mot de passe soit le même que celui que vous utilisez pour accéder au FTP. Renseignez-vous auprès de votre hébergeur.

Pour l'instant, nous faisons des tests sur notre ordinateur à la maison. On dit que l'on travaille « en local ». Par conséquent, le nom de l'hôte sera `localhost`.

Quant au login et au mot de passe, le login est `root` par défaut et il n'y a pas de mot de passe.

Voici donc comment on doit procéder pour se connecter à MySQL via PDO sur la base `test` :

```
<?php
// Sous WAMP (Windows)
$bdd = new PDO('mysql:host=localhost;dbname=test;charset=utf8', 'root', ');

// Sous MAMP (Mac)
$bdd = new PDO('mysql:host=localhost;dbname=test;charset=utf8', 'root',
'root');
?>
```

Je ne comprends rien à ce code, c'est normal ?

Oui, il faut reconnaître qu'il contient quelques nouveautés. En effet, PDO est ce qu'on appelle une extension **orientée objet**. C'est une façon de programmer un peu différente des fonctions classiques qu'on a appris à utiliser jusqu'ici.

Nous aurons l'occasion d'en apprendre plus au sujet de la programmation orientée objet (POO) plus loin dans le cours. Pour l'instant, je vous invite à réutiliser les codes que je vous propose en suivant mes exemples. Vous comprendrez les détails de leur mode de fonctionnement un peu plus tard.

La ligne de code qu'on vient de voir crée ce qu'on appelle un **objet** `$bdd`. Ce n'est pas vraiment une variable (même si ça y ressemble fortement) : c'est un objet qui représente la connexion à la base de données. On crée la connexion en indiquant dans les paramètres et en respectant cet ordre :

- le nom d'hôte (`localhost`) ;
- la base de données (`test`) ;
- le login (`root`) ;
- le mot de passe (sous WAMP il n'y a pas de mot de passe, j'ai donc mis une chaîne vide, sous MAMP le mot de passe est `root`).

Lorsque votre site sera en ligne, vous aurez sûrement un nom d'hôte différent ainsi qu'un login et un mot de passe comme ceci :

```
<?php
$bdd = new PDO('mysql:host=sql.hebergeur.com;dbname=mabase;charset=utf8',
'pierre.durand', 's3cr3t');
?>
```

Il faudra donc penser à changer cette ligne pour l'adapter à votre hébergeur en modifiant les informations en conséquence lorsque vous enverrez votre site sur le Web.

Le premier paramètre (qui commence par `mysql`) s'appelle le DSN : *Data Source Name*. C'est généralement le seul qui change en fonction du type de base de données auquel on se connecte.

Tester la présence d'erreurs

Si vous avez renseigné les bonnes informations (nom de l'hôte, de la base, le login et le mot de passe), rien ne devrait s'afficher à l'écran. Toutefois, s'il y a une erreur (vous vous êtes trompé de mot de passe ou de nom de base de données, par exemple), PHP risque d'afficher toute la ligne qui pose l'erreur, ce qui inclut le mot de passe !

Vous ne voudrez sans doute pas que vos visiteurs puissent voir le mot de passe si une erreur survient lorsque votre site est en ligne. Il est préférable de **traiter** l'erreur. En cas d'erreur, PDO renvoie ce qu'on appelle une **exception** qui permet de « capturer » l'erreur. Voici la solution que je propose :

```
<?php
try
{
	$bdd = new PDO('mysql:host=localhost;dbname=test;charset=utf8', 'root',
');
}
catch (Exception $e)
{
		die('Erreur : ' . $e->getMessage());
}
?>
```

Encore un code un peu nouveau pour nous. Sans trop entrer dans le détail, il faut savoir que PHP essaie d'exécuter les instructions à l'intérieur du bloc `try`. S'il y a une erreur, il entre dans le bloc `catch` et fait ce qu'on lui demande (ici, on arrête l'exécution de la page en affichant un message décrivant l'erreur).

Si au contraire tout se passe bien, PHP poursuit l'exécution du code et ne lit pas ce qu'il y a dans le bloc `catch`. Votre page PHP ne devrait donc rien afficher pour le moment.

> Ouh là ! Tout ça semble bien compliqué, je n'y comprends pas grand-chose !

Ce n'est pas grave du tout ! J'insiste sur le fait que PDO nous fait utiliser des fonctionnalités de PHP qu'on n'a pas étudiées jusqu'à présent (programmation orientée objet, exceptions...). Contentez-vous pour le moment de réutiliser les codes que je vous propose et n'ayez crainte : nous reviendrons sur ces codes plus tard pour les expliquer en détail.

Si vous avez une page blanche, vous pouvez continuer. Si vous avez une erreur, lisez le message et essayez de comprendre ce qu'il signifie. Si vous êtes bloqué, n'hésitez pas à demander de l'aide sur les forums (*http://openclassrooms.com/forum/categorie/php*).

Récupérer les données

Dans un premier temps, nous allons apprendre à lire des informations dans la base de données, puis nous verrons dans le chapitre suivant comment ajouter et modifier des données.

Pour travailler ici, il nous faut une base de données « toute prête » qui va nous servir de support. Je vous invite à télécharger la table que j'ai créée pour vous à cette adresse : *https://static.oc-static.com/prod/courses/files/concevez-votre-site-web-avec-php-et-mysql/jeux_video.zip*.

Rien que d'après son nom, vous pouvez vous douter que cette table contient quelque chose en rapport avec des jeux vidéo. En effet, vous allez le voir, cette table contient une liste d'une cinquantaine de jeux.

Pour cet exemple, plusieurs amis ont voulu répertorier tous les jeux vidéo qu'ils possèdent. La base de données est pour eux un moyen très pratique de classer et d'organiser tout cela ; vous allez voir pourquoi.

> Qu'est-ce que je dois faire de ce fichier `jeux_video.sql` ?

Inutile d'essayer de l'ouvrir, ça ne sert à rien. Il faut l'importer via l'onglet ***Importer*** de phpMyAdmin. Nous avons appris à le faire dans le chapitre précédent. Pensez à sélectionner votre base de données `test` au préalable.

Et voilà ! Vous devriez voir une nouvelle table apparaître à gauche : `jeux_video`. Vous pouvez vous amuser à regarder ce qu'elle contient, pour vous faire une idée.

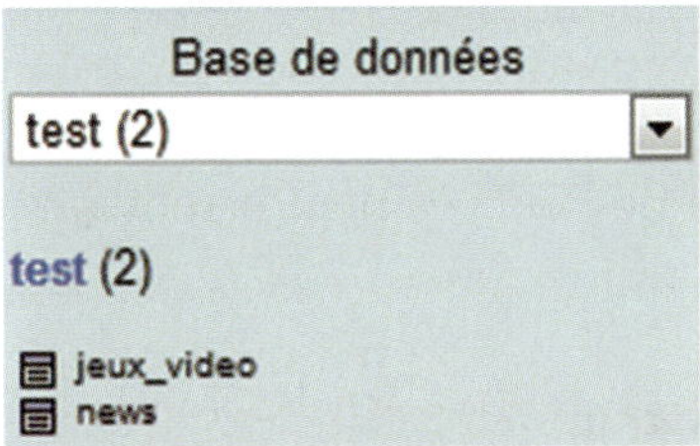

La table jeux_video apparaît maintenant dans phpMyAdmin.

Voici les cinq premières entrées qu'elle contient (il y en a une cinquantaine en tout !) :

Contenu de la table jeux_video

id	NOM	POSSESSEUR	CONSOLE	PRIX	NBRE_ JOUEURS_ MAX	COMMENTAIRES
1	Super Mario Bros	Florent	NES	4	1	Un jeu d'anthologie !
2	Sonic	Patrick	Megadrive	2	1	Pour moi, le meilleur jeu au monde !
3	Zelda : ocarina of time	Florent	Nintendo 64	15	1	Un jeu grand, beau et complet comme on en voit rarement de nos jours
4	Mario Kart 64	Florent	Nintendo 64	25	4	Un excellent jeu de kart !
5	Super Smash Bros Melee	Michel	GameCube	55	4	Un jeu de baston délirant !

Pour le moment, ne modifiez pas cette table. Notre objectif est de créer une page PHP qui va afficher ce que contient la table `jeux_video`.

Faire une requête

Maintenant arrive le grand moment que vous attendiez tous : on va parler à MySQL. Nous allons donc commencer à parler en SQL ! Pour cela, on va faire ce qu'on appelle une **requête**. On va demander à MySQL de nous dire tout ce que contient la table `jeux_video`.

Pour récupérer des informations de la base de données, nous avons besoin de notre objet représentant la connexion à la base. Vous vous souvenez, il s'agit de `$bdd`. Nous allons effectuer la requête comme ceci :

```
$reponse = $bdd->query('Tapez votre requête SQL ici');
```

On demande ainsi à effectuer une requête sur la base de données.

Query, en anglais, signifie « requête ».

On récupère ce que la base de données nous a renvoyé dans un autre objet qu'on a appelé ici `$reponse`.

Votre première requête SQL

Comme je vous l'ai dit, le SQL est un langage. C'est lui qui nous permet de communiquer avec MySQL.

Voici la première requête SQL que nous allons utiliser :

```
SELECT * FROM jeux_video
```

Cela peut se traduire par : « Prendre tout ce qu'il y a dans la table `jeux_video`. »

Analysons chaque terme de cette requête.

- `SELECT` : en langage SQL, le premier mot indique quel type d'opération doit effectuer MySQL. Dans ce chapitre, nous ne verrons que `SELECT`. Ce mot-clé demande à MySQL d'afficher ce que contient une table.
- `*` : après le `SELECT`, on doit indiquer quels champs MySQL doit récupérer dans la table. Si on n'est intéressé que par les champs `nom` et `possesseur`, il faudra taper :

```
SELECT nom, possesseur FROM jeux_video
```

- Si vous voulez prendre tous les champs, tapez `*`. Cette petite étoile peut se traduire par « tout », autrement dit : « Prendre tout ce qu'il y a… »
- `FROM` : c'est un mot de liaison qui se traduit par « dans ». `FROM` fait la liaison entre le nom des champs et le nom de la table.
- `jeux_video` : c'est le nom de la table dans laquelle il faut aller piocher.

Effectuons la requête avec la méthode qu'on vient de découvrir :

```
<?php
$reponse = $bdd->query('SELECT * FROM jeux_video');
?>
```

`$reponse` contient maintenant la réponse de MySQL.

Afficher le résultat d'une requête

Le problème, c'est que `$reponse` contient quelque chose d'inexploitable. MySQL nous renvoie beaucoup d'informations qu'il faut organiser.

Vous imaginez toutes les informations qui s'y trouvent ? Si c'est une table à 10 champs, avec 200 entrées, cela représente plus de 2 000 informations ! Pour ne pas tout traiter d'un coup, on extrait cette réponse ligne par ligne, c'est-à-dire entrée par entrée.

Pour récupérer une entrée, on prend la réponse de MySQL et on y exécute `fetch()`, ce qui nous renvoie la première ligne.

```
<?php
$donnees = $reponse->fetch();
?>
```

fetch, en anglais, signifie « va chercher ».

`$donnees` est un array qui contient champ par champ les valeurs de la première entrée. Par exemple, si vous vous intéressez au champ `console`, vous utiliserez l'array `$donnees['console']`.

Il faut faire une boucle pour parcourir les entrées une à une. Chaque fois que vous appelez `$reponse->fetch()`, vous passez à l'entrée suivante. La boucle est donc répétée autant de fois qu'il y a d'entrées dans votre table.

Ouf ! Cela fait beaucoup d'informations à la fois. Je vous propose de résumer tout ce qu'on vient d'apprendre, de la connexion via PDO à l'affichage du résultat de la requête :

```
<?php
try
{
     // On se connecte à MySQL
     $bdd = new PDO('mysql:host=localhost;dbname=test;charset=utf8', 'root',
'');
}
catch(Exception $e)
{
     // En cas d'erreur, on affiche un message et on arrête tout
           die('Erreur : '.$e->getMessage());
}

// Si tout va bien, on peut continuer

// On récupère tout le contenu de la table jeux_video
$reponse = $bdd->query('SELECT * FROM jeux_video');

// On affiche chaque entrée une à une
while ($donnees = $reponse->fetch())
{
?>
     <p>
```

```
    <strong>Jeu</strong> : <?php echo $donnees['nom']; ?><br />
    Le possesseur de ce jeu est : <?php echo $donnees['possesseur']; ?>,
et il le vend à <?php echo $donnees['prix']; ?> euros !<br />
    Ce jeu fonctionne sur <?php echo $donnees['console']; ?> et on peut y
jouer à <?php echo $donnees['nbre_joueurs_max']; ?> au maximum<br />
    <?php echo $donnees['possesseur']; ?> a laissé ces
commentaires sur <?php echo $donnees['nom']; ?> : <em><?php echo
$donnees['commentaires']; ?></em>
   </p>
<?php
}

$reponse->closeCursor(); // Termine le traitement de la requête

?>
```

Jeu : Super Mario Bros
Le possesseur de ce jeu est : Florent, et il le vend à 4 euros !
Ce jeu fonctionne sur NES et on peut y jouer à 1 au maximum
Florent a laissé ces commentaires sur Super Mario Bros : *Un jeu d'anthologie !*

Jeu : Sonic
Le possesseur de ce jeu est : Patrick, et il le vend à 2 euros !
Ce jeu fonctionne sur Megadrive et on peut y jouer à 1 au maximum
Patrick a laissé ces commentaires sur Sonic : *Pour moi, le meilleur jeu du monde !*

Jeu : Zelda : ocarina of time
Le possesseur de ce jeu est : Florent, et il le vend à 15 euros !
Ce jeu fonctionne sur Nintendo 64 et on peut y jouer à 1 au maximum
Florent a laissé ces commentaires sur Zelda : ocarina of time : *Un jeu grand, beau et complet comme on en voit rarement de nos jours*

Jeu : Mario Kart 64
Le possesseur de ce jeu est : Florent, et il le vend à 25 euros !
Ce jeu fonctionne sur Nintendo 64 et on peut y jouer à 4 au maximum
Florent a laissé ces commentaires sur Mario Kart 64 : *Un excellent jeu de kart !*

Jeu : Super Smash Bros Melee
Le possesseur de ce jeu est : Michel, et il le vend à 55 euros !
Ce jeu fonctionne sur GameCube et on peut y jouer à 4 au maximum
Michel a laissé ces commentaires sur Super Smash Bros Melee : *Un jeu de baston délirant !*

Jeu : Dead or Alive
Le possesseur de ce jeu est : Patrick, et il le vend à 60 euros !
Ce jeu fonctionne sur Xbox et on peut y jouer à 4 au maximum
Patrick a laissé ces commentaires sur Dead or Alive : *Le plus beau jeu de baston jamais créé*

Jeu : Dead or Alive Xtreme Beach Volley Ball
Le possesseur de ce jeu est : Patrick, et il le vend à 60 euros !
Ce jeu fonctionne sur Xbox et on peut y jouer à 4 au maximum
Patrick a laissé ces commentaires sur Dead or Alive Xtreme Beach Volley Ball : *Un jeu de beach volley de toute beauté o_O*

Jeu : Enter the Matrix
Le possesseur de ce jeu est : Michel, et il le vend à 45 euros !
Ce jeu fonctionne sur PC et on peut y jouer à 1 au maximum
Michel a laissé ces commentaires sur Enter the Matrix : *Plutôt bof comme jeu, mais ça complète bien le film*

Jeu : Max Payne 2
Le possesseur de ce jeu est : Michel, et il le vend à 50 euros !
Ce jeu fonctionne sur PC et on peut y jouer à 1 au maximum
Michel a laissé ces commentaires sur Max Payne 2 : *Très réaliste, une sorte de film noir sur fond d'histoire d'amour. A essayer !*

Jeu : Yoshi's Island
Le possesseur de ce jeu est : Florent, et il le vend à 6 euros !
Ce jeu fonctionne sur SuperNES et on peut y jouer à 1 au maximum
Florent a laissé ces commentaires sur Yoshi's Island : *Le paradis des Yoshis :o)*

Jeu : Commandos 3
Le possesseur de ce jeu est : Florent, et il le vend à 44 euros !
Ce jeu fonctionne sur PC et on peut y jouer à 12 au maximum
Florent a laissé ces commentaires sur Commandos 3 : *Un bon jeu d'action où on dirige un commando pendant la 2ème guerre mondiale !*

Jeu : Final Fantasy X
Le possesseur de ce jeu est : Patrick, et il le vend à 40 euros !
Ce jeu fonctionne sur PS2 et on peut y jouer à 1 au maximum
Patrick a laissé ces commentaires sur Final Fantasy X : *Encore un Final Fantasy mais celui la est encore plus beau !*

Jeu : Pokemon Rubis
Le possesseur de ce jeu est : Florent, et il le vend à 44 euros !

Affichage du résultat de la requête

Ça fait beaucoup de texte, n'est-ce pas ? Il faut dire que la table de notre exemple contient une cinquantaine d'entrées, c'est donc normal d'obtenir beaucoup de résultats.

Concrètement, que se passe-t-il ? On fait une boucle pour chaque entrée de la table. On commence par l'entrée n° 1, puis l'entrée n° 2, etc. Chaque fois qu'on fait une nouvelle boucle, on passe en revue une autre entrée.

> Quelle est la différence entre `$reponse` et `$donnees` ?

`$reponse` contenait toute la réponse de MySQL en vrac, sous forme d'objet.

`$donnees` est un array renvoyé par le `fetch()`. Chaque fois qu'on fait une boucle, `fetch` va chercher dans `$reponse` l'entrée suivante et organise les champs dans l'array `$donnees`.

> Je ne comprends pas la ligne while (`$donnees = $reponse->fetch()`)...

En effet, c'est un peu curieux et nouveau pour vous. Cette ligne fait deux choses à la fois :

- elle récupère une nouvelle entrée et place son contenu dans `$donnees` ;
- elle vérifie si `$donnees` vaut vrai ou faux.

Le `fetch` renvoie faux (`false`) dans `$donnees` lorsqu'il est arrivé à la fin des données, c'est à dire que toutes les entrées ont été passées en revue. Dans ce cas, la condition du `while` vaut faux et la boucle s'arrête.

Vous noterez à la fin la présence de la ligne :

```
<?php $reponse->closeCursor(); ?>
```

Elle provoque la « fermeture du curseur d'analyse des résultats ». Cela signifie que vous devez effectuer cet appel à `closeCursor()` chaque fois que vous avez fini de traiter le retour d'une requête, afin d'éviter de rencontrer des problèmes à la requête suivante. Le travail sur la requête est terminé.

Afficher seulement le contenu de quelques champs

Vous devriez maintenant être capable d'afficher ce que vous voulez.

Personne ne vous oblige à afficher tous les champs ! Par exemple, si j'avais juste voulu lister les noms des jeux, j'aurais utilisé la requête SQL suivante :

```
SELECT nom FROM jeux_video
```

Reprenons le code complet précédent et adaptons-le pour afficher un nom de jeu par ligne :

```
<?php
try
{
     $bdd = new PDO('mysql:host=localhost;dbname=test;charset=utf8', 'root',
');
}
catch(Exception $e)
{
          die('Erreur : '.$e->getMessage());
}

$reponse = $bdd->query('SELECT nom FROM jeux_video');

while ($donnees = $reponse->fetch())
{
     echo $donnees['nom'] . '<br />';
}

$reponse->closeCursor();

?>
```

Super Mario Bros
Sonic
Zelda : ocarina of time
Mario Kart 64
Super Smash Bros Melee
Dead or Alive
Dead or Alive Xtreme Beach Volley Ball
Enter the Matrix
Max Payne 2
Yoshi's Island
Commandos 3
Final Fantasy X
Pokemon Rubis
Starcraft
Grand Theft Auto 3
Homeworld 2
Aladin
Super Mario Bros 3
SSX 3
Star Wars : Jedi outcast
Actua Soccer 3
Time Crisis 3
X-FILES
Soul Calibur 2
Diablo
Street Fighter 2
Gundam Battle Assault 2
Spider-Man
Midtown Madness 3
Tetris
The Rocketeer
Pro Evolution Soccer 3
Ice Hockey
Sydney 2000
NBA 2k
Aliens Versus Predator : Extinction
Crazy Taxi
Le Maillon Faible
FIFA 64
Qui Veut Gagner Des Millions
Monopoly
Taxi 3
Indiana Jones Et Le Tombeau De L'Empereur
F-ZERO
Harry Potter Et La Chambre Des Secrets
Half-Life
Myst III Exile
Wario World
Rollercoaster Tycoon
Splinter Cell

Afficher un nom de jeu par ligne.

Ce code est très semblable au précédent, mais c'est l'occasion de vous familiariser avec MySQL et PDO. Retenez tout particulièrement les deux points suivants :

- la connexion à la base de données n'a besoin d'être faite qu'une seule fois, au début de la page ;
- il faut fermer les résultats de recherche avec `closeCursor()` après avoir traité chaque requête.

Les critères de sélection

Imaginons que je souhaite obtenir uniquement la liste des jeux disponibles de la console « Nintendo 64 » et les trier par prix croissants. Cela vous semble compliqué ? Pas en SQL !

Vous allez voir qu'en modifiant vos requêtes SQL, il est possible de filtrer et trier très facilement vos données. Nous allons nous intéresser ici aux mots-clés suivants du langage SQL :

- `WHERE` ;
- `ORDER BY` ;
- `LIMIT`.

WHERE

Grâce au mot-clé `WHERE`, vous allez pouvoir trier vos données.

Supposons par exemple que je veuille lister uniquement les jeux appartenant à Patrick. La requête au début sera la même qu'avant, mais j'ajouterai à la fin `WHERE possesseur='Patrick'`.

Nous obtenons ainsi la requête suivante :

```
SELECT * FROM jeux_video WHERE possesseur='Patrick'
```

Ce qui signifie : « Sélectionner tous les champs de la table `jeux_video` lorsque le champ possesseur est égal à `Patrick`. »

Pour délimiter les chaînes de caractères, on doit les placer entre apostrophes, comme c'est ici le cas pour `'Patrick'`. En revanche, elles ne sont pas nécessaires pour les nombres.

Un petit code pour voir ce que ça donne ?

```
<?php
try
{
    $bdd = new PDO('mysql:host=localhost;dbname=test;charset=utf8', 'root',
'');
```

```
}
catch(Exception $e)
{
        die('Erreur : '.$e->getMessage());
}

$reponse = $bdd->query('SELECT nom, possesseur FROM jeux_video WHERE
possesseur=\'Patrick\'');

while ($donnees = $reponse->fetch())
{
    echo $donnees['nom'] . ' appartient à ' . $donnees['possesseur'] .
'<br />';
}

$reponse->closeCursor();

?>
```

Sonic appartient à Patrick
Dead or Alive appartient à Patrick
Dead or Alive Xtreme Beach Volley Ball appartient à Patrick
Final Fantasy X appartient à Patrick
Aladin appartient à Patrick
Star Wars : Jedi outcast appartient à Patrick
Actua Soccer 3 appartient à Patrick
X-FILES appartient à Patrick
Soul Calibur 2 appartient à Patrick
Street Fighter 2 appartient à Patrick
Pro Evolution Soccer 3 appartient à Patrick
NBA 2k appartient à Patrick
Splinter Cell appartient à Patrick

Lister les jeux appartenant à Patrick.

Si vous vous amusez à changer le nom du possesseur (`WHERE possesseur='Michel'`, par exemple), les résultats afficheront uniquement les jeux appartenant à Michel. Essayez, vous verrez !

Il est par ailleurs possible de combiner plusieurs conditions. Par exemple, si je veux lister les jeux de Patrick qu'il vend à moins de 20 euros, je combinerai les critères de sélection à l'aide du mot-clé `AND` (qui signifie « et ») :

```
SELECT * FROM jeux_video WHERE possesseur='Patrick' AND prix < 20
```

Ce qui signifie : « Sélectionner tous les champs de `jeux_video` lorsque le possesseur est `Patrick` ET lorsque le `prix` est inférieur à `20`. »

Il existe aussi le mot-clé `OR` qui signifie « ou ».

ORDER BY

`ORDER BY` nous permet d'ordonner nos résultats. Nous pourrions ainsi classer les résultats en fonction de leur prix ! La requête SQL serait :

```
SELECT * FROM jeux_video ORDER BY prix
```

Ce qui signifie : « Sélectionner tous les champs de `jeux_video` et ordonner les résultats par prix croissants. »

Application :

```
<?php
try
{
    $bdd = new PDO('mysql:host=localhost;dbname=test;charset=utf8', 'root',
');
}
catch(Exception $e)
{
        die('Erreur : '.$e->getMessage());
}

$reponse = $bdd->query('SELECT nom, prix FROM jeux_video ORDER BY prix');

while ($donnees = $reponse->fetch())
{
    echo $donnees['nom'] . ' coûte ' . $donnees['prix'] . ' EUR<br />';
}

$reponse->closeCursor();

?>
```

Sonic coûte 2.0 EUR
The Rocketeer coûte 2.0 EUR
Super Mario Bros coûte 4.0 EUR
Tetris coûte 5.0 EUR
Yoshi's Island coûte 6.0 EUR
Ice Hockey coûte 7.0 EUR
Aladin coûte 10.0 EUR
Super Mario Bros 3 coûte 10.0 EUR
Street Fighter 2 coûte 10.0 EUR
Le Maillon Faible coûte 10.0 EUR
Qui Veut Gagner Des Millions coûte 10.0 EUR
Crazy Taxi coûte 11.0 EUR
NBA 2k coûte 12.0 EUR
Zelda : ocarina of time coûte 15.0 EUR
Spider-Man coûte 15.0 EUR
Sydney 2000 coûte 15.0 EUR
Half-Life coûte 15.0 EUR
Starcraft coûte 19.0 EUR
Taxi 3 coûte 19.0 EUR
Diablo coûte 20.0 EUR
Aliens Versus Predator : Extinction coûte 20.0 EUR
Monopoly coûte 21.0 EUR
Mario Kart 64 coûte 25.0 EUR

Sélectionner tous les champs de jeux_video et ordonner les résultats par prix croissants.

Et si je veux classer les prix par ordre décroissant ?

Facile. Il suffit d'ajouter le mot-clé DESC à la fin :

```
SELECT * FROM jeux_video ORDER BY prix DESC
```

Ce qui signifie : « Sélectionner tous les champs de jeux_video, et ordonner les résultats par prix décroissants. »

Si on avait utilisé ORDER BY sur un champ contenant du texte, le classement aurait été fait par ordre alphabétique.

LIMIT

LIMIT nous permet de ne sélectionner qu'une partie des résultats (par exemple, les 20 premiers). C'est très utile lorsque vous obtenez beaucoup de résultats et que vous souhaitez les paginer (c'est-à-dire afficher, par exemple, les 30 premiers résultats sur la page 1, les 30 suivants sur la page 2, etc).

À la fin de la requête, il faut ajouter le mot-clé LIMIT suivi de deux nombres séparés par une virgule. Par exemple :

```
SELECT * FROM jeux_video LIMIT 0, 20
```

Ces deux nombres ont un sens bien précis :

- On indique tout d'abord à partir de **quelle entrée** on commence à lire la table. Ici, j'ai mis 0, ce qui correspond à la première entrée. Attention, cela n'a rien à voir avec le champ id ! Imaginez qu'une requête retourne 100 résultats : LIMIT tronquera à partir du premier résultat si vous indiquez 0, à partir du 21e si vous indiquez 20, etc.
- Ensuite, le deuxième nombre indique combien d'entrées on doit sélectionner. Ici, j'ai mis 20, on prendra donc vingt entrées.

Quelques exemples :

- LIMIT 0, 20 : affiche les vingt premières entrées ;
- LIMIT 5, 10 : affiche de la sixième à la quinzième entrée ;
- LIMIT 10, 2 : affiche la onzième et la douzième entrée.

La figure suivante présente un petit schéma résumant le fonctionnement de LIMIT.

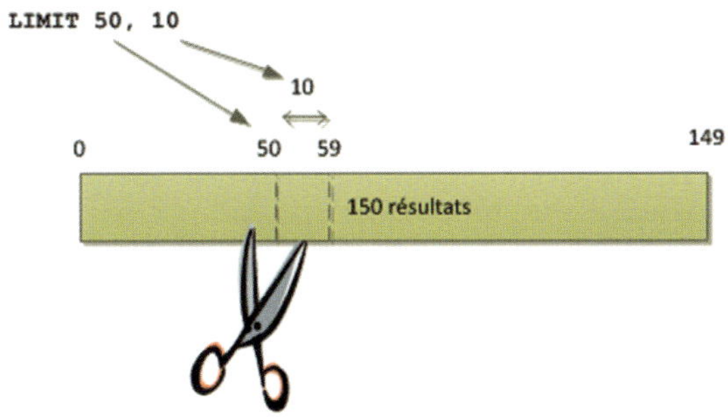

Présentation du fonctionnement de LIMIT

Allez, un petit exemple ! Si on veut afficher les 10 premiers jeux de la table, on utilisera le code suivant :

```
<?php
try
{
    $bdd = new PDO('mysql:host=localhost;dbname=test;charset=utf8', 'root', '');
}
catch(Exception $e)
{
        die('Erreur : '.$e->getMessage());
}

$reponse = $bdd->query('SELECT nom FROM jeux_video LIMIT 0, 10');

echo '<p>Voici les 10 premières entrées de la table jeux_video :</p>';
while ($donnees = $reponse->fetch())
{
    echo $donnees['nom'] . '<br />';
}

$reponse->closeCursor();

?>
```

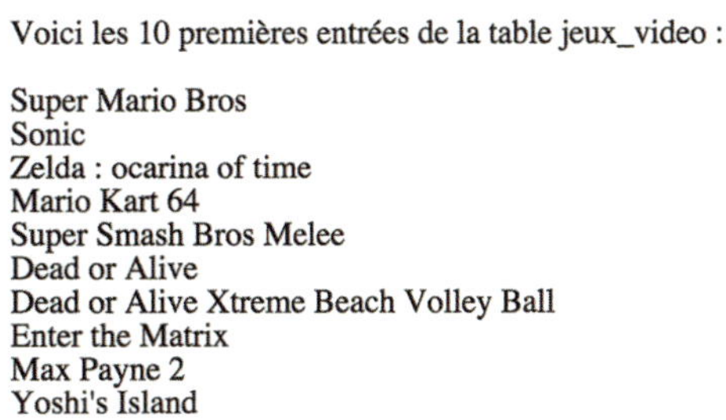

Afficher les 10 premiers jeux de la table.

Et voilà le travail !

Je souhaiterais mélanger toutes les requêtes SQL que je viens d'apprendre en une seule. C'est possible ?

Mais bien entendu ! Voilà de quoi se triturer les méninges :

```
SELECT nom, possesseur, console, prix FROM jeux_video WHERE console='Xbox'
OR console='PS2' ORDER BY prix DESC LIMIT 0,10
```

Il faut utiliser les mots-clés dans l'ordre donné : `WHERE`, puis `ORDER BY`, puis `LIMIT`, sinon MySQL ne comprendra pas votre requête.

Essayez donc de traduire ça en français dans un premier temps pour voir si vous avez compris, puis testez cette requête chez vous pour voir si c'est bien ce à quoi vous vous attendiez.

Construire des requêtes en fonction de variables

Les requêtes que nous avons étudiées jusqu'ici étaient simples et effectuaient toujours la même opération. Or les choses deviennent intéressantes quand on utilise des variables de PHP dans les requêtes.

La mauvaise idée : concaténer une variable dans une requête

Prenons cette requête qui récupère la liste des jeux appartenant à Patrick :

```
<?php
$reponse = $bdd->query('SELECT nom FROM jeux_video WHERE
possesseur=\'Patrick\'');
?>
```

Au lieu de toujours afficher les jeux de Patrick, on aimerait que cette requête soit capable de s'adapter au nom de la personne défini dans une variable, par exemple `$_GET['possesseur']`. Ainsi, la requête pourrait s'adapter en fonction de la demande de l'utilisateur !

Nous pourrions être tenté de concaténer la variable dans la requête, comme ceci :

```
<?php
$reponse = $bdd->query('SELECT nom FROM jeux_video WHERE possesseur=\'' .
$_GET['possesseur'] . '\'');
?>
```

> Il est nécessaire d'entourer la chaîne de caractères d'apostrophes comme je vous l'ai indiqué précédemment, d'où la présence des antislashs pour insérer les apostrophes : \'

Bien que ce code fonctionne, c'est **l'illustration parfaite de ce qu'il ne faut pas faire** et que pourtant beaucoup de sites font encore. En effet, si la variable `$_GET['possesseur']` a été modifiée par un visiteur (et nous savons à quel point il ne faut pas faire confiance à l'utilisateur !), il y a un gros risque de faille de sécurité qu'on appelle **injection SQL**. Un visiteur pourrait s'amuser à insérer une requête SQL au milieu de la vôtre et potentiellement lire tout le contenu de votre base de données, comme par exemple la liste des mots de passe de vos utilisateurs !

> Le sujet des injections SQL est un peu complexe pour être détaillé ici. Si vous souhaitez en apprendre plus à ce sujet, je vous invite à consulter Wikipédia (*https://fr.wikipedia.org/wiki/Injection_SQL*).

Nous allons utiliser un autre moyen plus sûr pour adapter nos requêtes en fonction de variables : les requêtes préparées.

La solution : les requêtes préparées

Le système de *requêtes préparées* a l'avantage d'être beaucoup plus sûr mais aussi plus rapide pour la base de données si la requête est exécutée plusieurs fois. C'est ce que je préconise d'utiliser si vous voulez adapter une requête en fonction d'une ou plusieurs variables.

Avec des marqueurs « ? »

Dans un premier temps, on va « préparer » la requête sans sa partie variable, qu'on représentera avec un marqueur sous forme de point d'interrogation :

```
<?php
$req = $bdd->prepare('SELECT nom FROM jeux_video WHERE possesseur = ?');
?>
```

Au lieu d'exécuter la requête avec `query()` comme la dernière fois, on appelle ici `prepare()`.

La requête est alors prête, sans sa partie **variable**. Maintenant, nous allons exécuter la requête en appelant `execute` et en lui transmettant la liste des paramètres :

```
<?php
$req = $bdd->prepare('SELECT nom FROM jeux_video WHERE possesseur = ?');
$req->execute(array($_GET['possesseur']));
?>
```

La requête est alors exécutée à l'aide des paramètres qu'on a indiqués sous forme d'array.

S'il y a plusieurs marqueurs, il faut indiquer les paramètres dans le bon ordre :

```
<?php
$req = $bdd->prepare('SELECT nom FROM jeux_video WHERE possesseur = ? AND
prix <= ?');
$req->execute(array($_GET['possesseur'], $_GET['prix_max']));
?>
```

Le premier point d'interrogation de la requête sera remplacé par le contenu de la variable `$_GET['possesseur']`, et le second par le contenu de `$_GET['prix_max']`. Le contenu de ces variables aura été automatiquement sécurisé pour prévenir les risques d'injection SQL.

Essayons de construire une page capable de lister les jeux appartenant à une personne et dont le prix ne dépasse pas une certaine somme :

```
<?php
try
{
    $bdd = new PDO('mysql:host=localhost;dbname=test;charset=utf8', 'root',
'');
}
catch(Exception $e)
{
        die('Erreur : '.$e->getMessage());
}

$req = $bdd->prepare('SELECT nom, prix FROM jeux_video WHERE possesseur = ?
AND prix <= ? ORDER BY prix');
$req->execute(array($_GET['possesseur'], $_GET['prix_max']));

echo '<ul>';
while ($donnees = $req->fetch())
{
    echo '<li>' . $donnees['nom'] . ' (' . $donnees['prix'] . ' EUR)</
li>';
}
echo '</ul>';

$req->closeCursor();

?>
```

Bien que la requête soit « sécurisée » (ce qui élimine les risques d'injection SQL), il faudrait quand même vérifier que `$_GET['prix_max']` contient bien un nombre et qu'il est compris dans un intervalle correct. Vous n'êtes donc pas dispensé d'effectuer des vérifications supplémentaires si vous estimez que cela est nécessaire.

Essayez d'appeler cette page (qu'on nommera par exemple `selection_jeux.php`) en modifiant les valeurs des paramètres. Vous allez voir que la liste des jeux qui ressort change en fonction des paramètres envoyés !

Avec des marqueurs nominatifs

Si la requête contient beaucoup de parties variables, il peut être plus pratique de nommer les marqueurs plutôt que d'utiliser des points d'interrogation.

Voici comment on s'y prendrait :

```
<?php
$req = $bdd->prepare('SELECT nom, prix FROM jeux_video WHERE possesseur
= :possesseur AND prix <= :prixmax');
$req->execute(array('possesseur' => $_GET['possesseur'], 'prixmax' =>
$_GET['prix_max']));
?>
```

Les points d'interrogation ont été remplacés par les marqueurs nominatifs `:possesseur` et `:prixmax` (ils sont précédés du caractère deux-points, comme vous le voyez).

Cette fois, ces marqueurs sont remplacés par les variables à l'aide d'un array associatif. Quand il y a beaucoup de paramètres, cela permet parfois d'avoir plus de clarté. De plus, contrairement aux points d'interrogation, nous ne sommes cette fois plus obligés d'envoyer les variables dans le même ordre que la requête.

Traquer les erreurs

Lorsqu'une requête SQL échoue, bien souvent PHP vous dira qu'il y a eu une erreur à la ligne du `fetch` :

```
Fatal error: Call to a member function fetch() on a non-object in C:\wamp\
www\tests\index.php on line 13
```

Ce n'est pas très précis, je pense que vous êtes d'accord avec moi.

Ce n'est pas la ligne du `fetch` qui est en cause : c'est souvent vous qui avez mal écrit votre requête SQL quelques lignes plus haut.

Pour afficher des détails sur l'erreur, il faut activer les erreurs lors de la connexion à la base de données via PDO.

Vous vous souvenez de cette ligne ?

```
<?php
$bdd = new PDO('mysql:host=localhost;dbname=test;charset=utf8', 'root', '');
?>
```

Il suffit d'ajouter un paramètre à la fin pour activer les erreurs :

```
<?php
$bdd = new PDO('mysql:host=localhost;dbname=test;charset=utf8', 'root', '',
array(PDO::ATTR_ERRMODE => PDO::ERRMODE_EXCEPTION));
?>
```

Désormais, toutes vos requêtes SQL qui comportent des erreurs les afficheront avec un message beaucoup plus clair.

Supposons par exemple que j'écrive mal le nom du champ :

```
<?php
$reponse = $bdd->query('SELECT champinconnu FROM jeux_video');
?>
```

L'erreur suivante s'affichera alors :

```
Unknown column 'champinconnu' in 'field list'
```

C'est de l'anglais, certes, mais c'est déjà beaucoup plus précis que l'erreur qu'on avait tout à l'heure. Cela signifie : « La colonne `champinconnu` est introuvable dans la liste des champs. » En effet, il n'y a aucun champ qui s'appelle `champinconnu`.

> Lorsque vous avez un problème avec une requête et que vous demandez de l'aide sur les forums d'OpenClassrooms, pensez **toujours** à activer les erreurs lors de la connexion à la base de données comme nous venons de le voir, cela vous permettra d'avoir un message d'erreur détaillé. Personne ne pourra vous aider si vous donnez juste le message par défaut `Call to a member function fetch() on a non-object`.

En résumé

- Pour dialoguer avec MySQL depuis PHP, on fait appel à l'extension PDO de PHP.
- Avant de dialoguer avec MySQL, il faut s'y connecter. On a besoin de l'adresse IP de la machine où se trouve MySQL, du nom de la base de données ainsi que d'un login et d'un mot de passe.
- Les requêtes SQL commençant par `SELECT` permettent de récupérer des informations dans une base de données.
- Il faut faire une boucle en PHP pour récupérer ligne par ligne les données renvoyées par MySQL.

- Le langage SQL propose de nombreux outils pour préciser nos requêtes, à l'aide notamment des mots-clés `WHERE` (filtre), `ORDER BY` (tri) et `LIMIT` (limitation du nombre de résultats).
- Pour construire une requête en fonction de la valeur d'une variable, on passe par un système de requêtes préparées qui permet d'éviter les dangereuses failles d'injection SQL.

22 Écrire des données

Nous avons vu dans le chapitre précédent qu'on pouvait facilement récupérer des informations de notre base de données. Nous avons également pu constater que le langage SQL est très puissant car il propose de nombreux critères de sélection et de tri (`WHERE`, `ORDER BY`, etc.).

Il est maintenant temps de découvrir comment on peut ajouter et modifier des données dans la base. Pour cela, nous allons aborder de nouvelles requêtes SQL fondamentales et qu'il vous faut connaître : `INSERT`, `UPDATE` et `DELETE`.

INSERT : ajouter des données

Votre mission, si vous l'acceptez : ajouter une nouvelle entrée à la table `jeux_video` sur laquelle nous avons travaillé dans le chapitre précédent.

? Mais c'est facile ! Il suffit d'utiliser phpMyAdmin.

C'est vrai que phpMyAdmin permet d'ajouter de nouvelles entrées dans la table. Mais ce qui nous intéresse ici, c'est de le faire au moyen d'un script PHP et d'une requête SQL.

Tout d'abord, je vous rappelle à quoi ressemble la table `jeux_video`.

Contenu de la table jeux_video

id	NOM	POSSESSEUR	CONSOLE	PRIX	NBRE_JOUEURS_MAX	COMMENTAIRES
1	Super Mario Bros	Florent	NES	4	1	Un jeu d'anthologie !
2	Sonic	Patrick	Megadrive	2	1	Pour moi, le meilleur jeu au monde !
3	Zelda : ocarina of time	Florent	Nintendo 64	15	1	Un jeu grand, beau et complet comme on en voit rarement de nos jours
4	Mario Kart 64	Florent	Nintendo 64	25	4	Un excellent jeu de kart !
5	Super Smash Bros Melee	Michel	GameCube	55	4	Un jeu de baston délirant !

Ajouter une entrée avec la requête INSERT INTO

Pour ajouter une entrée, vous aurez besoin de connaître la requête SQL. Par exemple, en voici une qui ajoute un jeu :

```
INSERT INTO jeux_video(id, nom, possesseur, console, prix, nbre_joueurs_
max, commentaires) VALUES('', 'Battlefield 1942', 'Patrick', 'PC', 45, 50,
'2nde guerre mondiale')
```

Les nombres (tels que `45` et `50` ici) n'ont pas besoin d'être entourés d'apostrophes. Seules les chaînes de caractères le nécessitent.

Étudions un peu cette requête.

- D'abord, vous devez commencer par les mots-clés `INSERT INTO` qui indiquent que vous voulez insérer une entrée.
- Vous précisez ensuite le nom de la table (ici, `jeux_video`), puis vous listez entre parenthèses les noms des champs dans lesquels vous souhaitez placer des informations.
- Enfin – et c'est là qu'il ne faut pas se tromper –, vous inscrivez `VALUES` suivi des valeurs à insérer **dans le même ordre que les champs que vous avez indiqués**.

Vous remarquerez que pour le premier champ (`id`), j'ai laissé des apostrophes vides. C'est voulu : le champ a la propriété `auto_increment`, MySQL mettra donc le numéro d'`id` lui-même. On pourrait même se passer du champ `id` dans la requête :

```
INSERT INTO jeux_video(nom, possesseur, console, prix, nbre_joueurs_max,
commentaires) VALUES('Battlefield 1942', 'Patrick', 'PC', 45, 50, '2nde
guerre mondiale')
```

C'est encore plus simple ! Le champ `id` sera de toute façon automatiquement rempli par MySQL, il est donc inutile de le lister.

> Enfin, si vous le désirez, vous n'êtes pas obligé de lister les noms des champs en premier ; cette requête marche tout aussi bien (mais elle est moins claire) :
>
> ```
> INSERT INTO jeux_video VALUES(', 'Battlefield 1942', 'Patrick',
> 'PC', 45, 50, '2nde guerre mondiale')
> ```
>
> Il faut lister les valeurs pour tous les champs sans exception (`id` compris) dans le bon ordre.

Application en PHP

Utilisons cette requête SQL au sein d'un script PHP. Cette fois, au lieu de faire appel à `query()` (qu'on utilisait dans le chapitre précédent pour récupérer des données), on va utiliser `exec()` qui est prévue pour exécuter des modifications sur la base de données :

```
<?php
try
{
    $bdd = new PDO('mysql:host=localhost;dbname=test;charset=utf8', 'root',
'');
}
catch(Exception $e)
{
        die('Erreur : '.$e->getMessage());
}

// On ajoute une entrée dans la table jeux_video
$bdd->exec('INSERT INTO jeux_video(nom, possesseur, console, prix, nbre_
joueurs_max, commentaires) VALUES(\'Battlefield 1942\', \'Patrick\', \'PC\',
45, 50, \'2nde guerre mondiale\')');

echo 'Le jeu a bien été ajouté !';
?>
```

Que fait ce code ? Il ajoute une entrée dans la BDD pour le jeu « Battlefield 1942 », appartenant à « Patrick », qui fonctionne sur « PC », qui coûte « 45 euros », etc.

La présence de multiples apostrophes rend la requête un peu difficile à lire et à écrire à cause des antislashs (\) qu'on doit ajouter devant. De plus, cette requête insère toujours les mêmes données. Comme on l'a vu dans le chapitre précédent, si on veut rendre une partie de la requête variable, le plus rapide et le plus sûr est de faire appel aux requêtes préparées.

Insérer des données variables grâce à une requête préparée

Si on choisit d'utiliser une requête préparée (ce que je vous recommande si vous souhaitez insérer des variables), le fonctionnement est en fait exactement le même que dans le chapitre précédent :

```
<?php
$req = $bdd->prepare('INSERT INTO jeux_video(nom,
possesseur, console, prix, nbre_joueurs_max, commentaires)
VALUES(:nom, :possesseur, :console, :prix, :nbre_joueurs_
max, :commentaires)');
$req->execute(array(
	'nom' => $nom,
	'possesseur' => $possesseur,
	'console' => $console,
	'prix' => $prix,
	'nbre_joueurs_max' => $nbre_joueurs_max,
	'commentaires' => $commentaires
	));

echo 'Le jeu a bien été ajouté !';
?>
```

Désormais, je ne mets plus l'étape de la connexion à MySQL avec PDO dans mes codes pour simplifier. Bien entendu, il faut toujours se connecter au préalable si on veut que la requête fonctionne.

Pour plus de clarté, j'ai utilisé ici des marqueurs nominatifs. Comme vous le voyez, j'ai créé l'array sur plusieurs lignes : c'est autorisé et c'est surtout bien plus lisible.

Les variables telles que `$nom` et `$possesseur` doivent avoir été définies précédemment. Généralement, on récupérera des variables de `$_POST` (issues d'un formulaire) pour insérer une entrée dans la base de données. Nous découvrirons un cas pratique dans le TP suivant.

UPDATE : modifier des données

Vous venez d'ajouter « Battlefield » dans la BDD et tout s'est bien passé.

Mais… vous vous rendez compte avec stupeur que « Battlefield » se joue en fait à 32 joueurs au maximum (au lieu de 50) et qu'en plus son prix a baissé : on le trouve à 10 euros (au lieu de 45).

Modifier une entrée avec la requête UPDATE

En utilisant `UPDATE` vous allez pouvoir modifier l'entrée qui pose problème :

```
UPDATE jeux_video SET prix = 10, nbre_joueurs_max = 32 WHERE id = 51
```

Comment ça marche ?

- Tout d'abord, le mot-clé `UPDATE` permet de dire qu'on va modifier une entrée.
- Ensuite, le nom de la table (`jeux_video`).
- Le mot-clé `SET`, qui sépare le nom de la table de la liste des champs à modifier.
- Viennent ensuite les champs qu'il faut modifier, séparés par des virgules. Ici, on modifie le champ « prix », on lui affecte la valeur « 10 » (`prix = 10`), puis on fait de même pour le champ `nbre_joueurs_max`. Les autres champs ne seront pas modifiés.
- Enfin, le mot-clé `WHERE` est tout simplement indispensable. Il nous permet de dire à MySQL quelle entrée il doit modifier (sinon, toutes les entrées seraient affectées !). On se base très souvent sur le champ `id` pour indiquer **quelle entrée** doit être modifiée. Ici, on suppose que « Battlefield » a été enregistré sous l'`id` n° 51.

Si vous voulez, vous pouvez vous baser sur le nom du jeu au lieu de l'`id` pour effectuer votre sélection :

```
UPDATE jeux_video SET prix = '10', nbre_joueurs_max = '32' WHERE nom =
'Battlefield 1942'
```

Dernière minute ! Florent vient de racheter tous les jeux de Michel. Il va falloir modifier ça tout de suite.

Euh, il va falloir modifier chaque entrée une à une ?

Non ! Il n'est pas question de passer des heures à modifier chaque entrée une à une pour ça ! En réfléchissant environ 0,5 seconde, vous allez trouver tout seul la requête SQL qui permet d'actualiser la table.

C'est bon, vous avez trouvé ? Voici la réponse :

```
UPDATE jeux_video SET possesseur = 'Florent' WHERE possesseur = 'Michel'
```

Ce qui signifie : « Dans la table `jeux_video`, modifier toutes les entrées dont le champ `possesseur` est égal à `Michel`, et le remplacer par `Florent`. »

Qu'il y ait 1, 10, 100 ou 1 000 entrées, cette requête suffit pour mettre à jour toute la table ! Si c'est pas beau le SQL... ;-)

Application en PHP

De la même manière, en PHP on fait appel à `exec()` pour effectuer des modifications :

```
<?php
$bdd->exec('UPDATE jeux_video SET prix = 10, nbre_joueurs_max = 32 WHERE
nom = \'Battlefield 1942\'');
?>
```

Notez que cet appel renvoie le nombre de lignes modifiées. Essayez de récupérer cette valeur dans une variable et de l'afficher, par exemple comme ceci :

```
<?php
$nb_modifs = $bdd->exec('UPDATE jeux_video SET possesseur = \'Florent\'
WHERE possesseur = \'Michel\'');
echo $nb_modifs . ' entrées ont été modifiées !';
?>
```

Cela affichera quelque chose comme : « 13 entrées ont été modifiées ! »

Avec une requête préparée

Si vous insérez des données variables, par exemple envoyées par l'utilisateur, je vous recommande là encore de faire appel à une requête préparée :

```
<?php
$req = $bdd->prepare('UPDATE jeux_video SET prix = :nvprix, nbre_joueurs_
max = :nv_nb_joueurs WHERE nom = :nom_jeu');
$req->execute(array(
      'nvprix' => $nvprix,
      'nv_nb_joueurs' => $nv_nb_joueurs,
      'nom_jeu' => $nom_jeu
      ));
?>
```

DELETE : supprimer des données

Enfin, voilà une dernière requête qui pourra se révéler utile : `DELETE`. Rapide et simple à utiliser, elle est quand même un peu dangereuse : après suppression, il n'y a aucun moyen de récupérer les données, alors faites bien attention !

Par exemple, voici comment on supprime l'entrée de « Battlefield » :

```
DELETE FROM jeux_video WHERE nom='Battlefield 1942'
```

Il n'y a rien de plus facile :

- `DELETE FROM` : pour dire « supprimer dans » ;
- `jeux_video` : le nom de la table ;
- `WHERE` : indispensable pour indiquer quelle(s) entrée(s) doi(ven)t être supprimée(s).

Si vous oubliez le `WHERE`, toutes les entrées seront supprimées. Cela équivaut à vider la table.

Je vous laisse essayer cette requête en PHP. Vous pouvez là encore passer par `exec()` si vous voulez exécuter une requête bien précise, ou bien utiliser une requête préparée si votre requête dépend de variables.

En résumé

- On utilise différents mots-clés en fonction du type de modification que l'on souhaite effectuer :
  - `INSERT INTO` : ajout d'une entrée ;
  - `UPDATE` : modification d'une ou plusieurs entrées ;
  - `DELETE` : suppression d'une ou plusieurs entrées.
- Comme pour la sélection de données, on utilise les requêtes préparées pour personnaliser nos requêtes en fonction de variables.
- Lorsqu'on utilise `UPDATE` ou `DELETE`, il faut penser à filtrer avec un `WHERE` sinon toute la table sera affectée par l'opération !

23 TP : un minichat

Avec ce TP vous allez mettre en pratique tout ce que vous venez d'apprendre sur le langage SQL. Il faut dire qu'on a accumulé beaucoup de nouveautés dans les chapitres précédents : base de données, extraction des informations contenues dans une table, etc.

Avec les connaissances que vous avez maintenant, vous êtes en mesure de réaliser de vrais scripts qui vous seront utiles pour votre site, comme un minichat (c'est l'objectif de ce TP) ou encore un livre d'or, un système de news (ou blog), etc. Ces scripts sont en fait assez similaires, mais le plus simple d'entre eux est celui du minichat.

Ce dernier permettra d'ajouter facilement une touche dynamique à votre site… encore faut-il le construire.

Instructions pour réaliser le TP

Pour préparer ce TP, nous allons voir les points suivants :

- prérequis ;
- objectifs ;
- structure de la table MySQL ;
- structure des pages PHP ;
- rappel sur les consignes de sécurité.

Prérequis

Vous pourrez suivre ce TP sans problème si vous avez lu tous les chapitres précédents. Plus précisément, nous allons utiliser les notions suivantes :

- transmission de variables via un formulaire ;
- lire dans une table ;

- écrire dans une table ;
- utilisation de PDO et des requêtes préparées.

Objectifs

Vous rappelez-vous quelle était l'étape incontournable avant de commencer notre script PHP ? Un brouillon !

Eh oui, votre script ne va pas s'écrire tout seul, comme par magie ; il va falloir réfléchir un petit peu avant de commencer. Il faut notamment se demander quelle est la **finalité exacte**.

> Quelles seront les fonctionnalités de mon minichat ?

Ce sera quelque chose de basique pour commencer, mais rien ne vous empêchera de l'améliorer par la suite au gré de vos envies.

On souhaite avoir, sur la même page et en haut, deux zones de texte : une pour écrire votre pseudo, une autre pour écrire votre petit message. Ensuite, un bouton ***Envoyer*** permettra d'envoyer les données à MySQL pour qu'il les enregistre dans une table.

En dessous, le script devra afficher les 10 derniers messages qui ont été enregistrés, du plus récent au plus ancien.

C'est un peu flou ? La figure suivante montre à quoi doit ressembler votre page PHP une fois terminée.

Une fois qu'on sait ce qu'on veut obtenir, il nous sera beaucoup plus facile de le réaliser ! Et ne rigolez pas, trop de personnes se lancent dans un script sans vraiment savoir ce qu'elles veulent faire, ce qui les conduit bien souvent dans un mur.

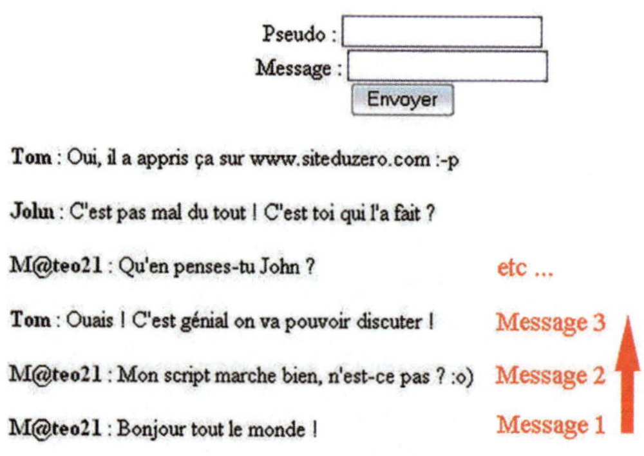

Aperçu du minichat une fois réalisé

Structure de la table MySQL

Comme à chaque fois qu'on se servira d'une base de données, on va commencer par étudier sa forme, c'est-à-dire la liste des champs qu'elle contient. Voici un petit tableau, réalisé en une minute sur une feuille de papier brouillon :

Contenu de la table

id	PSEUDO	MESSAGE
1	Tom	Il fait beau aujourd'hui, vous ne trouvez pas ?
2	John	Ouais, ça faisait un moment qu'on n'avait pas vu la lumière du soleil !
3	Patrice	Ça vous tente d'aller à la plage aujourd'hui ? Y'a de super vagues !
4	Tom	Cool, bonne idée ! J'amène ma planche !
5	John	Comptez sur moi !

On distingue les champs suivants :

- `id` (type `int`) : il nous permettra de savoir dans quel ordre ont été postés les messages. Il faudra le mettre en `auto_increment` pour que les numéros s'écrivent tout seuls, et ne pas oublier de sélectionner « Primaire » (cela dit à MySQL que c'est le champ qui numérote les entrées) ;
- `Pseudo` (type `varchar`) : pensez à indiquer la taille maximale du champ (je vous conseille de mettre le maximum, soit « 255 ») ;
- `Message` (type `varchar`) : de même, on indiquera une taille maximale de 255 caractères. Si vous pensez que vos messages seront plus longs, utilisez plutôt le type `TEXT`, beaucoup moins limité.

Commencez donc par créer cette table dans votre base de données avec phpMyAdmin. Appelez-la comme vous voulez, moi j'ai choisi `minichat`.

Structure des pages PHP

Comme pour le TP « Page protégée par mot de passe », nous allons utiliser deux fichiers PHP :

- `minichat.php` : contient le formulaire permettant d'ajouter un message et liste les 10 derniers messages ;
- `minichat_post.php` : insère le message reçu avec `$_POST` dans la base de données, puis redirige vers `minichat.php`.

Il aurait été possible de tout faire sur une seule page PHP, mais pour bien séparer le code, il est préférable d'utiliser deux fichiers, comme sur la figure suivante.

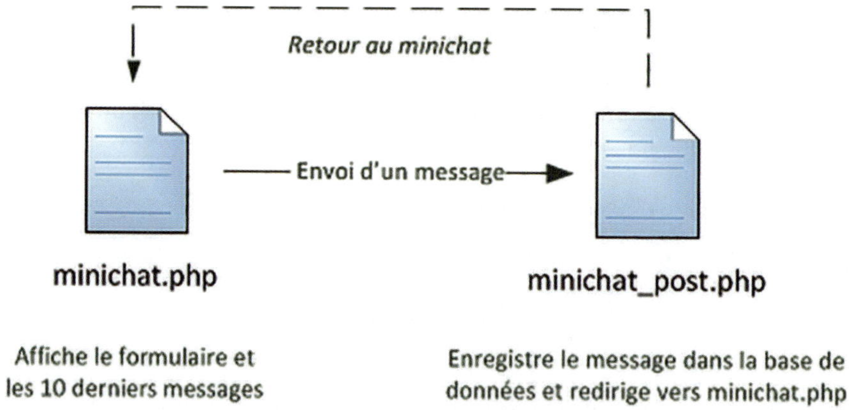

Organisation des pages du minichat

Vous avez à présent toutes les connaissances nécessaires pour réaliser un minichat basé sur la structure du schéma précédent… à l'exception de la redirection. En effet, il existe plusieurs moyens de rediriger le visiteur vers une autre page (via une balise `<meta>`, par exemple), mais le plus propre et le plus rapide consiste à faire une **redirection HTTP**. Voici comment il faut procéder pour faire cela sur la page `minichat_post.php` :

```
<?php
// Effectuer ici la requête qui insère le message
// Puis rediriger vers minichat.php comme ceci :
header('Location: minichat.php');
?>
```

Le visiteur ne verra jamais la page `minichat_post.php`. Celle-ci n'affiche rien mais commande en revanche au navigateur du visiteur de retourner sur `minichat.php`.

> La fonction `header()` permet d'envoyer ce qu'on appelle des « en-têtes HTTP ». C'est le protocole qu'utilisent le serveur et le client pour échanger des pages web. Ici, on utilise une des possibilités de HTTP qui commande une redirection via la commande `Location`.
>
> Par rapport à d'autres types de redirections (comme la balise `<meta>`), cette technique a l'avantage d'être instantanée et transparente pour l'utilisateur. De plus, s'il rafraîchit ensuite la page `minichat.php`, il ne risque pas d'avoir le message souvent gênant et déroutant : « Pour afficher cette page, les informations précédemment transmises doivent être renvoyées. Êtes-vous sûr de vouloir le faire ? »

Rappel sur les consignes de sécurité

Un petit rappel ne peut pas faire de mal : **ne faites jamais confiance aux données de l'utilisateur** ! Tout ce qui vient de l'utilisateur doit être traité avec la plus grande méfiance.

Ici, on a une page `minichat_post.php` assez simple qui reçoit deux champs : le pseudo et le message. A priori, aucune vérification supplémentaire ne s'impose, si ce n'est qu'il faudra veiller, lors de l'affichage, à protéger les chaînes de caractères contre la faille XSS (celle qui permet d'insérer du HTML et du JavaScript dans la page). Il faudra donc bien veiller à appeler `htmlspecialchars()` pour protéger les chaînes.

À vous de jouer !

Allez, j'en ai assez dit. C'est maintenant à votre tour de réfléchir. Avec les éléments que je vous ai donnés, et avec ce que vous avez appris dans les chapitres précédents, vous devez être capable de réaliser le minichat !

Si vous rencontrez quelques difficultés et si votre script ne marche pas, ne le supprimez pas dans un moment de rage (il ne faut jamais s'énerver). Faites une pause et revenez-y plus tard.

Si vous coincez vraiment, vous pouvez demander de l'aide sur les forums ou regarder la correction pour vous aider. Faites l'effort dans tous les cas de travailler ce script ; ce sera très formateur, vous verrez !

Correction

Vous allez maintenant voir ce que j'attendais de vous. Si vous avez réussi à faire quelque chose qui fonctionne, bravo !

Et si vous n'y êtes pas arrivé, ne vous en faites pas trop : le principal est que vous ayez fait l'effort de réfléchir. En voyant la correction, vous apprendrez énormément de choses !

Il y avait deux fichiers ; commençons par `minichat.php`.

minichat.php : formulaire et liste des derniers messages

Cette page contient le formulaire d'ajout de message ainsi que la liste des derniers messages.

```
<!DOCTYPE html>
<html>
    <head>
        <meta charset="utf-8" />
        <title>Minichat</title>
    </head>
    <style>
```

```
      form
      {
            text-align:center;
      }
      </style>
      <body>

      <form action="minichat_post.php" method="post">
            <p>
            <label for="pseudo">Pseudo</label> : <input type="text"
name="pseudo" id="pseudo" /><br />
            <label for="message">Message</label> :  <input type="text"
name="message" id="message" /><br />

            <input type="submit" value="Envoyer" />
      </p>
      </form>

<?php
// Connexion à la base de données
try
{
      $bdd = new PDO('mysql:host=localhost;dbname=test;charset=utf8', 'root',
'');
}
catch(Exception $e)
{
            die('Erreur : '.$e->getMessage());
}

// Récupération des 10 derniers messages
$reponse = $bdd->query('SELECT pseudo, message FROM minichat ORDER BY ID
DESC LIMIT 0, 10');

// Affichage de chaque message (toutes les données sont protégées par htmlspecialchars)
while ($donnees = $reponse->fetch())
{
      echo '<p><strong>' . htmlspecialchars($donnees['pseudo']) . '</strong> :
' . htmlspecialchars($donnees['message']) . '</p>';
}

$reponse->closeCursor();

?>
      </body>
</html>
```

Le code de cette page est séparé en deux parties :

- le formulaire (en HTML) ;
- la liste des messages (affichée en PHP à l'aide d'une requête SQL).

Il n'y avait pas de piège particulier, à l'exception du `htmlspecialchars()` à ne pas oublier sur le message ET sur le pseudo. Toutes les données issues du formulaire doivent être protégées pour éviter la faille XSS dont nous avons parlé au chapitre 14.

minichat_post.php : enregistrement et redirection

La page `minichat_post.php` reçoit les données du formulaire, enregistre le message et redirige ensuite le visiteur sur la liste des derniers messages.

```
<?php
// Connexion à la base de données
try
{
    $bdd = new PDO('mysql:host=localhost;dbname=test;charset=utf8', 'root',
'');
}
catch(Exception $e)
{
        die('Erreur : '.$e->getMessage());
}

// Insertion du message à l'aide d'une requête préparée
$req = $bdd->prepare('INSERT INTO minichat (pseudo, message) VALUES(?, ?)');
$req->execute(array($_POST['pseudo'], $_POST['message']));

// Redirection du visiteur vers la page du minichat
header('Location: minichat.php');
?>
```

Ce code est relativement court et sans surprise. On se connecte à la base, on insère les données et on redirige le visiteur vers la page `minichat.php` comme on vient d'apprendre à le faire.

En fait, ce code peut être amélioré (voir plus loin). En effet, on ne teste pas si le pseudo et le message existent bien, s'ils sont vides ou non, etc. Il est donc en théorie possible d'enregistrer des messages vides, ce qui idéalement ne devrait pas être autorisé.

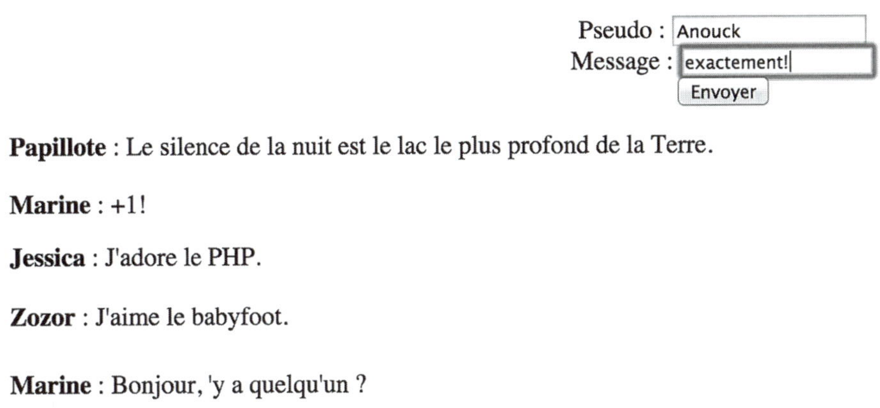

Le minichat

Aller plus loin

Il serait dommage d'en rester là… Le script de minichat que je vous ai fait faire est certes amusant, mais je suis sûr que vous aimeriez l'améliorer !

Cependant, je ne peux que vous donner des pistes de réflexion. Je ne peux pas vous proposer de correction pour chacune de ces idées car ce serait beaucoup trop long.

Mais ne vous en faites pas : si je vous propose de procéder à des améliorations, c'est que vous en êtes capable. Et puis, n'oubliez pas qu'il y a un forum sur OpenClassrooms : si jamais vous séchez un peu, n'hésitez pas à aller y demander de l'aide !

Voici quelques idées pour améliorer le script.

- **Retenir le pseudo.** On doit actuellement saisir à nouveau son pseudo à chaque nouveau message. Comme vous le savez probablement, il est possible en HTML de préremplir un champ avec l'attribut `value`. Par exemple :

```
<input type="text" name="pseudo" value="M@teo21" />
```

  Remplacez `M@teo21` par le pseudonyme du visiteur. Ce pseudonyme peut être issu d'un cookie par exemple : lorsqu'il poste un message, vous inscrivez son pseudo dans un cookie, ce qui vous permet ensuite de préremplir le champ.

- **Proposer d'actualiser le minichat.** Le minichat ne s'actualise pas automatiquement s'il y a des nouveaux messages. C'est normal, ce serait difficile à faire à notre niveau. À la base, le Web n'a pas vraiment été prévu pour ce type d'applications. En revanche, ce que vous pouvez facilement faire, c'est proposer un lien ***Rafraîchir*** qui charge à nouveau la page `minichat.php`. Ainsi, lorsque de nouveaux messages arrivent, ils apparaissent après un clic sur le lien.
- **Afficher les anciens messages.** On ne voit actuellement que les 10 derniers messages. Sauriez-vous trouver un moyen d'afficher les anciens messages ? Bien sûr, les afficher tous en même temps sur la même page n'est pas une bonne idée. Vous pourriez imaginer un paramètre `$_GET['page']` permettant de choisir le numéro de page des messages à afficher.

Au travail !

24 Les fonctions SQL

Vous connaissez déjà les fonctions en PHP, mais vous allez découvrir dans ce chapitre que SQL propose lui aussi toute une série de fonctions ! Le langage SQL permet en effet d'effectuer des calculs directement sur ses données à l'aide de fonctions toutes prêtes.

Celles-ci sont moins nombreuses qu'en PHP mais elles sont spécialement dédiées aux bases de données et se révèlent très puissantes dans la pratique. Pour reprendre notre exemple de la table `jeux_video`, elles permettent de récupérer très simplement le prix moyen de l'ensemble des jeux, de compter le nombre de jeux que possède chaque personne, d'extraire le jeu le plus cher ou le moins cher, etc. Les fonctions se révèlent également indispensables lorsqu'on doit travailler avec des dates en SQL, comme nous le ferons dans le chapitre suivant.

Les fonctions SQL peuvent être classées en deux catégories :

- **les fonctions scalaires :** elles agissent sur chaque entrée. Par exemple, vous pouvez transformer en majuscules la valeur de chacune des entrées d'un champ ;
- **les fonctions d'agrégat :** lorsque vous utilisez ce type de fonction, des calculs sont faits sur l'ensemble de la table pour retourner **une** valeur. Par exemple, calculer la moyenne des prix retourne une valeur : le prix moyen.

Les fonctions scalaires

Nous allons d'abord découvrir le mode d'emploi d'une fonction SQL de type **scalaire** : la fonction `UPPER`. Lorsque vous aurez appris à vous en servir, vous serez capable de faire de même avec toutes les autres fonctions scalaires. Je vous proposerai alors une petite sélection de fonctions scalaires à connaître, sachant qu'il en existe d'autres mais que nous ne pouvons pas toutes les passer en revue car ce serait bien trop long.

Utiliser une fonction scalaire SQL

Pour nos exemples, nous allons nous baser sur la table `jeux_video` que nous connaissons bien maintenant. Pour rappel, voici à quoi elle ressemble :

Contenu de la table jeux_video

id	NOM	POSSESSEUR	CONSOLE	PRIX	NBRE_ JOUEURS_ MAX	COMMENTAIRES
1	Super Mario Bros	Florent	NES	4	1	Un jeu d'anthologie !
2	Sonic	Patrick	Megadrive	2	1	Pour moi, le meilleur jeu au monde !
3	Zelda : ocarina of time	Florent	Nintendo 64	15	1	Un jeu grand, beau et complet comme on en voit rarement de nos jours
4	Mario Kart 64	Florent	Nintendo 64	25	4	Un excellent jeu de kart !
5	Super Smash Bros Melee	Michel	GameCube	55	4	Un jeu de baston délirant !

On écrit les noms des fonctions SQL en majuscules, comme on le fait déjà pour la plupart des mots-clés comme `SELECT`, `INSERT`, etc. Ce n'est pas une obligation mais plutôt une convention, une habitude adoptée par les programmeurs.

Pour vous montrer comment on utilise les fonctions scalaires SQL, je vais me baser sur la fonction `UPPER()` qui permet de convertir l'intégralité d'un champ en majuscules. Supposons que nous souhaitions obtenir les noms de tous les jeux en majuscules. Voici comment on écrirait la requête SQL :

```
SELECT UPPER(nom) FROM jeux_video
```

La fonction `UPPER` est utilisée sur le champ `nom`. On récupère ainsi tous les noms des jeux en majuscules.

Cela modifie-t-il le contenu de la table ?

Non ! La table reste la même. La fonction `UPPER` modifie seulement la valeur envoyée à PHP. On ne touche donc pas au contenu de la table.

Cela crée en fait un « champ virtuel » qui n'existe que le temps de la requête. Il est conseillé de donner un nom à ce champ virtuel qui représente les noms des jeux en majuscules. Il faut utiliser pour cela le mot-clé `AS`, comme ceci :

```
SELECT UPPER(nom) AS nom_maj FROM jeux_video
```

On récupère les noms des jeux en majuscules via un champ virtuel appelé `nom_maj`.

Ce champ virtuel est appelé **alias**.

Voici le tableau que retournera MySQL après la requête précédente :

NOM_MAJ
SUPER MARIO BROS
SONIC
ZELDA : OCARINA OF TIME
MARIO KART 64
SUPER SMASH BROS MELEE

On peut s'en servir en PHP pour afficher les noms des jeux en majuscules :

```
<?php
$reponse = $bdd->query('SELECT UPPER(nom) AS nom_maj FROM jeux_video');

while ($donnees = $reponse->fetch())
{
    echo $donnees['nom_maj'] . '<br />';
}

$reponse->closeCursor();

?>
```

SUPER MARIO BROS
SONIC
ZELDA : OCARINA OF TIME
MARIO KART 64
SUPER SMASH BROS MELEE
DEAD OR ALIVE
DEAD OR ALIVE XTREME BEACH VOLLEY BALL
ENTER THE MATRIX
MAX PAYNE 2
YOSHI'S ISLAND
COMMANDOS 3
FINAL FANTASY X
POKEMON RUBIS
STARCRAFT
GRAND THEFT AUTO 3
HOMEWORLD 2
ALADIN
SUPER MARIO BROS 3
SSX 3
STAR WARS : JEDI OUTCAST
ACTUA SOCCER 3

Afficher les noms des jeux en majuscules.

Comme vous le voyez, PHP ne récupère qu'un champ nommé `nom_maj` (même s'il n'existe pas dans la table). En affichant le contenu de ce champ, on ne récupère que les noms des jeux en majuscules.

Bien entendu, vous pouvez aussi récupérer le contenu des autres champs, comme avant, sans forcément leur appliquer une fonction :

```
SELECT UPPER(nom) AS nom_maj, possesseur, console, prix FROM jeux_video
```

On récupérera alors les données suivantes :

NOM_MAJ	POSSESSEUR	CONSOLE	PRIX
SUPER MARIO BROS	Florent	NES	4
SONIC	Patrick	Megadrive	2
ZELDA : OCARINA OF TIME	Florent	Nintendo 64	15
MARIO KART 64	Florent	Nintendo 64	25
SUPER SMASH BROS MELEE	Michel	GameCube	55

Vous savez maintenant utiliser une fonction SQL scalaire. ;-)

Passons en revue quelques fonctions du même type, qui s'utilisent donc de la même manière.

Quelques fonctions scalaires utiles

Je vais vous présenter une sélection de fonctions scalaires qu'il peut être utile de connaître. Il en existe bien d'autres comme nous le verrons à la fin de cette liste, mais il serait trop long et peu utile de toutes les présenter ici.

UPPER : convertir en majuscules

Cette fonction convertit le texte d'un champ en majuscules. Nous l'avons découverte pour introduire les fonctions SQL :

```
SELECT UPPER(nom) AS nom_maj FROM jeux_video
```

Ainsi, le jeu « Sonic » sera renvoyé sous la forme « SONIC » dans un champ nommé `nom_maj`.

LOWER : convertir en minuscules

Cette fonction produit l'effet inverse : le contenu sera entièrement écrit en minuscules.

```
SELECT LOWER(nom) AS nom_min FROM jeux_video
```

Cette fois, le jeu « Sonic » sera renvoyé sous la forme « sonic » dans un champ nommé `nom_min`.

LENGTH : compter le nombre de caractères

Vous pouvez obtenir la longueur d'un champ avec la fonction `LENGTH()` :

```
SELECT LENGTH(nom) AS longueur_nom FROM jeux_video
```

Pour « Sonic », on récupèrera donc la valeur 5 dans un champ `longueur_nom`.

ROUND : arrondir un nombre décimal

La fonction `ROUND()` s'utilise sur des champs comportant des valeurs décimales. Il n'y en a pas dans la table `jeux_video`, mais si on avait des prix décimaux, on pourrait arrondir les valeurs avec cette fonction.

Celle-ci prend cette fois deux paramètres : le nom du champ à arrondir et le nombre de chiffres après la virgule qu'on souhaite obtenir. Exemple :

```
SELECT ROUND(prix, 2) AS prix_arrondi FROM jeux_video
```

Ainsi, si un jeu coûte 25,86999 euros, on obtiendra la valeur 25,87 euros dans un champ `prix_arrondi`.

Et bien d'autres !

Il existe beaucoup d'autres fonctions SQL du même type mais je ne peux pas toutes vous les présenter. La documentation de MySQL vous propose une liste bien plus complète de fonctions mathématiques (*http://dev.mysql.com/doc/refman/5.0/en/numeric-functions.html*), comme `ROUND`, et de fonctions sur les chaînes de caractères (*http://dev.mysql.com/doc/refman/5.0/en/string-functions.html*), comme `UPPER`. Si vous voulez en découvrir d'autres, c'est par là qu'il faut aller !

Les fonctions d'agrégat

Comme précédemment, nous allons d'abord voir comment on utilise une fonction d'agrégat dans une requête SQL et comment on récupère le résultat en PHP, puis je vous présenterai une sélection de fonctions à connaître. Bien entendu, il en existe bien d'autres que vous pourrez découvrir dans la documentation. L'essentiel ici est de comprendre comment s'utilise ce type de fonction : vous pourrez ensuite appliquer ce que vous connaissez à n'importe quelle autre fonction du même type.

Utiliser une fonction d'agrégat SQL

Ces fonctions diffèrent assez des précédentes. Plutôt que de modifier des valeurs une à une, elles font des opérations sur plusieurs entrées pour retourner une seule valeur.

Par exemple, ROUND permettait d'arrondir chaque prix. On récupérait autant d'entrées qu'il y en avait dans la table. En revanche, une fonction d'agrégat comme AVG renvoie **une seule entrée** : la valeur moyenne de tous les prix.

Regardons de près la fonction d'agrégat AVG. Elle calcule la moyenne d'un champ contenant des nombres. Essayons avec prix :

```
SELECT AVG(prix) AS prix_moyen FROM jeux_video
```

On donne là encore un alias au résultat donné par la fonction. La particularité, c'est que cette requête ne va retourner qu'une seule entrée, à savoir le prix moyen de tous les jeux :

PRIX_MOYEN
28.34

Pour afficher cette information en PHP, on pourrait faire comme d'habitude (cela fonctionne) :

```
<?php
$reponse = $bdd->query('SELECT AVG(prix) AS prix_moyen FROM jeux_video');

while ($donnees = $reponse->fetch())
{
    echo $donnees['prix_moyen'];
}

$reponse->closeCursor();

?>
```

Néanmoins, pourquoi s'embêterait-on à faire une boucle, en **sachant** qu'on ne va récupérer qu'une seule entrée, puisqu'on utilise une fonction d'agrégat ?

On peut se permettre d'appeler fetch() une seule fois et en dehors d'une boucle, étant donné qu'il n'y a qu'une seule entrée. Le code suivant est donc un peu plus adapté dans le cas présent :

```
<?php
$reponse = $bdd->query('SELECT AVG(prix) AS prix_moyen FROM jeux_video');

$donnees = $reponse->fetch();
echo $donnees['prix_moyen'];

$reponse->closeCursor();

?>
```

Ce code est plus simple et plus logique. On récupère la première et seule entrée avec `fetch()` et on affiche ce qu'elle contient, puis on ferme le curseur. Inutile de le faire dans une boucle puisqu'il n'y a pas de seconde entrée.

N'hésitez pas à filtrer !

Bien entendu, vous pouvez profiter de toute la puissance du langage SQL pour obtenir, par exemple, le prix moyen des jeux appartenant à Patrick. Voici comment on s'y prendrait :

```
SELECT AVG(prix) AS prix_moyen FROM jeux_video WHERE possesseur='Patrick'
```

Le calcul de la moyenne ne sera fait que sur la liste des jeux qui appartiennent à Patrick. Vous pourriez même combiner les conditions pour obtenir le prix moyen des jeux de Patrick qui se jouent à un seul joueur. Essayez !

Ne pas mélanger une fonction d'agrégat avec d'autres champs

Soyez attentif à ce point car il n'est pas forcément simple à comprendre : vous **ne devez pas** récupérer d'autres champs de la table quand vous utilisez une fonction d'agrégat, contrairement à tout à l'heure avec les fonctions scalaires. En effet, cela n'aurait pas de sens de faire :

```
SELECT AVG(prix) AS prix_moyen, nom FROM jeux_video
```

On récupérerait d'un côté le prix moyen de tous les jeux et de l'autre la liste des noms de tous les jeux… Il est impossible de représenter ceci dans un seul et même tableau.

Comme vous le savez, SQL renvoie les informations sous la forme d'un tableau. Or, on ne peut pas représenter la moyenne des prix (qui tient en une seule entrée), en même temps que la liste des jeux. Si on voulait obtenir ces deux informations, il faudrait faire deux requêtes.

Quelques fonctions d'agrégat utiles

AVG : calculer la moyenne

C'est la fonction qu'on vient d'étudier pour découvrir les fonctions d'agrégat. Elle retourne la moyenne d'un champ contenant des nombres :

```
SELECT AVG(prix) AS prix_moyen FROM jeux_video
```

SUM : additionner les valeurs

La fonction `SUM` permet d'additionner toutes les valeurs d'un champ. Ainsi, on pourrait connaître la valeur totale des jeux appartenant à Patrick :

```
SELECT SUM(prix) AS prix_total FROM jeux_video WHERE possesseur='Patrick'
```

MAX : retourner la valeur maximale

Cette fonction analyse un champ et retourne la valeur maximale trouvée. Pour obtenir le prix du jeu le plus cher, on écrirait :

```
SELECT MAX(prix) AS prix_max FROM jeux_video
```

MIN : retourner la valeur minimale

De même, on peut obtenir le prix du jeu le moins cher :

```
SELECT MIN(prix) AS prix_min FROM jeux_video
```

COUNT : compter le nombre d'entrées

La fonction `COUNT` permet de compter le nombre d'entrées. Elle est très intéressante mais plus complexe. On peut en effet l'utiliser de plusieurs façons différentes.

L'utilisation la plus courante consiste à lui donner `*` en paramètre :

```
SELECT COUNT(*) AS nbjeux FROM jeux_video
```

On obtient ainsi le nombre total de jeux dans la table.

On peut bien entendu filtrer avec une clause `WHERE`, pour obtenir le nombre de jeux appartenant à Florent, par exemple :

```
SELECT COUNT(*) AS nbjeux FROM jeux_video WHERE possesseur='Florent'
```

Il est possible de compter uniquement les entrées pour lesquelles l'un des champs n'est pas vide, c'est-à-dire qu'il ne vaut pas `NULL`. Aucun jeu de ce type n'est présent dans notre table `jeux_video`, mais supposons qu'on ne connaisse pas le nombre de joueurs maximal de certains jeux. On laisserait alors certaines entrées vides, ce qui aurait pour effet d'afficher `NULL` (pas de valeur) dans la colonne `nbre_joueurs_max`.

Résultat de la requête SQL

id	NOM	POSSESSEUR	CONSOLE	PRIX	NBRE_ JOUEURS_ MAX	COMMENTAIRES
1	Super Mario Bros	Florent	NES	4	NULL	Un jeu d'anthologie !
2	Sonic	Patrick	Megadrive	2	NULL	Pour moi, le meilleur jeu au monde !
3	Zelda : ocarina of time	Florent	Nintendo 64	15	1	Un jeu grand, beau et complet comme on en voit rarement de nos jours
4	Mario Kart 64	Florent	Nintendo 64	25	4	Un excellent jeu de kart !
5	Super Smash Bros Melee	Michel	GameCube	55	NULL	Un jeu de baston délirant !

Dans ce cas, on peut compter uniquement les jeux qui ont un nombre de joueurs maximal défini. On doit indiquer en paramètre le nom du champ à analyser :

```
SELECT COUNT(nbre_joueurs_max) AS nbjeux FROM jeux_video
```

Dans notre exemple, seuls les jeux *Zelda* et *Mario Kart* seront comptés car on connaît leur nombre de joueurs maximal. On obtiendra donc « 2 » en réponse.

Enfin, il est possible de compter le nombre de valeurs distinctes sur un champ précis. Par exemple, dans la colonne `possesseur`, Florent apparaît plusieurs fois, Patrick aussi, etc. Mais combien y a-t-il de personnes différentes dans la table ? On peut le savoir en utilisant le mot-clé `DISTINCT` devant le nom du champ à analyser, comme ceci :

```
SELECT COUNT(DISTINCT possesseur) AS nbpossesseurs FROM jeux_video
```

On peut ainsi facilement savoir combien de personnes différentes sont référencées dans la table. Essayez de faire de même pour connaître le nombre de consoles différentes dans la table !

Grouper des données avec GROUP BY et HAVING

Je vous disais un peu plus tôt qu'on ne pouvait pas récupérer d'autres champs lorsqu'on utilisait une fonction d'agrégat. Prenons par exemple la requête suivante :

```
SELECT AVG(prix) AS prix_moyen, console FROM jeux_video
```

Ça n'a pas de sens de récupérer le prix moyen de tous les jeux et le champ `console` à la fois. Il n'y a qu'un seul prix moyen pour tous les jeux, mais plusieurs consoles. MySQL ne peut pas renvoyer un tableau correspondant à ces informations.

GROUP BY : grouper des données

En revanche, ce qui pourrait avoir du sens, ce serait de demander le **prix moyen des jeux pour chaque console** ! Pour cela, on doit utiliser un nouveau mot-clé : `GROUP BY` qui signifie « grouper par ». On utilise cette clause en combinaison d'une fonction d'agrégat (comme `AVG`) pour obtenir des informations intéressantes sur des groupes de données.

Voici un exemple d'utilisation de `GROUP BY` :

```
SELECT AVG(prix) AS prix_moyen, console FROM jeux_video GROUP BY console
```

12.6666666666667 - Dreamcast
5.0 - Gameboy
9.0 - Megadrive
4.33333333333333 - NES
8.66666666666667 - SuperNES

GROUP BY console

Il faut utiliser `GROUP BY` en même temps qu'une fonction d'agrégat, sinon il ne sert à rien. Ici, on récupère le prix moyen et la console, et on choisit de grouper par console. Par conséquent, on obtiendra la liste des différentes consoles de la table et le prix moyen des jeux de chaque plate-forme !

PRIX_MOYEN	CONSOLE
12.67	Dreamcast
5.00	Gameboy
47.50	GameCube

Cette fois les valeurs sont cohérentes ! On a la liste des consoles et le prix moyen des jeux associés.

Exercice : selon la même méthode, essayez d'obtenir la valeur totale des jeux que possède chaque personne.

HAVING : filtrer les données regroupées

`HAVING` est un peu l'équivalent de `WHERE`, mais cette fonction agit sur les données une fois qu'elles ont été regroupées. C'est donc une façon de filtrer les données à la fin des opérations.

Voyez la requête suivante :

```
SELECT AVG(prix) AS prix_moyen, console FROM jeux_video GROUP BY console
HAVING prix_moyen <= 10
```

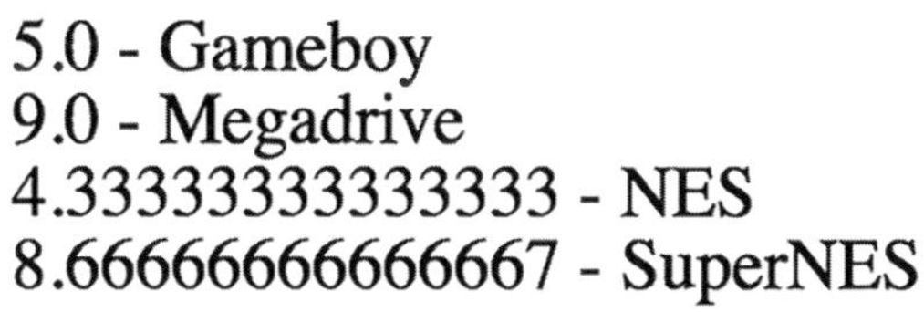

HAVING prix_moyen <= 10

Avec cette requête, on récupère uniquement la liste des consoles et leur prix moyen si celui-ci ne dépasse pas 10 euros.

`HAVING` ne doit s'utiliser que sur le résultat d'une fonction d'agrégat. Voilà pourquoi on l'utilise ici sur `prix_moyen` et non sur `console`.

> **?** Je ne comprends pas la différence entre `WHERE` et `HAVING`. Les deux permettent de filtrer, non ?

Oui, mais pas au même moment. `WHERE` agit en premier, avant le groupement des données, tandis que `HAVING` agit en second, après le groupement des données. On peut d'ailleurs très bien combiner les deux, comme dans l'exemple suivant :

```
SELECT AVG(prix) AS prix_moyen, console FROM jeux_video WHERE
possesseur='Patrick' GROUP BY console HAVING prix_moyen <= 10
```

WHERE agit avant HAVING.

Ici, on demande à récupérer le prix moyen par console de tous les jeux de Patrick (`WHERE`), à condition que le prix moyen des jeux de la console ne dépasse pas 10 euros (`HAVING`).

En résumé

- MySQL permet d'exécuter certaines fonctions lui-même, sans avoir à passer par PHP. Ces fonctions modifient les données renvoyées.
- Il existe deux types de fonctions :
  - les **fonctions scalaires** : elles agissent sur chaque entrée récupérée. Elles permettent, par exemple, de convertir tout le contenu d'un champ en majuscules ou d'arrondir chacune des valeurs ;
  - les **fonctions d'agrégat** : elles effectuent des calculs sur plusieurs entrées pour retourner une et une seule valeur. Par exemple : calcul de la moyenne, somme des valeurs, comptage du nombre d'entrées…
- On peut donner un autre nom aux champs modifiés par les fonctions en créant des alias à l'aide du mot-clé `AS`.
- Lorsqu'on utilise une fonction d'agrégat, il est possible de regrouper des données avec `GROUP BY`.
- Après un groupement de données, on peut filtrer le résultat avec `HAVING`. Il ne faut pas confondre cette fonction avec `WHERE` qui filtre avant le groupement des données.

25 Les dates en SQL

Lorsque nous avons construit nos tables, nous avons utilisé différents types de champs, notamment `int` (nombre entier), `varchar` (texte court) et `text` (texte long). Vous avez pu découvrir dans phpMyAdmin qu'il existait de nombreux autres types. La plupart ne sont que des variations de ces types, comme pour stocker de très petits ou de très grands nombres. La plupart du temps, vous n'aurez pas à vous soucier de tous ces types : `int` suffit amplement pour les nombres entiers, par exemple.

Les dates sont plus délicates à manier en SQL, et, pourtant, on en a très souvent besoin. Par exemple, dans le TP du minichat, on pourrait s'en servir pour stocker le jour et l'heure précise où chaque message a été posté. Il en va de même si vous construisez un système de forum ou de news pour votre site : vous aurez besoin d'enregistrer la date à chaque fois.

Nous ferons d'abord le tour des types de champs à connaître pour stocker des dates avec MySQL et nous verrons comment les utiliser. Nous pourrons ensuite découvrir de nouvelles fonctions SQL dédiées aux dates.

Les champs de type date

Dans ce chapitre, je vous propose d'améliorer un peu le minichat que nous avons créé dans un précédent TP.

Saviez-vous qu'il était possible de modifier la structure d'une table après sa création ? On peut en effet y ajouter (figure suivante) ou y supprimer des champs à tout moment. Ouvrez la table `minichat` dans phpMyAdmin et cliquez sur l'onglet ***Structure***. Cherchez en bas de la page le formulaire « Ajouter 1 champ en fin de table » et cliquez sur le bouton ***Exécuter***.

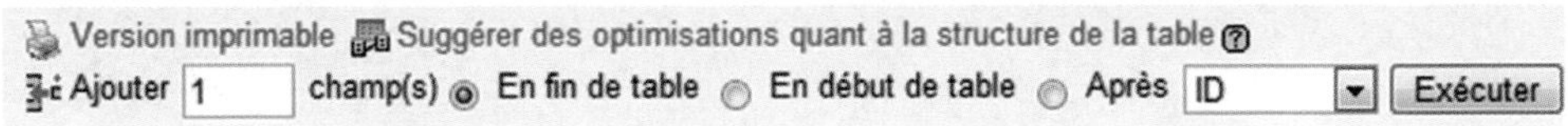

Ajout d'un champ dans phpMyAdmin

Un formulaire apparaît vous proposant de créer un nouveau champ. C'est l'occasion de passer en revue les différents types de champs qui permettent de stocker des dates.

Les différents types de dates

Voici les différents types de dates que peut stocker MySQL :

- `DATE` : stocke une date au format AAAA-MM-JJ (Année-Mois-Jour) ;
- `TIME` : stocke un moment au format HH:MM:SS (Heures:Minutes:Secondes) ;
- `DATETIME` : stocke la combinaison d'une date et d'un moment de la journée au format AAAA-MM-JJ HH:MM:SS. Ce type de champ est donc plus précis ;
- `TIMESTAMP` : stocke le nombre de secondes écoulées depuis le 1er janvier 1970 à 00 h 00 min 00 s ;
- `YEAR` : stocke une année, soit au format AA, soit au format AAAA.

Cela fait beaucoup de choix ! Dans la pratique, je vous invite à retenir surtout `DATE` (AAAA-MM-JJ) quand le moment de la journée importe peu, et `DATETIME` (AAAA-MM-JJ HH:MM:SS) quand vous avez besoin du jour et de l'heure précise à la seconde près.

Créez un champ nommé `date` de type `DATETIME` comme sur la figure suivante.

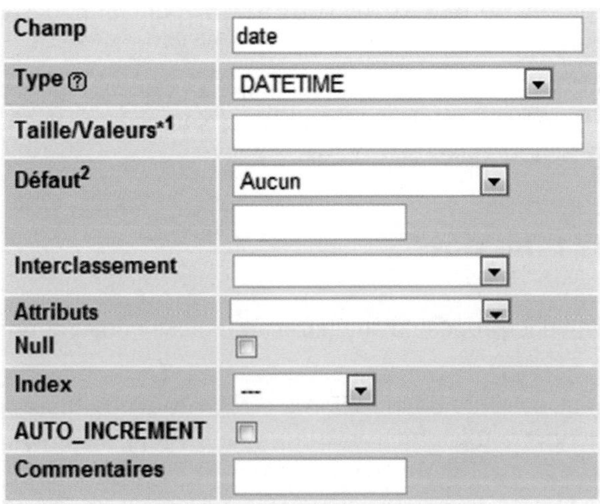

Création d'un champ de date

Bien que cela fonctionne avec MySQL, il est parfois préférable de donner un autre nom au champ que `date`. En effet, c'est un mot-clé du langage SQL, ce qui peut provoquer des erreurs avec d'autres systèmes de bases de données comme Oracle.

Vous pourriez par exemple nommer le champ comme ceci : `date_creation` ou encore `date_modification`.

Utilisation des champs de date en SQL

Les champs de type `date` s'utilisent comme des chaînes de caractères : il faut donc les entourer d'apostrophes. Vous devez écrire la date dans le format du champ.

Par exemple, pour un champ de type `DATE` :

```
SELECT pseudo, message, date FROM minichat WHERE date = '2010-04-02'
```

... vous renverra la liste des messages postés le 02/04/2010 (2 avril 2010).

Si le champ est de type `DATETIME` (comme c'est le cas pour notre nouveau minichat), il faut aussi indiquer précisément les heures, minutes et secondes :

```
SELECT pseudo, message, date FROM minichat WHERE date = '2010-04-02 15:28:22'
```

Cela vous renverra la liste des messages postés le 02/04/2010 à 15 h 28 min 22 s.

Je reconnais que c'est un peu précis, il est peu probable que beaucoup de messages aient été postés à ce moment exact.

En revanche, et c'est là que les champs de date deviennent réellement intéressants, vous pouvez utiliser d'autres opérateurs que le signe égal. Par exemple, on peut obtenir la liste de tous les messages postés **après** cette date :

```
SELECT pseudo, message, date FROM minichat WHERE date >= '2010-04-02 15:28:22'
```

Ou même la liste de tous les messages postés entre le 02/04/2010 et le 18/04/2010 :

```
SELECT pseudo, message, date FROM minichat WHERE date >= '2010-04-02 00:00:00'
AND date <= '2010-04-18 00:00:00'
```

En SQL, pour récupérer des données comprises entre deux intervalles comme ici, il existe une syntaxe plus simple et plus élégante avec le mot-clé `BETWEEN` qui signifie « entre ». On pourrait écrire la requête précédente comme ceci :

```
SELECT pseudo, message, date FROM minichat WHERE date BETWEEN
'2010-04-02 00:00:00' AND '2010-04-18 00:00:00'
```

Cela signifie : « Récupérer tous les messages dont la date est comprise entre 2010-04-02 00:00:00 et 2010-04-18 00:00:00. » Vous pouvez aussi utiliser cette syntaxe sur les champs contenant des nombres.

Si vous voulez insérer une entrée contenant une date, il suffit là encore de respecter le format de date de la base de données :

```
INSERT INTO minichat(pseudo, message, date) VALUES('Mateo', 'Message !',
'2010-04-02 16:32:22')
```

Les fonctions de gestion des dates

Il existe de très nombreuses fonctions de manipulation des dates. Utilisées sur des champs de type `DATE` ou `DATETIME`, par exemple, elles permettent d'extraire très facilement toutes sortes d'informations utiles sur les dates, comme l'année, le numéro du jour du mois, le numéro du jour dans l'année, etc. Il est aussi possible d'effectuer des opérations sur les dates.

Il est impossible de lister toutes les fonctions de gestion des dates, mais vous trouverez au besoin la liste complète de celles-ci dans la documentation de MySQL (*https://dev.mysql.com/doc/refman/5.7/en/date-and-time-functions.html*). Cette introduction aux dates devrait être suffisante pour que vous puissiez vous débrouiller tout seul par la suite.

NOW() : obtenir la date et l'heure actuelles

C'est probablement une des fonctions que vous utiliserez le plus souvent. Lorsque vous insérez un nouveau message dans la base, vous souhaiterez enregistrer la date actuelle les 99 % du temps. Pour cela, rien de plus simple avec la fonction `NOW()` :

```
INSERT INTO minichat(pseudo, message, date) VALUES('Mateo', 'Message !',
NOW())
```

La date sera alors automatiquement remplacée par la date et l'heure actuelles au format AAAA-MM-JJ HH:MM:SS.

Notez qu'il existe aussi les fonctions `CURDATE()` et `CURTIME()` qui retournent respectivement uniquement la date (AAAA-MM-JJ) et l'heure (HH:MM:SS).

DAY(), MONTH(), YEAR() : extraire le jour, le mois ou l'année

Il est facile d'extraire des informations d'une date. Voici un exemple d'utilisation :

```
SELECT pseudo, message, DAY(date) AS jour FROM minichat
```

On récupérera trois champs : le pseudo, le message et le numéro du jour où il a été posté.

HOUR(), MINUTE(), SECOND() : extraire les heures, les minutes et les secondes

Il est également possible avec ces fonctions d'extraire les heures, les minutes et les secondes d'un champ de type `DATETIME` ou `TIME`.

```
SELECT pseudo, message, HOUR(date) AS heure FROM minichat
```

DATE_FORMAT : formater une date

Avec les fonctions qu'on vient de découvrir à l'instant, on pourrait extraire tous les éléments de la date, comme ceci :

```
SELECT pseudo, message, DAY(date) AS jour, MONTH(date) AS mois, YEAR(date)
AS annee, HOUR(date) AS heure, MINUTE(date) AS minute, SECOND(date) AS
seconde FROM minichat
```

On pourrait ensuite afficher la date en PHP dans l'ordre qu'on souhaite à l'aide du découpage en champs qu'on vient de faire :

```
<?php
echo $donnees['jour'] . '/' . $donnees['mois'] . '/' . $donnees['annee'] .
'...';
?>
```

C'est cependant un peu compliqué et il y a plus simple. La fonction `DATE_FORMAT` vous permet d'adapter directement la date au format que vous préférez. Il faut dire que le format par défaut de MySQL (AAAA-MM-JJ HH:MM:SS) n'est pas très courant en France.

Voici comment on pourrait l'utiliser :

```
SELECT pseudo, message, DATE_FORMAT(date, '%d/%m/%Y %Hh%imin%ss') AS date
FROM minichat
```

Ainsi, on récupérerait les dates avec un champ nommé `date` sous la forme 11/03/2010 15 h 47 min 49 s.

Comment ça marche ce bazar ?

Les symboles `%d`, `%m`, `%Y` (etc.) sont remplacés par le jour, le mois, l'année, etc. Les autres symboles et lettres sont affichés tels quels.

Il existe beaucoup d'autres symboles pour extraire, par exemple, le nom du jour (la plupart du temps en anglais malheureusement, comme « Saturday »), le numéro du jour dans l'année, etc. Vous trouverez la liste des symboles disponibles dans la documentation de MySQL à la section DATE_FORMAT (*https://dev.mysql.com/doc/refman/5.7/en/date-and-time-functions.html#function_date-format*).

DATE_ADD et DATE_SUB : ajouter ou soustraire des dates

Il est possible d'ajouter ou de soustraire des heures, minutes, secondes, jours, mois ou années à une date. Pour cela, il faut envoyer deux paramètres à la fonction : la date sur laquelle travailler et le nombre à ajouter ainsi que son type.

Par exemple, supposons qu'on souhaite afficher une date d'expiration du message. Celle-ci correspond à « la date où a été posté le message + 15 jours ». Voici comment écrire la requête :

```
SELECT pseudo, message, DATE_ADD(date, INTERVAL 15 DAY) AS date_expiration
FROM minichat
```

Le champ date_expiration correspond à « la date de l'entrée + 15 jours ». Le mot-clé INTERVAL ne doit pas être changé ; en revanche, vous pouvez remplacer DAY par MONTH, YEAR, HOUR, MINUTE, SECOND, etc. Par conséquent, voici la requête si vous souhaitez indiquer que les messages expirent dans deux mois :

```
SELECT pseudo, message, DATE_ADD(date, INTERVAL 2 MONTH) AS date_expiration
FROM minichat
```

En résumé

- MySQL propose plusieurs types de champs pour stocker des dates.
- Les deux types les plus couramment utilisés sont :
  - DATE : stocke une date au format AAAA-MM-JJ ;
  - DATETIME : stocke une date et une heure au format AAAA-MM-JJ HH:MM:SS.
- On peut trier et filtrer des champs contenant des dates comme s'il s'agissait de nombres.
- Il existe de nombreuses fonctions SQL dédiées au traitement des dates. La plus connue est NOW() qui renvoie la date et l'heure actuelles.

26 TP : un blog avec des commentaires

Le blog est probablement l'application la plus courante réalisée en PHP avec MySQL. Même s'il est conseillé d'utiliser un système tout prêt (en téléchargeant WordPress ou Dotclear, par exemple), en créer un de toutes pièces est un excellent exercice.

Le but de ce TP n'est pas de vous faire créer un blog de A à Z, car ce serait un peu long, mais plutôt d'appliquer les dernières notions de SQL que vous venez d'apprendre sur les fonctions et les dates.

Chaque billet du blog possédera ses propres commentaires. Dans ce TP, nous nous concentrerons uniquement sur l'affichage des billets et des commentaires. Ce sera à vous par la suite de compléter le blog pour y insérer des formulaires d'ajout et de modification du contenu.

Instructions pour réaliser le TP

Pour ce TP, comme pour le précédent, nous allons nous préparer ensemble en passant en revue les points suivants :

- prérequis ;
- objectifs ;
- structure de la table MySQL ;
- structure des pages PHP.

Prérequis

Dans ce TP, nous allons nous concentrer sur la base de données. Nous aurons besoin des notions suivantes :

- lire dans une table ;

- utilisation de PDO et des requêtes préparées ;
- utilisation de fonctions SQL ;
- manipulation des dates en SQL.

Objectifs

Commençons par définir ce qu'on veut obtenir. Un système de blog avec des commentaires, oui, mais encore ? Il faut savoir jusqu'où on veut aller, ce qu'on a l'intention de réaliser et ce qu'on va laisser de côté.

Si on est trop ambitieux, on risque de le regretter : on pourrait en effet y passer des jours et ce TP deviendrait long, complexe et fastidieux. Je vous propose donc de réaliser l'affichage de base d'un blog et des commentaires associés aux billets. Je vous inviterai par la suite à l'améliorer pour créer l'interface de gestion des billets et d'ajout de commentaires.

L'ajout de billets et de commentaires n'est donc pas au programme de ce TP, ce qui va nous permettre de nous concentrer sur l'affichage de ces derniers.

Les pages à développer

Il y aura deux pages à réaliser :

- `index.php` : liste des cinq derniers billets ;
- `commentaires.php` : affichage d'un billet et de ses commentaires.

La figure suivante montre à quoi devrait ressembler la liste des derniers billets (`index.php`).

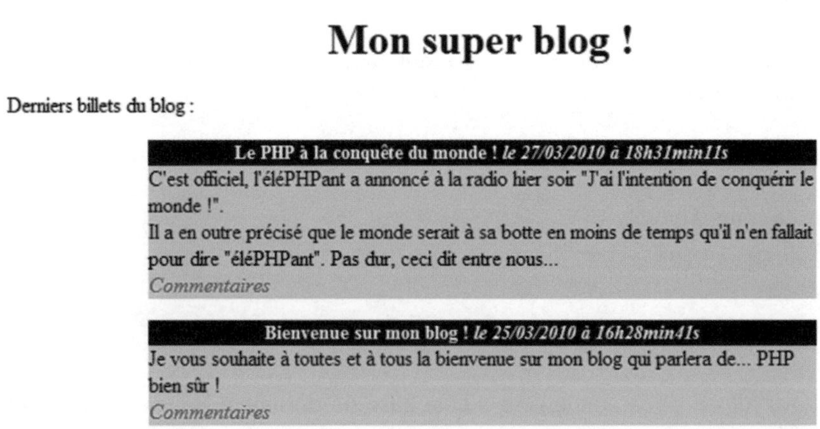

Liste des billets

La figure qui suit montre quant à elle à quoi devrait ressembler l'affichage d'un billet et de ses commentaires (`commentaires.php`).

Liste des commentaires

Comme vous pouvez le constater, l'affichage est minimaliste. Le but n'est pas de réaliser le design de ce blog mais bel et bien d'obtenir quelque chose de fonctionnel.

Le CSS

Voici le fichier CSS (très simple) que j'utiliserai pour ce TP :

```
h1, h3
{
	text-align:center;
}
h3
{
	background-color:black;
	color:white;
	font-size:0.9em;
	margin-bottom:0px;
}
.news p
{
	background-color:#CCCCCC;
	margin-top:0px;
}
.news
{
	width:70%;
	margin:auto;
}
```

```
a
{
    text-decoration: none;
    color: blue;
}
```

Libre à vous de l'utiliser ou non, de le modifier… Faites-en ce que vous voulez. ;-)

Structure des tables MySQL

Cette fois nous allons travailler avec deux tables :

- `billets` : liste des billets du blog ;
- `commentaires` : liste des commentaires du blog pour chaque billet.

On va vraiment stocker tous les commentaires dans une seule table, même s'ils concernent des billets différents ?

Oui. C'est la bonne façon de faire. Tous les commentaires, quel que soit le billet auquel ils se rapportent, seront stockés dans la même table. On pourra faire le tri facilement à l'aide d'un champ `id_billet` qui indiquera pour chaque commentaire le numéro du billet associé.

Voici la structure que je propose pour la table `billets` :

- `id` (`int`) : identifiant du billet, clé primaire et `auto_increment` ;
- `titre` (`varchar` 255) : titre du billet ;
- `contenu` (`text`) : contenu du billet ;
- `date_creation` (`datetime`) : date et heure de création du billet.

De même, voici la structure qu'on va utiliser pour la table `commentaires` :

- `id` (`int`) : identifiant du commentaire, clé primaire et `auto_increment` ;
- `id_billet` (`int`) : identifiant du billet auquel correspond ce commentaire ;
- `auteur` (`varchar` 255) : auteur du commentaire ;
- `commentaire` (`text`) : contenu du commentaire ;
- `date_commentaire` (`datetime`) : date et heure auxquelles le commentaire a été posté.

C'est vraiment la base. Vous pouvez ajouter d'autres champs si vous le désirez. Par exemple, on n'a pas défini de champ `auteur` pour les billets.

Il est possible d'ajouter des champs à tout moment, comme nous l'avons vu précédemment. L'interface phpMyAdmin propose des options pour cela.

Comme nous n'allons pas créer les formulaires d'ajout de billets et de commentaires dans un premier temps, je vous conseille de remplir vous-même les tables à l'aide de phpMyAdmin après les avoir créées.

Si vous êtes un peu fainéant, vous pouvez aussi télécharger les tables prêtes à l'emploi que j'ai créées, à cette adresse : *https://course.oc-static.com/ftp-tutos/cours/php/blog.zip*. Elles contiennent quelques données, mais il est préférable de vous entraîner à les créer vous-même.

Structure des pages PHP

Étant donné que nous nous concentrons sur l'affichage, la structure des pages reste très simple.

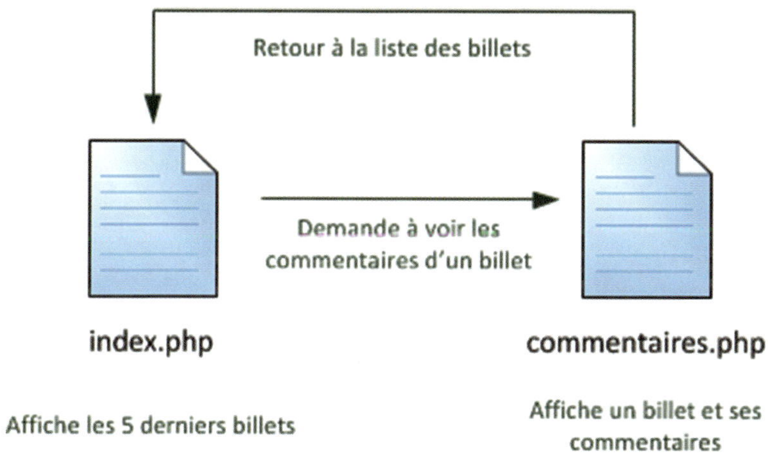

Structure des pages du blog

Le visiteur arrive d'abord sur l'index où sont affichés les derniers billets. S'il choisit d'afficher les commentaires de l'un d'eux, il charge la page `commentaires.php` qui affichera le billet sélectionné ainsi que tous ses commentaires. Bien entendu, il faudra envoyer un paramètre à la page `commentaires.php` pour qu'elle sache quoi afficher... Je vous laisse deviner lequel.

Il sera possible de revenir à la liste des billets depuis les commentaires à l'aide d'un lien de retour.

À vous de jouer !

Je vous en ai assez dit : la réalisation de ce TP devrait être relativement simple pour vous si vous avez bien suivi jusqu'ici.

N'oubliez pas les éléments essentiels de sécurité, notamment la protection de tous les textes par `htmlspecialchars()`. Et ne faites jamais confiance à l'utilisateur !

Correction

Si vous lisez ces lignes, c'est que vous devez être venu à bout de ce TP. Celui-ci ne présentait pas de difficultés particulières, mais il constituait l'occasion de vous exercer un peu plus avec MySQL, tout en faisant appel aux fonctions et dates en SQL.

index.php : la liste des derniers billets

Le TP est constitué de deux pages. Voici la correction que je vous propose pour la page `index.php` qui liste les derniers billets du blog :

```
<!DOCTYPE html>
<html>
    <head>
        <meta charset="utf-8" />
        <title>Mon blog</title>
    <link href="style.css" rel="stylesheet" />
    </head>

    <body>
        <h1>Mon super blog !</h1>
        <p>Derniers billets du blog :</p>

<?php
// Connexion à la base de données
try
{
    $bdd = new PDO('mysql:host=localhost;dbname=test;charset=utf8', 'root',
'');
}
catch(Exception $e)
{
        die('Erreur : '.$e->getMessage());
}

// On récupère les 5 derniers billets
$req = $bdd->query('SELECT id, titre, contenu, DATE_FORMAT(date_creation,
\'%d/%m/%Y à %Hh%imin%ss\') AS date_creation_fr FROM billets ORDER BY date_
creation DESC LIMIT 0, 5');

while ($donnees = $req->fetch())
{
?>
<div class="news">
    <h3>
        <?php echo htmlspecialchars($donnees['titre']); ?>
        <em>le <?php echo $donnees['date_creation_fr']; ?></em>
    </h3>
```

```
        <p>
        <?php
        // On affiche le contenu du billet
        echo nl2br(htmlspecialchars($donnees['contenu']));
        ?>
        <br />
        <em><a href="commentaires.php?billet=<?php echo
$donnees['id']; ?>">Commentaires</a></em>
        </p>
</div>
<?php
} // Fin de la boucle des billets
$req->closeCursor();
?>
</body>
</html>
```

Vous constaterez que tous les textes sont protégés par `htmlspecialchars()`, y compris les titres. J'utilise par ailleurs une fonction qui doit être nouvelle pour vous : `nl2br()`. Elle permet de convertir les retours à la ligne en balises HTML `<br />`. C'est une fonction dont vous aurez sûrement besoin pour conserver facilement les retours à la ligne saisis dans les formulaires.

Côté SQL, cette page n'exécute qu'une seule requête : celle qui récupère les cinq derniers billets.

```
SELECT id, titre, contenu, DATE_FORMAT(date_creation, '%d/%m/%Y à
%Hh%imin%ss') AS date_creation_fr FROM billets ORDER BY date_creation DESC
LIMIT 0, 5
```

On récupère toutes les données qui nous intéressent dans cette table, en mettant la date en forme au passage. Pour cela, on utilise la fonction scalaire `DATE_FORMAT` qui nous permet d'obtenir une date dans un format français.

Les billets sont ordonnés par date décroissante, le plus récent étant donc en haut de la page.

Enfin, chaque billet est suivi d'un lien vers la page `commentaires.php` qui transmet le numéro du billet dans l'URL :

```
<a href="commentaires.php?billet=<?php echo
$donnees['id']; ?>">Commentaires</a>
```

commentaires.php : affichage d'un billet et de ses commentaires

Cette page présente des similitudes avec la précédente mais elle est un peu plus complexe. En effet, pour afficher un billet ainsi que ses commentaires, nous avons besoin de faire deux requêtes SQL :

- une requête pour récupérer le contenu du billet ;
- une requête pour récupérer les commentaires associés au billet.

```
<!DOCTYPE html>
<html>
     <head>
          <meta charset="utf-8" />
          <title>Mon blog</title>
     <link href="style.css" rel="stylesheet" />
     </head>

     <body>
          <h1>Mon super blog !</h1>
          <p><a href="index.php">Retour à la liste des billets</a></p>

<?php
// Connexion à la base de données
try
{
     $bdd = new PDO('mysql:host=localhost;dbname=test;charset=utf8', 'root',
'');
}
catch(Exception $e)
{
          die('Erreur : '.$e->getMessage());
}

// Récupération du billet
$req = $bdd->prepare('SELECT id, titre, contenu, DATE_FORMAT(date_creation,
\'%d/%m/%Y à %Hh%imin%ss\') AS date_creation_fr FROM billets WHERE id
= ?');
$req->execute(array($_GET['billet']));
$donnees = $req->fetch();
?>

<div class="news">
     <h3>
          <?php echo htmlspecialchars($donnees['titre']); ?>
          <em>le <?php echo $donnees['date_creation_fr']; ?></em>
     </h3>

     <p>
     <?php
     echo nl2br(htmlspecialchars($donnees['contenu']));
     ?>
     </p>
</div>

<h2>Commentaires</h2>

<?php
$req->closeCursor(); // Important : on libère le curseur pour la prochaine
                     // requête

// Récupération des commentaires
```

```
$req = $bdd->prepare('SELECT auteur, commentaire, DATE_FORMAT(date_
commentaire, \'%d/%m/%Y à %Hh%imin%ss\') AS date_commentaire_fr FROM
commentaires WHERE id_billet = ? ORDER BY date_commentaire');
$req->execute(array($_GET['billet']));

while ($donnees = $req->fetch())
{
?>
<p><strong><?php echo htmlspecialchars($donnees['auteur']); ?></strong> le
<?php echo $donnees['date_commentaire_fr']; ?></p>
<p><?php echo nl2br(htmlspecialchars($donnees['commentaire'])); ?></p>
<?php
} // Fin de la boucle des commentaires
$req->closeCursor();
?>
</body>
</html>
```

Ce code est un peu long mais on peut le découper en deux parties :

- affichage du billet ;
- affichage des commentaires.

La requête qui récupère le billet ressemble à celle de la page précédente, à la différence près qu'il s'agit d'une requête préparée car elle dépend d'un paramètre : l'`id` du billet (fourni par `$_GET['billet']` qu'on a reçu dans l'URL).

Comme on récupère forcément un seul billet, il est inutile de faire une boucle. L'affichage est identique à celui qu'on faisait pour chaque billet sur la page précédente, à l'exception du lien vers la page des commentaires qui ne sert plus à rien (puisque nous sommes sur la page des commentaires).

On pense à libérer le curseur après l'affichage du billet avec :

```
<?php
$req->closeCursor();
?>
```

En effet, cela permet de « terminer » le traitement de la requête pour pouvoir traiter la prochaine requête sans problème.

La récupération des commentaires se fait ensuite via la requête suivante :

```
SELECT auteur, commentaire, DATE_FORMAT(date_commentaire, '%d/%m/%Y à
%Hh%imin%ss') AS date_commentaire_fr FROM commentaires WHERE id_billet = ?
ORDER BY date_commentaire
```

On ne se connecte à la base de données qu'une fois par page. Inutile donc de se connecter à nouveau pour effectuer cette seconde requête.

Avec cette requête, on récupère tous les commentaires liés au billet correspondant à l'`id` reçu dans l'URL. Les commentaires sont triés par dates croissantes comme c'est habituellement le cas sur les blogs, mais vous pouvez facilement modifier cet ordre si vous le désirez.

Aller plus loin

Ce TP ne concernait que la structure de base d'un blog avec commentaires. Comme il est relativement simple, les possibilités d'extension ne manquent pas.

Alors, comment pourrait-on améliorer notre blog ? Voici quelques suggestions que je vous conseille d'étudier et qui vous feront progresser.

Un formulaire d'ajout de commentaires

Sur la page `commentaires.php`, ajoutez un formulaire pour que n'importe quel visiteur puisse poster un commentaire.

Ce formulaire redirigera vers une page qui enregistrera le commentaire, puis qui redirigera vers la liste des commentaires, comme on l'avait fait avec le minichat.

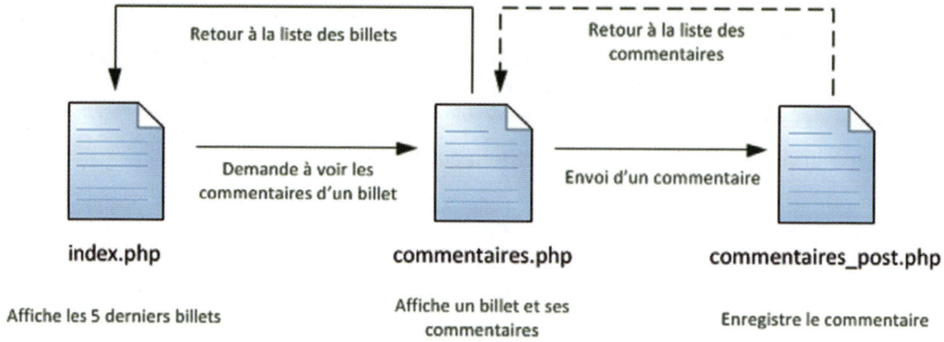

Structure des pages avec ajout de commentaires

C'est à votre portée, vous avez déjà réussi à le faire !

Utiliser les includes

Certaines portions de code sont un peu répétitives. Par exemple, on retrouve le même bloc affichant un billet sur la page des billets et sur celle des commentaires.

Il serait peut-être plus simple d'avoir un seul code dans un fichier qu'on inclurait ensuite depuis `index.php` et `commentaires.php`.

Vérifier si le billet existe sur la page des commentaires

Imaginez que le visiteur s'amuse à modifier l'URL de la page des commentaires. Par exemple, s'il essaie d'accéder à `commentaires.php?billet=819202` et que le billet `819202` n'existe pas, il n'aura pas de message d'erreur (en fait, le contenu de la page sera vide). Pour que votre site paraisse un peu plus sérieux, vous devriez afficher une erreur.

Pour cela, regardez si la requête qui récupère le contenu du billet renvoie des données. Le plus simple est donc de vérifier après le `fetch()` si la variable `$donnees` est vide ou non, grâce à la fonction `empty()`.

Ainsi, si la variable est vide, vous pourrez afficher un message d'erreur comme « Ce billet n'existe pas ». Sinon, vous afficherez le reste de la page normalement.

Paginer les billets et commentaires

Quand vous commencerez à avoir beaucoup de billets (et beaucoup de commentaires), vous voudrez peut-être ne pas tout afficher sur la même page. Pour cela, il faut créer un système de pagination.

Supposons que vous souhaitiez afficher uniquement cinq commentaires par page. Si vous voulez afficher des liens vers chacune des pages, il faut savoir combien votre blog comporte de billets.

Par exemple, si vous avez 5 billets, il n'y aura qu'une seule page. Si vous avez 12 billets, il y aura trois pages. Pour connaître le nombre de billets, une requête SQL avec `COUNT(*)` est indispensable :

```
SELECT COUNT(*) AS nb_billets FROM billets
```

Une fois ce nombre de billets récupéré, vous pouvez trouver le nombre de pages et créer des liens vers chacune d'elles :

`Page : 1 2 3 4`

Chacun de ces nombres amènera vers la même page et ajoutera dans l'URL le numéro de la page :

```
<a href="index.php?page=2">2</a>
```

À l'aide du paramètre `$_GET['page']`, vous pourrez déterminer quelle page vous devez afficher. À vous d'adapter la requête SQL pour commencer uniquement à partir du billet `x`. Par exemple, si vous demandez à afficher la page 2, vous voudrez afficher uniquement les billets 4 à 8 (n'oubliez pas qu'on commence à compter à partir de 0 !). Revoyez la section sur `LIMIT` au besoin (page 228).

Et si aucun numéro de page n'est défini dans l'URL, lorsqu'on arrive la première fois sur le blog ?

Dans ce cas, si `$_GET['page']` n'est pas défini, vous devrez considérer que le visiteur veut afficher la page 1 (la plus récente).

Ça demande un peu de réflexion, mais le jeu en vaut la chandelle ! N'hésitez pas à demander de l'aide sur les forums.

Réaliser une interface d'administration du blog

C'est probablement l'amélioration la plus longue. Il faudra créer des pages qui permettent de modifier, supprimer et ajouter de nouveaux billets.

Un problème cependant : comment protéger l'accès à ces pages ? En effet, vous devriez être le seul à avoir accès à votre interface d'administration, sinon n'importe qui pourra ajouter des billets s'il connaît l'URL de la page d'administration !

Plusieurs techniques existent pour protéger l'accès à l'administration. Le plus simple dans ce cas est de créer un sous-dossier `admin` qui contiendra tous les fichiers d'administration du blog (`ajouter.php`, `modifier.php`, `supprimer.php`...). Ce dossier `admin` sera entièrement protégé à l'aide des fichiers `.htaccess` et `.htpasswd`, ainsi personne ne pourra charger les pages qu'il contient à moins de connaître le login et le mot de passe (figure suivante).

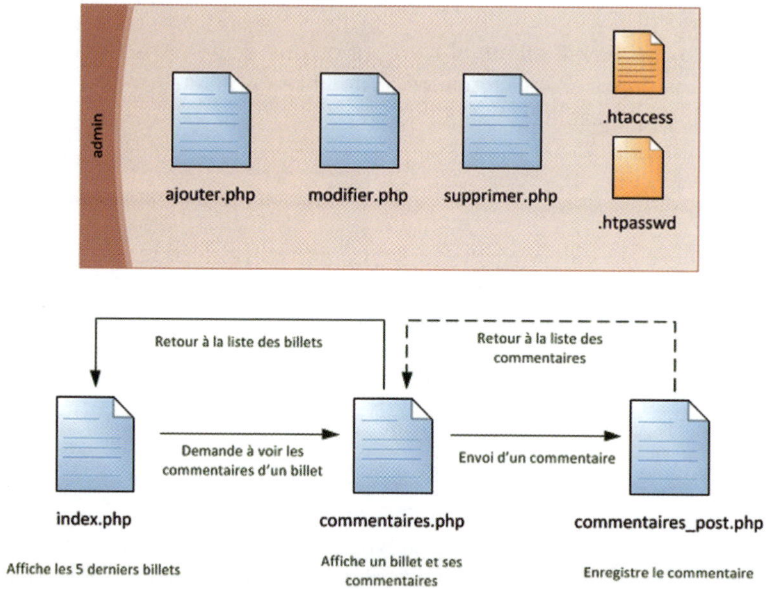

Structure des pages avec admin

Pour en savoir plus sur la protection d'un dossier avec les fichiers `.htaccess` et `.htpasswd`, je vous invite à consulter l'annexe du cours correspondant : *http://openclassrooms.com/courses/concevez-votre-site-web-avec-php-et-mysql/proteger-un-dossier-avec-un-htaccess*.

27 Les jointures entre tables

MySQL permet de travailler avec plusieurs tables à la fois. Un des principaux intérêts d'une base de données est de pouvoir créer des relations entre les tables, autrement dit de les lier entre elles.

Pour le moment, nous n'avons travaillé que sur une seule table à la fois. Dans la pratique, vous aurez certainement plusieurs tables dans votre base, dont la plupart seront interconnectées. Cela vous permettra de mieux découper vos informations, d'éviter des répétitions et de rendre ainsi vos données plus faciles à gérer.

Tenez, par exemple, dans notre table `jeux_video`, on répète à chaque fois le nom du possesseur du jeu. Le mot « Patrick » est écrit de nombreuses fois dans la table. Imaginez qu'on souhaite stocker aussi son nom de famille, son adresse, son numéro de téléphone… On ne va quand même pas recopier ces informations pour chaque jeu qu'il possède ! Il est temps de créer une autre table et de la lier.

Modéliser une relation

Si je voulais stocker les nom, prénom et numéro de téléphone de chaque propriétaire de jeux vidéo dans notre table `jeux_video`, il n'y aurait pas d'autre solution que de dupliquer ces informations sur chaque entrée… Cependant, ce serait bien trop répétitif. Le tableau suivant présente un aperçu de la table `jeux_video` que nous pourrions alors obtenir.

Contenu de la table jeux_video

id	NOM	PRENOM	NOM_POSSESSEUR	TEL	CONSOLE	PRIX	NBRE_JOUEURS_MAX	COMMENTAIRES
1	Super Mario Bros	Florent	Dugommier	01 44 77 21 33	NES	4	1	Un jeu d'anthologie !
2	Sonic	Patrick	Lejeune	03 22 17 41 22	Megadrive	2	1	Pour moi, le meilleur jeu au monde !
3	Zelda : ocarina of time	Florent	Dugommier	01 44 77 21 33	Nintendo 64	15	1	Un jeu grand, beau et complet comme on en voit rarement de nos jours
4	Mario Kart 64	Florent	Dugommier	01 44 77 21 33	Nintendo 64	25	4	Un excellent jeu de kart !
5	Super Smash Bros Melee	Michel	Doussand	04 11 78 02 00	GameCube	55	4	Un jeu de baston délirant !

Comme vous le voyez, le nom, le prénom et le numéro de téléphone de Florent apparaissent autant de fois qu'il possède de jeux vidéo, et il en irait de même pour Patrick et Michel. Il faut à tout prix éviter ces répétitions.

Ce que je vous propose, c'est de créer une autre table, qu'on nommera par exemple `proprietaires`, qui centralisera les informations des propriétaires des jeux.

Contenu de la table proprietaires

id	PRENOM	NOM	TEL
1	Florent	Dugommier	01 44 77 21 33
2	Patrick	Lejeune	03 22 17 41 22
3	Michel	Doussand	04 11 78 02 00

Cette table liste tous les propriétaires de jeux connus et attribue à chacun un `id`. Les propriétaires n'apparaissant qu'une seule fois, il n'y a pas de doublon.

Maintenant, il faut modifier la structure de la table `jeux_video` pour faire référence aux propriétaires. Pour cela, le mieux est de créer un champ `id_proprietaire` qui indique le numéro du propriétaire dans l'autre table (tableau suivant).

Modification de la table jeux_video

id	NOM	id_PROPRIETAIRE	CONSOLE	PRIX	NBRE_ JOUEURS_MAX	COMMENTAIRES
1	Super Mario Bros	1	NES	4	1	Un jeu d'anthologie !
2	Sonic	2	Megadrive	2	1	Pour moi, le meilleur jeu au monde !
3	Zelda : ocarina of time	1	Nintendo 64	15	1	Un jeu grand, beau et complet comme on en voit rarement de nos jours
4	Mario Kart 64	1	Nintendo 64	25	4	Un excellent jeu de kart !
5	Super Smash Bros Melee	3	GameCube	55	4	Un jeu de baston délirant !

Le nouveau champ `id_proprietaire` est de type `int`. Il permet de faire référence à une entrée précise de la table `proprietaires`.

On peut maintenant considérer que les tables sont reliées à travers ces `id` de propriétaires, comme le suggère la figure suivante.

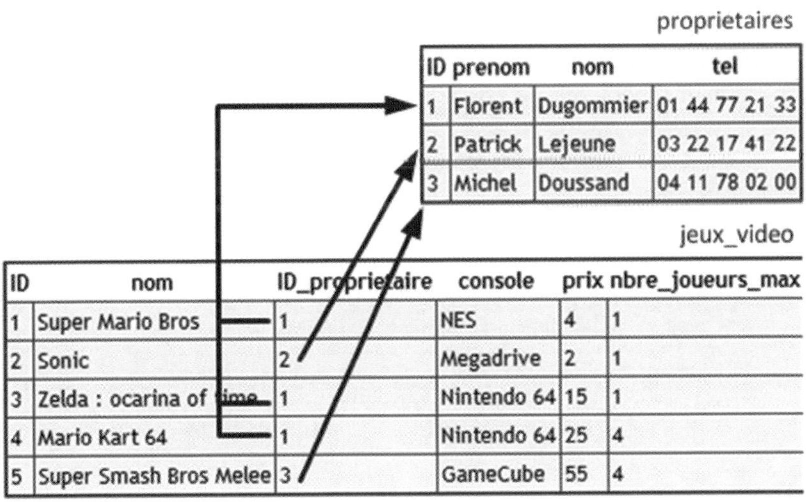

Relation entre deux tables

> MySQL sait donc que l'`id` de propriétaire n° 1 dans la table `jeux_video` correspond à Florent ?

Non, il ne le sait pas. Il ne voit que des nombres et il ne fait pas la relation entre les deux tables. Il va falloir lui expliquer cette relation dans une requête SQL. Pour cela, on va effectuer une **jointure** entre les deux tables.

Qu'est-ce qu'une jointure ?

Nous avons donc maintenant deux tables :

- `jeux_video` ;
- `proprietaires`.

Les informations sont séparées dans des tables différentes, ce qui évite de dupliquer des informations sur le disque.

Cependant, lorsqu'on récupère la liste des jeux, si on souhaite obtenir le nom du propriétaire, il va falloir adapter la requête pour récupérer aussi les informations issues de la table `proprietaires`. Pour cela, on doit faire une jointure.

Il existe plusieurs types de jointures, qui nous permettent de choisir exactement les données que l'on veut récupérer. Je vous propose de découvrir les deux plus importantes :

- **les jointures internes :** elles ne sélectionnent que les données qui ont une correspondance entre les deux tables ;
- **les jointures externes :** elles sélectionnent toutes les données, même si certaines n'ont pas de correspondance dans l'autre table.

Il est important de bien comprendre la différence entre une jointure interne et une jointure externe.

Pour cela, imaginons que nous avons une 4e personne dans la table des propriétaires, un certain Romain Vipelli, qui ne possède aucun jeu (tableau suivant).

Ajout d'un nouveau propriétaire dans la table des propriétaires

id	PRENOM	NOM	TEL
1	Florent	Dugommier	01 44 77 21 33
2	Patrick	Lejeune	03 22 17 41 22
3	Michel	Doussand	04 11 78 02 00
4	Romain	Vipelli	01 21 98 51 01

Romain Vipelli est référencé dans la table `proprietaires`, mais il n'apparaît nulle part dans la table `jeux_video` car il ne possède aucun jeu.

Si vous récupérez les données des deux tables à l'aide :

- d'une **jointure interne** : Romain Vipelli n'apparaîtra pas dans les résultats de la requête. La jointure interne force les données d'une table à avoir une correspondance dans l'autre ;

- d'une **jointure externe** : vous aurez toutes les données de la table des propriétaires, même s'il n'y a pas de correspondance dans l'autre table des jeux vidéo ; donc Romain Vipelli, qui pourtant ne possède aucun jeu vidéo, apparaîtra.

La jointure externe est donc plus complète car elle est capable de récupérer plus d'informations, tandis que la jointure interne est plus stricte car elle ne récupère que les données qui ont une équivalence dans l'autre table.

Voici, par exemple, les données qu'on récupérerait avec une jointure interne :

Données récupérées avec une jointure interne

NOM_JEU	PRENOM
Super Mario Bros	Florent
Sonic	Patrick
...	...

On obtient les jeux et leurs propriétaires, mais Romain qui ne possède pas de jeu n'apparaît pas du tout. Le tableau suivant présente les résultats obtenus avec une jointure externe :

Résultats obtenus avec une jointure externe

NOM_JEU	PRENOM
Super Mario Bros	Florent
Sonic	Patrick
...	...
NULL	Romain

Romain apparaît. Comme il ne possède pas de jeu, il n'y a aucun nom de jeu indiqué (`NULL`).

Nous allons maintenant voir comment réaliser ces deux types de jointures en pratique.

Les jointures internes

Une jointure interne peut être effectuée de deux façons différentes :

- à l'aide du mot-clé `WHERE` : c'est l'ancienne syntaxe, toujours utilisée aujourd'hui, qu'il faut donc connaître, mais qu'il vaut mieux éviter d'utiliser si vous avez le choix ;
- à l'aide du mot-clé `JOIN` : c'est la nouvelle syntaxe qu'il est recommandé d'utiliser, car elle est plus efficace et plus lisible.

Ces deux techniques produisent exactement le même résultat, mais il faut les connaître toutes les deux. ;-)

Jointure interne avec WHERE (ancienne syntaxe)

Construction d'une jointure interne pas à pas

Pour réaliser ce type de jointure, on va sélectionner des champs des deux tables et indiquer le nom de ces deux tables dans la clause FROM :

```
SELECT nom, prenom FROM proprietaires, jeux_video
```

Cependant, cela ne fonctionnera pas car ce n'est pas suffisant. En effet, le champ nom apparaît dans les deux tables : une fois pour le nom du propriétaire, et une autre fois pour le nom du jeu vidéo. C'est ce qu'on appelle une **colonne ambiguë** car MySQL ne sait pas s'il doit récupérer un nom de personne (comme Dugommier) ou un nom de jeu (comme Super Mario Bros). Bref, il est un peu perdu.

L'astuce consiste à marquer le nom de la table devant le nom du champ, comme ceci :

```
SELECT jeux_video.nom, proprietaires.prenom FROM proprietaires, jeux_video
```

Ainsi, on demande clairement de récupérer le nom du jeu et le prénom du propriétaire avec cette requête.

Le champ prenom n'est pas ambigu, car il n'apparaît que dans la table proprietaires. On pourrait donc se passer d'écrire le préfixe proprietaires devant, mais ça ne coûte rien de le faire et c'est plus clair : on voit immédiatement en lisant la requête de quelle table est issu ce champ.

Il reste encore à lier les deux tables entre elles. En effet, les jeux et leurs propriétaires ont une correspondance via le champ id_proprietaire (de la table jeux_video) et le champ id (de la table proprietaires). On va indiquer cette liaison dans un WHERE, comme ceci :

```
SELECT jeux_video.nom, proprietaires.prenom
FROM proprietaires, jeux_video
WHERE jeux_video.id_proprietaire = proprietaires.id
```

Comme la requête devient longue, je me permets de l'écrire sur plusieurs lignes. Cette écriture est tout à fait autorisée et présente l'avantage d'être plus lisible.

On indique bien que le champ id_proprietaire de la table jeux_video correspond au champ id de la table proprietaires. Cela établit la correspondance entre les deux tables telle qu'on l'avait définie dans le schéma suivant au début du chapitre.

Notre requête est enfin complète, vous pouvez maintenant l'essayer.

Vous devriez récupérer les données suivantes :

Résultats obtenus

NOM	PRENOM
Super Mario Bros	Florent
Sonic	Patrick
...	...

Utiliser les alias !

Nous avons appris à utiliser les alias lorsque nous avons découvert les fonctions SQL. Cela nous permettait de créer ce que j'appelais des « champs virtuels » pour représenter le résultat des fonctions.

Il est fortement conseillé d'utiliser des alias lorsqu'on fait des jointures. On peut utiliser des alias sur les noms de champs (comme on l'avait fait) :

```
SELECT jeux_video.nom AS nom_jeu, proprietaires.prenom AS
prenom_proprietaire
FROM proprietaires, jeux_video
WHERE jeux_video.id_proprietaire = proprietaires.id
```

On récupérera donc deux champs : `nom_jeu` et `prenom_proprietaire`. Ces alias permettent de donner un nom plus clair aux champs qu'on récupère.

NOM_JEU	PRENOM_PROPRIE-TAIRE
Super Mario Bros	Florent
Sonic	Patrick
...	...

Il est également possible de donner un alias aux noms des tables, ce qui est fortement recommandé pour leur attribuer un nom plus court et plus facile à écrire. En général, on crée des alias de tables d'une lettre ou deux correspondant à leurs initiales, comme ceci :

```
SELECT j.nom AS nom_jeu, p.prenom AS prenom_proprietaire
FROM proprietaires AS p, jeux_video AS j
WHERE j.id_proprietaire = p.id
```

Comme vous le voyez, la table `jeux_video` a pour alias la lettre `j` et la table `proprietaires` la lettre `p`. On réutilise ces alias dans toute la requête, ce qui la rend plus courte à écrire (et plus lisible aussi au final).

Notez que le mot-clé AS est en fait facultatif, les développeurs ont tendance à l'omettre. Vous pouvez donc tout simplement le retirer de la requête :

```
SELECT j.nom nom_jeu, p.prenom prenom_proprietaire
FROM proprietaires p, jeux_video j
WHERE j.id_proprietaire = p.id
```

Jointure interne avec JOIN (nouvelle syntaxe)

Bien qu'il soit possible de faire une jointure interne avec un WHERE comme on vient de le voir, c'est une ancienne syntaxe et aujourd'hui on recommande plutôt d'utiliser JOIN. Il faut dire que nous étions habitués à utiliser le WHERE pour filtrer les données, alors que nous l'utilisons ici pour associer des tables et récupérer plus de données.

Pour éviter de confondre le WHERE traditionnel qui filtre les données et le WHERE de jointure qu'on vient de découvrir, on va utiliser la syntaxe JOIN.

Pour rappel, voici la requête qu'on utilisait avec un WHERE :

```
SELECT j.nom nom_jeu, p.prenom prenom_proprietaire
FROM proprietaires p, jeux_video j
WHERE j.id_proprietaire = p.id
```

Avec un JOIN, on écrirait cette même requête de la façon suivante :

```
SELECT j.nom nom_jeu, p.prenom prenom_proprietaire
FROM proprietaires p
INNER JOIN jeux_video j
ON j.id_proprietaire = p.id
```

Cette fois, on récupère les données depuis une table principale (ici, proprietaires) et on fait une jointure interne (INNER JOIN) avec une autre table (jeux_video). La liaison entre les champs est faite dans la clause ON un peu plus loin.

Le fonctionnement reste le même : on récupère les mêmes données que tout à l'heure avec la syntaxe WHERE.

Si vous voulez filtrer (WHERE), ordonner (ORDER BY) ou limiter les résultats (LIMIT), vous devez le faire à la fin de la requête, après le ON j.id_proprietaire = p.id.

Par exemple :

```
SELECT j.nom nom_jeu, p.prenom prenom_proprietaire
FROM proprietaires p
INNER JOIN jeux_video j
ON j.id_proprietaire = p.id
WHERE j.console = 'PC'
ORDER BY prix DESC
LIMIT 0, 10
```

Ce qui signifie (inspirez un grand coup avant de lire) : « Récupère le nom du jeu et le prénom du propriétaire dans les tables `proprietaires` et `jeux_video`, la liaison entre les tables se fait entre les champs `id_proprietaire` et `id`, prends uniquement les jeux qui tournent sur PC, trie-les par prix décroissants et ne prends que les 10 premiers. »

Il faut s'accrocher avec des requêtes de cette taille !

Les jointures externes

Les jointures externes permettent de récupérer toutes les données, même celles qui n'ont pas de correspondance. On pourra ainsi obtenir Romain Vipelli dans la liste même s'il ne possède pas de jeu vidéo.

Cette fois, la seule syntaxe disponible est à base de `JOIN`. Il y a deux écritures à connaître : `LEFT JOIN` et `RIGHT JOIN`. Cela revient pratiquement au même, avec une subtile différence que nous allons voir.

LEFT JOIN : récupérer toute la table de gauche

Reprenons la jointure à base de `INNER JOIN` et remplaçons tout simplement `INNER` par `LEFT` :

```
SELECT j.nom nom_jeu, p.prenom prenom_proprietaire
FROM proprietaires p
LEFT JOIN jeux_video j
ON j.id_proprietaire = p.id
```

`proprietaires` est appelée la « table de gauche » et `jeux_video` la « table de droite ». Le `LEFT JOIN` demande à récupérer tout le contenu de la table de gauche, donc tous les propriétaires, même si ces derniers n'ont pas d'équivalence dans la table `jeux_video`.

Contenu de la table proprietaires avec LEFT JOIN

NOM_JEU	PRENOM_PROPRIETAIRE
Super Mario Bros	Florent
Sonic	Patrick
…	…
NULL	Romain

Romain apparaît désormais dans les résultats de la requête grâce à la jointure externe. Comme il ne possède aucun jeu, la colonne du nom du jeu est vide.

RIGHT JOIN : récupérer toute la table de droite

Le `RIGHT JOIN` demande à récupérer toutes les données de la table de droite, même si celle-ci n'a pas d'équivalent dans l'autre table. Prenons la requête suivante :

```
SELECT j.nom nom_jeu, p.prenom prenom_proprietaire
FROM proprietaires p
RIGHT JOIN jeux_video j
ON j.id_proprietaire = p.id
```

La table de droite est `jeux_video`. On récupérerait donc tous les jeux, même ceux qui n'ont pas de propriétaire associé.

Comment est-ce possible qu'un jeu n'ait pas de propriétaire associé ?

Il y a deux cas possibles :

- soit le champ `id_proprietaire` contient une valeur qui n'a pas d'équivalent dans la table des propriétaires, par exemple « 56 » ;
- soit le champ `id_proprietaire` vaut `NULL`, c'est-à-dire que personne ne possède ce jeu. C'est le cas notamment du jeu « Bomberman » dans la table que vous avez téléchargée.

Contenu de la table

id	NOM	id_PROPRIETAIRE	CONSOLE	PRIX	NBRE_JOUEURS_MAX	COMMENTAIRES
1	Super Mario Bros	1	NES	4	1	Un jeu d'anthologie !
2	Sonic	2	Megadrive	2	1	Pour moi, le meilleur jeu au monde !
3	Zelda : ocarina of time	1	Nintendo 64	15	1	Un jeu grand, beau et complet comme on en voit rarement de nos jours
4	Mario Kart 64	1	Nintendo 64	25	4	Un excellent jeu de kart !
5	Super Smash Bros Melee	3	GameCube	55	4	Un jeu de baston délirant !
...	...	...	...	...	...	...
51	Bomberman	NULL	NES	5	4	Un jeu simple et toujours aussi passionnant !

Dans ce cas, Bomberman n'appartient à personne. Avec la requête `RIGHT JOIN` qu'on vient de voir, on obtiendra toutes les lignes de la table de droite (`jeux_video`) même si elles n'ont aucun lien avec la table `proprietaires`, comme c'est le cas ici pour Bomberman.

On obtiendra donc les données exposées dans le tableau suivant.

Résultats obtenus

NOM_JEU	PRENOM_PROPRIETAIRE
Super Mario Bros	Florent
Sonic	Patrick
...	...
Bomberman	NULL

En résumé

- Les bases de données permettent d'associer plusieurs tables entre elles.
- Une table peut contenir les `id` d'une autre table, ce qui permet de faire la liaison entre les deux. Par exemple, la table des jeux vidéo contient pour chaque jeu l'`id` de son propriétaire. Le nom et les coordonnées du propriétaire sont alors stockés dans une table à part.
- Pour rassembler les informations au moment de la requête, on effectue des **jointures**.
- On peut faire des jointures avec le mot-clé `WHERE`, mais il est recommandé d'utiliser `JOIN` qui offre plus de possibilités et qui est plus adapté.
- On distingue les jointures internes, qui retournent des données uniquement s'il y a une correspondance entre les deux tables, et les jointures externes qui retournent toutes les données même s'il n'y a pas de correspondance.

Si vous souhaitez en savoir plus sur les bases de données MySQL, je vous invite à lire le tutoriel de Taguan entièrement dédié à MySQL : *http://www.openclassrooms.com/tutoriel-3-464494-administrez-vos-bases-de-donnees-avec-mysql.html*.

Cinquième partie

Aller plus loin avec PHP

Vous pensiez tout savoir ? Vous êtes loin du compte…

Vous allez voir ce que PHP a dans le ventre !

28 Créer et manipuler des images en PHP

Vous savez quoi ? Il y a des gens qui croient que le PHP n'est fait que pour générer des pages web !

Si, si, je vous jure !

Quoi, vous aussi ?

Bon… remarquez, je ne peux pas vous en vouloir non plus : tout au long de ce cours, on n'a fait « que » générer des pages HTML avec PHP. Difficile de croire qu'on pourrait faire autre chose…

En fait, à l'origine, PHP a bien été créé pour réaliser des pages web. Mais au fur et à mesure, les développeurs se sont aperçus qu'il serait dommage de le limiter à ça. Ils ont donc prévu la possibilité de lui ajouter des « extensions ». Ainsi, en ajoutant certains fichiers (des DLL sous Windows), PHP peut se mettre à générer des images, ou même des PDF !

Dans ce chapitre, nous allons parler de l'extension spécialisée dans la génération d'images : la bibliothèque GD.

Activer la bibliothèque GD

Nous avons un problème (ça commence fort !).

En effet, la bibliothèque GD (qui vous permet de créer des images) est livrée avec PHP, mais **elle n'est pas activée**. Ce qui signifie qu'il va falloir demander à l'activer, tout simplement.

La procédure à suivre est exactement la même que celle que nous avons vue pour activer PDO lorsque nous avons découvert les bases de données.

Sous WAMP, par exemple, faites un clic gauche sur l'icône de WAMP dans la barre des tâches, puis allez dans le menu ***PHP/Extensions PHP*** et cochez ***php_gd2***.

> Et sur Internet, avec mon hébergeur ? Est-ce que je peux utiliser GD ?

Cela dépend des hébergeurs. Une grande partie des hébergeurs gratuits désactivent GD parce que cette bibliothèque consomme beaucoup de ressources du processeur.

Si des dizaines de sites se mettent à générer des images en même temps, ça risquerait de beaucoup ralentir la machine et par répercussion tous les autres sites.

Ne désespérez pas pour autant, il existe certainement des hébergeurs gratuits qui acceptent la bibliothèque GD... Sinon, il faudra peut-être trouver un hébergement payant.

Les bases de la création d'image

Voici le plan que nous allons suivre pour créer une image :

1. nous allons découvrir ce qu'est un **header** ;
2. ensuite, nous allons créer l'image de base ;
3. enfin, nous verrons comment on affiche l'image concrètement.

Au travail !

Le header

Il y a deux façons de générer une image en PHP.

- Soit on fait en sorte que notre script PHP renvoie une image (au lieu d'une page web, comme on en avait l'habitude). Dans ce cas, si on va sur la page *http://www.monsite.com/testgd.php*, une image sera affichée et non pas une page web !
- Soit on demande à PHP d'enregistrer l'image dans un fichier.

Dans les deux cas, on utilisera exactement les mêmes fonctions.

On va commencer par la première façon de générer l'image, c'est-à-dire qu'on va faire en sorte que notre script renvoie une image au lieu d'une page web.

> Mais comment indique-t-on au navigateur qu'il doit afficher une image et non pas une page HTML ?

Il va falloir envoyer ce qu'on appelle un header (un en-tête). Grâce à la fonction `header`, on va « dire » au navigateur qu'on est en train d'envoyer une image.

Je vous rappelle les types d'images les plus courants sur le Web :

- **JPEG :** c'est un format très adapté pour les photos, par exemple, car on peut utiliser beaucoup de couleurs ;

- **PNG :** c'est le format le plus récent, très adapté dans la plupart des cas. En fait, à moins d'avoir affaire à une photo, le mieux est d'utiliser le PNG.

Le PNG est en quelque sorte le « remplaçant » du format GIF.

Donc pour faire simple : si c'est une photo, vous créez un fichier JPEG, sinon dans tous les autres cas vous créez un fichier PNG.

Voici le code PHP qu'il faut mettre pour « annoncer » au navigateur qu'on va envoyer une image PNG :

```
<?php
header ("Content-type: image/png");
?>
```

Voilà, c'est assez simple. Ce code signifiera pour le navigateur qu'on envoie une image PNG, et non pas une page HTML.

Si vous envoyez un JPEG, c'est presque pareil, mais vous remplacez `png` par `jpeg`.

> La fonction `header` est particulière. Comme `setcookie`, elle doit être utilisée avant d'avoir écrit le moindre code HTML.
>
> En clair, mettez cette ligne au tout début de votre code, et vous n'aurez pas de problème.

Créer une image

Il existe deux méthodes pour créer une image : soit vous créez une nouvelle image vide, soit vous chargez une image qui existe déjà et qui servira de fond à votre nouvelle image.

À partir d'une image vide

On va commencer par créer une image vide. Pour ce faire, on utilise en PHP la fonction `imagecreate`.

Cette fonction est simple. Elle prend deux paramètres : la largeur et la hauteur de l'image que vous voulez créer. Elle renvoie une information que vous devez mettre dans une variable (par exemple, `$image`). Ce qui nous donne :

```
<?php
header ("Content-type: image/png");
$image = imagecreate(200,50);
?>
```

Ici, nous sommes en train de créer une image de **200 pixels de large** et **50 pixels de haut**.

`$image` ne contient ni un nombre ni du texte. Cette variable contient une « image ». C'est assez difficile à imaginer qu'une variable puisse « contenir » une image, mais c'est comme ça.

On dit que `$image` est une « ressource », c'est-à-dire une variable un peu spéciale qui contient toutes les informations sur un objet. Ici, il s'agit d'une image, mais il pourrait très bien s'agir d'un PDF ou même d'un fichier que vous avez ouvert avec `fopen`. Tiens, tiens, ça vous rappelle quelque chose ?

À partir d'une image existante

L'autre possibilité consiste à créer une image à partir d'une image déjà existante.

Cette fois, il y a deux fonctions à connaître. Laquelle choisir ? Ça dépend du format de l'image que vous voulez charger :

- **JPEG :** il faut utiliser la fonction `imagecreatefromjpeg` ;
- **PNG :** il faut utiliser la fonction `imagecreatefrompng`.

Par exemple, j'ai une jolie photo de coucher de soleil qui s'appelle `couchersoleil.jpg` (figure suivante).

Ma photo couchersoleil.jpg

Pour créer une nouvelle image en me basant sur celle-ci, je dois utiliser la fonction `imagecreatefromjpeg`. Ça nous donnerait le code suivant :

```
<?php
header ("Content-type: image/jpeg");
$image = imagecreatefromjpeg("couchersoleil.jpg");
?>
```

Voilà, vous savez créer une nouvelle image.

Nous allons maintenant voir comment afficher l'image que vous venez de créer.

Afficher l'image ou l'enregistrer

Une fois que vous avez chargé l'image, vous pouvez vous amuser à y écrire du texte, à dessiner des cercles, des carrés, etc. Nous allons apprendre tout cela juste après.

Je souhaite vous montrer ici comment faire pour dire à PHP qu'on a fini et qu'on veut afficher l'image.

La fonction à utiliser dépend du type de l'image que vous êtes en train de créer :

- **JPEG :** il faut utiliser la fonction `imagejpeg` ;
- **PNG :** il faut utiliser la fonction `imagepng`.

Ces deux fonctions s'utilisent de la même manière : vous avez juste besoin d'indiquer quelle image vous voulez afficher.

Comme je vous le disais, il y a deux façons d'utiliser les images en PHP : vous pouvez les afficher directement après les avoir créées, ou les enregistrer sur le disque pour pouvoir les réafficher plus tard, sans avoir à refaire tous les calculs.

Afficher directement l'image

C'est la méthode qu'on va utiliser dans ce chapitre. Quand la page PHP est exécutée, elle affiche l'image que vous lui avez demandé de créer.

Vous avez toujours votre variable `$image` sous la main ? Parfait !

Alors voici le code complet que j'utilise pour créer une nouvelle image PNG de taille 200 × 50 pixels et l'afficher directement :

```
<?php
header ("Content-type: image/png"); // 1 : on indique qu'on va envoyer une
image PNG
$image = imagecreate(200,50); // 2 : on crée une nouvelle image de taille
200 x 50
// 3 : on s'amuse avec notre image (on va apprendre à le faire)
imagepng($image); // 4 : on a fini de faire joujou, on demande à afficher
l'image
?>
```

C'est bien joli, mais là on n'a qu'une image sous les yeux. Et si je veux mettre du texte autour ? Les menus de mon site ?

En fait, on utilise une technique qui, j'en suis sûr, va vous surprendre. On va demander à **afficher la page PHP comme une image**.

Donc, si la page PHP s'appelle `image.php`, vous mettrez ce code HTML pour l'afficher depuis une autre page :

```
<img src="image.php" />
```

Incredible, isn't it?

Mais en fait, c'est logique quand on y pense ! La page PHP qu'on vient de créer EST une image (puisqu'on a modifié le header). On peut donc afficher l'image qu'on vient de créer depuis n'importe quelle page de votre site en utilisant simplement la balise <img />.

Le gros avantage de cette technique est que l'image affichée pourra changer à chaque fois !

Enregistrer l'image sur le disque

Si, au lieu d'afficher directement l'image, vous préférez l'enregistrer sur le disque, alors il faut ajouter un paramètre à la fonction imagepng, à savoir le nom de l'image, et éventuellement son dossier. En revanche, dans ce cas, votre script PHP ne va plus renvoyer une image (il va juste en enregistrer une sur le disque). Vous pouvez donc supprimer la fonction header qui ne sert plus à rien.

Ce qui nous donne :

```
<?php
$image = imagecreate(200,50);
// On fait joujou avec notre image
imagepng($image, "images/monimage.png"); // On enregistre l'image dans le
                                         // dossier «images»
?>
```

Cette fois, l'image a été enregistrée sur le disque avec le nom monimage.png. Pour l'afficher depuis une autre page web, vous ferez donc comme ceci :

```
<img src="images/monimage.png" />
```

Vous avez un peu plus l'habitude de ceci, j'imagine.

Cette technique présente l'avantage de ne pas nécessiter de recalculer l'image à chaque fois (votre serveur aura moins de travail), mais l'inconvénient est qu'une fois qu'elle est enregistrée, l'image ne change plus.

Si je teste ces codes, ça crée une image toute blanche !

Oui, je sais. Vous avez été patient et je vous en félicite car c'est maintenant que ça va devenir intéressant.

Texte et couleur

Voici ce que nous allons apprendre à faire maintenant :

- manipuler les couleurs ;
- écrire du texte.

Vous allez commencer à voir un peu ce qu'il est possible de faire grâce à la bibliothèque GD, mais vous verrez plus loin qu'on peut faire bien plus.

Manipuler les couleurs

Un ordinateur – il faut le savoir – décompose chaque couleur en Rouge-Vert-Bleu. En mélangeant les quantités de rouge, de vert et de bleu, ça nous donne une couleur parmi des millions de possibilités !

On indique la « quantité » de rouge, de vert et de bleu par un nombre compris entre 0 et 255. Par exemple,

- si je dis que je mets 255 de bleu, ça veut dire qu'on met tout le bleu ;
- si je mets 100 de bleu, il y a un peu moins de bleu ;
- si je mets 0, alors là il n'y a plus du tout de bleu.

On doit écrire les trois quantités dans l'ordre RVB (Rouge-Vert-Bleu). Par exemple, (`255 0 0`).

Cette couleur contient beaucoup de rouge, et pas du tout de vert ni de bleu. C'est donc la couleur… rouge ! Bravo !

Maintenant, si je mets beaucoup de rouge et de vert : (`255 255 0`). Nous obtenons la couleur : jaune !

Allez, un dernier essai pour la route et on arrête là : (`255 128 0`).

Il s'agit de la couleur orange !

Pour information, la couleur blanche correspond à (`255 255 255`) et la couleur noire à (`0 0 0`).

Si vous êtes équipé d'un logiciel de dessin comme Paint sous Windows et que vous allez dans le menu ***Couleur/Modifier les couleurs***, vous pouvez choisir la couleur que vous voulez, comme sur la figure suivante.

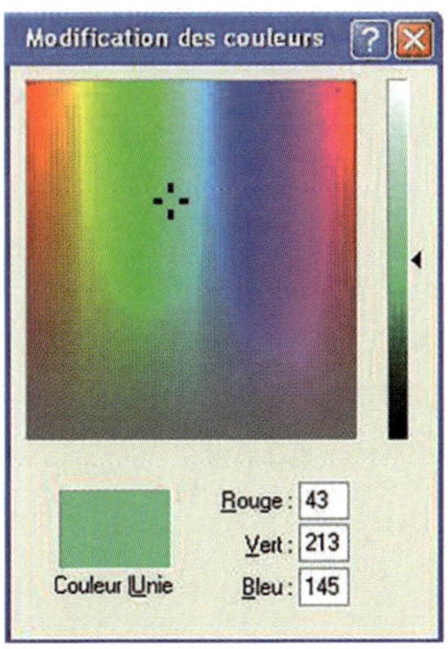

Sélection d'une couleur

Comme vous pouvez le voir, en cliquant sur la couleur qui vous intéresse on vous donne les quantités de Rouge-Vert-Bleu.

Vous pouvez donc choisir la couleur que vous voulez. Allez-y, servez-vous.

Mais revenons à ce qui nous intéresse : PHP.

Pour définir une couleur en PHP, on doit utiliser la fonction `imagecolorallocate`.

On lui attribue quatre paramètres : l'image sur laquelle on travaille, la quantité de rouge, la quantité de vert et la quantité de bleu.

Cette fonction nous renvoie la couleur dans une variable. Grâce à cette fonction, on va pouvoir créer des « variables-couleur » qui vont nous être utiles pour indiquer ensuite la couleur.

Voici quelques exemples de création de couleur :

```
<?php
header ("Content-type: image/png");
$image = imagecreate(200,50);

$orange = imagecolorallocate($image, 255, 128, 0);
$bleu = imagecolorallocate($image, 0, 0, 255);
$bleuclair = imagecolorallocate($image, 156, 227, 254);
$noir = imagecolorallocate($image, 0, 0, 0);
$blanc = imagecolorallocate($image, 255, 255, 255);

imagepng($image);
?>
```

Une chose très importante à noter : la première fois que vous faites un appel à la fonction `imagecolorallocate`, cette couleur devient la couleur de fond de votre image.

Donc, si vous avez bien compris, ce code doit créer une image… tout orange !

Essayez ! (*http://www.openclassrooms.com/uploads/fr/ftp/mateo21/ex4.2.6.php*).

Si j'avais voulu que le fond soit blanc et non orange, il aurait fallu placer `$blanc` en premier.

Voilà, vous savez maintenant créer toutes les couleurs de l'arc-en-ciel en PHP.

Écrire du texte

Nous voici enfin dans le vif du sujet (ouf !). Nous avons une belle image avec un magnifique fond orange, et nous voulons y écrire du texte.

Avec la fonction `imagestring`, c'est facile !

Cette fonction prend beaucoup de paramètres. Elle s'utilise comme ceci :

```
<?php
imagestring($image, $police, $x, $y, $texte_a_ecrire, $couleur);
?>
```

Il existe aussi la fonction `imagestringup` qui fonctionne exactement de la même manière, sauf qu'elle écrit le texte verticalement et non horizontalement !

Je vous détaille ci-dessous les paramètres dans l'ordre, c'est important que vous compreniez bien.

- `$image` : c'est notre fameuse variable qui contient l'image.
- `$police` : c'est la police de caractères que vous voulez utiliser. Vous devez mettre un nombre de 1 à 5 ; 1 = petit, 5 = grand. Il est aussi possible d'utiliser une police de caractères personnalisée, mais il faut avoir des polices dans un format spécial qu'il serait trop long de détailler ici. On va donc se contenter des polices par défaut.
- `$x` et `$y` : ce sont les coordonnées auxquelles vous voulez placer votre texte sur l'image. Et là vous vous dites : « Aïe, ça sent les maths » (comme quoi les maths, ça sert). Vous devez savoir que l'origine se trouve en haut à gauche de votre image. Le point de coordonnées (0, 0) représente donc le point tout en haut à gauche de l'image.

La figure suivante montre le schéma de notre image orange précédente, dont la taille est 200 × 50 pixels :

Coordonnées de l'image

Les coordonnées de l'image s'arrêtent à (199, 49) et non à (200, 50) comme on pourrait s'y attendre. En effet, il ne faut pas oublier qu'on commence à compter à partir de 0 ! De 0 à 199, il y a bien 200 points.

Comme vous pouvez le voir, j'ai marqué les quatre points des côtés de l'image. (0, 0) se trouve tout en haut à gauche, et (199, 49) se trouve tout en bas à droite.

- `$texte_a_ecrire` : c'est le... texte que vous voulez écrire. Non, non, il n'y a pas de piège.
- `$couleur` : c'est une couleur que vous avez créée tout à l'heure avec `imagecolorallocate`.

Voici un exemple concret de ce que l'on peut faire :

```
<?php
header ("Content-type: image/png");
$image = imagecreate(200,50);

$orange = imagecolorallocate($image, 255, 128, 0);
```

```
$bleu = imagecolorallocate($image, 0, 0, 255);
$bleuclair = imagecolorallocate($image, 156, 227, 254);
$noir = imagecolorallocate($image, 0, 0, 0);
$blanc = imagecolorallocate($image, 255, 255, 255);

imagestring($image, 4, 35, 15, "Salut les ZérOs !", $blanc);

imagepng($image);
?>
```

Résultat

La ligne contenant `imagestring` peut se traduire par : « Mets dans l'image `$image`, avec la police de taille `4`, aux coordonnées `(35, 15)`, le texte `" Salut les ZérOs ! "`, de couleur blanche. »

Dessiner une forme

Dessiner du texte c'est bien, mais ça serait bête d'être limité à ça. Heureusement, PHP a pensé à tout !

Graphistes en herbe, vous allez certainement trouver votre bonheur dans toutes ces fonctions : vous pouvez créer des lignes, des rectangles, des cercles, des polygones…

Je vais vous présenter la plupart de ces fonctions ci-après, et je vous montrerai ensuite ce que ça donne dans une image de taille 200 × 200 pixels, histoire d'avoir un aperçu.

ImageSetPixel

Son rôle : dessiner un pixel aux coordonnées `(x, y)`.

```
ImageSetPixel ($image, $x, $y, $couleur);
```

En voici l'illustration à la figure suivante, grâce au code :

```
ImageSetPixel ($image, 100, 100, $noir);
```

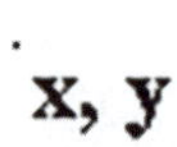

ImageSetPixel

ImageLine

Elle permet de dessiner une ligne entre deux points de coordonnées `(x1, y1)` et `(x2, y2)`.

```
ImageLine ($image, $x1, $y1, $x2, $y2, $couleur);
```

La preuve en image : figure suivante. Le code utilisé est le suivant :

```
ImageLine ($image, 30, 30, 120, 120, $noir);
```

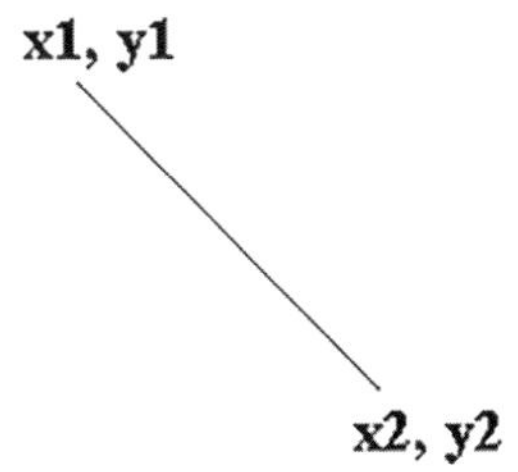

ImageLine

ImageEllipse

Cette fonction dessine une ellipse dont le centre est aux coordonnées `(x, y)`, de largeur `$largeur` et de hauteur `$hauteur`.

```
ImageEllipse ($image, $x, $y, $largeur, $hauteur, $couleur);
```

Voici le code correspondant à la figure qui suit :

```
ImageEllipse ($image, 100, 100, 100, 50, $noir);
```

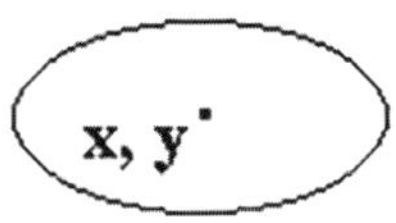

ImageEllipse

ImageRectangle

Cette fonction permet de dessiner un rectangle, dont le coin en haut à gauche est de coordonnées `(x_1, y_1)` et celui en bas à droite `(x_2, y_2)`.

```
ImageRectangle ($image, $x1, $y1, $x2, $y2, $couleur);
```

La figure suivante montre le résultat produit par le code suivant :

```
ImageRectangle ($image, 30, 30, 160, 120, $noir);
```

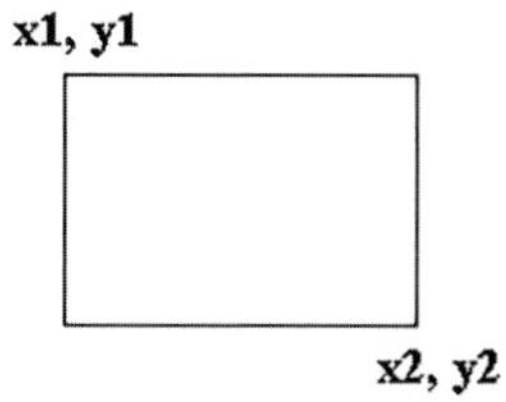

ImageRectangle

ImagePolygon

Elle dessine un polygone ayant un nombre de points égal à `$nombre_de_points` (s'il y a trois points, c'est donc un triangle). L'array `$array_points` contient les coordonnées de tous les points du polygone dans l'ordre : `x1`, `y1`, `x2`, `y2`, `x3`, `y3`, `x4`, `y4`…

```
ImagePolygon ($image, $array_points, $nombre_de_points, $couleur);
```

La figure suivante présente un exemple, avec le code correspondant :

```
$points = array(10, 40, 120, 50, 160, 160); ImagePolygon ($image, $points,
3, $noir);
```

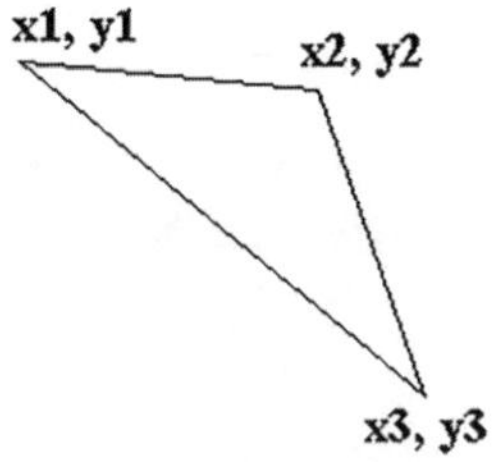

ImagePolygon

Des fonctions encore plus puissantes

Des rectangles, des ellipses, des lignes... C'est tout ce qu'on peut faire ?

Bien sûr que non ! Il y a d'autres fonctions que je veux absolument vous montrer parce qu'elles permettent de réaliser des opérations bien plus complexes !

Nous allons apprendre à :

- rendre une image transparente ;
- mélanger deux images ;
- redimensionner une image, pour créer une miniature, par exemple.

J'espère que vous êtes encore en forme, ce serait dommage de s'endormir sur les fonctions les plus intéressantes.

Rendre une image transparente

Tout d'abord, il faut savoir que seul le PNG peut être rendu transparent. En effet, un des gros défauts du JPEG est qu'il ne supporte pas la transparence. Nous allons donc ici travailler sur un PNG.

Rendre une image transparente est d'une facilité déconcertante. Il suffit d'utiliser la fonction `imagecolortransparent` et de lui indiquer quelle couleur on veut rendre transparente. Cette fonction s'utilise comme ceci :

```
<?php
imagecolortransparent($image, $couleur);
?>
```

Je vais reprendre l'exemple de l'image où j'ai écrit « Salut les Zéros ! » sur un vieux fond orange et je vais y ajouter la fonction `imagecolortransparent` pour rendre ce fond transparent :

```
<?php
header ("Content-type: image/png");
$image = imagecreate(200,50);

$orange = imagecolorallocate($image, 255, 128, 0); // Le fond est orange
                                                   // (c'est la première
                                                      couleur)
$bleu = imagecolorallocate($image, 0, 0, 255);
$bleuclair = imagecolorallocate($image, 156, 227, 254);
$noir = imagecolorallocate($image, 0, 0, 0);
$blanc = imagecolorallocate($image, 255, 255, 255);

imagestring($image, 4, 35, 15, "Salut les Zéros !", $noir);
imagecolortransparent($image, $orange); // On rend le fond orange transparent

imagepng($image);
?>
```

La figure suivante montre le PNG transparent obtenu.

Salut les Zéros !

Un texte dans un PNG

Superposer deux images

C'est un tout petit peu plus compliqué que de rendre une image transparente, mais je vous rassure, c'est loin d'être insurmontable et ça en vaut la peine.

La fonction que je vais vous présenter ici permet de fusionner deux images en jouant sur un effet de transparence. Cela peut sembler tordu, mais en réalité c'est vraiment génial !

Par exemple, on peut s'en servir pour incruster le logo de son site sur une image.

Logo

Et en figure suivante, l'image en question.

Image à marquer par le logo

La fonction qui permet de réaliser la fusion entre deux images est `imagecopymerge`.

Ce script est un peu plus long que les autres, alors je préfère vous le donner tout de suite. Je vous expliquerai juste après comment il fonctionne.

```php
<?php
header ("Content-type: image/jpeg"); // L'image que l'on va créer est un
                                     // fichier JPEG

// On charge d'abord les images
$source = imagecreatefrompng("logo.png"); // Le logo est la source
$destination = imagecreatefromjpeg("couchersoleil.jpg"); // La photo est la
                                                         // destination

// Les fonctions imagesx et imagesy renvoient la largeur et la hauteur
// d'une image
$largeur_source = imagesx($source);
$hauteur_source = imagesy($source);
$largeur_destination = imagesx($destination);
$hauteur_destination = imagesy($destination);

// On veut placer le logo en bas à droite, on calcule les coordonnées où
// on doit placer le logo sur la photo
$destination_x = $largeur_destination - $largeur_source;
$destination_y =  $hauteur_destination - $hauteur_source;

// On met le logo (source) dans l'image de destination (la photo)
imagecopymerge($destination, $source, $destination_x, $destination_y, 0, 0,
$largeur_source, $hauteur_source, 60);

// On affiche l'image de destination qui a été fusionnée avec le logo
imagejpeg($destination);
?>
```

La figure suivante donne le résultat de ce script.

Le logo a été intégré dans l'image.

`imagecopymerge` est une fonction vraiment très utile, car elle va vous permettre de « copyrighter » automatiquement toutes les images de votre site, si vous le voulez.

Cependant, le script utilisé ici est un petit peu plus complexe, et je crois que quelques explications ne seraient pas superflues.

Voici donc les points à bien comprendre :

- Dans ce script, on manipule deux images : `$source` (le logo) et `$destination` (la photo). Les deux sont créées à l'aide de la fonction `imagecreatefrompng` (et `fromjpeg` pour la photo).
- Il y a ensuite toute une série de calculs à partir des coordonnées et de la largeur et hauteur des images. J'imagine que ça a dû vous faire peur, mais c'est en fait très simple du moment qu'on sait faire une soustraction.
  Notre but est de savoir à quelles coordonnées placer le logo sur la photo. Pour ma part, je veux le mettre tout en bas à droite. J'ai donc besoin de connaître les dimensions des images. J'utilise les fonctions `imagesx` et `imagesy` pour récupérer les dimensions du logo et de la photo. Ensuite, pour placer le logo tout en bas, il faut le mettre à la position `$hauteur_de_la_photo - $hauteur_du_logo`. On fait de même pour placer le logo à droite : `$largeur_de_la_photo - $largeur_du_logo`. Si j'avais voulu mettre le logo tout en haut à gauche, là, ça aurait été beaucoup plus simple : pas besoin de faire des calculs, vu qu'en haut à gauche les coordonnées sont (0, 0) !
- Vient ensuite la fonction `imagecopymerge`, la plus importante. Elle prend de nombreux paramètres. Ce qu'il faut savoir, c'est qu'elle a besoin de deux images : une source et une destination. Elle modifie l'image de destination (ici, la photo) pour y intégrer l'image source. Cela explique pourquoi c'est `$destination` qu'on affiche à la fin, et non pas `$source` (le logo) qui n'a pas changé.

Les paramètres à donner à la fonction sont, dans l'ordre :

1. **L'image de destination** : ici `$destination`, la photo. C'est l'image qui va être modifiée et dans laquelle on va mettre notre logo.
2. **L'image source** : ici `$source`, c'est notre logo. Cette image n'est pas modifiée.
3. **L'abscisse à laquelle vous désirez placer le logo sur la photo** : il s'agit ici de l'abscisse du point située à la position `$largeur_de_la_photo - $largeur_du_logo`.
4. **L'ordonnée à laquelle vous désirez placer le logo sur la photo** : de même, il s'agit de l'ordonnée du point sur la photo (ici, `$hauteur_de_la_photo - $hauteur_du_logo`).
5. **L'abscisse de la source** : en fait, la fonction `imagecopymerge` permet aussi de ne prendre qu'une partie de l'image source. Ça peut devenir un peu compliqué, alors on va dire qu'on prend tout le logo. On part donc du point situé aux coordonnées (0, 0) de la source. Mettez donc 0 pour l'abscisse.
6. **L'ordonnée de la source** : de même pour l'ordonnée. Mettez 0.
7. **La largeur de la source** : c'est la largeur qui détermine quelle partie de l'image source vous allez prendre. On prend ici toute l'image source, il vous suffit donc de mettre `$largeur_source`.
8. **La hauteur de la source** : de même, mettez `$hauteur_source`.
9. **Le pourcentage de transparence** : c'est un nombre entre 0 et 100 qui indique la transparence de votre logo sur la photo. Si vous mettez 0, le logo sera invisible (tota-

lement transparent), et si vous mettez 100, il sera totalement opaque (il n'y aura pas d'effet de « fusion »). Choisissez un nombre autour de 60-70, en général c'est bien.

Concrètement, on peut se servir de ce code pour faire une page copyrighter.php. Cette page prendra un paramètre le nom de l'image à copyrighter.

Par exemple, si vous voulez copyrighter automatiquement tropiques.jpg, vous afficherez l'image comme ceci :

```
<img src="copyrighter.php?image=tropiques.jpg" />
```

À vous maintenant d'écrire la page copyrighter.php.

Si vous vous basez sur le script que je vous ai donné, ça ne devrait pas être bien long. Il faut juste récupérer le nom de l'image à charger (via la variable $_GET['image']). Mais ça y est, je vous ai tout dit…

Redimensionner une image

Selon moi, c'est une des fonctionnalités les plus intéressantes de la bibliothèque GD, qui permet de créer des miniatures de nos images.

Par exemple, vous pouvez vous en servir pour créer une galerie de photos. Vous affichez les miniatures et si vous cliquez sur l'une d'elles, elle s'affiche dans sa taille originale.

Pour redimensionner une image, on va utiliser la fonction imagecopyresampled. C'est une des fonctions les plus poussées car elle fait beaucoup de calculs mathématiques pour créer une miniature de bonne qualité. Le résultat est très bon, mais cela donne énormément de travail au processeur.

> Cette fonction est donc puissante mais lente. Tellement lente que certains hébergeurs la désactivent pour éviter que le serveur fonctionne au ralenti. Il serait suicidaire d'afficher directement l'image à chaque chargement d'une page. Nous allons ici créer la miniature une fois pour toutes et l'enregistrer dans un fichier.

Nous allons donc enregistrer notre miniature dans un fichier (mini_coucherso-leil.jpg, par exemple). Cela veut dire qu'on peut déjà retirer la première ligne (le header) qui ne sert plus à rien.

Comme pour imagecopymerge, on va avoir besoin de deux images : la source et la destination. Ici, la source c'est l'image originale et la destination, l'image miniature qu'on va créer.

La première chose à faire sera donc de créer une nouvelle image vide… Avec quelle fonction ? imagecreate ? Oui, c'est presque la bonne réponse.

Le problème voyez-vous, c'est que imagecreate crée une nouvelle image dont le nombre de couleurs est limité (256 couleurs au maximum, en général). Or, notre miniature contiendra peut-être plus de couleurs que l'image originale à cause des calculs mathématiques.

On va donc devoir utiliser une autre fonction dont je ne vous ai pas encore parlé : `imagecreatetruecolor`. Elle fonctionne de la même manière que `imagecreate` mais cette fois, l'image pourra contenir beaucoup plus de couleurs.

Voici le code que je vais utiliser pour générer la miniature de `couchersoleil.jpg`, ma photo :

```
<?php
$source = imagecreatefromjpeg("couchersoleil.jpg"); // La photo est la source
$destination = imagecreatetruecolor(200, 150); // On crée la miniature vide

// Les fonctions imagesx et imagesy renvoient la largeur et la hauteur d'une image
$largeur_source = imagesx($source);
$hauteur_source = imagesy($source);
$largeur_destination = imagesx($destination);
$hauteur_destination = imagesy($destination);

// On crée la miniature
imagecopyresampled($destination, $source, 0, 0, 0, 0, $largeur_destination,
$hauteur_destination, $largeur_source, $hauteur_source);

// On enregistre la miniature sous le nom «mini_couchersoleil.jpg»
imagejpeg($destination, "mini_couchersoleil.jpg");
?>
```

Avant, l'image ressemblait à la figure suivante. Grâce à `imagecopyresampled`, on a obtenu une version miniature (figure suivante).

L'image d'origine

L'image redimensionnée

Vous pouvez ensuite afficher l'image avec le code HTML :

```
<img src=" mini_couchersoleil.jpg " alt=" Coucher de soleil " />
```

On a créé notre miniature vide avec `imagecreatetruecolor` en dimensions réduites (`\[200 \times 150\]`). Je vous ai déjà expliqué les fonctions `imagesx` et `imagesy`, je n'y reviens pas. Voyons plutôt quels sont les paramètres de la fonction `imagecopyresampled` :

1. **L'image de destination :** c'est `$destination`, l'image que l'on a créée avec `imagecreatetruecolor`.
2. **L'image source** : c'est l'image à partir de laquelle on veut créer la miniature ; ici, c'est notre fichier `couchersoleil.jpg` que l'on a chargé avec `imagecreatefromjpeg`.
3. **L'abscisse du point à laquelle vous placez la miniature sur l'image de destination :** pour faire simple, on va dire que notre image de destination contiendra uniquement la miniature. On placera donc la miniature aux coordonnées (0, 0), ce qui fait qu'il faut mettre 0 à cette valeur.
4. **L'ordonnée du point à laquelle vous placez la miniature sur l'image de destination :** pour les mêmes raisons, mettez 0.
5. **L'abscisse du point de la source :** ici, on prend toute l'image source et on en fait une miniature. Pour tout prendre, il faut partir du point (0, 0), ce qui fait que là encore on met 0 à cette valeur.
6. **L'ordonnée du point de la source :** indiquez encore 0.
7. **La largeur de la miniature :** un des paramètres les plus importants, qui détermine la taille de la miniature à créer. Dans notre cas, notre miniature fait 200 pixels de large. On a stocké ce nombre dans la variable `$largeur_destination`.
8. **La hauteur de la miniature :** de même pour la hauteur de la miniature à créer.
9. **La largeur de la source :** il suffit d'indiquer la taille de notre image source. On a stocké cette valeur dans `$largeur_source`, on la réutilise donc ici.
10. **La hauteur de la source :** de même pour la hauteur.

Comme vous pouvez le voir, `imagecopyresampled` permet de faire beaucoup de choses, et en général on ne se servira pas de tout.

Plusieurs paramètres sont à 0, et ce n'est pas vraiment la peine de chercher à comprendre pourquoi. Basez-vous sur mon exemple pour créer vos miniatures, et le tour sera joué.

En résumé

- PHP permet de faire bien plus que générer des pages web HTML. En utilisant des extensions, comme la bibliothèque GD, on peut par exemple générer des images.
- Pour qu'une page PHP renvoie une image au lieu d'une page web, il faut modifier l'en-tête HTTP à l'aide de la fonction `header()` qui indiquera alors au navigateur du visiteur l'arrivée d'une image.

- Il est possible d'enregistrer l'image sur le disque dur si on le souhaite, ce qui évite d'avoir à la générer à chaque fois qu'on appelle la page PHP.
- On peut créer des images avec GD à partir d'une image vide ou d'une image déjà existante.
- GD propose des fonctions d'écriture de texte dans une image et de dessin de formes basiques.
- Des fonctions plus avancées de GD permettent de fusionner des images ou d'en redimensionner.

29 Les expressions régulières

Vous avez toujours rêvé d'apprendre à parler chinois ?

Ça tombe bien ! Dans ce chapitre, je vais vous apprendre à écrire quelque chose comme ceci :

```
#(((https?|ftp)://(w{3}\.)?)(?<!www)(\w+-?)*\.([a-z]{2,4}))#
```

Croyez-moi si vous voulez, mais ce charabia imprononçable… eh bien ça veut vraiment dire quelque chose ! Si, si, je vous jure ! ;-)

Les expressions régulières, ou regex, constituent un système très puissant et très rapide pour faire des recherches dans des chaînes de caractères (des phrases, par exemple). C'est une sorte de fonctionnalité **Rechercher/Remplacer** très poussée, dont vous ne pourrez plus vous passer une fois que vous saurez vous en servir.

Les expressions régulières vont nous permettre d'effectuer des recherches et des remplacements poussés dans des textes. Voici quelques exemples pratiques de ce que vous serez en mesure de faire :

- vérifier automatiquement si l'adresse e-mail entrée par le visiteur a une forme valide (comme « dupont@free.fr ») ;
- modifier une date que vous avez au format américain (08-05-1985) pour la mettre dans le bon ordre en français (05/08/1985) ;
- remplacer automatiquement toutes les adresses « http:// » par des liens cliquables, comme cela se fait sur certains forums ;
- créer votre propre langage simplifié à partir du HTML, comme le fameux bbCode (`[b][/b]`…).

Où utiliser une regex ?

POSIX ou PCRE ?

Bonne nouvelle : vous n'aurez pas à activer quoi que ce soit pour faire des expressions régulières (contrairement à la bibliothèque GD).

Il existe deux types d'expressions régulières, qui répondent aux doux noms de :

- **POSIX :** c'est un langage d'expressions régulières mis en avant par PHP, qui se veut un peu plus simple que PCRE (ça n'en reste pas moins assez compliqué). Toutefois, son principal et gros défaut c'est que ce « langage » est plus lent que PCRE.
- **PCRE :** ces expressions régulières sont issues d'un autre langage (le Perl). Considérées comme un peu plus élaborées, elles sont surtout bien plus rapides et performantes.

PHP propose donc de choisir entre POSIX et PCRE. Pour ma part, le choix est tout fait : nous allons étudier PCRE.

Rassurez-vous, ce n'est pas beaucoup plus compliqué que POSIX, mais ça a l'avantage d'être très rapide. Et à notre niveau de PHP, ce qui nous intéresse justement c'est la rapidité.

Les fonctions qui nous intéressent

Nous avons donc choisi PCRE. Il existe plusieurs fonctions utilisant le « langage PCRE » et qui commencent toutes par `preg_` :

- `preg_grep` ;
- `preg_split` ;
- `preg_quote` ;
- `preg_match` ;
- `preg_match_all` ;
- `preg_replace` ;
- `preg_replace_callback`.

Chaque fonction a sa particularité : certaines permettent de faire simplement une recherche, d'autres une recherche et un remplacement, mais leur gros point commun est qu'elles utilisent un « langage » identique pour effectuer une recherche.

Lorsque vous aurez appris le langage PCRE, vous pourrez utiliser chacune d'elles sans problème.

Pour éviter de faire trop de théorie, on va commencer, pour s'entraîner, à utiliser une de ces fonctions : `preg_match`.

preg_match

En utilisant cette fonction, vous pourrez vous exercer en même temps que moi et voir petit à petit si vous avez compris le principe du langage PCRE.

Il faut juste savoir que cette fonction renvoie un booléen : VRAI ou FAUX (`true` ou `false`). Elle renvoie `true` si elle a trouvé le mot que vous cherchiez dans la chaîne, `false` si elle ne l'a pas trouvé.

Vous devez lui donner deux informations : votre regex et la chaîne dans laquelle vous faites une recherche.

Voici par exemple comment on peut s'en servir, à l'aide d'une condition `if` :

```
<?php
if (preg_match("** Votre REGEX **", "Ce dans quoi vous faites la
recherche"))
{
    echo 'Le mot que vous cherchez se trouve dans la chaîne';
}
else
{
    echo 'Le mot que vous cherchez ne se trouve pas dans la chaîne';
}
?>
```

À la place de `"** Votre REGEX **"`, vous taperez quelque chose en langage PCRE, comme ce que je vous ai montré au début de ce chapitre :

```
#(((https?|ftp)://(w{3}\.)?)(?<!www)(\w+-?)*\.([a-z]{2,4}))#
```

C'est justement ce qui nous intéresse, c'est là-dessus que nous allons nous pencher par la suite.

Des recherches simples

On va commencer par faire des recherches très simples et très basiques. Normalement, vous ne devriez pas avoir trop de mal à suivre pour l'instant, c'est quand tout sera mélangé que ça va se compliquer.

Première chose importante à savoir : une regex est toujours entourée de caractères spéciaux appelés **délimiteurs**.

On peut choisir n'importe quel caractère spécial comme délimiteur, et pour éviter de tourner en rond trop longtemps, je vais vous en imposer un : le dièse !

Votre regex se trouve alors entourée de dièses, comme ceci :

```
#Ma regex#
```

À quoi servent les dièses, puisque de toute façon la regex est entourée par des guillemets dans la fonction PHP ?

Parce que si on veut, on peut utiliser des options. On ne va pas parler des options tout de suite car on n'en a pas besoin pour commencer, mais sachez que ces options se placent après le second dièse, comme ceci :

```
#Ma regex#Options
```

À la place de `Ma regex`, vous devez mettre le mot que vous recherchez.

Prenons un exemple : vous aimeriez savoir si une variable contient le mot « guitare ». Il vous suffit d'utiliser la regex suivante pour faire la recherche :

```
#guitare#
```

Dans un code PHP, ça donne :

```php
<?php
if (preg_match("#guitare#", "J'aime jouer de la guitare."))
{
    echo 'VRAI';
}
else
{
    echo 'FAUX';
}
?>
```

Si vous exécutez ce code, vous verrez qu'il affiche « VRAI » parce que le mot « guitare » a été trouvé dans la phrase « J'aime jouer de la guitare. ».

Retenez bien ce petit bout de code. Nous allons le garder un moment en changeant parfois la regex, parfois la phrase dans laquelle on fait la recherche.

Pour que vous compreniez bien comment les regex se comportent, je vais vous présenter les résultats dans un tableau :

Résultats obtenus

Chaîne	Regex	Résultat
J'aime jouer de la guitare.	`#guitare#`	VRAI
J'aime jouer de la guitare.	`#piano#`	FAUX

On a trouvé le mot « guitare » dans la première phrase, mais pas « piano » dans la seconde.

Jusque-là c'est facile, mais ça ne va pas tarder à se compliquer !

Et tu casses, tu casses, tu casses...

Une chose importante à savoir sur les regex : elles distinguent les majuscules des minuscules ; on dit qu'elles sont « sensibles à la casse ». Observez les deux regex présentées dans ce tableau, par exemple :

Exemples de regex

Chaîne	Regex	Résultat
J'aime jouer de la guitare.	`#Guitare#`	FAUX
J'aime jouer de la guitare.	`#GUITARE#`	FAUX

Comment faire si on veut que nos regex ne fassent plus la différence entre majuscules et minuscules ?

On va justement utiliser une **option**. C'est la seule que vous aurez besoin de retenir pour le moment. Il faut ajouter la lettre « i » après le deuxième dièse, et la regex ne fera plus attention à la casse :

Option dans les regex

Chaîne	Regex	Résultat
J'aime jouer de la guitare	`#Guitare#i`	VRAI
Vive la GUITARE !	`#guitare#i`	VRAI
Vive la GUITARE !	`#guitare#`	FAUX

Dans le dernier exemple, je n'ai pas mis l'option « i », le résultat est donc FAUX.

Mais dans les autres exemples, vous pouvez voir que le « i » a permis de ne plus faire la différence entre majuscules et minuscules. ;-)

Le symbole OU

On va maintenant utiliser le symbole OU, que vous avez déjà vu dans le chapitre sur les conditions : c'est la barre verticale `|`.

Grâce à elle, vous allez pouvoir laisser plusieurs possibilités à votre regex. Ainsi, si vous tapez :

```
#guitare|piano#
```

... cela veut dire que vous cherchez soit le mot « guitare », soit le mot « piano ». Si un des deux mots est trouvé, la regex répond VRAI.

Voici quelques exemples :

Exemples de regex contenant le symbole OU

CHAÎNE	REGEX	RÉSULTAT
J'aime jouer de la guitare	`#guitare|piano#`	VRAI
J'aime jouer du piano.	`#guitare|piano#`	VRAI
J'aime jouer du banjo.	`#guitare|piano#`	FAUX
J'aime jouer du banjo.	`#guitare|piano|banjo#`	VRAI

Dans le dernier exemple, j'ai ajouté deux barres verticales. Cela signifie qu'on recherche guitare OU piano OU banjo.

Vous suivez toujours ? Parfait !

On peut maintenant voir les problématiques de début et de fin de chaîne, et ensuite on pourra passer à la vitesse supérieure.

Début et fin de chaîne

Les regex permettent d'être très précis, vous allez bientôt vous en rendre compte.

Jusqu'ici en effet le mot pouvait se trouver n'importe où. Mais supposons qu'on veuille que la phrase commence ou se termine par ce mot.

Nous allons avoir besoin des deux symboles suivants, retenez-les :

- `^` (accent circonflexe) : indique le début d'une chaîne ;
- `$` (dollar) : indique la fin d'une chaîne.

Ainsi, si vous voulez qu'une chaîne commence par « Bonjour », il faudra utiliser la regex :

```
#^Bonjour#
```

Si vous placez le symbole ^ devant le mot, alors ce mot devra obligatoirement se trouver au début de la chaîne, sinon le résultat sera FAUX.

De même, si on veut vérifier que la chaîne se termine par « zéro », on écrira cette regex :

```
#zéro$#
```

Voici une série de tests pour que vous voyiez bien comment ça fonctionne :

Exemples de regex

CHAÎNE	REGEX	RÉSULTAT
Bonjour petit zéro	`#^Bonjour#`	VRAI
Bonjour petit zéro	`#zéro$#`	VRAI
Bonjour petit zéro	`#^zéro#`	FAUX
Bonjour petit zéro !!!	`#zéro$#`	FAUX

Simple, non ?

Dans le dernier cas, ça ne fonctionne pas car la chaîne ne se termine pas par « zéro » mais par « !!! ». Le résultat est donc forcément FAUX…

Les classes de caractères

Jusqu'ici, vous avez pu faire des recherches assez simples, mais encore rien de vraiment extraordinaire. L'outil de recherche de Word fait bien tout cela, après tout.

Mais rassurez-vous, les regex sont bien plus riches (et complexes) que l'outil de recherche de Word, vous allez voir.

Grâce à ce qu'on appelle les **classes de caractères**, on peut énormément faire varier les possibilités de recherche.

Tout cela tourne autour des crochets. On place une classe de caractères entre crochets dans une regex.

Cela nous permet de tester beaucoup de possibilités de recherche à la fois, tout en étant très précis.

Des classes simples

Regardons attentivement cette regex :

```
#gr[io]s#
```

Entre crochets, c'est ce qu'on appelle une classe de caractères. Cela signifie qu'une des lettres à l'intérieur peut convenir.

Dans le cas présent, notre regex reconnaît deux mots : « gris » et « gros ». C'est un peu comme le OU étudié précédemment, sauf que ça s'applique ici à une lettre et non pas à un mot.

D'ailleurs, si vous écrivez plusieurs lettres comme ceci :

```
#gr[ioa]s#
```

cela signifie « i » OU « o » OU « a ». Donc notre regex reconnaît les mots « gris », « gros » et « gras » !

Le tableau suivant présente quelques exemples :

Exemples de regex

Chaîne	Regex	Résultat
La nuit, tous les chats sont gris	`#gr[aoi]s#`	VRAI
Berk, c'est trop gras comme nourriture	`#gr[aoi]s#`	VRAI
Berk, c'est trop gras comme nourriture	`#gr[aoi]s$#`	FAUX
Je suis un vrai zéro	`#[aeiouy]$#`	VRAI
Je suis un vrai zéro	`#^[aeiouy]#`	FAUX

Je suppose que vous comprenez les deux premières regex. Mais je pense que vous auriez besoin d'explications sur les trois dernières.

- Pour « Berk, c'est trop gras comme nourriture », j'ai utilisé la regex `#gr[aoi]s$#`. Si vous avez bien suivi ce que je vous ai dit tout à l'heure, ça veut dire que notre chaîne doit se terminer par « gris », « gras » ou « gros ». Or, ici, le mot est au milieu, donc le résultat est FAUX. Essayez de le mettre à la fin et vous verrez que ça fonctionne.
- Ensuite, « Je suis un vrai zéro » avec la regex `#[aeiouy]$#`. Celle-ci signifie que notre regex doit se terminer par une voyelle (`aeiouy`). Ça tombe bien, la dernière lettre de la chaîne est la lettre « o », donc le résultat est VRAI.
- Enfin, même chaîne mais avec la regex `#^[aeiouy]#`. Cette fois, la chaîne doit commencer par une voyelle (en minuscule, en plus). Or, la chaîne commence par « J », donc la réponse est FAUX !

Si à un moment vous sentez que vous avez décroché, n'hésitez pas à relire les paragraphes précédents.

Les intervalles de classe

C'est à partir de maintenant que les classes devraient commencer à vous bluffer.

Grâce au tiret : `-`, on peut autoriser toute une plage de caractères.

Par exemple, on a utilisé précédemment la classe `[aeiouy]`. OK, ce n'est pas trop long.

Mais que dites-vous de la classe `[abcdefghijklmnopqrstuvwxyz]` ? Tout ça pour dire que vous voulez qu'il y ait une lettre ?

J'ai mieux ! ;-)

Vous avez le droit d'écrire : `[a-z]` ! Avouez que c'est plus court ! Et si vous voulez vous arrêter à la lettre « e », pas de problème non plus : `[a-e]`.

En plus, ça fonctionne aussi avec les chiffres : `[0-9]`. Si vous voulez plutôt un chiffre entre 1 et 8, tapez : `[1-8]`.

Encore mieux ! Vous pouvez écrire deux plages à la fois dans une classe : `[a-z0-9]`. Cela signifie « N'importe quelle lettre (minuscule) OU un chiffre ».

Bien entendu, vous pouvez aussi autoriser les majuscules sans passer par les options comme on l'a fait tout à l'heure. Ça donnerait : `[a-zA-Z0-9]`. C'est donc une façon plus courte d'écrire :

`[abcdefghijklmnopqrstuvwxyzABCDEFGHIJKLMNOPQRSTUVWXYZ0123456789]`.

Faisons quelques tests, voulez-vous ?

Exemples de regex

Chaîne	Regex	Résultat
Cette phrase contient une lettre	`#[a-z]#`	VRAI
cette phrase ne comporte ni majuscule ni chiffre	`#[A-Z0-9]#`	FAUX
Je vis au 21e siècle	`#^[0-9]#`	FAUX
<h1>Une balise de titre HTML</h1>	`#<h[1-6]>#`	VRAI

Le dernier exemple est particulièrement intéressant car on se dirige doucement vers la pratique. On y vérifie justement si la chaîne comporte une balise HTML de titre (`<h1>` ou `<h2>`, etc., jusqu'à `<h6>`).

Et pour dire que je n'en veux pas ?

Si vous ne voulez PAS des caractères que vous énumérez dans votre classe, vous devrez placer le symbole ^ au début de la classe.

Mais ?! Je croyais que ce caractère servait à indiquer le début d'une chaîne ?

Oui, mais si vous le placez à l'intérieur d'une classe, il sert à dire que vous ne VOULEZ PAS de ce qui se trouve à l'intérieur de cette classe.

Ainsi, la regex suivante :

```
#[^0-9]#
```

… signifie que vous voulez que votre chaîne comporte au moins un caractère qui ne soit pas un chiffre.

Voyons un cas un peu plus compliqué maintenant :

Exemples de regex plus complexes

Chaîne	Regex	Résultat
Cette phrase contient autre chose que des chiffres	`#[^0-9]#`	VRAI
Cette phrase contient autre chose que des majuscules et des chiffres	`#[^A-Z0-9]#`	VRAI
Cette phrase ne commence pas par une minuscule	`#^[^a-z]#`	VRAI
Cette phrase ne se termine pas par une voyelle	`#[^aeiouy]$#`	FAUX
ScrrmmmblllGnngngnngnMmmmmffff	`#[^aeiouy]#`	VRAI

Je vous conseille de faire une petite pause parce que ça ne va vraiment pas s'arranger par la suite ! Nous allons maintenant découvrir le rôle des quantificateurs qui vont nous permettre de gérer les répétitions.

Les quantificateurs

Les quantificateurs sont des symboles qui permettent de dire combien de fois peuvent se répéter un caractère ou une suite de caractères.

Par exemple, pour reconnaître une adresse e-mail comme `francois@free.fr`, il va falloir dire : « Elle commence par une ou plusieurs lettres, suivie(s) d'un caractère `@` (arobase), puis de deux lettres au moins, elles-mêmes suivies d'un point, et enfin de deux à quatre lettres (pour le `.fr`, `.com`, mais aussi `.info`). »

Pour le moment, notre but n'est pas d'écrire une regex qui permette de savoir si l'adresse e-mail entrée par le visiteur a la bonne forme (c'est encore trop tôt). Mais il est indispensable de savoir indiquer combien de fois une lettre peut se répéter !

Les symboles les plus courants

Vous devez retenir trois symboles :

- `?` (point d'interrogation) : ce symbole indique que la lettre est facultative. **Elle peut y être 0 ou 1 fois**.

  Ainsi, `#a?#` reconnaît 0 ou 1 « a » ;
- `+` (signe plus) : la lettre est obligatoire. **Elle peut apparaître une ou plusieurs fois**.

  Ainsi, `#a+#` reconnaît « a », « aa », « aaa », « aaaa », etc. ;
- `*` (étoile) : la lettre est facultative. Elle peut apparaître 0, 1 ou plusieurs fois.

  Ainsi, `#a*#` reconnaît « a », « aa », « aaa », « aaaa », etc. Mais s'il n'y a pas de « a », ça fonctionne aussi !

Ces symboles s'appliquent à la lettre se trouvant directement devant. On peut ainsi autoriser le mot « chien », qu'il soit au singulier comme au pluriel, avec la regex `#chiens?#` (fonctionnera pour « chien » et « chiens »).

Vous pouvez donc autoriser la répétition d'une lettre. Je viens de vous montrer le cas pour « chien ». Mais on peut aussi s'en servir pour une lettre au milieu du mot, comme ceci :

```
#bor?is#
```

Ce code reconnaîtra « boris » et « bois » !

Si je veux que ce soient deux lettres ou plus qui se répètent, comment dois-je faire ?

Il faut utiliser des parenthèses. Par exemple, si on veut reconnaître « Ayayayayayay » (le cri de guerre de Speedy Gonzales !), on devra taper la regex suivante :

```
#Ay(ay)*#
```

Ce code reconnaîtra « Ay », « Ayay », « Ayayay », « Ayayayay », « Ouïe Aïe Aïe » (non, je rigole pour le dernier).

Vous pouvez utiliser le symbole | dans les parenthèses. La regex `#Ay(ay|oy)*#` renverra par exemple VRAI pour « Ayayayoyayayayoyoyoyoyayoy » ! C'est le « ay » OU le « oy » répété plusieurs fois, tout simplement !

Autre bonne nouvelle : vous pouvez mettre un quantificateur après une classe de caractères (vous savez, avec les crochets !). Ainsi `#[0-9]+#` permet de reconnaître n'importe quel nombre, du moment qu'il y a au moins un chiffre !

Le tableau suivant présente quelques tests :

Exemples de regex

Chaîne	Regex	Résultat
eeeee	`#e+#`	VRAI
ooo	`#u?#`	VRAI
magnifique	`#[0-9]+#`	FAUX
Yahoooooo	`#^Yaho+$#`	VRAI
Yahoooooo c'est génial !	`#^Yaho+$#`	FAUX
Blablablablabla	`#^Bla(bla)*$#`	VRAI

Les derniers exemples sont très intéressants. La regex `#^Yaho+$#` signifie que la chaîne doit commencer et finir par le mot « Yahoo ». Il peut y avoir un ou plusieurs « o ». Ainsi « Yaho », « Yahoo », « Yahooo », etc., fonctionnent… Mais vous ne devez rien mettre avant ni après, car j'ai indiqué que c'était un début ET une fin de chaîne avec les symboles `^` et `$`.

Enfin, la dernière regex autorise les mots « Bla », « Blabla », « Blablabla », etc. Je me suis servi des parenthèses pour indiquer que « bla » peut être répété 0, 1 ou plusieurs fois.

Ça commence à faire mal à la tête, n'est-ce pas ?

Être plus précis grâce aux accolades

Parfois, on aimerait indiquer que la lettre peut être répétée quatre fois, ou de quatre à six fois… bref, on aimerait être plus précis sur le nombre de répétitions.

C'est là qu'entrent en jeu les accolades. Vous allez voir : si vous avez compris les derniers exemples, cela va vous paraître tout simple.

Il y a trois façons d'utiliser les accolades.

- `{3}` : si on met juste un nombre, cela veut dire que la lettre (ou le groupe de lettres s'il est entre parenthèses) doit être répétée **3 fois exactement**.
- `#a{3}#` : fonctionne donc pour la chaîne « aaa ».
- `{3,5}` : ici, on a plusieurs possibilités. On peut avoir la lettre de **3 à 5 fois**.
- `#a{3,5}#` : fonctionne pour « aaa », « aaaa » et « aaaaa ».

- {3,} : si vous mettez une virgule, mais pas de deuxième nombre, ça veut dire qu'il peut y en avoir jusqu'à l'infini. Ici, cela signifie « **3 fois ou plus** ».
- #a{3,}# : fonctionne pour « aaa », « aaaa », « aaaaa », « aaaaaa », etc. Je ne vais pas tous les écrire, ça serait un peu long.

> Si vous faites attention, vous remarquez que :
> - ? revient à écrire {0,1} ;
> - + revient à écrire {1,} ;
> - * revient à écrire {0,}.

Voici quelques exemples :

Exemples de regex

Chaîne	Regex	Résultat
eeeee	#e{2,}#	VRAI
Blablablabla	#^Bla(bla){4}$#	FAUX
546781	#^[0-9]{6}$#	FAUX

Nous venons d'étudier un gros morceau !

Nous allons nous arrêter là et faire une bonne pause parce que… dans le prochain chapitre, nous allons réunir tout ce que l'on vient d'apprendre !

En résumé

- Les expressions régulières sont des outils de recherche et de remplacement de texte très avancés qui permettent d'effectuer des recherches très précises, pour vérifier par exemple que le texte saisi par l'utilisateur correspond bien à la forme d'une adresse e-mail ou d'un numéro de téléphone.
- La fonction `preg_match` vérifie si un texte correspond à la forme décrite par une expression régulière.
- Une expression régulière est délimitée par un symbole (par exemple, le dièse #).
- Les classes de caractères permettent d'autoriser un grand nombre de symboles (lettres et chiffres) selon un intervalle.
- Les quantificateurs permettent d'exiger la répétition d'une chaîne de texte un certain nombre de fois.

30 Aller plus loin avec les expressions régulières

Voici donc la suite (et fin) de notre aventure avec les expressions régulières.

Le mot d'ordre de ce chapitre est **pratiquer**. Hormis quelques points que nous allons aborder au début, vous connaissez l'essentiel sur les regex mais il vous manque le plus important : la pratique !

Dans la seconde moitié de ce chapitre, nous allons donc en construire **ensemble**, pour que vous voyiez comment il faut procéder pour arriver enfin à écrire ces $%@#$#% de regex !

Écrire un bout de regex comme on l'a fait jusqu'ici, c'est une chose, mais créer une regex complète, vous allez voir que c'est une toute autre paire de manches !

Une histoire de métacaractères

Pour commencer, et avant d'aller plus loin, il me semble important de porter à votre connaissance une nouvelle notion : les **métacaractères**.

Ce n'est pas une insulte de programmeur, mais un mot qui signifie tout simplement « caractères spéciaux ». Ce sont des caractères pas comme les autres qui ont un rôle ou un sens particulier.

Alerte mon Général ! Les métacaractères s'échappent !

Dans le langage PCRE (des regex), les métacaractères à connaître sont les suivants :

`# ! ^ $ ( ) [ ] { } ? + * . \ |`

Il faut bien les retenir. Pour la plupart d'entre eux, vous les connaissez déjà.

Ainsi, le dollar `$` est un caractère spécial parce qu'il permet d'indiquer une fin de chaîne.

De même pour l'accent circonflexe, le dièse, les parenthèses, les crochets, les accolades et les symboles `?`, `+` et `*` : nous les avons tous utilisés dans le chapitre précédent, souvenez-vous.

Pour le point (`.`) et l'antislash (`\`), vous ne les connaissez encore pas mais vous n'allez pas tarder à les apprendre.

> Bon, ce sont des caractères spéciaux et chacun d'eux signifie quelque chose de précis. Et alors ?

Et alors, le problème se présente le jour où vous voulez chercher par exemple « Quoi ? » dans une chaîne.

Comment écririez-vous la regex ? Comme ceci ?

```
#Quoi ?#
```

Eh non, surtout pas ! Le point d'interrogation, vous le savez, sert à dire que la lettre juste avant est facultative (elle peut apparaître 0 ou 1 fois). Ici, l'espace devant le point d'interrogation serait donc facultatif, mais ce n'est pas ce qu'on veut faire !

Alors, comment faire pour faire comprendre qu'on recherche « Quoi ? » alors que le point d'interrogation a déjà une signification ?

Il va falloir **l'échapper**. Cela signifie que vous devez placer un antislash (`\`) devant un caractère spécial. Ainsi, la bonne regex serait :

```
#Quoi \?#
```

Ici, l'antislash sert à dire que le point d'interrogation juste après n'est pas un symbole spécial, mais bel et bien une lettre comme une autre !

> C'est la même chose pour tous les autres métacaractères rencontrés plus haut (`#`, `!`, `^`, `$`, `( )`, `[ ]`, `{ }`, `?`, `+`, `*`, `.` et `\`) : il faut mettre un antislash devant si vous voulez les utiliser dans votre recherche.
>
> Vous remarquerez que pour utiliser un antislash il faut… qu'un autre antislash le précède ! Comme ceci : `\\`.

Ce que vous devez retenir est simple : si vous voulez utiliser un caractère spécial dans votre recherche, il faut placer un antislash devant. Et c'est tout.

Le tableau suivant présente quelques exemples d'utilisation afin de bien comprendre et retenir tout cela :

Exemples d'utilisation des regex

Chaîne	Regex	Résultat
Je suis impatient !	`#impatient \!#`	VRAI
Je suis (très) fatigué	`#\(très\) fatigué#`	VRAI
J'ai sommeil…	`#sommeil\.\.\.#`	VRAI
Le smiley :-\	`#:-\\#`	VRAI

Le cas des classes

Il reste une dernière petite chose à voir (encore un cas particulier), et cela concerne les classes de caractères.

Jusqu'ici, vous avez mis des lettres et des chiffres entre les crochets. Par exemple :

```
#[a-z0-9]#
```

Oui mais vous vous en doutez, vous avez aussi le droit de mettre d'autres caractères, comme les accents (dans ce cas, il faut les énumérer un à un). Par exemple : `[a-zéèàêâùïüë]` et ainsi de suite.

Jusqu'ici, tout va bien. Mais que se passe-t-il si vous voulez lister des caractères spéciaux ? Par exemple, un point d'interrogation (au hasard). Eh bien là, ça ne compte pas ! Pas besoin de l'échapper : à l'intérieur de crochets, les métacaractères... ne comptent plus !

Ainsi, cette regex fonctionne très bien :

```
#[a-z?+*{}]#
```

Elle signifie qu'on a le droit de mettre une lettre, un point d'interrogation, un signe +, etc.

Cependant, il existe trois cas particuliers :

- # (dièse) : il sert toujours à indiquer la fin de la regex. Pour l'utiliser, vous DEVEZ mettre un antislash devant, même dans une classe de caractères.
- `]` (crochet fermant) : normalement, le crochet fermant indique la fin de la classe. Si vous voulez vous en servir comme d'un caractère que vous recherchez, il faut là aussi mettre un antislash devant.
- - (tiret) : encore un cas un peu particulier. Comme vous le savez, le tiret sert à définir un **intervalle de classe** (comme `[a-z]`). Que se passe-t-il si vous voulez ajouter le tiret dans la liste des caractères possibles ? Eh bien il suffit de le mettre soit au début de la classe, soit à la fin. Par exemple : `[a-z0-9-]` permet de chercher une lettre, un chiffre ou un tiret.

Les classes abrégées

La bonne nouvelle, c'est que vous êtes maintenant prêt à réaliser quasiment toutes les regex que vous voulez.

La mauvaise, c'est que je viens de dire « quasiment ».

Rassurez-vous, ça ne sera pas long et vous ne sentirez aucune douleur (à ce stade, on ne ressent plus la douleur de toute façon).

Je souhaite juste vous montrer ce qu'on appelle les **classes abrégées**, et que pour ma part j'appelle les **raccourcis**.

Certains de ces raccourcis ne vous seront pas indispensables, mais vous risquez de les rencontrer un jour ou l'autre, alors je ne voudrais pas que vous soyez surpris.

Voici ce qu'il faut retenir :

Regex : les raccourcis

Raccourci	Signification
`\d`	Indique un chiffre. Revient exactement à taper `[0-9]`.
`\D`	Indique ce qui n'est PAS un chiffre. Revient à taper `[^0-9]`.
`\w`	Indique un caractère alphanumérique ou un tiret de soulignement. Cela correspond à `[a-zA-Z0-9_]`.
`\W`	Indique ce qui n'est PAS un mot. Si vous avez suivi, cela revient à taper `[^a-zA-Z0-9_]`.
`\t`	Indique une tabulation.
`\n`	Indique une nouvelle ligne.
`\r`	Indique un retour chariot.
`\s`	Indique un espace blanc
`\S`	Indique ce qui n'est PAS un espace blanc (`\t \n \r`).
`.`	Indique n'importe quel caractère. Il autorise donc tout !

Il s'agit de lettres normales, mais quand on place un antislash devant, on leur **donne** une signification spéciale.

C'est l'inverse de ce que l'on faisait tout à l'heure : on utilisait un antislash devant les métacaractères pour **retirer** leur signification spéciale.

Pour le point, il existe une exception : il indique tout **sauf les entrées** (`\n`).
Pour faire en sorte que le point indique tout, y compris les entrées, vous devrez utiliser l'option « s » de PCRE. Voici un exemple :

```
#[0-9]-.#s
```

Vous en savez désormais suffisamment, nous allons pouvoir passer à la pratique !

Construire une regex complète

Vous allez enfin comprendre pourquoi vous avez fourni autant d'efforts jusqu'ici !

Nous allons ici aborder des exemples concrets qui vous seront sûrement utiles. Nous allons construire ensemble des regex plus complexes pour que vous compreniez la méthode. Ensuite, vous pourrez tout à fait inventer vos propres regex et vous en servir pour vos scripts PHP !

Un numéro de téléphone

Pour cette première vraie regex, nous allons essayer de voir si une variable (entrée par un visiteur via un formulaire, par exemple) correspond bien à un numéro de téléphone.

Un numéro de téléphone français comporte 10 chiffres. Par exemple : 01 53 78 99 99. Il faut respecter les règles suivantes :

- le premier chiffre est TOUJOURS un 0 ;
- le deuxième chiffre va de 1 à 6 (1 pour la région parisienne… 6 pour les téléphones portables), mais il y a aussi le 8 (ce sont des numéros spéciaux). À noter que le 7 et le 9 commencent à être utilisés mais que nous ne les prendrons pas en compte dans nos exemples ;
- ensuite viennent les 8 chiffres restants (ils peuvent aller de 0 à 9 sans problème).

Pour commencer, et pour faire simple, on va supposer que l'utilisateur entre le numéro de téléphone sans mettre d'espace ni quoi que ce soit (mais on complique juste après, et vous verrez que c'est là le véritable intérêt des regex).

Ainsi, le numéro de téléphone doit ressembler à ceci : 0153789999. Comment écrire une regex qui corresponde à un numéro de téléphone comme celui-ci ?

Voici comment je procède, dans l'ordre, pour construire cette regex.

1. Primo, on veut qu'il y ait UNIQUEMENT le numéro de téléphone. On va donc commencer par mettre les symboles `^` et `$` pour indiquer un début et une fin de chaîne :

```
#^$#
```

2. Ensuite, on sait que le premier caractère est forcément un 0. On tape donc :

```
#^0$#
```

3. Le 0 est suivi d'un nombre allant de 1 à 6, sans oublier le 8 pour les numéros spéciaux. Il faut donc utiliser la classe `[1-68]`, qui signifie « Un chiffre de 1 à 6 OU le chiffre 8 » :

```
#^0[1-68]$#
```

4. Viennent ensuite les 8 chiffres restants, pouvant aller de 0 à 9. Il nous suffit donc d'écrire `[0-9]{8}` pour indiquer qu'on veut 8 chiffres. Au final, nous obtenons la regex suivante :

```
#^0[1-68][0-9]{8}$#
```

Et c'est tout ! Ne nous arrêtons pas en si bon chemin et améliorons cette regex.

On va maintenant supposer que la personne peut taper un espace tous les deux chiffres (comme c'est courant de le faire en France), mais aussi un point ou un tiret. Notre regex devra donc accepter les numéros de téléphone suivants :

- 0153789999
- 01 53 78 99 99
- 01-53-78-99-99
- 01.53.78.99.99
- 0153 78 99 99
- 0153.78 99-99
- etc.

Et c'est là que réside toute la puissance des regex !

Les possibilités sont très nombreuses, et pourtant vous avez juste besoin d'écrire la regex correspondante.

Reprenons la création de notre regex :

1. Tout d'abord, le 0 puis le chiffre de 1 à 6 sans oublier le 8. Ici, pas de changement :

```
#^0[1-68]$#
```

2. Après ces deux premiers chiffres, il peut y avoir soit un espace, soit un tiret, soit un point, soit rien du tout (si les chiffres sont attachés). On va donc utiliser la classe `[-. ]` (tiret, point, espace).
3. Mais comment faire pour dire que le point (mais aussi le tiret ou encore l'espace) n'est pas obligatoire ? Avec le point d'interrogation, bien sûr ! Nous obtenons alors :

```
#^0[1-68][-. ]?$#
```

4. Après le premier tiret (ou point, ou espace, ou rien), on a les deux chiffres suivants. On doit donc ajouter `[0-9]{2}` à notre regex.

```
#^0[1-68][-. ]?[0-9]{2}$#
```

5. Et maintenant, réfléchissez. Il y a moyen de terminer rapidement : on a juste besoin de dire que `[-. ]?[0-9]{2}` doit être répété quatre fois, et notre regex est terminée ! On va se servir des parenthèses pour entourer le tout, et placer un `{4}` juste après pour indiquer que tout ça doit se répéter quatre fois. Ce qui nous donne finalement :

```
#^0[1-68]([-. ]?[0-9]{2}){4}$#
```

Voici un petit script que j'ai fait rapidement, pour que vous puissiez tester toute la puissance des regex :

```
<p>
<?php
if (isset($_POST['telephone']))
{
    $_POST['telephone'] = htmlspecialchars($_POST['telephone']);
// On rend inoffensives les balises HTML que le visiteur a pu entrer

    if (preg_match("#^0[1-68]([-. ]?[0-9]{2}){4}$#", $_POST['telephone']))
    {
        echo 'Le ' . $_POST['telephone'] . ' est un numéro
<strong>valide</strong> !';
    }
    else
    {
        echo 'Le ' . $_POST['telephone'] . ' n\'est pas valide,
recommencez !';
    }
}
?>
</p>

<form method="post">
<p>
    <label for="telephone">Votre téléphone ?</label> <input id="telephone"
name="telephone" /><br />
    <input type="submit" value="Vérifier le numéro" />
</p>
</form>
```

Vous pouvez essayer tous les numéros de téléphone que vous voulez, avec des espaces au milieu ou non si vous le souhaitez : la regex gère tous les cas.

> Vous auriez aussi pu utiliser le raccourci `\d` pour indiquer un chiffre dans votre regex :
> `#^0[1 68]([-. ]?\d{2}){4}$#`
> Personnellement, je trouve qu'écrire `[0-9]` est quand même plus clair.

Une adresse e-mail

Il serait dommage de s'arrêter sur une si bonne lancée.

Je vais donc vous présenter un deuxième exemple qui vous sera certainement utile : **tester si l'adresse e-mail est valide**.

Avant de commencer quoi que ce soit, et pour qu'on soit bien d'accord, je vais rappeler comment est construite une adresse e-mail.

1. On trouve tout d'abord le pseudonyme (au minimum une lettre, mais c'est plutôt rare). Il peut y avoir des lettres minuscules (pas de majuscules), des chiffres, des points, des tirets et des tirets bas ou underscores (_).

2. Vient ensuite une arobase : `@`.
3. Puis le nom de domaine, régi par la même règle que celle des pseudonymes : il ne peut contenir que des minuscules, des chiffres, des tirets, des points et des underscores. La seule différence ici est qu'il y a au moins deux caractères (par exemple, « a.com » n'existe pas, mais « aa.com » oui).
4. Enfin, on trouve l'extension (comme « .fr »). Cette extension comporte un point, suivi de deux à quatre lettres (minuscules). En effet, il y a « .es », « .de », mais aussi « .com », « .net », « .org », « .info », etc.
5. L'adresse e-mail peut donc ressembler à **j.dupont_2@orange.fr**.

Construisons la regex.

1. Comme dans l'exemple précédent, on ne veut QUE l'adresse e-mail. On va donc demander à ce que ça soit un début et une fin de chaîne :

```
#^$#
```

2. Ensuite, on a des lettres, chiffres, tirets, points, underscores, au moins une fois. On utilise donc la classe `[a-z0-9._-]` à la suite de laquelle on ajoute le signe `+` pour demander à ce qu'il y en ait au moins un :

```
#^[a-z0-9._-]+$#
```

3. Vient ensuite l'arobase (là ce n'est pas compliqué, on a juste à taper le caractère) :

```
#^[a-z0-9._-]+@$#
```

4. On ajoute ensuite une autre série de lettres, chiffres, points, tirets, au moins deux fois. On tape donc `{2,}` pour dire « deux fois ou plus » :

```
#^[a-z0-9._-]+@[a-z0-9._-]{2,}$#
```

5. Ensuite vient le point (de « .fr » par exemple). Comme indiqué précédemment, c'est un caractère spécial qui sert à indiquer « n'importe quel caractère » (même des accents). Or, ici on veut enlever sa signification au point pour dire qu'on veut le symbole point dans notre regex. On va donc mettre un antislash devant :

```
#^[a-z0-9._-]+@[a-z0-9._-]{2,}\.$#
```

6. Pour terminer, il nous faut deux à quatre lettres. Ce sont forcément des lettres minuscules, et cette fois pas de chiffre ou de tiret, etc. On écrit donc :

```
#^[a-z0-9._-]+@[a-z0-9._-]{2,}\.[a-z]{2,4}$#
```

Voici donc une nouvelle regex complète !

Vous commencez à parler chinois !

Allez, je suis en forme et de bonne humeur, je vous donne le script PHP pour tester cette regex :

```
<p>
<?php
if (isset($_POST['mail']))
{
     $_POST['mail'] = htmlspecialchars($_POST['mail']);
// On rend inoffensives les balises HTML que le visiteur a pu entrer

     if (preg_match("#^[a-z0-9._-]+@[a-z0-9._-]{2,}\.[a-z]{2,4}$#",
$_POST['mail']))
     {
          echo 'L\'adresse ' . $_POST['mail'] . ' est <strong>valide</
strong> !';
     }
     else
     {
          echo 'L\'adresse ' . $_POST['mail'] . ' n\'est pas valide,
recommencez !';
     }
}
?>
</p>

<form method="post">
<p>
     <label for="mail">Votre mail ?</label> <input id="mail" name="mail"
/><br />
     <input type="submit" value="Vérifier le mail" />
</p>
</form>
```

Testez donc des adresses comme :

- the_cypher@hotmail.com ;
- business_consultants@free4work.info ;
- mega-killer.le-retour@super-site.fr.st ;
- etc.

Je reconnais qu'à première lecture, une regex peut sembler très compliquée.

Voyez-vous maintenant les progrès réalisés ? Nous venons d'écrire ensemble l'une de ces lignes de code imbuvables et je pense que peu d'entre vous pensaient y arriver en lisant le chapitre précédent !

Pourtant nous y voilà : nous avons réussi à écrire deux regex complètes. Je ne vais pas vous faire travailler sur une troisième, vous avez certainement compris le principe et vous savez vous débrouiller comme des grands.

Avant de passer à la dernière notion importante (capture et remplacement), terminons cette section par une particularité à ne pas négliger.

Des regex… avec MySQL !

Eh oui, grande nouvelle ! MySQL comprend les regex, ce qui est très avantageux pour vous ! En effet, vous venez d'apprendre à écrire des regex, vous n'avez besoin de presque rien de plus pour vous en servir avec MySQL.

Il faut savoir cependant que MySQL ne comprend que les regex en langage POSIX, et non en PCRE comme nous l'avons appris.

Vous avez juste besoin de retenir ce qui suit pour créer une regex POSIX :

- il n'y a pas de délimiteur ni d'option. Votre regex n'est donc pas entourée de dièses ;
- il n'y a pas de classes abrégées comme on l'a vu précédemment, donc pas de `\d`, etc. En revanche, vous pouvez toujours utiliser le point pour dire : « n'importe quel caractère. »

Rien ne vaut un bon exemple pour bien comprendre. Supposons que vous ayez stocké les IP de vos visiteurs dans une table `visiteurs` et que vous vouliez obtenir les noms des visiteurs dont l'IP commence par « 84.254 ». La regex serait alors :

```
SELECT nom FROM visiteurs WHERE ip REGEXP '^84\.254(\.[0-9]{1,3}){2}
```

Ce qui signifie : « Sélectionne tous les noms de la table `visiteurs` dont l'IP commence par « 84.254 » et se termine par deux autres nombres de un à trois chiffre(s) », (par exemple 84.254.6.177).

Toute la puissance des regex dans une requête MySQL pour faire une recherche très précise… Cela ne se refuse pas. ;-)

Je ne m'étends pas plus sur le sujet, je sais que vous saurez vous débrouiller si jamais cela vous est utile.

Passons maintenant à la dernière notion importante avec les regex : la capture et le remplacement.

Capture et remplacement

Comme indiqué précédemment, les regex servent à effectuer des recherches puissantes (voir les exemples des numéros de téléphone et des adresses e-mail), mais aussi à faire une recherche et un remplacement.

Nous pourrons ainsi réaliser ceci :

- chercher s'il y a des adresses e-mail dans un message laissé par un visiteur ;
- modifier automatiquement son message pour ajouter un lien du type `<a href=" "mailto:blabla@truc.com">` devant chaque adresse, pour rendre les e-mails cliquables !

Avec cette technique, on peut également rendre les liens `http://` automatiquement cliquables eux aussi. On peut également créer notre propre langage simplifié pour le visiteur, comme le fameux bbCode utilisé sur la plupart des forums (`[b][/b]` pour mettre en gras, ça vous dit quelque chose ?).

Les parenthèses capturantes

Tout ce que nous allons voir maintenant tourne autour des parenthèses. Vous vous en êtes déjà servi pour entourer une partie de votre regex et dire qu'elle devait se répéter quatre fois par exemple (comme on l'a fait pour le numéro de téléphone).

Ceci est la première utilité des parenthèses, mais **elles peuvent aussi servir à autre chose**.

À partir de maintenant, nous allons travailler avec la fonction `preg_replace`.

C'est grâce à cette fonction que nous allons pouvoir réaliser ce qu'on appelle une « capture » de chaîne.

Ce qu'il faut savoir, c'est qu'à chaque fois que vous utilisez des parenthèses, cela crée une « variable » contenant ce que les parenthèses entourent.

Je m'explique avec une regex :

```
#\[b\](.+)\[/b\]#
```

Vous ne devriez pas avoir trop de mal à la déchiffrer. Elle signifie « Chercher dans la chaîne un `[b]`, suivi d'un ou plusieurs caractère(s) (le point permet de dire « n'importe lesquels »), suivi(s) d'un `[/b]` ».

J'ai été obligé de mettre des antislashs (\) devant les crochets pour que PHP ne les confonde pas avec des classes de caractères (comme `[a-z]`).

Normalement, si vous réfléchissez un peu, vous devez vous dire qu'ici les parenthèses ne sont pas obligatoires. Vous avez raison, elles sont inutiles pour effectuer une simple recherche. Mais pour faire un remplacement, elles vont devenir très pratiques !

En effet, retenez bien ceci : à chaque fois qu'il y a une parenthèse, cela crée une variable appelée `$1` (pour la première parenthèse), `$2` pour la deuxième, etc.

On va ensuite se servir de ces variables pour **modifier** la chaîne (faire un remplacement).

La regex précédente contient une seule paire de parenthèses (`#\[b\](.+)\[/b\]#`). Donc, il y aura une seule variable `$1`, qui contiendra ce qui se trouve entre le `[b]` et le `[/b]`. Et c'est grâce à ça que l'on sait ce qu'on doit mettre en gras.

La théorie de tout ça est délicate à expliquer, alors je vais vous montrer de suite comment faire pour mettre en gras tous les mots compris entre des `[b][/b]` :

```php
<?php
$texte = preg_replace('#\[b\](.+)\[/b\]#i', '<strong>$1</strong>', $texte);
?>
```

Voici comment s'utilise la fonction `preg_replace` :

1. On lui donne en premier paramètre la regex. Rien de particulier, comme vous pouvez le constater, à part qu'il faut bien garder en tête que chaque paire de parenthèses va créer une variable (`$1`, `$2`, etc.).
   Ici, j'ai ajouté l'option « i » pour que le code fonctionne aussi avec des majuscules (`[B][/B]`).
2. Ensuite, et c'est là qu'est la nouveauté, on indique le texte de remplacement : '`<strong>$1</strong>`' (je vous rappelle que `<strong>` permet de mettre en gras en HTML).
3. Entre les balises HTML, j'ai mis `$1`. Cela signifie que ce qui se trouve dans la parenthèse capturante (entre `[b]` et `[/b]`) sera en fait entouré des balises `<strong>` !
4. Enfin, dernier paramètre, c'est le texte dans lequel on fait notre recherche/remplacement (vous connaissez déjà).

La fonction `preg_replace` renvoie le résultat après avoir fait les remplacements.

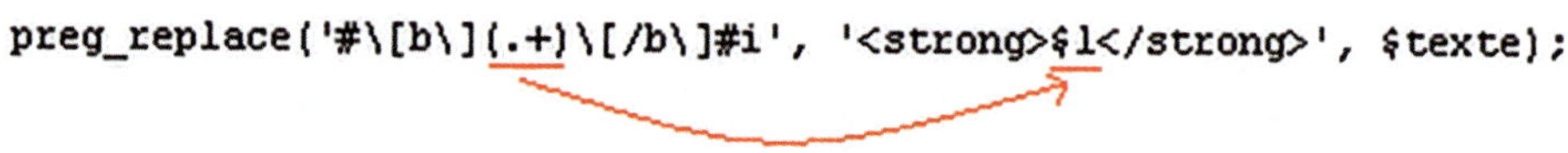

Fonctionnement de la fonction preg_replace

Vous allez devoir apprendre les quelques règles à respecter.

- Si vous avez plusieurs parenthèses et que vous souhaitez connaître le numéro de l'une d'elles, il suffit de les compter dans l'ordre de gauche à droite. Par exemple :

```
#(anti)co(nsti)(tu(tion)nelle)ment#
```

Il y a quatre parenthèses dans cette regex (donc `$1`, `$2`, `$3` et `$4`). La parenthèse numéro 3 (`$3`) contient « tutionnelle », et la parenthèse `$4` contient « tion ».

> N'oubliez pas que c'est **l'ordre dans lequel les parenthèses sont ouvertes** qui est important.

- Vous pouvez utiliser jusqu'à 99 parenthèses capturantes dans une regex (ça vous laisse de la marge). La dernière sera donc `$99`.
- Une variable `$0` est **toujours** créée, elle contient toute la regex. Si l'on reprend l'exemple précédent :

```
#(anti)co(nsti)(tu(tion)nelle)ment#
```

…`$0` contient « anticonstitutionnellement ».

- Si, par hasard, vous **ne voulez pas** qu'une parenthèse soit capturante (pour vous faciliter les comptes, ou parce que vous avez beaucoup trop de parenthèses), elle doit commencer par un point d'interrogation suivi du caractère deux-points (`:`). Voici un exemple :

```
#(anti)co(?:nsti)(tu(tion)nelle)ment#
```

La deuxième parenthèse n'est pas capturante. Il ne nous reste que trois variables (quatre si on compte `$0`) :

  - `$0` : anticonstitutionnellement ;
  - `$1` : anti ;
  - `$2` : tutionnelle ;
  - `$3` : tion.

Si vous avez compris ça, vous avez tout compris. Bravo ! ;-)

Créez votre bbCode

On peut maintenant passer à la pratique et apprendre à se servir des parenthèses capturantes.

Nous allons réaliser ce que l'on appelle un **parser** (prononcez « parseur »).

Le parser va servir à transformer le texte rédigé par un visiteur (pour un message sur un forum, sur votre livre d'or ou même sur votre minichat !) en un texte inoffensif (sans balises HTML grâce à `htmlspecialchars`), mais qui accepte aussi du bbCode !

On ne va pas écrire tous les bbCode qui existent, cela serait trop long. Les suivants suffiront amplement pour s'entraîner :

- `[b][/b]` : pour mettre du texte en gras ;
- `[i][/i]` : pour mettre du texte en italique ;
- `[color=red][/color]` : pour colorer le texte (il faudra laisser le choix entre plusieurs couleurs).

Nous ferons en sorte de remplacer aussi automatiquement les URL (`http://`) par des liens cliquables.

Commençons par `[b]` et `[i]` (c'est la même chose).

Vous avez déjà vu le code pour `[b]`, et c'est en effet **presque** le bon. Il y a un problème toutefois : il manque des options. Pour que cela fonctionne, on va avoir besoin de trois options :

- `i` : pour accepter les majuscules comme les minuscules (`[B]` et `[b]`) ;
- `s` : pour que le « point » fonctionne aussi pour les retours à la ligne (pour que le texte puisse être en gras sur plusieurs lignes) ;
- `U` : le U majuscule est une option que vous ne connaissez pas et qui signifie *Ungreedy* (« pas gourmand »). Je vous passe les explications un peu complexes sur son fonc-

tionnement, mais sachez que grosso modo, ça ne marcherait pas correctement s'il y avait plusieurs `[b]` dans votre texte. Voici un exemple : « `Ce texte est [b] important [/b], il faut me [b]comprendre[/b] !` » ... sans activer l'option Ungreedy, la regex aurait voulu mettre en gras tout ce qu'il y a entre le premier `[b]` et le dernier `[/b]` (c'est-à-dire « `important[/b], il faut me [b]comprendre` »). En utilisant l'option Ungreedy, la regex s'arrêtera au premier `[/b]`, ce que nous voulons.

Voici donc le code correct pour mettre en gras et en italique avec le bbCode :

```php
<?php
$texte = preg_replace('#\[b\](.+)\[/b\]#isU', '<strong>$1</strong>',
$texte);
$texte = preg_replace('#\[i\](.+)\[/i\]#isU', '<em>$1</em>', $texte);
?>
```

Comme vous pouvez le voir, c'est quasiment pareil pour `[b]` et `[i]` (à part que la balise HTML que l'on utilise est <em>).

Donc, si vous avez suivi jusqu'ici, cela ne doit pas trop vous surprendre.

Passons maintenant à un cas un peu plus complexe : celui de la balise `[color=truc]`. On va laisser le choix entre plusieurs couleurs avec le symbole `|` (OU), et on va utiliser deux paires de parenthèses capturantes :

- la première pour récupérer le nom de la couleur qui a été choisie (en anglais, ce qui nous évitera de devoir le modifier pour le code HTML) ;
- la seconde pour récupérer le texte entre `[color=truc]` et `[/color]` (comme pour gras et italique).

Voici le résultat :

```php
<?php
$texte = preg_replace('#\[color=(red|green|blue|yellow|purple|olive)\](.+)\
[/color\]#isU', '<span style="color:$1">$2</span>', $texte);
?>
```

Ainsi, si on tape `[color=blue]texte[/color]`, cela écrira `texte` en bleu. Vous pouvez bien sûr essayer avec les autres couleurs !

Allez, dernière étape, et après je vous laisse tester.

Je veux que les liens `http://` soient automatiquement transformés en liens cliquables. Essayez d'écrire la regex, vous en êtes tout à fait capable !

Voici la solution :

```php
<?php
$texte = preg_replace('#http://[a-z0-9._/-]+#i', '<a href="$0">$0</a>',
$texte);
?>
```

> Dans le texte de remplacement, j'ai utilisé `$0` qui, si vous vous souvenez bien, prend tout le texte reconnu par la regex (donc ici, toute l'URL).
>
> Il n'y a pas les options « s » et « U » car on ne fait jamais de retour à la ligne au milieu d'une URL, et le mode Ungreedy ne sert pas ici (essayez avec U, vous verrez que le lien s'arrête à la première lettre !).

Vous remarquerez que j'ai fait simple pour cette regex. C'est vrai, j'aurais pu la faire plus complexe et plus précise, mais je ne veux pas vous embrouiller : je veux surtout que vous puissiez l'améliorer par vous-même.

En effet, la regex fonctionne très bien pour *http://www.openclassrooms.com/images/super_image2.jpg*, mais elle ne fonctionne pas s'il y a des variables en paramètres dans l'URL, par exemple :

```
http://www.openclassrooms.com/index.php?page=3&skin=blue
```

Je vous laisse le soin d'améliorer la regex.

Résumons maintenant notre parser bbCode dans son intégralité :

```
<?php
if (isset($_POST['texte']))
{
    $texte = stripslashes($_POST['texte']); // On enlève les slashs
                                            // qui se seraient ajoutés
                                            // automatiquement
    $texte = htmlspecialchars($texte); // On rend inoffensives les balises
                                       // HTML que le visiteur a pu entrer
    $texte = nl2br($texte); // On crée des <br /> pour conserver les
                            // retours à la ligne

    // On fait passer notre texte à la moulinette des regex
    $texte = preg_replace('#\[b\](.+)\[/b\]#isU', '<strong>$1</strong>',
$texte);
    $texte = preg_replace('#\[i\](.+)\[/i\]#isU', '<em>$1</em>', $texte);
    $texte = preg_replace('#\[color=(red|green|blue|yellow|purple|olive)\]
(.+)\[/color\]#isU', '<span style="color:$1">$2</span>', $texte);
    $texte = preg_replace('#http://[a-z0-9._/-]+#i', '<a href="$0">$0</a>',
$texte);

    // Et on affiche le résultat. Admirez !
    echo $texte . '<br /><hr />';
}
?>

<p>
    Bienvenue dans le parser du Site du Zéro !<br />
    Nous avons écrit ce parser ensemble, j'espère que vous saurez apprécier
de voir que tout ce que vous avez appris va vous être très utile !
</p>

<p>Amusez-vous à utiliser du bbCode. Tapez par exemple :</p>
```

```
<blockquote style="font-size:0.8em">
<p>
    Je suis un gros [b]Zéro[/b], et pourtant j'ai [i]tout appris[/i] sur
http://www.siteduzero.com<br />
    Je vous [b][color=green]recommande[/color][/b] d'aller sur ce site,
vous pourrez apprendre à faire ça [i][color=purple]vous aussi[/color][/i] !
</p>
</blockquote>

<form method="post">
<p>
    <label for="texte">Votre message ?</label><br />
    <textarea id="texte" name="texte" cols="50" rows="8"></textarea><br />
    <input type="submit" value="Montre-moi toute la puissance des regex" />
</p>
</form>
```

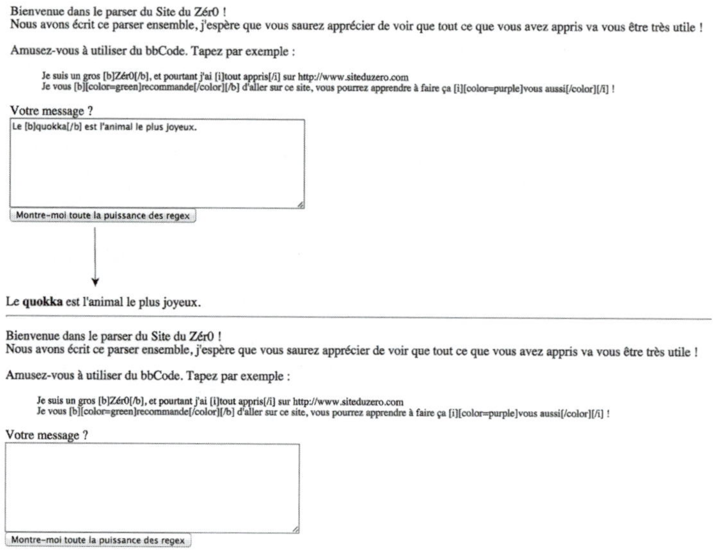

Test du parser bbCode

Si avec ça vous ne créez pas un super site, je ne peux plus rien pour vous !

Avant de terminer, comme j'ai peur que vous vous ennuyiez, je vous donne ci-dessous quelques idées de regex que vous pourriez ajouter au parser.

- Il serait très appréciable que les URL cliquables fonctionnent aussi pour des URL avec des variables comme :

```
http://www.openclassrooms.com/index.php?page=3&skin=blue
```

- Vous devriez aussi parser les adresses e-mail en faisant un lien `mailto:` dessus !

- Il serait bien de compléter le bbCode avec `[u]`, `[img]`, etc.
- Mais puisqu'on y est, pourquoi refaire du bbCode ? Après tout, si vous êtes allergique aux crochets, que pour vous `[b]` ne veut rien dire, vous n'avez qu'à inventer le code : `{gras} {/gras}`.
- Et si vous aimez créer des regex, je peux vous proposer un dernier défi qui devrait vous occuper un petit moment : écrire une fonction qui colore automatiquement le code HTML !
  Vous donnez à la fonction le code HTML, elle en fait un `htmlspecialchars`, puis elle ajoute des `<span style="color:...">` pour colorer par exemple en bleu les noms des balises, en vert les attributs, en rouge ce qui est entre guillemets, etc.

Bon courage ! Vous en aurez besoin !

En résumé

- Certains caractères sont spéciaux au sein d'une expression régulière : on parle de **métacaractères**. Si on souhaite les rechercher dans une chaîne, il faut les échapper en plaçant un antislash devant. Par exemple : `\[`.
- Il existe des classes abrégées, c'est-à-dire des classes toutes prêtes, comme `\d` qui revient à écrire `[0-9]`.
- La fonction `preg_replace` permet d'effectuer des remplacements dans une chaîne de texte.
- Dans le cas d'un remplacement, les parenthèses au sein d'une expression régulière permettent de capturer une portion de texte pour la réutiliser dans une autre chaîne.

31 TP : créer un espace membres

Afin de créer un espace communautaire sur leur site web, la plupart des webmasters ont recours à un système de gestion des membres. Cela leur permet de fidéliser leurs visiteurs, qui peuvent alors participer plus facilement à la vie du site.

Cela vous intéresse ? Construire son espace membres ne s'improvise pas, il y a un certain nombre d'éléments à connaître. Nous allons découvrir tout ce qu'il faut savoir à ce sujet au cours de ce TP.

Ce TP sera légèrement différent des précédents. En effet, nous allons concevoir l'espace membres ensemble et pas à pas. Plutôt que de nous concentrer sur le code source proprement dit, je vous présenterai la *méthode*, ce qu'il faut savoir, mais je ne vous donnerai pas de code PHP « prêt à l'emploi ». Cela n'aurait pas de sens : à ce stade, vous avez le niveau pour écrire vous-même le code à l'aide du canevas que je vais vous proposer.

Concevoir l'espace membres

Quelles sont les fonctionnalités d'un espace membres ?

La première question à se poser porte sur la finalité de notre projet. Cela nous permettra aussi de définir ce que nous souhaitons éviter de concevoir, au moins dans un premier temps.

Vous êtes probablement habitué aux espaces membres sur d'autres sites. Qui n'a jamais créé un compte sur un site web ? Sur Twitter ou Facebook ? Vous avez forcément déjà vu un espace membres, même si le site web ne l'appelle pas exactement comme cela. Vous devriez donc savoir qu'un espace membres nécessite au minimum les éléments suivants :

- une page d'inscription ;

- une page de connexion ;
- une page de déconnexion.

On peut ensuite ajouter d'autres pages, par exemple pour afficher et modifier son profil de membre. Cependant, il faut au minimum avoir créé les pages que je viens de mentionner. La figure suivante devrait vous permettre d'avoir une bonne vue d'ensemble des étapes de la vie d'un membre, de son inscription à sa connexion et sa participation au site.

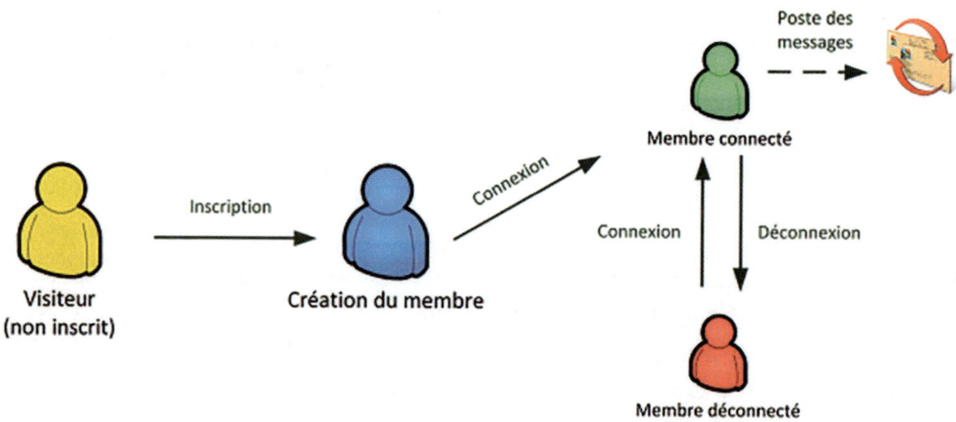

Les étapes de la vie d'un membre

Une fois cette base prête, il sera ensuite possible de créer tout l'espace participatif de votre site qui reposera sur les membres : les forums, les commentaires des actualités, etc. Elles sont représentées en pointillé sur la figure suivante. Nous utiliserons le numéro du membre (son `id`) pour lier ses messages à son compte, à l'aide des jointures SQL que vous connaissez bien maintenant.

Pour commencer, nous allons créer la table MySQL qui stockera les membres de notre site. C'est la première étape qui nous permettra ensuite d'aller plus loin et d'étudier la création des principales pages dont nous avons parlé : inscription, connexion et déconnexion.

La table des membres

Qu'est-ce qui caractérise un membre ? Essayons de voir ce que nous avons besoin de stocker au minimum pour créer la table :

- un pseudonyme ;
- un mot de passe ;
- une adresse e-mail ;
- une date d'inscription.

Bien entendu, on pourrait ajouter d'autres champs, comme sa signature, sa date de naissance ou son adresse de messagerie instantanée. Nous allons cependant faire simple pour commencer, sachant qu'il est toujours possible d'ajouter des champs à la table par la suite comme nous l'avons appris.

Je vous propose donc de créer une table nommée `membres` avec les champs suivants :

- `id (int, primary, auto_increment)` ;
- `pseudo (varchar 255)` ;
- `pass (varchar 255)` ;
- `email (varchar 255)` ;
- `date_inscription (date)`.

Ces champs sont résumés sur la figure suivante qui présente la table une fois créée sous phpMyAdmin.

Champ	Type
id	int(11)
pseudo	varchar(255)
pass	varchar(255)
email	varchar(255)
date_inscription	date

Les champs de la table membres

> Si vous souhaitez que vos membres appartiennent à des groupes différents, il pourrait être intéressant de créer une table `groupes` listant tous les groupes (membre, administrateur, modérateur...). Vous ajouteriez à la table des membres un champ nommé `id_groupe` qui stockerait le numéro du groupe, ce qui vous permettrait de faire une jointure entre les deux tables comme nous l'avons fait avec les jeux vidéo et leurs propriétaires au chapitre 27.

La problématique du mot de passe

Un de ces champs mérite une attention particulière : celui qui stocke le mot de passe. En effet, lorsqu'ils s'inscriront, vos visiteurs enverront en toute confiance un mot de passe à votre site. Il est très probable qu'ils utilisent le même mot de passe sur de nombreux autres sites. Bien que ce soit une très mauvaise habitude en matière de sécurité (idéalement, il faudrait utiliser un mot de passe différent par site), ce cas de figure est hélas extrêmement fréquent.

Sachant cela, vous avez une certaine obligation morale et éthique en tant que webmaster : vous ne devriez pas stocker les mots de passe de vos visiteurs dans la base. Si celle-ci tombait entre de mauvaises mains (cela pourrait arriver dans un cas critique, comme le piratage de votre site, ce que je ne vous souhaite pas), une personne aurait accès à tous les mots de passe de vos membres et pourrait s'en servir pour voler leurs comptes sur d'autres sites !

> ? Pourtant, je dois bien stocker le mot de passe de mes membres si je veux pouvoir par la suite m'assurer que ce sont les bonnes personnes ! C'est un problème impossible à résoudre !

C'est ce que vous croyez, et pourtant la solution existe : elle s'appelle le **hachage**. C'est une fonction qui transforme n'importe quel texte en un nombre hexadécimal qui représente le mot de passe mais qui est illisible.

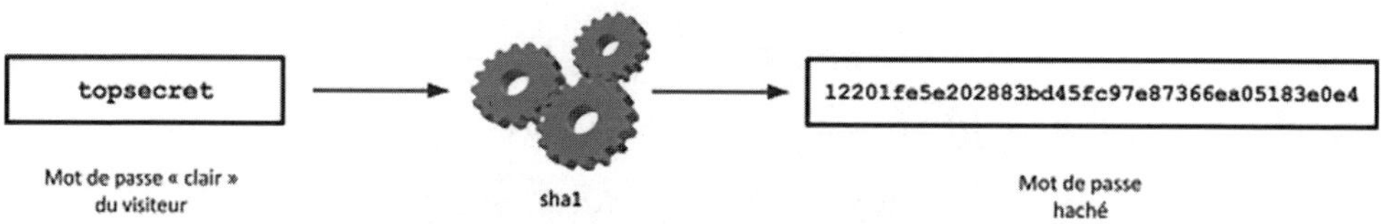

La fonction de hachage rend le mot de passe illisible.

Pour hacher un mot de passe, il existe plusieurs fonctions qui se basent sur des algorithmes différents. Je vous conseille d'utiliser `sha1` sur vos sites web.

> i Il existe d'autres fonctions ayant le même rôle, notamment `md5` qui est très connue. Cependant, cette fonction de hachage n'est plus considérée comme sûre aujourd'hui et il est fortement recommandé d'utiliser `sha1`.

La particularité du hachage est qu'il fonctionne dans un seul sens : il est impossible de retrouver le mot de passe d'origine une fois qu'il a été haché. De plus, un hash (nom donné à la version hachée du mot de passe) est unique : il correspond à un et un seul mot de passe.

Vous stockerez la version hachée du mot de passe, qui sera donc passé à la moulinette par la fonction `sha1`. Lorsqu'un visiteur voudra se connecter, il vous enverra son mot de passe que vous hacherez à nouveau et que vous comparerez avec celui stocké dans la base de données. Si les deux mots de passe hachés sont identiques, alors cela signifie que le visiteur a entré le même mot de passe que lors de son inscription.

Réaliser les pages principales de l'espace membres

Nous avons déterminé un peu plus tôt la liste des pages dont nous avons besoin au minimum pour gérer nos membres :

- inscription ;
- connexion ;
- déconnexion.

Nous n'allons pas écrire le code de ces pages mais nous allons passer en revue ce qu'il faut savoir pour les réaliser correctement.

La page d'inscription

La page d'inscription est en général constituée de quatre champs :

- pseudonyme souhaité ;
- mot de passe ;
- confirmation du mot de passe (pour éviter les erreurs de saisie) ;
- adresse e-mail.

Il est recommandé de limiter autant que possible le nombre d'informations demandées. Le visiteur souhaite pouvoir s'inscrire très rapidement. S'il tombe sur une page avec de nombreux champs à remplir, il y a de grands risques pour qu'il abandonne. Laissez-le remplir les autres champs (comme sa signature, sa messagerie instantanée et sa date de naissance) dans un second temps, lorsqu'il sera inscrit.

> Certains sites ne demandent pas de pseudonyme et utilisent l'adresse e-mail comme identifiant. C'est une possibilité, notamment sur les sites d'e-commerce, mais si vos membres seront amenés à poster des messages sur des forums, il est préférable qu'ils s'inscrivent avec un pseudonyme.

La figure suivante présente un formulaire basique d'inscription.

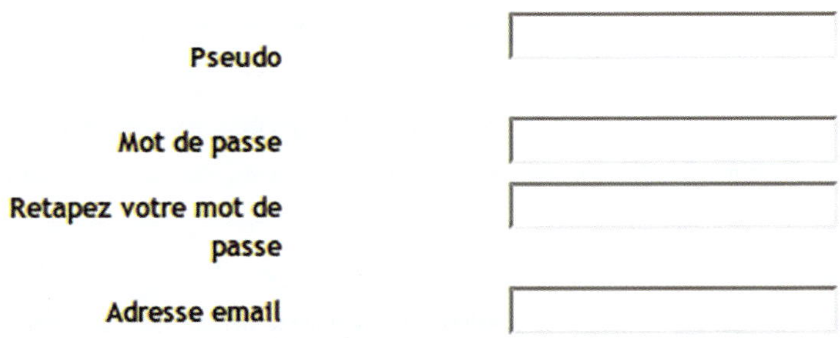

Un formulaire d'inscription

Le champ du mot de passe est de type `password` afin d'empêcher la lecture du mot de passe à l'écran par une autre personne. C'est pour cela qu'il est fortement recommandé de demander de saisir à nouveau le mot de passe, dans le cas d'une faute de frappe.

Avant d'enregistrer l'utilisateur dans la base de données, il faudra penser à faire un certain nombre de vérifications.

- Le pseudonyme demandé par le visiteur est-il libre ? S'il est déjà présent en base de données, il faudra demander au visiteur d'en choisir un autre.
- Les deux mots de passe saisis sont-ils identiques ? S'il y a une erreur, il faut inviter le visiteur à taper à nouveau le mot de passe.
- L'adresse e-mail a-t-elle une forme valide ? Vous pouvez utiliser une expression régulière pour le vérifier.

Si toutes ces conditions sont remplies, on peut insérer l'utilisateur dans la base de données. Comme je vous le disais plus tôt, il est très fortement conseillé de hacher le mot de passe avant de le stocker, afin qu'il ne soit plus « lisible ».

Voici dans les grandes lignes à quoi pourrait ressembler le code qui insère un nouveau membre dans la base :

```
<?php
// Vérification de la validité des informations

// Hachage du mot de passe
$pass_hache = sha1($_POST['pass']);

// Insertion
$req = $bdd->prepare('INSERT INTO membres(pseudo, pass, email, date_
inscription) VALUES(:pseudo, :pass, :email, CURDATE())');
$req->execute(array(
    'pseudo' => $pseudo,
    'pass' => $pass_hache,
    'email' => $email));
```

Ce code est un simple canevas qui illustre les principales étapes de la création d'un membre. À vous de le compléter. De plus, je vous invite à respecter l'architecture MVC : vous utiliserez le contrôleur pour vérifier la validité des informations et pour hacher le mot de passe, tandis que le modèle se chargera simplement d'exécuter la requête.

On vérifie d'abord la validité des informations comme indiqué précédemment. Ensuite, on hache le mot de passe et enfin on peut insérer le membre dans la base. Sous phpMyAdmin, on voit donc apparaître le membre comme sur la figure suivante.

	id	pseudo	pass	email	date_inscription
	1	Patrick	df85af37f9fbe490b9fe49a678f9eafa65c97335	patrick@moi.com	2010-04-24

Un membre ajouté dans la base de données

Son mot de passe haché n'est pas lisible et cela nous assure qu'on ne peut pas le « voler ». Notez que, pour augmenter la sécurité, on peut « saler » le mot de passe. Cela consiste à lui ajouter un préfixe avant de le hacher afin d'ajouter une certaine complexité : `$pass_hache = sha1('gz' . $_POST['pass']);`.

Nous verrons lors de l'étape de connexion comment vérifier si le membre entre bien le bon mot de passe.

On pourrait ajouter d'autres étapes pour renforcer la sécurité de l'inscription. En particulier, renseignez-vous sur les systèmes de captcha qui demandent au visiteur de recopier un mot issu d'une image afin de vérifier qu'il ne s'agit pas d'un robot. Par ailleurs, vous pourriez demander une confirmation par e-mail afin de vérifier que l'adresse est correcte.

La page de connexion

Maintenant que le membre est créé, il doit pouvoir se connecter sur votre site. Pour cela, nous utiliserons le système de sessions qui est mis à notre disposition par PHP et que nous avons appris à utiliser au chapitre 17.

Habituellement, on demande au moins le pseudonyme (ou *login*) et le mot de passe du membre. Pour lui faciliter la vie, on peut lui proposer une option de connexion automatique qui lui évitera d'avoir à se connecter de nouveau à chaque visite du site.

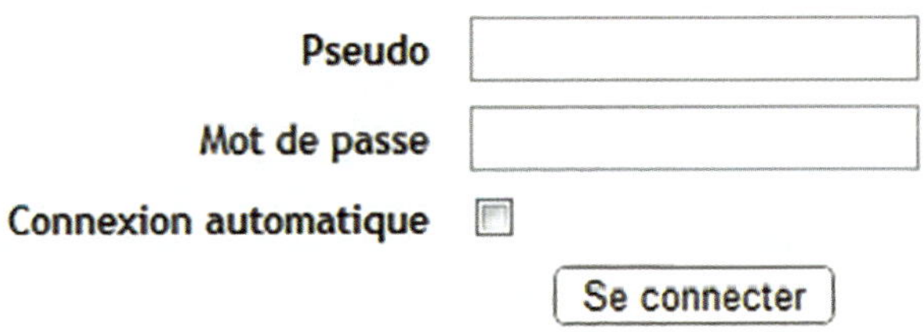

Un formulaire de connexion

La page qui reçoit les données du formulaire de connexion doit hacher de nouveau le mot de passe et le comparer à celui stocké dans la base. S'il existe un membre qui a le même pseudonyme et le même mot de passe haché, alors on autorise la connexion et on peut créer les variables de session. Sinon, on renvoie une erreur indiquant que le pseudonyme ou le mot de passe est invalide.

```
<?php
// Hachage du mot de passe
$pass_hache = sha1($_POST['pass']);

// Vérification des identifiants
$req = $bdd->prepare('SELECT id FROM membres WHERE pseudo = :pseudo AND
pass = :pass');
```

```
$req->execute(array(
    'pseudo' => $pseudo,
    'pass' => $pass_hache));

$resultat = $req->fetch();

if (!$resultat)
{
    echo 'Mauvais identifiant ou mot de passe !';
}
else
{
    session_start();
    $_SESSION['id'] = $resultat['id'];
    $_SESSION['pseudo'] = $pseudo;
    echo 'Vous êtes connecté !';
}
```

Après avoir de nouveau haché le mot de passe, on essaie de récupérer une entrée dans la table `membres` qui corresponde à ce pseudonyme et ce mot de passe haché. Si `$resultat` vaut faux, cela signifie qu'aucune entrée ne correspond et donc que l'identifiant ou le mot de passe est mauvais. Sinon, on peut créer les variables de session et y stocker par exemple l'`id` et le pseudonyme du membre. Désormais, sur toutes les pages du site, on pourra indiquer au membre qu'il est connecté grâce à la présence des variables `$_SESSION`.

```
<?php
if (isset($_SESSION['id']) AND isset($_SESSION['pseudo']))
{
    echo 'Bonjour ' . $_SESSION['pseudo'];
}
```

Si le membre souhaite être reconnecté automatiquement (ce qu'il est conseillé de faire uniquement sur un ordinateur personnel, et non sur un ordinateur partagé avec d'autres personnes !), je vous invite à créer deux cookies qui stockeront respectivement :

- le pseudonyme ;
- le mot de passe **haché**.

Ainsi, si un visiteur non connecté qui possède ces deux cookies se présente, vous n'aurez qu'à vérifier si un membre correspond à ces informations en base de données et vous pourrez le connecter automatiquement, sans passer par le formulaire de connexion. Là encore, on prend une certaine mesure de sécurité en stockant le mot de passe haché dans un cookie et non le vrai mot de passe.

Sachez par ailleurs que de nouvelles méthodes de connexion centralisées apparaissent depuis quelque temps. Elles ont pour nom Open`id`, Facebook Connect, Windows Live `id`, etc. En effectuant quelques manipulations supplémentaires, vous pouvez permettre à vos visiteurs de se connecter à votre site en saisissant leurs identifiants Facebook, Windows Live, Twitter ou encore Google, ce qui leur évite d'avoir à fournir un mot de passe spécialement pour votre site.

Le système RPX est devenu très populaire car il vous permet de mettre en place rapidement ces moyens de connexion sur votre site (figure suivante). Il suffit seulement d'ajouter un champ à votre table `membres` et d'installer un petit script. Renseignez-vous sur le site web de RPX (*https://rpxnow.com/*) si vous souhaitez par la suite vous en servir pour améliorer votre espace membres.

RPX permet de se connecter à votre site avec un autre compte.

La page de déconnexion

Au bout d'un certain temps d'inactivité, la session du membre est automatiquement détruite et il se retrouve déconnecté. S'il charge à nouveau une page du site, il apparaîtra donc déconnecté, à moins qu'il ait activé la connexion automatique qui aura pour effet de le reconnecter immédiatement et de manière transparente grâce à ses cookies.

Si la déconnexion est automatique au bout d'un certain temps (le fameux *timeout*), il faut quand même proposer un lien de déconnexion. La page de déconnexion devra supprimer le contenu de `$_SESSION`, mettre fin au système de sessions (en appelant `session_destroy()`) et supprimer les cookies de connexion automatique s'ils existent.

```
<?php
session_start();

// Suppression des variables de session et de la session
$_SESSION = array();
session_destroy();

// Suppression des cookies de connexion automatique
setcookie('login', '');
setcookie('pass_hache', '');
```

Aller plus loin

Nous avons vu ensemble comment mettre en place les bases d'un système de gestion des membres. Bien entendu, nous avons fait le minimum et c'est maintenant à vous de jouer pour améliorer ce script comme bon vous semble.

Voici quelques pistes pour compléter votre espace membres.

- Proposez au membre d'envoyer un **avatar**. Vous avez appris à envoyer des fichiers via des formulaires et à redimensionner des images avec la bibliothèque GD, vous en êtes donc tout à fait capable ! Bien qu'il existe plusieurs méthodes, la plus simple consiste à créer un dossier `avatars` et à y placer les avatars nommés en fonction des `id` des membres : `1.png`, `2.png`, `3.png`, etc.
- Mettez en place une page de **profil** de présentation des membres. Vous pouvez y afficher toutes sortes d'informations, comme son e-mail (mais il vaut mieux lui demander son accord auparavant), son adresse de messagerie instantanée, sa date de naissance, ses passions, son travail, le nom de la ville où il habite, etc. Toutes ces informations pourront être stockées dans de nouveaux champs de la table `membres`.
- Proposez au membre la possibilité de changer ses **identifiants** s'il le souhaite, à savoir son pseudonyme et son mot de passe. Il est courant qu'un membre désire changer de pseudonyme quelque temps après s'être inscrit, mais surtout il est vital qu'il puisse changer son mot de passe à tout moment au cas où celui-là serait compromis ! Même si le membre est déjà connecté, je vous conseille de lui demander à nouveau son mot de passe actuel avant de l'autoriser à en changer, par mesure de sécurité.
- Donnez au membre la possibilité de choisir parmi plusieurs **options de navigation**. Tout le monde n'utilise pas votre site web de la même manière, peut-être que certains souhaiteront avoir un menu en haut des pages plutôt qu'un autre, d'autres préfèreront naviguer avec un design sombre, etc.

Votre espace membres devrait commencer à être bien complet !

Maintenant, pourquoi ne pas commencer à mettre en place vos propres forums sur votre site web ? Chaque message des forums sera associé à un `id` de membre : il suffira de créer un champ `id_membre` dans la table des messages. Vous pourrez alors utiliser les jointures pour récupérer automatiquement le pseudonyme du membre et sa signature à chaque message posté !

Sixième partie

Annexes

Dans les annexes, vous trouverez différents éléments intéressants en rapport avec le PHP dont je n'ai pas encore parlé.

Ne consultez pas les annexes à la fin, mais plutôt pendant la lecture du cours, histoire de souffler entre deux chapitres.

A Publier son site sur le Web

Votre site est tout beau, tout propre, tout prêt… mais comme il est sur votre disque dur, personne d'autre ne va pouvoir en profiter !

Vous aimeriez donc le publier sur le Web, mais vous ne savez pas comment… C'est ce que nous allons découvrir dans cette annexe :

1. Comment réserver un **nom de domaine** ?
2. Qu'est-ce qu'un **hébergeur** et comment cela fonctionne-t-il ?
3. Comment utiliser un **client FTP** pour pouvoir transférer les fichiers sur Internet ?

Le nom de domaine

Savez-vous ce qu'est un **nom de domaine** ?

Il s'agit en fait d'une adresse sur le Web : `openclassrooms.com` par exemple.

Un nom de domaine est constitué de deux parties : openclassrooms.com.

- En rouge, le nom de domaine proprement dit. Il s'agit d'un nom qu'on peut en général choisir librement à condition qu'il soit disponible.
- En bleu, l'extension (aussi appelée « TLD », de l'anglais *top-level domain*). Il existe grosso modo une extension par pays (`.fr` pour la France, `.be` pour la Belgique, `.ca` pour le Canada, etc.). Toutefois, il y a aussi des extensions utilisées au niveau international comme `.com`, `.net`, `.org`. Elles étaient au départ réservées aux sites commerciaux, aux organisations… mais cela fait longtemps que tout le monde peut les réserver. D'ailleurs, `.com` est très probablement l'extension la plus utilisée sur le Web.

En général, un site web voit son adresse précédée par `www`, comme dans *www.openclassrooms.com*. Ces `www` ne font pas partie du nom de domaine, ils sont ce que l'on appelle un sous-domaine. On peut en théorie en créer autant qu'on le souhaite à partir du moment où l'on est propriétaire du nom de domaine.

Le `www` a été adopté par tous les webmasters, c'est une sorte de convention, mais elle n'est absolument pas obligatoire.

Réserver un nom de domaine

Moi aussi je veux un nom de domaine pour mon site ! Comment dois-je faire ?

Alors j'ai une bonne et une mauvaise nouvelle. Comme d'habitude, on va commencer par la mauvaise :

- **la mauvaise** : ce n'est pas gratuit…
- **la bonne** : ce n'est vraiment pas cher du tout.

En effet, un nom de domaine coûte entre 7 et 12 euros par an.

Le prix varie en fonction de l'extension. Ainsi, l'extension *.info* est généralement proposée à plus bas prix et est parfois une alternative intéressante. Cependant, si vous voulez une adresse plus « courante », il faudra plutôt viser une extension de type *.com* ou encore *.fr*.

Pour réserver un nom de domaine, deux solutions s'offrent à vous :

- Passer par un **registrar** spécialisé. C'est un organisme qui sert d'intermédiaire entre l'ICANN (l'organisation qui gère l'ensemble des noms de domaine au niveau international) et vous. 1&1, OVH et Gandi sont de célèbres registrars français.
- Encore mieux : commander le nom de domaine en même temps que l'hébergement (c'est ce que je vous conseille). De cette manière, vous faites d'une pierre deux coups, vu que vous aurez de toute façon besoin de l'hébergement *et* du nom de domaine.

Dans ce chapitre, nous allons voir comment commander un nom de domaine en même temps que l'hébergement, c'est de loin la solution la plus simple et la moins coûteuse pour vous.

L'hébergeur

Intéressons-nous maintenant à l'hébergeur.

Qu'est-ce qu'un hébergeur et pourquoi aurais-je besoin de lui ?

Sur Internet, tous les sites web sont stockés sur des ordinateurs particuliers appelés **serveurs** (figure suivante). Ce sont des ordinateurs généralement très puissants, qui restent tout le temps allumés. Ils contiennent les pages des sites web et les délivrent aux internautes qui les demandent, à toute heure du jour et de la nuit.

Un serveur

Un serveur ne possède pas d'écran car, la plupart du temps, il tourne tout seul sans qu'il y ait besoin de faire quoi que ce soit dessus. Comme vous le voyez, les serveurs sont très plats : c'est un format spécial de serveur (appelé « 1U »). Cela permet de les empiler dans des **baies**, c'est-à-dire des sortes d'armoires climatisées pour serveurs (figure suivante).

Une baie de serveurs

Comme vous le voyez, il y a un écran pour toute la baie. C'est suffisant car on ne le branche sur un serveur que si celui-ci rencontre un problème. La plupart du temps, heureusement, le serveur travaille sans broncher.

Le rôle de l'hébergeur

L'hébergeur est une entreprise qui se charge de gérer des baies de serveurs. Elle s'assure du bon fonctionnement des serveurs 24h/24, 7j/7. En effet, si l'un d'eux tombe en panne, tous les sites présents sur la machine deviennent inaccessibles (et cela fait des clients mécontents).

Ces baies se situent dans des lieux particuliers appelés **datacenters** (figure suivante). Les datacenters sont donc en quelque sorte des « entrepôts à serveurs » et leur accès est très protégé.

Un datacenter avec plusieurs baies de serveurs

Il est aussi possible, en théorie, d'héberger un site sur son propre ordinateur. Toutefois, c'est complexe : il vaut mieux avoir des connaissances en Linux, l'ordinateur doit être assez puissant, tourner jour et nuit et... surtout... la connexion doit être à très très haut débit (surtout en **upload,** la vitesse d'envoi des fichiers compte énormément). Les particuliers n'ont en règle générale pas une connexion suffisamment puissante pour héberger des sites, contrairement aux datacenters : ceux-ci sont câblés en fibre optique (ce qui permet d'atteindre des vitesses de plusieurs Gbps).

Gérer un serveur soi-même est complexe et, la plupart du temps, les particuliers et les entreprises font appel à un hébergeur dont c'est le métier.

Trouver un hébergeur

Les hébergeurs, contrairement aux registrars, sont très nombreux. Il y en a de tous types, à tous les prix. Il y a un vocabulaire à connaître pour vous repérer dans leurs offres :

- **Hébergement mutualisé** : si vous optez pour une offre d'hébergement mutualisé, votre site sera placé sur un serveur gérant plusieurs sites à la fois (une centaine, voire plus). *C'est l'offre la moins chère et c'est celle que je vous recommande de viser* si vous démarrez votre site web.
- **Hébergement dédié virtuel** : cette fois, le serveur ne gère que très peu de sites (généralement moins d'une dizaine). Cette offre est généralement adaptée aux sites qui d'un côté ne peuvent plus tenir sur un hébergement mutualisé car ils ont trop de trafic (trop de visiteurs), mais qui par ailleurs ne peuvent pas se payer un hébergement dédié (voir ci-après).
- **Hébergement dédié** (on parle aussi de « serveur dédié ») : c'est le nec plus ultra. Le serveur gère uniquement votre site et aucun autre. Attention, cela coûte assez cher et il vaut mieux avoir des connaissances en Linux pour administrer le serveur à distance.
- **Hébergement cloud** : de plus en plus en vogue, cela consiste à envoyer notre site sur des serveurs virtuels. En fait, c'est l'équivalent d'un hébergement dédié virtuel, mais avec tout un tas de services autour pour gérer plus facilement le réseau, les bases de données, etc. C'est la tendance pour de plus en plus de moyens et gros sites. Parmi les hébergeurs cloud, on peut citer Amazon Web Services, Google Cloud, Microsoft Azure, etc.

Ce type d'hébergement est en revanche un peu trop complexe pour nous qui débutons dans la création de sites web. Je recommande plutôt un hébergement mutualisé dans notre cas.

> Où puis-je trouver un hébergeur ?

Une recherche de « hébergeur web » dans Google vous donnera plusieurs millions de résultats. Vous n'aurez que l'embarras du choix.

Dans la suite de ce tutoriel, je vais vous montrer comment obtenir un hébergement mutualisé avec **1&1** (*http://oc.cm/2jFDkEu*), auprès de qui nous avons pu obtenir des réductions spécialement pour les visiteurs d'OpenClassrooms.

> Si vous le souhaitez, vous pouvez bien entendu recourir à un autre hébergeur de votre choix. Je sais que les lecteurs de ce tutoriel utilisent parfois aussi PlanetHoster (*http://www.planethoster.net/Site-du-Zero*) et MavenHosting (*https://www.mavenhosting.com/clients/aff.php?aff=006*).
>
> La procédure pour héberger votre site chez *1&1* décrite ici fonctionne quasiment de la même manière avec *PlanetHoster*, *MavenHosting* ou tout autre hébergeur.

1&1 propose plusieurs offres d'hébergement mutualisé, qui sont mensuelles et sans engagement. À tout moment de l'année, vous pouvez changer votre formule d'abonnement ou bien l'arrêter tout simplement.

Les offres d'hébergement 1&1

Commander un hébergement pour votre site web

Cliquez sur le bouton ***Continuer*** dans l'offre ***1&1 Unlimited***. On vous demande ensuite de choisir le nom de domaine de votre site, c'est-à-dire l'adresse à laquelle on pourra le trouver. Cochez la case en fonction des extensions que vous voulez utiliser (*.com*, *.fr*...). Un seul nom de domaine étant compris dans l'offre, je vous recommande de ne cocher qu'une seule case (par exemple *.com*) ; si vous en cochez plusieurs, il faudra payer un peu plus.

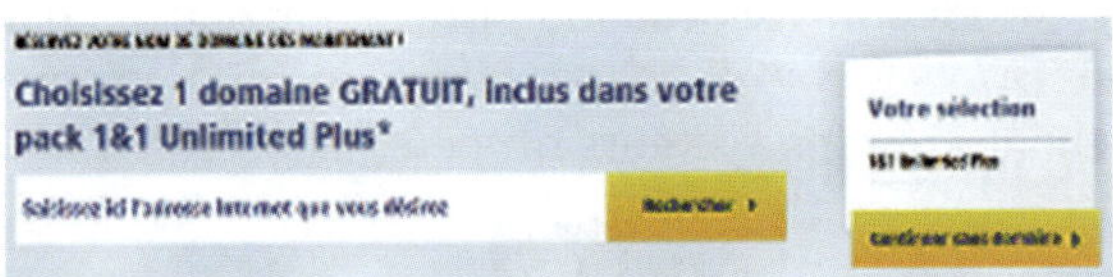

On vous demande de choisir le nom de domaine de votre site.

Si vous en avez les moyens, cela peut s'avérer judicieux d'acheter plusieurs noms de domaine similaires. Cela vous évite d'être victime de *domain parking*, c'est-à-dire de personnes qui achètent des noms de domaines semblables au vôtre pour vous les revendre au prix fort ensuite quand vous voyez que vos visiteurs se trompent de site.

Une fois que c'est fait, 1&1 va vérifier que le nom de domaine que vous demandez n'est pas déjà pris.

Vérifiez si le nom de domaine est libre avant de continuer.

Si le domaine est libre, cliquez simplement sur ***Continuer***. On vous propose ensuite plusieurs offres commerciales (acheter plus de domaines, un générateur de sites...). À moins qu'elles ne vous intéressent, je vous invite à cliquer sur ***Non merci*** à chaque fois.

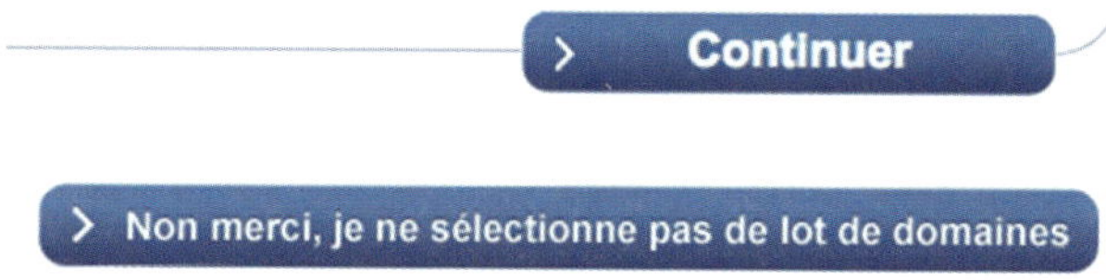

On vous propose d'acheter d'autres noms de domaine (facultatif).

Vous devriez à la fin arriver sur votre panier. Il ne vous reste plus qu'à renseigner vos coordonnées et finaliser l'achat.

Une fois les formalités et le paiement effectués, vous êtes redirigé vers **1&1**, qui vous confirme la prise en compte de votre commande. Vous devriez recevoir un peu plus tard un e-mail vous indiquant toutes les informations nécessaires pour mettre en place votre site. Conservez-les précieusement, vous en aurez besoin.

Lorsque vous avez reçu par e-mail vos identifiants pour vous connecter, passez à l'étape suivante : *envoyer votre site web sur le serveur de l'hébergeur*.

Utiliser un client FTP

Installer un client FTP

FTP signifie *File Transfer Protocol* et, pour faire court et simple, c'est le moyen qu'on utilise pour envoyer nos fichiers.

Il existe des centaines de logiciels permettant d'utiliser le FTP pour transférer vos fichiers sur Internet, gratuits, payants, français, anglais, etc.

En ce qui nous concerne, nous allons continuer ici avec **FileZilla** (figure suivante), gratuit et en français.

L'icône du célèbre client FTP FileZilla

La première étape est bien entendu de le télécharger (http://filezilla-project.org/download.php?type=client), dans la version correspondant à votre système d'exploitation (Windows, Mac OS X ou Linux). Vous ne devriez pas rencontrer de problème lors de l'installation, qui est très simple. Lancez ensuite le logiciel.

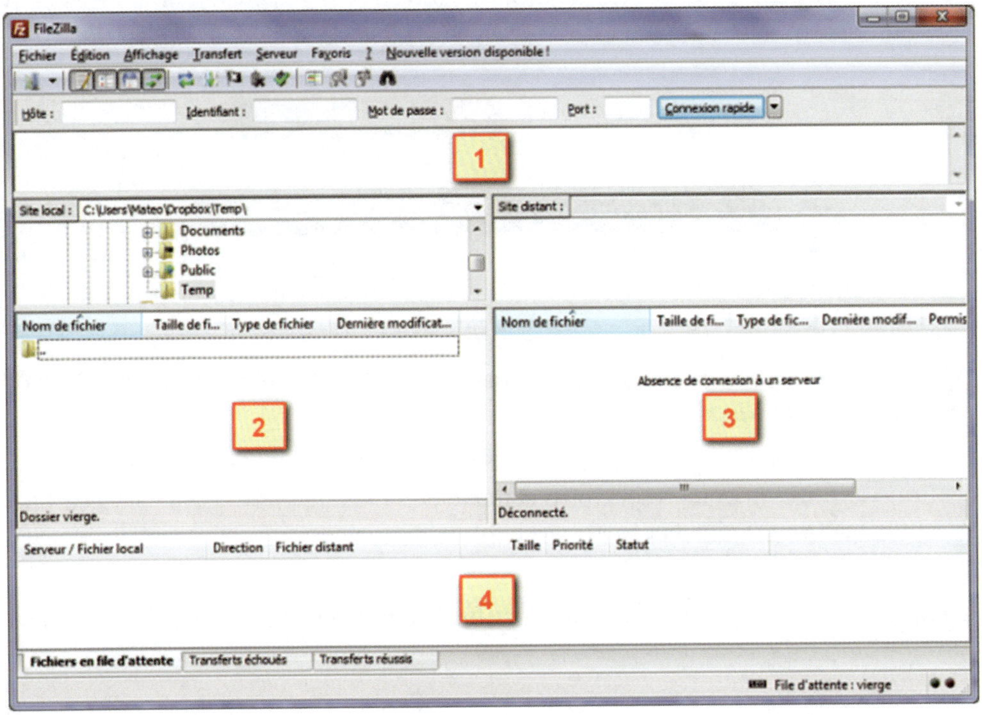

FileZilla est ouvert.

À première vue, cela semble un peu compliqué, mais en réalité le principe est très simple. Il y a quatre grandes zones à connaître dans la fenêtre.

- En haut (1) s'affichent les messages qu'envoie et reçoit le logiciel. Si vous avez un peu de chance, vous verrez même la machine vous dire bonjour (si si, je vous jure). En général, cette zone ne nous intéresse pas vraiment, sauf s'il y a des messages d'erreur en rouge…

- À gauche (2), c'est votre disque dur. Dans la partie du haut, vous avez les dossiers et, dans la partie du bas, la liste des fichiers du dossier actuel.
- À droite (3), c'est la liste des fichiers envoyés vers le serveur sur Internet. Pour le moment, il n'y a rien car on ne s'est pas connecté.
- Enfin, en bas (4), vous verrez apparaître les fichiers en cours d'envoi (et le pourcentage d'envoi).

La première étape sera de se connecter au serveur de votre hébergeur.

Configurer le client FTP

Quel que soit l'hébergeur que vous avez choisi, cela fonctionne toujours de la même manière. On va vous fournir *trois informations* qui sont indispensables pour que FileZilla puisse se connecter au serveur :

- **L'IP** : c'est « l'adresse » du serveur. Le plus souvent, on vous donnera une information du type *ftp.mon-site.com*, mais il peut aussi s'agir d'une suite de nombres comme *122.65.203.27*.
- **Le login** : c'est votre identifiant, qu'on vous a probablement demandé de choisir. Vous avez peut-être mis votre pseudo, ou le nom de votre site. Mon login pourrait par exemple être `mateo21`.
- **Le mot de passe** : soit on vous a demandé de choisir un mot de passe, soit (c'est plus probable) on vous en a attribué un d'office (un truc imprononçable du genre `crf45u7h`).

> Si vous n'avez pas ces informations, il faut que vous les cherchiez, c'est indispensable. On vous les a probablement envoyées par e-mail. Sinon, n'hésitez pas à les redemander à votre hébergeur.

Nous allons donner ces informations à FileZilla, qui en a besoin pour se connecter au serveur.

Cliquez sur la petite icône en haut à gauche : 

Une fenêtre s'ouvre. Cliquez sur ***Nouveau site*** et donnez-lui le nom que vous voulez (par exemple « Mon site »). À droite, vous devez indiquer les trois informations d'identification.

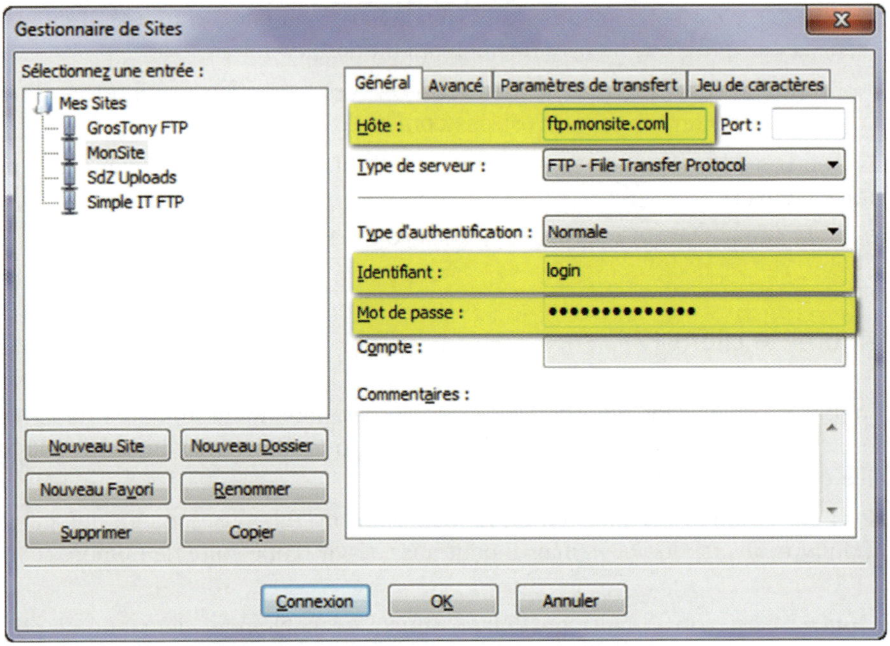

Les trois informations à donner à FileZilla

Vous distinguez en haut l'hôte (c'est là qu'il faut indiquer ftp.monsite.com, par exemple). Cochez ***Type d'authentification : Normale*** pour saisir le login et le mot de passe. Cliquez sur ***Connexion*** et le tour est (presque) joué.

Transférer les fichiers

À ce stade, vous avez deux possibilités :

- soit la connexion a réussi : vous voyez alors apparaître en haut des messages en vert comme « Connecté ». Dans ce cas, la zone de droite de la fenêtre de FileZilla devrait s'activer et vous montrer les fichiers qui se trouvent déjà sur le serveur (il se peut qu'il y en ait déjà quelques-uns).
- soit la connexion a échoué : vous voyez plusieurs messages écrits en rouge... Il n'y a pas trente-six solutions : vous vous êtes trompés en tapant l'IP, ou le login, ou le mot de passe. Un de ces éléments est incorrect, veillez à les redemander à votre hébergeur car, s'ils sont bons, cela *doit* marcher.

Si la connexion a réussi, alors ce que vous avez à faire est très simple : dans la partie de gauche, cherchez où se trouvent, sur votre disque dur, vos fichiers `.html` et `.css` (mais aussi vos images `.jpg`, `.png`, `.gif`, etc.).

À gauche, double-cliquez sur le fichier que vous voulez transférer. Au bout de quelques secondes, il apparaîtra à droite, ce qui signifiera qu'il a été correctement envoyé sur le serveur et donc qu'il est accessible sur Internet.

> Vous pouvez envoyer n'importe quel type de fichier. Bien entendu, généralement on envoie des fichiers `.php`, `.html`, `.css` et des images, mais vous pouvez aussi très bien envoyer des `.pdf`, des programmes, des `.zip`, etc.

La figure suivante, par exemple, représente le résultat qu'on obtient après avoir transféré un fichier `index.html` et quelques autres fichiers.

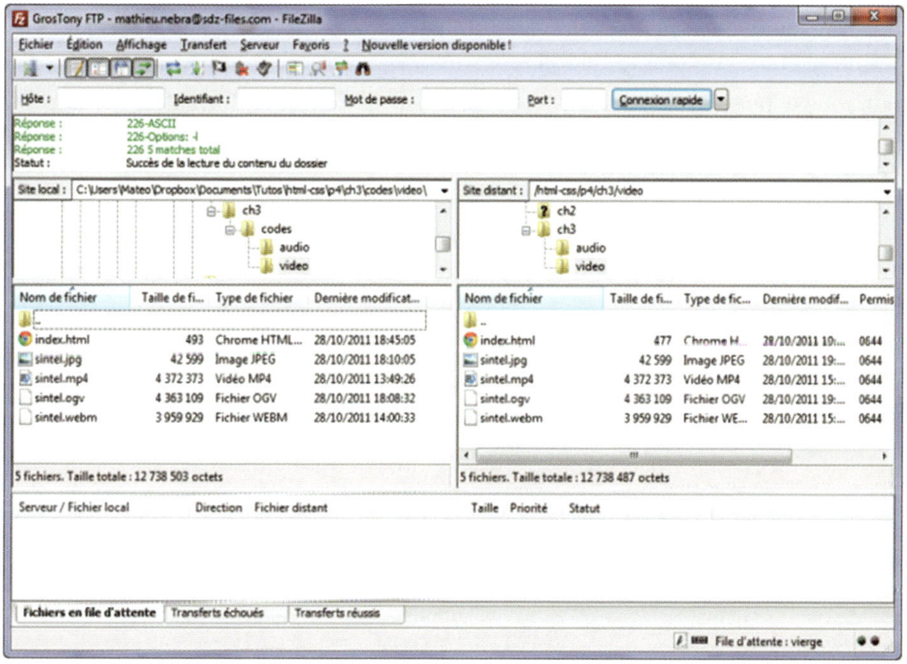

Des fichiers sont hébergés sur le serveur FTP. Ils apparaissent à droite, ce qui signifie qu'ils sont maintenant disponibles sur le serveur.

> Votre page d'accueil doit impérativement s'appeller `index.html`. C'est la page qui sera chargée lorsqu'un nouveau visiteur arrivera sur votre site.

Vous pouvez aussi transférer des dossiers entiers en une seule fois : il suffit de les glisser-déposer depuis la partie gauche (ou directement de la fenêtre de votre système d'exploitation) jusqu'à la partie droite de la fenêtre de FileZilla.

Une fois que la configuration est correctement paramétrée, vous constatez que l'envoi de fichiers est très simple.

En résumé

- Pour le moment, votre site web n'est visible que par vous, sur votre ordinateur. Il faut l'envoyer sur le Web pour qu'il soit visible par tout le monde.
- Vous avez besoin de deux éléments :
  - Un nom de domaine : c'est l'adresse de votre site web. Vous pouvez réserver une adresse en *.com*, *.fr*, *.net*… Par exemple : *openclassrooms.com*.
  - Un hébergeur : c'est lui qui va stocker votre site web sur une machine appelée « serveur ». Son rôle sera d'envoyer votre site à vos visiteurs à toute heure du jour et de la nuit.
- Pour transmettre les fichiers de votre site au serveur de votre hébergeur, il faut utiliser un client FTP comme FileZilla.
- Pour vous connecter au serveur, vous avez besoin de trois informations : l'adresse IP du serveur (ou son nom d'hôte), votre login et votre mot de passe. Ceux-ci vous sont fournis par votre hébergeur.

B Utiliser la documentation PHP

L'un des gros avantages en PHP, c'est sa documentation très complète, gratuite, disponible sur Internet, et traduite dans de très nombreuses langues (dont le français).

Pourtant, quand quelqu'un nous dit : « La solution à ton problème se trouve dans la doc' », on a tendance à trembloter un peu. On pense que la documentation est une sorte de pavé mal construit, illisible, dans lequel on a toutes les chances de se perdre.

C'est un tort. Comme je vous l'ai dit, la documentation PHP est particulièrement complète, bien organisée et traduite en français. Tout y est.

Le but de cette annexe est de vous montrer comment la documentation fonctionne, pour que vous soyez ensuite autonome dans votre recherche d'information.

Accéder à la documentation

La documentation, c'est bien beau, mais où se trouve-t-elle ? Comment y accéder ?

Pour cela, on a deux possibilités, tout dépend de ce que vous voulez faire.

- **Voir la liste des fonctions classées par thèmes** : si vous ne savez pas exactement quelle fonction vous cherchez, si vous voulez flâner un peu et avoir la liste des fonctions classées par catégorie… c'est la première méthode que vous utiliserez.
- **Accéder à la présentation d'une fonction dont on connaît le nom** : si vous connaissez le nom d'une fonction, mais que vous ne savez pas vous en servir, c'est cette seconde méthode que vous utiliserez. C'est la méthode la plus simple, la plus rapide, et la plus fréquemment utilisée.

Je vais maintenant vous détailler chacune des deux méthodes permettant d'accéder à la documentation. Vous utiliserez l'une ou l'autre en fonction de vos besoins.

Liste des fonctions classées par thème

Vous devriez mettre cette adresse dans vos favoris pour ne jamais l'oublier :

Documentation PHP (*http://www.php.net/manual/fr/funcref.php*)

Il s'agit du sommaire des fonctions PHP, en français.

- Affecte le comportement de PHP
  - APC — Cache PHP alternatif
  - APD — Débogueur PHP avancé
  - bcompiler — Compilateur bytecode PHP
  - Gestion des erreurs — Gestion des erreu
  - htscanner — Support du format .htacce:
  - inclued — Arbre d'inclusions
  - Options PHP et informations PHP
  - Memtrack
  - Surcharge d'objets
  - Contrôle de l'affichage — Bufferisation d
  - runkit
  - scream — Casse l'opérateur de silence
  - WinCache — Windows Cache pour PHP
- Manipulation audio
  - ID3 — Balises ID3
  - KTaglib
  - oggvorbis — OGG/Vorbis
  - OpenAL — Gestion Audio OpenAL

Liste des fonctions classées par thème

Cette page reprend la liste des « thèmes » de fonctions. Comme vous pouvez le voir, il y en a beaucoup !

Ne prenez pas peur si vous ne comprenez même pas un thème sur dix, mais faites l'effort de lire un peu tout ce qu'il y a, et repérez s'il y a un thème qui vous intéresse plus particulièrement qu'un autre.

Par exemple, vous pouvez y voir les thèmes « Mail » et « Mathématiques ». Supposons que je sois intéressé par les fonctions mathématiques de PHP. Je cliquerai alors sur : ***Mathématiques*** (*http://www.php.net/manual/fr/book.math.php*).

Une nouvelle page s'ouvre alors, vous proposant une petite introduction que je vous recommande de lire à chaque fois, ainsi que la liste des fonctions.

> Certains thèmes de fonctions ne sont pas activés avec PHP. C'est le cas par exemple de la bibliothèque GD pour créer des images.
>
> Si c'est le cas, on vous indique qu'il faut « activer » la bibliothèque, comme je vous ai appris à le faire dans le chapitre sur GD.
>
> D'autres fonctions appartiennent à des extensions qu'il faut installer manuellement.

En ce qui concerne les fonctions mathématiques, elles sont toujours activées par défaut, donc pas de problème.

Descendez plus bas dans la page (parfois vous devez descendre très bas), jusqu'à l'endroit indiquant « Table des matières ». C'est cette partie qui nous intéresse : elle contient la liste des fonctions du thème « Mathématiques ».

- is_finite — Indique si un nombre est fini
- is_infinite — Indique si un nombre est infini
- is_nan — Indique si une valeur n'est pas un nombre
- lcg_value — Générateur de congruence combinée linéaire
- log10 — Logarithme en base 10
- log1p — Calcule précisément log(1 + nombre)
- log — Logarithme naturel (népérien)
- max — La plus grande valeur
- min — La plus petite valeur

Quelques fonctions mathématiques

À gauche, vous avez le nom de la fonction, et à droite un très bref descriptif de ce qu'elle fait.

Si vous cliquez sur un nom de fonction, vous accédez à la présentation de cette dernière. Nous verrons comment fonctionne cette page dans la seconde partie de cette annexe.

Ici, par exemple, je peux être intéressé par le calcul d'un logarithme népérien (fonction `log`). Même si les maths ne sont pas votre fort, il y a quand même quelques fonctions qui devraient vous intéresser : `max`, qui retourne le nombre le plus grand ou `mt_rand`, qui génère un nombre aléatoire.

Accès direct à une fonction

Il est fréquent que vous connaissiez le nom d'une fonction, mais que vous ne sachiez pas vous en servir.

Là, il n'est plus question de « flâner » parmi les thèmes de fonctions pour en repérer une intéressante : on souhaite obtenir directement la description d'une fonction.

Par exemple, supposons que vous souhaitiez générer un nombre aléatoire entre 0 et 100. Vous savez que la fonction s'appelle `mt_rand` parce que quelqu'un en a parlé sur un forum.

Cette information est normalement suffisante : vous avez le nom de la fonction et n'avez plus qu'à vous documenter.

Pour accéder directement à la présentation d'une fonction, tapez l'adresse suivante dans votre navigateur : *php.net/nom_de_la_fonction*

Il est inutile d'écrire *http://www.* devant cette adresse, cela sera ajouté automatiquement. C'est plus rapide de s'en passer.

Si la fonction existe, vous tombez directement sur sa présentation. Sinon, on vous dit que la fonction n'existe pas et on vous propose d'autres fonctions qui ont à peu près le même nom.

Si je veux donc tout savoir sur `mt_rand`, je saisirai *php.net/mt_rand* dans la barre d'adresse de mon navigateur.

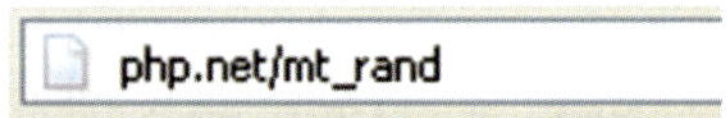

Accès direct à la documentation depuis la barre d'adresse du navigateur

Lorsque vous validez cette adresse, vous arrivez directement sur la page qui présente la fonction `mt_rand` ! Plutôt rapide et pratique, non ?

Présentation d'une fonction

Je suppose maintenant que vous avez repéré la fonction qui vous intéresse. Vous tombez alors sur la page de **présentation de la fonction**.

On va prendre le cas de la fonction `mt_rand` : procédez comme indiqué précédemment pour accéder directement à la page concernant cette fonction.

La page de présentation d'une fonction a toujours la même forme.

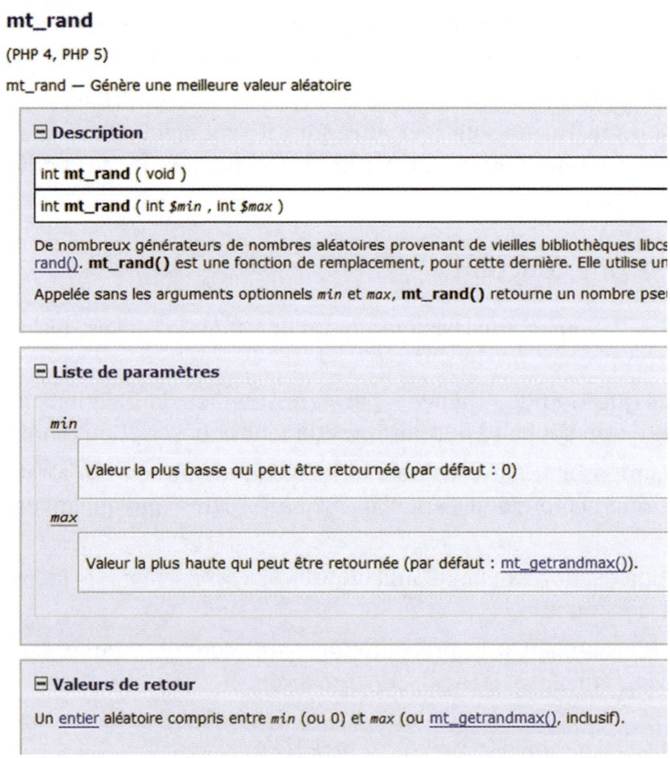

Présentation de la fonction mt_rand

Ce qui nous intéresse le plus ici, c'est le « mode d'emploi de la fonction ». Il correspond aux lignes suivantes :

```
int mt_rand ( void )
int mt_rand ( int $min, int $max )
```

Ces lignes décrivent le mode d'emploi de `mt_rand`. Je vais vous apprendre à le déchiffrer, car il vous permettra d'utiliser n'importe quelle fonction PHP à l'aide de la documentation !

Apprendre à lire un mode d'emploi

Ici, le mode d'emploi indique qu'il y a deux façons d'utiliser la fonction : avec ou sans paramètres. Étudions le premier cas, avec paramètres, plus complexe :

```
int mt_rand ( int $min, int $max )
```

Examinons toutes les infos que cet extrait de code renferme.

- `int` : la fonction commence par le mot-clé `int`. Ce premier mot-clé indique **ce que renvoie la fonction**. On peut avoir entre autres les mots-clés suivants :
  - `int` : cela signifie que la fonction renvoie un nombre entier. `mt_rand` renvoie donc un nombre entier (-8, 0, 3, 12, etc.) ;
  - `float` : la fonction renvoie un nombre décimal (comme 15.2457) ;
  - `number` : la fonction renvoie un nombre qui peut être soit un entier (`int`) soit un décimal (`float`) ;
  - `string` : la fonction renvoie une chaîne de caractères, c'est-à-dire du texte. Par exemple, « Bonjour » ;
  - `bool` : la fonction renvoie un booléen, c'est-à-dire vrai ou faux (`true` ou `false`) ;
  - `array` : la fonction renvoie un array (tableau de variables). Le plus simple en général, c'est de faire un `print_r`, pour voir tout ce que contient cet array ;
  - `resource` : la fonction renvoie une « ressource ». Une ressource est un type de donnée particulier, une sorte de supervariable. Il peut s'agir d'une image, d'un fichier, etc. Dans le chapitre sur la bibliothèque GD, par exemple, on manipule une variable `$image` ;
  - `void` : la fonction ne renvoie rien du tout. C'est le cas des fonctions qui ne servent qu'à faire une action et qui n'ont pas besoin de renvoyer d'information ;
  - `mixed` : la fonction peut renvoyer n'importe quel type de donnée (un `int`, un `string`, ça dépend…).
- `mt_rand` : ici c'est tout simple, il s'agit du nom de la fonction.
- `(int $min, int $max)` : entre parenthèses, on trouve la liste des paramètres qu'on peut donner à la fonction. Ici, on peut donner deux entiers (`int`) : `min` et

max. Ils servent à indiquer que vous voulez un nombre aléatoire compris entre 5 et 15, par exemple. La signification des paramètres est expliquée dans la section « Liste des paramètres » de la page.

Il est aussi possible d'appeler la fonction sans aucun paramètre, c'est ce que signifie la ligne suivante :

```
int mt_rand ( void )
```

Si on n'envoie aucun paramètre, que va faire la fonction ?

C'est écrit sur la page :

« Appelée sans les arguments optionnels min et max, mt_rand() retourne un nombre pseudo-aléatoire, entre 0 et RAND_MAX (**un nombre maximal fixé par PHP**). Pour obtenir un nombre entre 5 et 15 inclus, il faut utiliser mt_rand(5,15). »

Comme quoi, il suffit de lire. ;-)

Un autre exemple : date

Rendez-vous sur la page consacrée à date (*http://php.net/date*) pour accéder à la description de la fonction.

Le mode d'emploi indique ceci :

```
string date ( string $format [, int $timestamp])
```

La fonction renvoie une chaîne de caractères (string) : c'est la date.

On doit lui donner obligatoirement une chaîne de caractères appelée format (pour demander le mois, l'année, etc., vous vous souvenez ?).

On notera qu'il y a un second paramètre entre crochets, ce qui signifie qu'il est facultatif. Il s'agit d'un int dénommé timestamp. Pour savoir ce qu'il signifie, lisez la description des paramètres.

Faites donc toujours bien attention : certains paramètres sont obligatoires, d'autres non (ils sont entre crochets), et la fonction réagit différemment selon les cas. En général, le texte descriptif de la fonction vous explique ce qui se passe si vous ne mettez pas les paramètres facultatifs.

Lisez les exemples !

Il y a toujours des exemples pour illustrer l'utilisation de la fonction. C'est très pratique car on vous montre de quelle manière utiliser la fonction et on n'hésite pas à vous faire découvrir les cas particuliers où la fonction réagit un peu différemment.

La figure suivante montre un exemple pour `mt_rand`.

Exemple 1. Exemple avec mt_rand()

```php
<?php
echo mt_rand() . "\n";
echo mt_rand() . "\n";

echo mt_rand(5, 15);
?>
```

L'exemple ci-dessus va afficher :

```
1604716014
1478613278
6
```

Exemple d'utilisation de mt_rand

Dans la mesure du possible, essayez de tester les exemples proposés. On comprend souvent mieux les choses si on les teste soi-même.

C Protéger un dossier avec un .htaccess

Lorsque vous réalisez votre site en PHP, vous êtes souvent amené à créer une zone « Admin » où l'accès est limité… Et il vaut mieux, vu que les personnes qui ont accès à la zone « Admin » peuvent en général tout supprimer si elles le désirent.

Supposons que vous ayez créé un dossier `Admin` qui contient tous les fichiers d'administration de votre site. Comment empêcher que n'importe qui accède à ces pages ?

C'est là que les fichiers `.htaccess` vont nous aider : on peut très facilement créer une protection par login/mot de passe qui empêche l'accès à tous les fichiers du dossier.

Pour cela, il va falloir créer deux fichiers :

- `.htaccess` : ce fichier contiendra l'adresse du fichier `.htpasswd` et quelques autres options que vous pourrez définir ;
- `.htpasswd` : ce fichier contiendra une liste de logins/mots de passe, pour chaque personne autorisée à accéder aux pages !

Créer le .htaccess

La première étape est de créer sur votre disque dur un fichier appelé `.htaccess`. Ce fichier n'a pas de nom mais seulement une extension, à savoir `.htaccess`. Ne soyez donc pas étonné s'il commence par un point.

Ouvrez un nouveau fichier avec votre éditeur de texte favori. Nous allons écrire des lignes de code qui n'ont rien à voir avec du HTML ou du PHP : ce sont des instructions pour le serveur. Elles vont lui expliquer que seules certaines personnes sont autorisées à accéder au dossier. Copiez le code suivant dans votre fichier :

```
AuthName "Page d'administration protégée"
AuthType Basic
AuthUserFile "/home/site/www/admin/.htpasswd"
Require valid-user
```

Parmi ces quatre lignes, vous allez devoir en modifier deux.

- `AuthName` : c'est le texte qui invitera l'utilisateur à inscrire son login et son mot de passe. Vous pouvez personnaliser ce texte comme bon vous semble.
- `AuthUserFile` : là c'est plus délicat, il s'agit du chemin **absolu** vers le fichier `.htpasswd` (que vous mettrez dans le même répertoire que le fichier `.htaccess`).

Comment trouver ce chemin absolu ?

En effet, la plupart du temps, cela s'avère délicat car cela dépend du serveur. Heureusement, il existe une fonction PHP qui va beaucoup nous aider : `realpath`. Cette fonction donne le chemin absolu vers le fichier que vous indiquez. Vous allez donc faire comme suit pour trouver le chemin absolu.

1. Créez un fichier appelé `chemin.php`.
2. Inscrivez juste cette ligne de code à l'intérieur :

```
<?php echo realpath('chemin.php'); ?>
```

3. Envoyez ce fichier sur votre serveur avec votre logiciel FTP, et placez-le dans le dossier que vous voulez protéger.
4. Ouvrez votre navigateur et allez voir ce fichier PHP. Il vous donne le chemin absolu. Par exemple dans mon cas :

```
/home/site/www/admin/chemin.php
```

5. Copiez ce chemin dans votre fichier `.htaccess`, et remplacez le `chemin.php` par `.htpasswd`. Nous obtenons par exemple au final :

```
/home/site/www/admin/.htpasswd
```

6. Supprimez le fichier `chemin.php` de votre serveur, il ne nous sert plus à rien maintenant qu'il nous a donné le chemin absolu.

Si vous êtes hébergé chez Free, il y a une petite subtilité dans la gestion de la localisation du `.htpasswd` : vous ne devez pas renseigner la ligne `AuthUserFile` par le chemin absolu du fichier, mais par son chemin **relatif** à partir de la racine de votre espace perso.

Exemple : si vous utilisez un espace Free nommé `monftpfree`, et que vous placez votre fichier `.htpasswd` dans un répertoire `admin`, le fichier `chemin.php` vous renverra un chemin sous la forme `/mnt/XXX/sda/X/X/monftpfree/admin/.htpasswd`. Vous devez alors simplement écrire : `/monftpfree/admin/.htpasswd`.

Enregistrez le fichier en inscrivant le nom entre guillemets, comme ceci : " `.htaccess` ". Cela permet de forcer l'éditeur à enregistrer un fichier qui commence par un point.

Le fichier `.htaccess` est désormais créé, on peut maintenant passer au `.htpasswd` !

Créer le .htpasswd

Créez maintenant un nouveau fichier avec votre éditeur de texte.

Le `.htpasswd` va contenir la liste des personnes autorisées à accéder aux pages du dossier. On y inscrit une personne par ligne, sous cette forme :

```
login:mot_de_passe_crypté
```

À la fin, votre fichier `.htpasswd` devrait ressembler à ceci :

```
mateo21:$1$MEqT//cb$hAVid.qmmSGFW/wDlIfQ81
ptipilou:$1$/lgP8dYa$sQNXcCP47KhP1sneRIZoO0
djfox:$1$lT7nqnsg$cVtoPfe0IgrjES7Ushmoy.
vincent:$1$h4oVHp3O$X7Ejpn.uuOhJRkT3qnw3i0
```

Dans cet exemple, il y a quatre personnes autorisées à accéder au dossier : mateo21, ptipilou, djfox et vincent.

Comment peut-on crypter les mots de passe ?

Bonne question ! Encore une fois, il existe une super fonction PHP pour cela : `crypt`. Vous lui donnez un mot de passe et elle le crypte (ne cherchez pas à savoir comment).

Par exemple, si mon mot de passe est « kangourou », voici le code PHP que je devrai écrire pour l'obtenir en version cryptée :

```
<?php echo crypt('kangourou'); ?>
```

Crypter ses mots de passe est très utile : en effet, si quelqu'un vient un jour à lire votre fichier `.htpasswd` (quelqu'un qui utilise le même PC que vous, par exemple), il ne verra que le mot de passe crypté. Aucun risque alors qu'il retrouve votre mot de passe : ce cryptage est **indéchiffrable**. Il est à sens unique (il s'agit en fait d'une autre forme de hachage qu'on a découvert dans le TP « Créer un espace membres »).

On pourrait en théorie s'arrêter là pour le `.htpasswd`, mais mon âme de codeur PHP me commande de créer un petit script qui vous sera utile.

```
<?php
if (isset($_POST['login']) AND isset($_POST['pass']))
{
	$login = $_POST['login'];
	$pass_crypte = crypt($_POST['pass']); // On crypte le mot de passe

	echo '<p>Ligne à copier dans le .htpasswd :<br />' . $login . ':' .
$pass_crypte . '</p>';
}

else // On n'a pas encore rempli le formulaire
{
?>

<p>Entrez votre login et votre mot de passe pour le crypter.</p>

<form method="post">
	<p>
		Login : <input type="text" name="login"><br />
		Mot de passe : <input type="text" name="pass"><br /><br />

		<input type="submit" value="Crypter !">
	</p>
</form>

<?php
}
?>
```

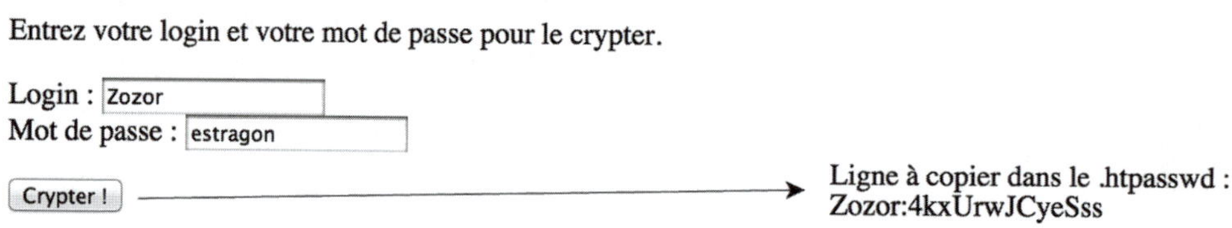

Interface pour crypter un mot de passe

On distingue deux parties dans ce code :

- Si les variables `$_POST['login']` et `$_POST['pass']` existent, c'est qu'on vient de valider le formulaire.
  On crypte le mot de passe qu'on a entré, et on affiche `$login:$pass_crypte` pour que vous n'ayez plus qu'à copier la ligne dans le `.htpasswd`.
- Dans le cas contraire, si les variables `$_POST['login']` ou `$_POST['pass']` n'existent pas, on affiche le formulaire pour demander d'entrer un login et un mot de passe.

Le formulaire recharge la même page car il n'y a pas d'attribut `action` dans la balise `<form>`, comme on l'a vu dans le chapitre sur les formulaires. Lors du rechargement de la page, les variables `$_POST['login']` et `$_POST['pass']` existeront puisque vous venez d'entrer le login et le mot de passe. Ce dernier sera alors crypté !

Je vous conseille de créer cette page quelque part sur votre disque dur (ou sur votre serveur, peu importe), pour que vous puissiez crypter rapidement vos mots de passe pour le `.htpasswd`.

Si vous n'avez pas le courage de la créer, pas de souci, vous n'avez qu'à vous servir du code web ci-dessus.

> **!** Dans certains cas vous ne devrez pas crypter les mots de passe. Sous WAMP ou sur les serveurs de Free.fr, par exemple, vous ne DEVEZ PAS crypter vos mots de passe pour que cela fonctionne. Vous devrez donc les écrire directement. Voici un exemple :
> `mateo21:kangourou`

Envoyer les fichiers sur le serveur

Vous avez maintenant deux fichiers sur votre disque dur : `.htaccess` et `.htpasswd`.

Lancez votre logiciel FTP.

Transférez les fichiers `.htaccess` et `.htpasswd` dans le dossier que vous voulez protéger par un mot de passe.

La figure suivante présente ce que vous devriez obtenir dans votre logiciel FTP.

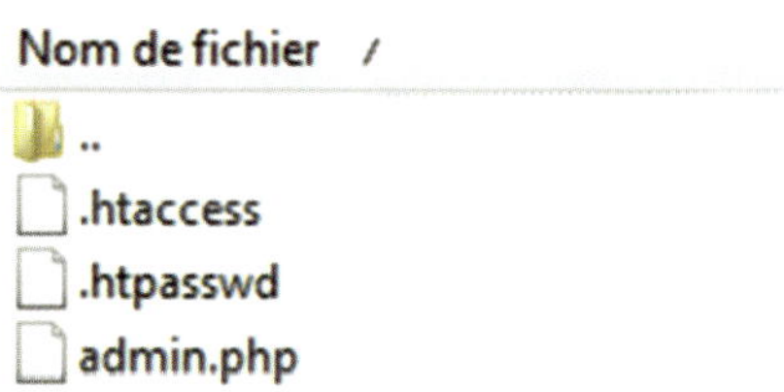

Le contenu du dossier admin vu dans le logiciel FTP

Le dossier est désormais protégé. ;-)

Si quelqu'un essaie d'accéder à l'une des pages du dossier (en l'occurrence `admin.php`), il obtiendra une fenêtre comme celle de la figure suivante lui demandant de se connecter.

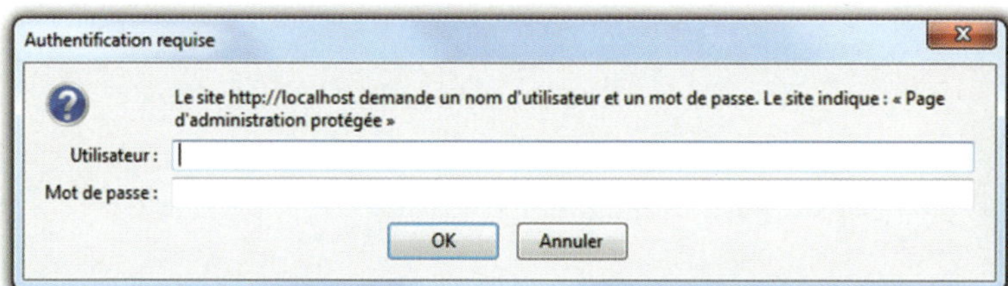

Le navigateur demande le mot de passe.

Si vous entrez le bon login avec le bon mot de passe, vous serez alors autorisé à accéder aux pages !

D Mémento des expressions régulières

Vous trouverez ici un résumé des expressions régulières qui vous sera utile lorsque vous écrirez vos propres regex.

Référez-vous à cette annexe dès que vous vous apprêtez à écrire une expression régulière. Elle vous servira de support pour vous rappeler toutes les possibilités des regex.

Cette annexe n'est PAS faite pour apprendre à se servir des regex. Si besoin, consultez à nouveau les chapitres 29 et 30 de ce cours.

Les explications qui vous trouverez ici sont succinctes car le but est de synthétiser au maximum tout ce qu'il y a à savoir sur les regex.

Structure d'une regex

Une regex est entourée de symboles appelés délimiteurs. On peut choisir ce que l'on veut, nous avons opté pour le signe dièse (#).

Une regex a la forme suivante :

```
#Regex#Options.
```

Pour tester une chaîne à partir d'une regex, on utilise `preg_match` :

```
<?php preg_match("regex","chaine"); ?>
```

Le tableau suivant présente une utilisation basique des regex.

Exemples de regex

REGEX	EXPLICATION
#guitare#	Cherche le mot « guitare » dans la chaîne.
#guitare|piano#	Cherche le mot « guitare » OU « piano ».
#^guitare#	La chaîne doit commencer par « guitare ».
#guitare$#	La chaîne doit se terminer par « guitare ».
#^guitare$#	La chaîne doit contenir uniquement « guitare ».

Classes de caractères

Le tableau qui suit présente le mode d'emploi des classes de caractères.

Mode d'emploi des classes de caractères

REGEX	EXPLICATION
#gr[ioa]s#	Chaîne qui contient « gris », « gros » ou « gras ».
[a-z]	Caractères minuscules de a à z.
[0-9]	Chiffres de 0 à 9.
[a-e0-9]	Lettres de « a » à « e » ou chiffres de 0 à 9.
[0-57A-Za-z.-]	Chiffres de 0 à 5, ou 7, ou lettres majuscules, ou lettres minuscules, ou un point, ou un tiret.
#[^0-9]#	Chaîne ne contenant PAS de chiffre.
#^[^0-9]#	Chaîne ne commençant PAS par un chiffre.

Quantificateurs

Le tableau ci-après présente les différents quantificateurs qui existent.

Les quantificateurs

REGEX	EXPLICATION
#a?#	« a » peut apparaître 0 ou 1 fois.
#a+#	« a » doit apparaître au moins 1 fois.
#a*#	« a » peut apparaître 0, 1 ou plusieurs fois.
#bor?is#	« bois » ou « boris ».
#Ay(ay|oy)*#	Fonctionne pour Ay, Ayay, Ayoy, Ayayayoyayayoyayoyoyoy, etc.
#a{3}#	« a » doit apparaître 3 fois exactement (« aaa »).
#a{3,5}#	« a » doit apparaître de 3 à 5 fois (« aaa », « aaaa », « aaaaa »).
#a{3,}#	« a » doit apparaître au moins 3 fois (« aaa », « aaaa », « aaaaa », « aaaaaa », etc.).

Métacaractères

Les métacaractères sont :

```
# ! ^ $ ( ) [ ] { } | ? + * .
```

Pour utiliser un métacaractère dans une recherche, il faut l'échapper avec un antislash : `\`. Voici deux exemples :

Regex	Explication
#Hein?#	Cherche « Hei » ou « Hein ».
#Hein\?#	Cherche « Hein? ».

Les métacaractères n'ont pas besoin d'être échappés dans une classe, sauf pour # (symbole de fin de la regex),] (symbole de la fin de la classe) et \ (si votre classe recherche un antislash) qu'on doit faire précéder d'un antislash.

Si on veut rechercher un tiret dans une classe de caractères, il faut le placer au début ou à la fin de la classe : `[a-zA-Z0-9-]`.

Classes abrégées

Les classes abrégées sont supportées uniquement par les regex PCRE.

Les classes abrégées

Classe abrégée	Correspondance
\d	[0-9]
\D	[^0-9]
\w	[a-zA-Z0-9_]
\W	[^a-zA-Z0-9_]
\t	Tabulation
\n	Saut de ligne
\r	Retour chariot
\s	Espace blanc (correspond à \t\n\r)
\S	N'est PAS un espace blanc (\t\n\r)
.	Classe universelle

Le point est la classe universelle : il signifie « n'importe quel caractère ».

Capture et remplacement

En utilisant la fonction `preg_replace`, on peut automatiquement faire des remplacements à l'aide de regex.

```
<?php
$texte = preg_replace('#\[b\](.+)\[/b\]#i', '<strong>$1</strong>', $texte);
?>
```

- Les parenthèses servent à entourer un bout de la regex pour créer des variables `$1`, `$2`, `$3`, etc., qui seront utiles pour faire le remplacement.
- Il peut y avoir jusqu'à 99 parenthèses capturantes, donc jusqu'à `$99`.
- `(?:texte)` est une parenthèse non capturante : elle ne crée pas de variable.
- Une variable `$0` est toujours créée et correspond à l'ensemble de la regex.

Ainsi, la regex suivante…

```
#(anti)co(?:nsti)(tu(tion)nelle)ment#
```

… crée les variables suivantes :

- `$0` : anticonstitutionnellement ;
- `$1` : anti ;
- `$2` : tutionnelle ;
- `$3` : tion.

Options

Il existe de nombreuses options que l'on peut utiliser avec les regex PCRE.

Les trois options les plus souvent utilisées sont :

- `i` : la regex ne fera plus la différence entre majuscules/minuscules ;
- `s` : le point (classe universelle) fonctionnera aussi pour les retours à la ligne (`\n`) ;
- `U` : le mode Ungreedy (« pas gourmand »), est utilisé pour que la regex s'arrête le plus tôt possible. Pratique par exemple pour le bbCode `[b][/b]` : la regex s'arrêtera à la première occurrence de `[/b]`.

Index